21世纪普通高等教育规划教材

经济法概论习题集

（第二版）

黎江虹　夏　露　主　编

上海财经大学出版社

第二版前言

本习题集依据《经济法概论》(第二版)编写,侧重于基础理论知识的了解与应用、经济法法律法规的熟悉与掌握、综合知识应用能力的培养,旨在帮助经济管理专业人员学习、理解经济法的教学内容以及重点、难点,熟悉解题技巧,提高知识的综合应用能力。

与第一版相比,习题集单独成册,习题量增加;习题要点更加清晰,所选习题覆盖经济法教材大纲主要知识点;题型变化,在思考题的基础上,增加了单项选择题和案例分析题;对所有习题均附有答案,对案例进行了理论结合实际的解析。习题集涵盖经济法所应具备的知识点,针对重点、难点,设计选择题、简答题、案例分析题三种习题题型,帮助学习者分析解题思路,把握知识点与考点的关系、知识与应用的关系。

习题集修订由黎江虹、夏露、杨爱葵、刘晓坷完成,其中,夏露负责第一、二、四、五、六、七章;杨爱葵负责第三、八、九、十章;刘晓坷负责第十一、十二、十三、十四、十五章,黎江虹最后审定。在编写过程中,得到多方的支持,特别是众邦文化传播有限公司裴小满编辑的辛苦努力,谨表深切谢意。

习题集突出知识性与应用性,引导读者系统、有目的地接受知识,有助于提高教与学的效率。读者在使用中如有任何问题、建议或意见,欢迎反馈,我们在今后会吸收意见与建议,不断提高编写水平。

编　者
2011年11月

目　录

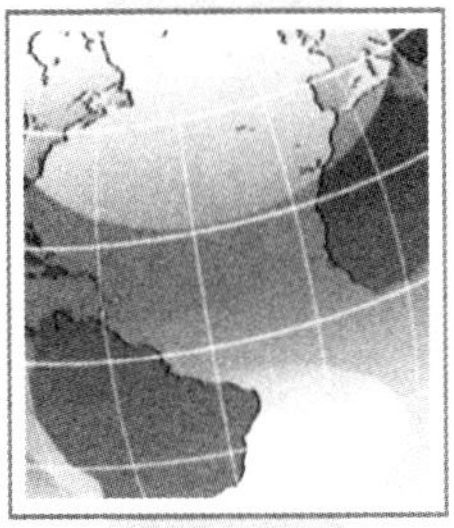

第一章 导论

一、单项选择题

1. 甲与乙签订一份合同，要求乙将一套设备运到浙江，该法律关系的客体是（　　）。
   A. 机器设备　　B. 运输费用　　C. 运输行为　　D. 运输工具
2. 下列各项中，不能作为经济法律关系客体的是（　　）。
   A. 空气　　B. 汽车　　C. 经济管理行为　　D. 商标
3. 在下列各选项中，属于法律事件的是（　　）。
   A. 发行债券　　B. 签订合同
   C. 台风　　D. 签发支票
4. 经济权利不包括（　　）。
   A. 财产所有权　　B. 经济职权
   C. 经济管理权　　D. 行政管理权
5. （　　）不属于经济法的调整对象。
   A. 国家经济管理关系　　B. 企业组织管理关系
   C. 市场管理关系　　D. 行政管理关系
6. 经济法是调整（　　）的法律规范的总和。
   A. 一般民事关系　　B. 经济法律关系
   C. 行政管理关系　　D. 特定经济关系
7. 下列情形中，不构成法律关系的是（　　）。
   A. 甲与乙约定某日商谈合作开发房地产事宜
   B. 甲对乙说：如果你考上研究生，我就嫁给你
   C. 甲不知乙不胜酒力而极力劝酒，导致乙酒精中毒住院治疗
   D. 甲应同事乙之邀前往某水库游泳，因抽筋溺水身亡

二、简答题

1. 简述我国经济法主体的范围。
2. 简述我国社会主义市场经济的特点。
3. 简述经济法与市场经济法律制度的区别。

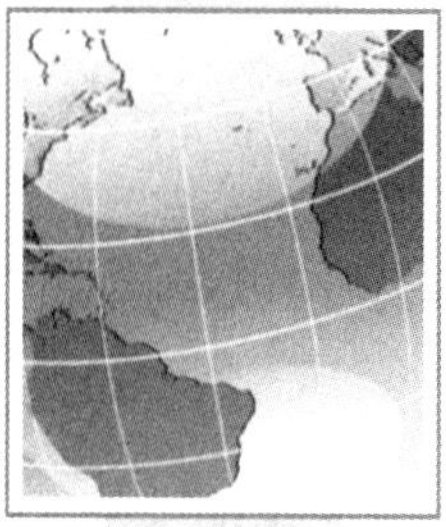

第二章 企业法律制度

一、单项选择题

1. 关于公司的分类，下列选项中以公司的信用基础为标准进行分类的是(　　)。

A. 总公司与分公司　　B. 母公司与子公司

C. 人合公司与资合公司　　D. 封闭式公司与开放式公司

2. 甲、乙、丙是某有限公司的股东，各占52%、22%和26%的股份。乙欲对外转让其所拥有的股份，丙表示同意，甲表示反对，但又不愿意购买该股份。乙便与丁签订了一份股份转让协议，约定丁一次性将股权转让款支付给乙。此时，甲表示愿以同等价格购买，但要求分期付款。对此各方发生争议。下列选项中错误的是(　　)。

A. 甲最初表示不愿意购买即应视为同意转让

B. 甲后来表示愿意购买，则乙只能将股份转让给甲，因为甲享有优先购买权

C. 乙与丁之间的股份转让协议有效

D. 如果甲和丙都行使优先购买权，就购买比例而言，如果双方协商不成，那么双方应按照2∶1的比例行使优先购买权

3. 按《公司法》规定，我国有限责任公司董事会的成员数量限制在(　　)人。

A. 3～13　　B. 4～14　　C. 3～9　　D. 5～13

4. 当法定公积金累计总额相当于公司注册资本总额的(　　)时，可以不再提取。

A. 25%　　B. 50%　　C. 40%　　D. 45%

5. 下列财产中不属于破产财产的是(　　)。

A. 宣告破产时，破产企业经营管理的全部财产

B. 应当由破产企业行使的其他财产权利

C. 已作为担保物的财产

D. 破产企业在宣告破产后至破产程序终结前所取得的财产

6. 我国法律规定，在中外合营企业的注册资本中，外国合营者的投资比例一般不低

于(　　)。

A. 51%　　B. 49%　　C. 30%　　D. 25%

7. 根据我国《公司法》规定,(　　)不具有企业法人资格。

A. 母公司　　B. 分公司　　C. 子公司　　D. 总公司

8. 我国法律规定,有限责任公司的董事任期每届不得超过(　　)年。

A. 2　　B. 3　　C. 4　　D. 5

9. 王某依照《公司法》设立了一人有限责任公司。公司存续期间,王某实施的下列行为中违反了《公司法》规定的是(　　)。

A. 决定由其本人担任公司执行董事兼公司经理

B. 决定公司不设立监事会,仅由其亲戚张某担任公司监事

C. 决定用公司资本的一部分投资另一公司,但未作书面记载

D. 未召开任何会议,自作主张制订公司经营计划

10. 甲、乙、丙、丁欲设立一有限合伙企业,合伙协议中约定了如下内容,其中不符合合伙企业法律制度规定的是(　　)。

A. 甲仅以出资额为限对企业债务承担责任,同时被推举为合伙事务执行人

B. 丙以其劳务出资,为普通合伙人,其出资份额经各合伙人商定为5万元

C. 合伙企业的利润由甲、乙、丁三人分配,丙仅按营业额提取一定比例的劳务报酬

D. 经全体合伙人同意,有限合伙人可以全部转为普通合伙人,普通合伙人也可以全部转为有限合伙人

11. 注册会计师甲、乙、丙共同出资设立一家特殊普通合伙制的会计师事务所。甲、乙在某次审计业务中,因故意出具不实审计报告被人民法院判决由会计师事务所赔偿当事人80万元。根据合伙企业法的规定,下列有关该赔偿责任承担的表述中正确的是(　　)。

A. 甲、乙应当承担无限连带责任,丙以其在会计师事务所中的财产份额为限承担责任

B. 甲、乙、丙均以其在会计师事务所中的财产份额为限承担责任

C. 甲、乙、丙均承担无限连带责任

D. 以该会计师事务所的全部财产为限承担责任

12. 张先生在谈论个人独资企业法的有关规定时,下列选项中正确的是(　　)。

A. 设立个人独资企业时,投资人可以个人财产出资,也可以家庭其他成员的财产作为个人出资

B. 个人独资企业可以设立分支机构

C. 个人独资企业解散时,可由投资人自行清算,也可由债权人申请人民法院指定清算人进行清算

D. 个人独资企业解散清偿债务时,所欠职工工资和社会保险费用应作为第一顺序清偿

13. 根据《合伙企业法》(修正案)的规定，在普通合伙企业中，对合伙人执行合伙企业事务以及对外代表合伙企业权利的限制，(　　)不知情的善意第三人。

A. 可以对抗　　B. 不得对抗

C. 如果合法，可以对抗　　D. 在执行人无过失时可以对抗

14. 甲、乙两人共同购买了一间街面房，经营饮食。甲欲转让其份额。丙知道此事后支付甲5 000元，欲购买。甲父知道此事后，也欲购买。乙也欲以5 000元购买。依照法律规定，甲的份额应转让给(　　)。

A. 甲父　　B. 丙　　C. 乙　　D. 乙或丙或甲父

二、简答题

1. 简述有限责任公司的特征。
2. 简述我国股份有限公司的资本制度。
3. 甲、乙两个国有企业作为发起人，准备设立一家有限责任公司。

问：(1)发起人的人数是否符合《公司法》的规定，为什么？

(2)公司设立程序如何？

(3)申请设立登记应具备哪些必备文件？

4. 简述公司资本及其出资要求。
5. 简述合伙企业的概念和特征。
6. 破产债权有哪些？
7. 简述企业破产清偿顺序。

三、案例分析题

(一)甲股份有限公司董事会由11名董事组成，2010年5月10日，公司董事长张某召集并主持召开董事会会议，出席会议的共8名董事，另有3名董事因事请假；董事会会议讨论的下列事项，经表决有6名董事同意通过：鉴于公司董事会成员工作任务加重，决定给每位董事会成员涨工资30%；鉴于监事会成员中的职工代表李某生病，决定由本公司职工王某参加监事会；鉴于公司的财务会计工作任务日益繁重，拟将财务科升格为财务部，并面向社会公开招聘会计人员3人，招聘会计人员事宜及财务科升格为财务部的方案经股东大会通过后付诸实施。

问：(1)甲公司董事会会议的召开和表决程序是否符合法律规定？为什么？

(2)甲公司董事会通过的事项有无不符合法律规定之处？请分别说明理由。

(二)某股份有限公司注册资本为人民币3亿元，经营三年后，经批准可增资，该公司以股票票面金额面向社会公开发行，获得人民币6 000万元。两年后，由于市场行情变化，该公司经营不善，连续两年亏损8 000万元。公司董事会作出了罢免原董事长、选出新董事长的决定，经过一年的改革，当年公司盈利600万元，公司考虑到各股东近年来没有经

营回报，故决定将当年盈利分配给股东。此后，公司业务蒸蒸日上，弥补了公司多年的损失。至2006年，公司财务状况良好，法定公积金占公司注册资本的45%，鉴于此，公司决定不再提取法定公积金。为了扩大公司规模，公司股东大会决定把全部法定公积金转为公司资本。

问：该公司的做法有哪些不合法之处？为什么？

（三）乐哈哈是一家有限责任公司，生产的薯片一直很受市场欢迎。2009年底，公司销售额持续下降。经查，是公司董事陈某与几个朋友出资设立家家宝公司，该公司生产经营的薯片在原料、工艺、口味上与乐哈哈公司生产的薯片相同，挤占了乐哈哈公司的一部分市场。乐哈哈公司于是召开董事会，作出两项决议：(1)免除陈某的董事职务，增补王某为董事；(2)要求陈某将其从家家宝公司获得的收入上交乐哈哈公司。

问：(1)陈某与朋友出资设立家家宝公司生产经营薯片的行为是否合法？为什么？

(2)乐哈哈董事会作出的两项决议是否合法？为什么？

（四）我国某机械制造厂欲引进国外的先进技术生产汽车，经与某国一家汽车公司协商，达成合资经营协议。该协议的主要内容包括：投资总额为800万美元，其中，注册资本为300万美元；中方以货币、厂房、设备、土地使用权出资，出资额为200万美元；外方以现金、机械设备和专利技术出资，出资额为150万美元，其中现金70万美元、机械设备30万美元（系向某国租赁的）、专利技术50万美元（已设定抵押权）；以中方名义向银行贷款450万美元，作为合资企业的流动资金，此贷款由中方所在地的财政局提供担保；在合营期间双方若认为必要，可减少合营企业的注册资本；在合同执行中如果发生争议，双方同意选择适用外方国家的法律解决。

问：该合营企业合同存在什么问题？依据是什么？

（五）2010年3月，甲、乙、丙、丁按照《中华人民共和国合伙企业法》的规定，共同投资设立一从事商品流通的有限合伙企业。合伙协议约定了以下事项：甲以现金5万元出资，乙以房屋作价8万元出资，丙以劳务作价4万元出资，另外，以商标权作价5万元出资，丁以现金10万元出资；丁为普通合伙人，甲、乙、丙均为有限合伙人；合伙企业的事务由丙和丁执行，甲和乙不执行合伙企业事务，也不对外代表合伙企业；普通合伙人向合伙人以外的人转让财产份额的，不需要经过其他合伙人同意；合伙企业名称为“方信物流合伙企业”。

问：(1)合伙人丙以劳务作价出资的做法是否符合规定？

(2)合伙企业事务执行方式是否符合规定？

(3)关于合伙人转让出资的约定是否符合法律规定？

(4)合伙企业名称是否符合规定？

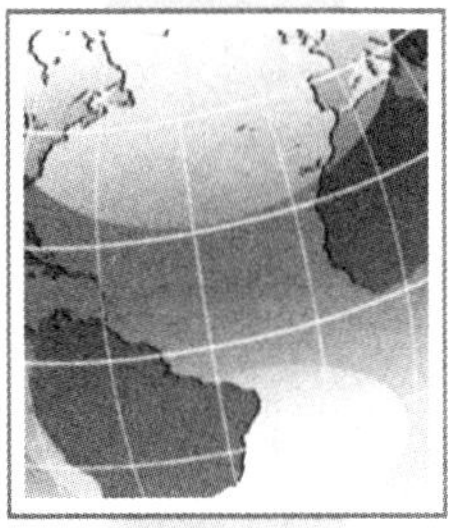

第三章 知识产权法律制度

一、单项选择题

1. 某公司的注册商标的有效期将于 2010 年 6 月 1 日届满，该公司需要继续使用该商标。对此，下列说法中正确的是(　　)。

A. 某公司可以在 2010 年 6 月 1 日前的 6 个月内向商标局申请续展注册

B. 对于某公司在 2010 年 6 月 1 日之后提出的续展注册申请，商标局不予受理，并注销其注册商标

C. 商标局收到续展注册申请后即予以公告

D. 每次续展注册的有效期为 15 年

2. 下列转让行为中，法律允许的是(　　)。

A. 王某将其合法继承的专利权转让给李某

B. 设计人刘某将其在外观设计专利文件中写明自己是设计人的权利转让给邱某

C. 张某将其执行本单位任务完成的一项发明创造申请专利的权利转让给胡某

D. 罗某将其专利申请权擅自转让给了外国某公司

3. 根据《商标法》及相关规定，下列机构中可以依法认定驰名商标的是(　　)。

A. 湖北省工商行政管理局　　B. 商标评审委员会

C. 中国消费者协会　　D. 中国名牌战略推进委员会

4. 某地工商局在审查某皮革制品厂拟使用在其生产的皮制品上的商标时，发现其中有不符合法律规定的商标，该商标是(　　)。

A. “千里”牌商标　　B. “五棵松”牌商标

C. “羊皮”牌商标　　D. “耐斯”牌商标

5. 下列关于发明人、设计人的说法中不正确的是(　　)。

A. 发明人或者设计人有在专利文件中不公开自己姓名的权利

B. 职务发明的发明人在其发明被授予专利权后有权获得奖励

C. 职务发明的发明人在其发明被授予专利权后有权自行实施

D. 发明人或者设计人有在专利文件中写明自己是发明人或者设计人的权利

6. 根据我国《商标法》的有关规定，下列行为不属于商标侵权的是（　　）。

A. 在商标许可合同期限届满以后，未经许可人同意，继续使用该商标

B. 王某未经商标专用权人的许可，擅自制造其商标标志并出售

C. “娃哈哈”酸奶为驰名商标，甲公司在其生产的果汁上使用“娃娃哈”商标

D. 商标被许可使用人经商标权人同意，继续使用该商标

7. 张某就其开发的一种新清洁剂获得了发明专利权。甲公司未经张某同意生产了该清洁剂，并将该清洁剂分别销售给百货公司乙、研究机构丙、污水处理厂丁、保洁公司戊。下列行为中没有侵犯张某的专利权的是（　　）。

A. 乙销售该清洁剂

B. 丙就提高该清洁剂的效力进行科学研究

C. 丁将该清洁剂用于污水处理

D. 戊将该清洁剂用于清洗临时通过中国领水的外国船只

8. 甲、乙、丙共同开发了一种新的印染技术，甲负责提供资金，乙负责提供设备，丙负责具体研究开发工作。如果三人未就开发成果申请专利的事宜作出约定，则该项新的印染技术申请专利的权利应当属于（　　）。

A. 甲　　B. 乙

C. 丙　　D. 甲、乙、丙共同享有

9. 某烟草公司享有“黄鹤楼”及图形的注册商标专用权，核定使用于香烟上。后来，邓某注册了中文域名“www. 黄鹤楼 . com”，并通过该网站进行香烟的销售，使相关公众产生误认。对此，下列说法中正确的是（　　）。

A. 烟草公司的注册商标专用权，以核准注册的商标和核定使用的商品为限，因而邓某的行为不侵犯烟草公司的注册商标专用权

B. 邓某注册的域名不包含“黄鹤楼”的图形，因而邓某的行为不侵犯烟草公司的注册商标专用权

C. 烟草公司的“黄鹤楼”及图形的注册商标不是驰名商标，因而邓某的行为不侵犯烟草公司的注册商标专用权

D. 邓某的行为侵犯了烟草公司的注册商标专用权

10. 下列各项中属于授予专利权的主体的是（　　）。

A. 一种内窥镜诊断方法　　B. 一种日历的编排方法

C. 一种移动电话机的操作说明　　D. 一种实现核变换方法的设备

11. 以下有关专利权期限的说法中正确的是（　　）。

A. 专利权的期限自办理登记日起计算　　B. 专利权的期限自授权公告日起计算

C. 专利权的期限自优先权日起计算　　D. 专利权的期限自申请日起计算

12. 根据《商标法》及相关规定，下列关于注册商标使用许可的说法中不正确的是（　　）。

A. 商标使用许可合同未在商标局备案的，不具有法律效力

B. 商标使用许可合同未在商标局备案的，不得对抗善意第三人

C. 许可人应当监督被许可人使用该注册商标的商品质量

D. 被许可人必须在使用该注册商标的商品上标明其名称和商品产地

13. 吴某在一次试验中发现市面上出售的某种洗涤剂具有很好的防止树木枯萎的功效，于是他将这种洗涤剂的新用途申请了专利，并获得了授权。以下未经许可的行为中侵犯了吴某的专利权的是（　　）。

A. 王某从市面上购买了该种洗涤剂用来防止其家中的观赏树木枯萎

B. 某花卉种植公司在吴某申请专利前自行配制了该种洗涤剂，用来防止其出售的树木枯萎

C. 某厂在其制造的该种洗涤剂包装上注明了该洗涤剂具有防止树木枯萎的用途

D. 张某配制了该洗涤剂用来清洗器皿

14. 著名外科医生张某发明了一种用于清洗伤口的药水，按照其独特的方法涂抹该药水可促进伤口的愈合，张某欲就该药水和使用该药水促进伤口愈合的方法申请专利。下列说法中正确的是（　　）。

A. 该药水属于可授予专利权的主体

B. 使用该药水促进伤口愈合的方法属于可授予专利权的主体

C. 该药水和使用该药水促进伤口愈合的方法都属于可授予专利权的主体

D. 该药水和使用该药水促进伤口愈合的方法都不属于可授予专利权的主体

15. 甲公司在纸手帕等纸制产品上注册了“茉莉花”文字及图形商标。下列未经许可的行为中不构成侵权的是（　　）。

A. 乙公司在其制造的纸手帕包装上突出使用“茉莉花”图形

B. 丙商场将假冒“茉莉花”牌纸手帕作为赠品进行促销活动

C. 丁公司长期制造茉莉花香型的纸手帕，并在包装上标注“茉莉花香型”

D. 戊公司购买甲公司的“茉莉花”纸手帕后，将“茉莉花”改为“山茶花”重新包装销售

16. 甲公司员工张某和李某承担公司交付的任务共同开发一种新型记忆材料，开发的场地和设备由乙公司依据甲、乙之间的租用合同提供。张某和李某都对该新型记忆材料的实质性特点作出了创造性贡献。在研发工作后期，张某因劳资纠纷辞职离开了甲公司。下列说法中正确的是（　　）。

A. 就该新型材料申请专利的权利属于张某和甲公司共有

B. 就该新型材料申请专利的权利属于甲公司和乙公司共有

C. 该新型材料的发明人仅为李某

D. 该新型材料的发明人为张某和李某

17. 下列属于丑化驰名商标行为的是(　　)。

A. 将他人的驰名商标作为自己厂商的名称使用

B. 在与该驰名商标相同或类似商品上使用与该驰名商标相同的商标,使人误认为两者之间存在某种经济上的联系

C. 将他人驰名商标称之为该类商品的通用名称

D. 将他人著名的宗教产品商标注册为自己域名的一部分,并将该域名用于色情网站上

18. 甲公司拥有一项关于可回收电池的专利权,下列行为中不构成对该可回收电池的许诺销售的是(　　)。

A. 乙公司总经理在学术期刊上发表文章对该可回收电池的性能进行了介绍

B. 丙公司在报纸上刊登了销售该可回收电池的广告

C. 丁公司通过传真向其合作公司发出了销售该可回收电池的信息

D. 戊公司在某展销会上展出样品,其销售经理口头承诺可批量提供该可回收电池

19. 我们可以在一些产品或者包装上看到C和R标记,它们分别代表(　　)。

A. 版权标记、注册商标　　B. 版权标记、录音制品标记

C. 电脑芯片、注册商标　　D. 注册商标、计算机软件标记

20. 在专利许可证合同中,被许可方有权在合同约定的时间和地域范围内按合同约定的使用方式实施该专利,与此同时,作为许可方的专利权人不仅自己可以实施该专利,而且可以再许可第三人实施。该许可证的性质是(　　)。

A. 独占许可证　　B. 独家许可证　　C. 普通许可证　　D. 分许可证

21. 在申请日以前6个月之内发生如下情形而不丧失新颖性的是(　　)。

A. 在中国政府主办或者承认的国际展览会上首次展出的

B. 在学术期刊上首次发表的

C. 自己上传到互联网上的

D. 自己已经制造该产品并销售的

22. 某公司有一注册商标"苹果"被核定使用于洗衣机上。为了有效保护该商标,该公司在洗衣机上又申请注册了"红苹果"、"青苹果"、"黄苹果"三件商标,这三件商标是(　　)。

A. 联合商标　　B. 防御商标　　C. 集体商标　　D. 证明商标

23. 李某购买了一支"英雄"牌高级钢笔,而且该钢笔中还包含一项实用新型专利。李某享有(　　)。

A. "英雄"牌商标专用权　　B. 该钢笔的所有权

C. 该实用新型专利权　　D. 前三项权利

24. 甲在调动工作1年内在新单位完成了一项与原单位工作有关的发明创造,该发明创造的专利申请权属于(　　)。

A. 甲　　B. 甲和原单位　　C. 原单位　　D. 新单位

25. 为生产经营目的使用或者销售不知道是未经专利权人许可而制造并售出的专利产品,能证明其使用或者销售的产品具有合法来源的,依法应当(　　)。

A. 承担全部赔偿责任　　B. 不承担赔偿责任

C. 与制造商共同承担赔偿责任　　D. 承担部分赔偿责任

26. 依我国《商标法》规定,下列可以作为商标提出注册申请的是(　　)。

A. 海浪的声音　　B. 玫瑰花的气味　　C. 鸟鸣的声音　　D. 风景图片

27. 陈某完全利用本单位的实验材料、实验室和不对外公开的技术资料完成了一项发明,对该项发明的权利归属,表达正确的是(　　)。

A. 无论陈某与单位有无特别约定,该项成果都属于单位

B. 原则上讲应归单位所有,但如果单位与陈某对成果归属有特别约定的,则从其约定

C. 要看该发明是否属于单位分派给陈某的任务,如果是,就属于单位;否则,就属于陈某

D. 陈某在向单位支付了合理费用后,应当归陈某所有

28. 新疆哈密地区果农生产的哈密瓜系地方名特产品。果农张某欲以“哈密”牌作为甜瓜的商标,并向有关部门申请注册。根据有关规定,(　　)。

A. 张某可以取得“哈密”商标权

B. 张某与其他果农可以共同取得“哈密”牌商标权

C. 张某可以独家享有“哈密”地理标记权

D. 张某不能取得注册商标权

29. 甲公司想把注册商标“梅花”用在自己新近研发的产品上,应当(　　)。

A. 另行提出注册申请

B. 向商标评审委员会申请核准

C. 变更注册申请

D. 取得商标管理部门的同意

30. 甲拥有一项节能灯的发明专利,乙对其加以改进后获得重大技术进步,并申请获得一项新的发明专利,但乙的专利技术实施依赖于甲的专利实施,双方就专利实施问题未能达成协议,在这种情形下,下列表述中正确的是(　　)。

A. 甲可以申请实施乙专利的强制许可

B. 乙在取得实施强制许可后,无须向甲支付使用费

C. 乙可以申请实施甲专利的强制许可

D. 乙实施自己新的发明专利无须取得甲的许可

二、多项选择题

1. 以下各项中,能够作为中国发明专利保护客体的有(　　)。
A. 瘦肉型猪　　B. 瘦肉型猪的新饲料
C. 瘦肉型猪的培育方法　　D. 瘦肉型种猪的培育方法
E. 新饲料的制作方法

2. 甲电脑公司委托乙商标事务所代理下列商标注册申请事宜,其中不符合我国《商标法》规定的商标有(　　)。
A."大韩国"　　B."天坛"　　C."雪花"　　D."月亮"
E."黑鬼"

3. 实用新型的特点有(　　)。
A. 实用新型只针对产品,不适用于方法
B. 实用新型所针对的产品可以是固态产品,也可以是液态、气态产品
C. 实用新型所针对的产品必须是可以自由移动的产品
D. 实用新型必须具有实用性,能在工业上应用
E. 实用新型针对的是具有立体形状、构造的固态产品

4. 甲公司许可乙公司使用其注册商标"阿凡",乙公司必须(　　)。
A. 在使用"阿凡"商标的商品上注明甲公司的名称
B. 在使用"阿凡"商标的商品上注明乙公司的名称
C. 在使用"阿凡"商标的商品上注明产地
D. 将商标使用许可合同报商标局备案
E. 将商标使用许可合同报商标局核准

5. 可以通过合同约定专利申请权归属的情形有(　　)。
A. 委托完成的发明创造
B. 两个以上主体合作完成的发明创造
C. 主要利用本单位物质技术条件所完成的发明创造
D. 执行本单位的任务所完成的发明创造
E. 退休一年内做出的与本职工作有关的发明创造

6. 下列表述中正确的有(　　)。
A. 两个以上的公民、法人可以共同申请注册同一商标
B. 地理标志可申请注册证明商标
C. 三维标志可申请注册商标
D. 商品原料名称不能注册为商标
E. 县级以上行政区划的地名不能注册为商标

7. 以非专利产品冒充专利产品,以非专利方法冒充专利方法的假冒专利行为包括

(　　)。

A. 专利权被宣告无效后,继续在制造或销售的产品上标注原专利标记

B. 伪造或者变造专利证书、专利文件或者专利申请文件

C. 制造或者销售标有专利标记的非专利产品

D. 在广告或者合同中将非专利技术称为专利技术

E. 将他人专利号标注在自己制造或者销售的产品上

8. 根据我国《商标法》的规定,下列标志中不得作为商标注册的有(　　)。

A. 仅有本商品的图形

B. 仅仅直接表示商品的用途

C. 仅仅直接表示商品的主要原料

D. 仅仅直接表示商品的重量

E. 缺乏显著特征

9. 使用注册商标,下列行为中能够导致商标局责令使用者限期改正或者撤销其注册商标的有(　　)。

A. 自行转让注册商标的

B. 商标使用许可合同未报商标局备案的

C. 自行改变注册商标标识的

D. 连续三年停止使用的

E. 自行改变注册商标注册人名义、地址的

10. 依据我国法律,在允许注册商标转让的同时对转让作了限制性的规定,主要包括(　　)。

A. 类似商品使用同一注册商标的不得分开转让

B. 已经许可他人使用的商标不得随意转让

C. 已经质押的注册商标不得随意转让

D. 联合商标不得分开转让

E. 共同所有的商标不得由部分共有人私自转让

三、简答题

1. 简述知识产权的特点。
2. 认定驰名商标应考虑的因素有哪些?
3. 哪些情形属于职务发明创造?
4. 商标法关于侵犯商标权赔偿数额的计算方法有哪些?
5. 专利不丧失新颖性的例外情形有哪些?
6. 国家对必须使用注册商标的商品都有哪些规定?
7. 不授予专利权的例外包括哪些?

8.《商标法》对驰名商标有哪些特殊保护性条款?

9. 简述我国专利优先权。

10. 哪些行为是侵犯注册商标专用权的行为?

四、案例分析题

(一)某医学院教授在科研中使用了魏某的药品专利,对该专利进行实验室分析后在其基础上研制出一种新药;该新药在医学院附属医院中做临床试验,医生在开处方时按照普通药品销售给患者使用;该教授也将这一研究成果发表了一篇新药研制论文,论文中引用了魏某专利文献中的数据。

问:(1)该教授在实验室中利用魏某的专利技术是否会构成侵权?为什么?

(2)该新药在临床试验中使用是否会对魏某的专利构成侵权?为什么?

(二)2005 年 3 月 15 日,甲企业就其生产加湿器申请注册“凯华”商标。由于甲企业的加湿器设计新颖、质优价廉,深受消费者的青睐。为了满足市场需求,甲企业与很多企业签订了商标许可使用合同,但是由于被许可企业的生产状况各不相同,导致“凯华”商标的信誉度有所下降。其中一家被许可方乙企业于 2011 年 4 月 16 日向商标局申请注册“凯华”商标,使用商品为冰箱。

根据上述情况,请回答下列问题:

(1)为了避免“凯华”商标的信誉度继续下降,许可方和被许可方各自应承担什么义务?

(2)乙企业能否获得注册?为什么?

(三)刘英在美国学习期间完成了一项产品发明,于 2009 年 12 月 2 日在美国提出了专利申请,并于 2010 年 5 月 7 日就相同产品在我国提出专利申请,同时提交了要求优先权的书面声明及相关文件。甲企业 2009 年 10 月开始在北京为制造相同产品进行了一系列准备,刘英获得专利权后,甲企业在原有范围内继续制造。

根据上述情况,请回答下列问题:

(1)刘英的申请日是哪一天?为什么?

(2)甲企业是否侵犯了刘英的专利权?为什么?

(四)2005 年,某市美华乳制品厂在其生产的一系列产品上使用“天元”商标,该厂生产的产品质量较好,深受消费者喜爱,曾连续三年被评为“消费者信得过产品”。2011 年 1 月,第三食品厂将“天元”申请商标注册,核准注册后使用在其生产的乳制品上,并要求美华厂停止使用该商标,否则,将指控其侵犯商标权。

根据我国《商标法》的规定回答:

(1)第三食品厂获得商标权是否合法,为什么?

(2)美华乳制品厂如何维护自身的合法权益?

(五)甲公司自行研发了一套电子仪器,同时在我国和 B 国拥有专利权,乙公司发现该电子仪器在国内外的价格差别较大，故欲从价格低的 B 国进口一批电子仪器到我国，为了避免专利侵权，乙公司特意从 B 国市场上购买该电子仪器出口到甲公司没有专利权的 C 国，然后再从 C 国进口到我国。

请问：(1)乙公司的这种行为是否合法，为什么？

(2)甲公司是否可以在 B 国主张乙公司专利侵权，为什么？

(六)“百合花”纺织品公司 2006 年 4 月设计成功一种五彩床单用花布图案，同月向专利局递交外观设计专利申请，2007 年获此项专利权。为了扩大生产，该公司与“金花”服装公司签订合同，许可“金花”实施该项专利生产床单。“金花”公司生产一年后，认为自己也是专利权人，又许可“四芳”纺织厂实施该项专利。“华丽”床上用品商店一向与“四芳”有业务关系，不知此事实真相，替“四芳”销售了大量床单。半年后，“百合花”纺织品公司发现了上述情况，以“金花”、“四芳”和“华丽”为共同被告向法院起诉，要求他们承担赔偿损失的责任。

问：(1)“四芳”纺织厂是否侵权？是否应承担赔偿责任？为什么？

(2)“华丽”床上用品商店是否侵权？是否应承担赔偿责任？为什么？

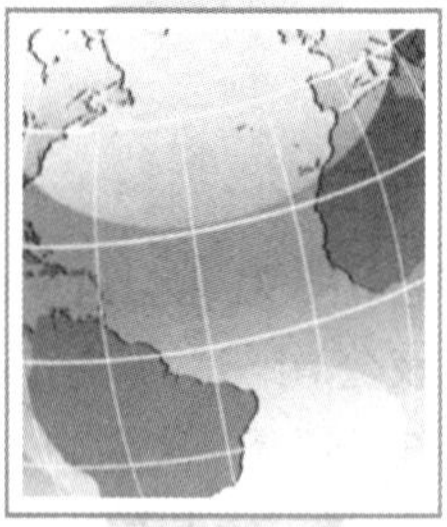

第四章 合同法律制度

一、单项选择题

1. 根据《合同法》第 15 条规定:“(　　)是希望他人向自己发出要约的意思表示。”

A. 要约　　B. 要约邀请　　C. 反要约　　D. 承诺

2. 甲将其电脑借给乙使用,乙却将电脑卖给丙。依据我国《合同法》的规定,下列关于乙、丙之间买卖电脑的合同效力的表述中正确的是(　　)。

A. 无效　　B. 有效　　C. 效力待定　　D. 变更或撤销

3. 教授甲举办学术讲座时,在礼堂外的张贴栏中公告其一部新著的书名及价格,告知有意购买者在门口的签字簿上签名。学生乙未留意该公告,以为签字簿是为签到而设,遂在上面签名,则(　　)。

A. 乙的行为可推定为购买甲新著的意思表示

B. 乙的行为构成重大误解,在此基础上成立的买卖合同可撤销

C. 甲的行为属于要约邀请,二者之间未成立买卖合同

D. 乙的行为并非意思表示

4. 某手表厂为纪念千禧年特制纪念手表 2 000 只,每只售价 2 万元。其广告宣传主要内容为:纪念表为金表,纪念表镶有进口钻石。后经证实,该纪念表为镀金表,进口钻石为进口塑料人造品,每粒价格为 1 元。手表成本约1 000元。为此,购买者与该手表厂发生纠纷。下列对该纠纷的处理中正确的是(　　)。

A. 按无效合同处理,理由为欺诈　　B. 按可撤销合同处理,理由为欺诈

C. 按可撤销合同处理,理由为重大误解　　D. 按有效合同处理

5. 甲于 2009 年 4 月 4 日向乙发出要约,要约中规定本要约于 2009 年 4 月 15 日之前有效,要约于 4 月 6 日中午 12:00 到达乙,那么下列说法中正确的是(　　)。

A. 甲可以在 2009 年 4 月 15 日之前撤回要约

B. 乙若在 2009 年 4 月 17 日作出的承诺也有效

C. 甲可以在 4 月 6 日中午 12:00 之前撤回要约

D. 甲可以在 2009 年 4 月 15 日之前撤销要约

6. 甲、乙两公司拟签订一份书面买卖合同，甲公司签字盖章后尚未将书面合同邮寄给乙公司时，即接到乙公司按照合同约定发来的货物，甲公司经清点后将该批货物入库，次日将签字盖章后的书面合同发给乙公司。乙公司收到后，即在合同上签字盖章。根据《合同法》的规定，该买卖合同的成立时间是（　　）。

A. 甲公司签字盖章时

B. 乙公司签字盖章时

C. 甲公司接受乙公司发来的货物时

D. 甲公司将签字盖章后的合同发给乙公司时

7. 甲、乙约定，由丙每月代乙向甲偿还债务 500 元，期限 2 年。丙履行 5 个月后，以自己并不对甲负有债务为由拒绝继续履行。甲遂向法院起诉，要求乙、丙承担违约责任。下列法院的处理中正确的是（　　）。

A. 判决乙承担违约责任　　B. 判决丙承担违约责任

C. 判决乙、丙连带承担违约责任　　D. 判决乙、丙分担违约责任

8. 甲于 5 月 1 日向乙发出一要约，后反悔欲撤回，遂于 5 月 3 日发出撤回通知。要约于 5 月 5 日返至乙处，但因乙外出，未能拆阅。撤回通知于 5 月 6 日到达乙处，乙于 5 月 7 日返回家中，则此要约（　　）。

A. 有效，因为要约已先于撤回通知到达乙

B. 有效，因为要约发出后不得任意撤回

C. 无效，因为撤回通知和要约同时到达乙

D. 无效，因为要约可以任意撤回

9.《合同法》规定，合同履行地点不明确、给付货币的，应当在（　　）履行。

A. 标的物所在地　　B. 接受货币的一方所在地

C. 给付货币的一方所在地　　D. 任何地点都可以

10. 下列情况下，合同先履行一方可以行使不安抗辩权的是（　　）。

A. 先履行一方有证据证明后履行一方短时期内不能履行合同

B. 先履行一方有证据证明后履行一方经营亏损

C. 先履行一方有证据证明后履行一方有抽逃资金、转移财产、逃避债务的行为

D. 先履行一方有证据证明后履行一方可能被其他企业收购

二、简答题

1. 简述承诺的构成要件。

2. 简述合同履行的概念和原则。

3. 简述合同有效的要件。

4. 简述代位权的概念和成立要件。

5. 简述违约责任的承担方式。

6. 简述抵押与质押的区别。

7. 简述合同订立的过程。

三、案例分析题

(一)A 市甲公司和 B 市乙公司经协商签订了某生产设备的买卖合同。合同约定:甲方向乙方支付合同总金额 10%的定金 20 万元,货物交付后一个月内付清货款,但对合同履行费用及争议解决未作约定。

合同签订后,甲方按约定支付 20 万元定金,乙方按约定的期限交货。由于双方对合同履行中的 2 万元运费发生争议,因此,甲方未按期支付货款,虽经乙方多次催要均无结果。乙方遂向 A 市法院提起诉讼,要求解除合同、返还货物并支付 2 万元的运费。

问:(1)合同履行中发生的 2 万元运费依法应由哪方承担?说明理由。

(2)乙是否应退还 20 万元定金?说明理由。

(3)乙是否有权解除合同?说明理由。

(二)2010 年 5 月 1 日,某商场与某公司之间签订 300 箱卫生纸的购销合同。合同规定,某公司在 5 月 1 日至 5 月 31 日间,分三批交货,待全部货物交清后商场即付清全部货款,2010 年 5 月 5 日,该公司在交付第一批货物 100 箱卫生纸后,发现该商场由于经营管理不善,已申请法院破产,该公司便要求商场提供担保,否则不再履行合同,商场不同意,要求该公司如约履行。双方协商不成,商场向法院起诉。

问:(1)该公司的要求是否有法律依据,为什么?

(2)可采取什么补救措施?

(三)甲公司对乙公司享有 50 万元的到期货款,经索要一直未还。经查,乙公司对丙公司享有 30 万元的到期运费;乙公司对丁公司享有 10 万元的货物债权,已过交付期限;乙公司在戊公司中享有 10 万元价值的股份。乙公司对丙公司未提起诉讼,乙公司对丁公司的货物一直处于催交之中。

问:(1)甲公司能否对丙公司提起代位权诉讼?为什么?

(2)甲公司能否对丁公司和戊公司提起代位权诉讼?为什么?

(3)如果甲公司能够提起代位权诉讼,那么应以谁的名义进行?为什么?

(4)若甲公司代位权诉讼胜诉,次债务人则应向谁履行债务?

(四)甲手机专卖店门口立有一块木板,上书“假一罚十”四个醒目大字。乙从该店购买了一部手机,后经有关部门鉴定,该手机属于假冒产品,乙遂要求甲履行其“假一罚十”的承诺。

问:(1)“假一罚十”是否属于该手机买卖合同的内容?是否有效?

(2)甲能否以显失公平为由请求法院予以变更或者撤销?

(五)甲公司与乙公司于2009年5月20日签订了设备买卖合同,甲为买方,乙为卖方。双方约定:(1)由乙公司于10月30日前分两批向甲公司提供设备10套,价款总计为150万元;(2)甲公司向乙公司给付定金25万元;(3)如一方延迟履行,应向另一方支付违约金20万元;(4)由丙公司作为乙公司的保证人,在乙公司不能履行债务时,丙公司承担一般保证责任。合同依法生效后,甲公司因故未向乙公司给付定金。

7月1日,乙公司向甲公司交付了3套设备,甲公司支付了45万元货款。9月,该种设备价格大幅上涨,乙公司向甲公司提出变更合同,要求将剩余的7套设备价格提高到每套20万元,甲公司不同意,随后乙公司通知甲公司解除合同。11月1日,甲公司仍未收到剩余的7套设备,从而严重影响了其正常生产,并因此遭受了50万元的经济损失。于是,甲公司诉至法院,要求乙公司增加违约金数额并继续履行合同;同时要求丙公司履行一般保证责任。

问:(1)合同约定甲公司向乙公司给付25万元定金是否合法?定金合同是否有效?

(2)乙公司通知甲公司解除合同是否合法?

(3)甲公司要求增加违约金数额依法能否成立?

(4)甲公司要求乙公司继续履行合同依法能否成立?

(六)甲公司的经理马某派赵某去A地的乙厂购买100台彩电,型号、规格、数量明确,有授权委托书写明,并要求收货后三个月内付款。赵某去A地后,与乙厂签订买彩电的合同,同时,了解该厂新生产的空调质量不错,认为一定销路好。于是向厂方说不知该厂空调已正式生产,授权委托书上只有彩电,要求乙厂再签一份空调的购销合同。乙厂同意,双方签订了购销50台空调的合同,价款在收货后三个月内结算。赵某回公司后向马经理汇报了购买彩电和空调的情况,马经理只在彩电合同上盖章,说空调放一放再说。乙厂按两份合同约定的发货期将货发到甲公司,甲公司收货后陆续上柜销售。但由于当年该地气温低,空调销量不好。三个月后,乙厂的彩电货款已到账,而空调款则分文未到,即去信催收,马经理回复,空调机系赵某的越权行为,公司未在合同上盖章,合同与公司无关,应无效。乙厂遂向法院起诉,要求公司给付空调价款,并按合同规定支付逾期付款的罚息,由甲公司承担诉讼费用。

问:(1)本案空调购销合同是否有效?为什么?

(2)本案应如何处理?

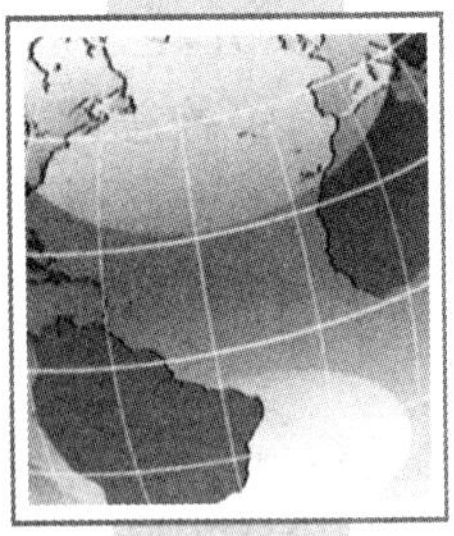

第五章
竞争法律制度

一、单项选择题

1. 下列行为中不属于法律规定的不正当竞争行为的是(   )。
   A. 某市政府发文规定,最近由于本市连续发生多起煤气中毒事件,因此,各单位必须统一使用本市煤气公司生产的煤气安全阀
   B. 某商场为促销,张贴海报,宣传在8月间举办"浓情七日"系列有奖销售,抽奖共分三次,参加者抽奖次数不限,每次最高奖品为价值4 900元的彩电、空调、电脑各一台
   C. 某市果品公司由于货源信息不畅,重复购进了一大批水果,于是决定降价销售,致使本市水果价格大幅度下降
   D. 甲公司为打开市场,经常在各地举行座谈会,并高薪聘请演员在会上表演小品,以调侃的方式演示说明使用其他公司的同类产品可能导致的不良后果

2. 经营者抽奖式有奖销售,最高奖的金额不得超过(   )元。
   A. 1 000   B. 2 000   C. 3 000   D. 5 000

3. 根据《反不正当竞争法》的规定,下列情形中,属于不正当竞争行为中的混淆行为的是(   )。
   A. 甲厂在灯具产品上使用"叁明"商标,而"叁明"是当地乙灯具厂的企业名称
   B. 乙厂在电视台广告中,对其保健品产品效用夸大其词
   C. 丙商场在有奖销售中把所有的奖券刮奖区都印上"未中奖"字样
   D. 丁厂通过关系使得自己的产品获奖,然后将证书复印在自己的产品包装上

二、简答题

1. 简述侵犯商业秘密的不正当竞争行为的表现方式。
2. 简述非正常价格销售商品的不正当竞争行为。
3. 简述不当有奖销售行为。

三、案例分析题

（一）某公司专门生产实木家具，因价格昂贵，市场占有量有限，而复合家具价格便宜、规格齐全、色彩多样，近几年销售量直线上升。为此，该实木家具公司通过广告并利用连环漫画形式长期宣传，以专家身份告诫用户，复合家具有两个特点：一是容易变形；二是甲醛含量过高。一时间，宣传力度大的沪、广两地，复合家具销量锐减。沪市复合家具生产商请国家技术监督局对其有关产品进行质量鉴定，证明上述危害并不存在。

问：该实木家具公司的行为是否构成不正当竞争？为什么？

（二）某一实力雄厚的 B 企业将电视机投放 A 市。A 市电视机市场竞争激烈，有三四家企业也推出了在性能、质量、价格等方面与 B 企业相近的产品，在市场上形成了电视机销售鼎立纷争局面。B 企业为了排挤竞争对手，将销售产品的价格一降再降，最后低于成本销售。与其竞争的一些中小企业为占领市场的一席之地，也试图降价销售，但因实力不足，低于成本销售意味着亏损，为避免亏损经营，不得不退出市场。实力雄厚的 B 企业降价排挤竞争对手的策略成功，在 A 市市场上形成垄断局面，在市场竞争中占据绝对有利的地位。随后，B 企业又以改进型号为名，将价格调高。

问：(1)B 企业的行为构成何种不正当竞争行为？

(2)该行为的特点是什么？

(3)在什么情况下低于成本销售不以不正当竞争行为论？

（三）某市甲厂生产的产品因市场信息来源不足，销售发生困难，而该市乙厂生产的同类产品因市场信息多，销售情况好。由于乙厂对其经营信息采取了保密措施，甲厂无法从公开渠道直接获取。甲厂为了获取乙厂的经营信息（客户名单），扩大本厂产品的销路，牟取利益，租用乙厂附近一间民房，安装了自制的窃听装置。从 2010 年 5 月初开始，甲厂厂长指使本厂两名职工通过电信线路，对乙厂销售科电话进行窃听、录音。到 7 月中旬，共获取乙厂经营信息 200 余条，其中有价值的客户名单 10 多家。同时，甲厂逐一与乙厂客户进行联系，采取以低于乙厂同类产品价格每台1 000多元的报价推销本厂产品，先后与其中 5 家单位达成业务，共推销本厂产品 8 台。

问：甲厂行为属于哪种不正当竞争行为？该如何处理？

（四）甲、乙两厂均为生产饮料的企业，使用在饮料上的商标分别注册 A、B，其中，甲厂是老企业，乙厂是新企业，由于乙厂饮料质优价廉，销路好，使甲厂市场占有率下降，甲厂为了在竞争中取胜，2008 年以来，在该市电视台加大广告宣传力度，广告称："目前本市有一些厂家生产同类产品，与本厂生产的保健饮料在质量上有根本差别，系本厂产品的仿制品，唯有本厂生产的 A 牌饮料不含化学成分，是正宗的。特别提请广大消费者注意，购买保健饮料认准 A 牌商标，谨防上当。"甲厂的广告做出后，许多经营乙厂保健饮料的客户退货，称其是仿制品，造成乙厂近 10 万元的经济损失，于是，乙厂向工商行政管理局机构反映，要求公平处理。

问：甲厂是否构成不正当竞争行为，为什么？

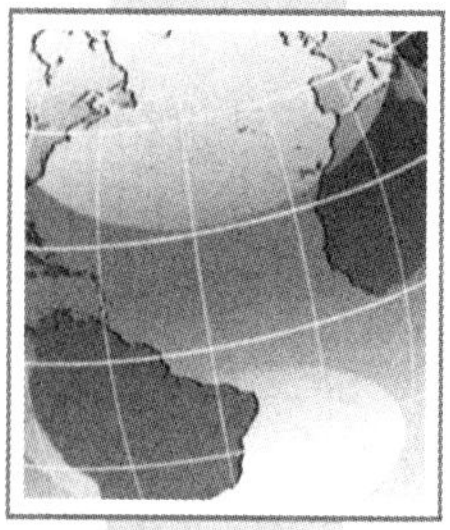

第六章
消费者权益保护法律制度

一、单项选择题

1. (　　)年,将每年的3月15日确定为国际消费者权益保护日。

A. 1960　　B. 1980　　C. 1983　　D. 1987

2. 消费者甲在康达公司举办的商品展销会上,从参展公司乙的柜台上购买了丙企业生产的家用电热水器,使用时漏电。展销会已经结束,经查,展销会期间,乙公司将租赁的部分柜台转租给丁公司,甲不能向(　　)提出赔偿。

A. 康达公司　　B. 乙公司　　C. 丙企业　　D. 丁公司

3. 下列店堂告示中没有违反《消费者权益保护法》规定的是(　　)。

A.“本店商品一旦售出,概不退换”

B.“购买总额在10元以下者,请恕本商场不开发票”

C.“钱物请当面点清,否则后果自负”

D.“如售假药,包赔顾客20 000元”

二、简答题

1. 简述消费者的权利。
2. 简述消费者权利的救济的责任承担情形。

三、案例分析题

(一)某市体育馆于2009年春节期间利用场馆淡季开展经营招商,出租场地举办家具展销会。20余家国有、集体和私营的家具加工厂进馆,承租展销家具。体育馆未要求承租厂家表明租赁关系。展销会举办期间,购销两旺,展期满一个月后,于2010年4月5日结束。5月初,有数位消费者找到体育馆,要求对所购家具进行修理并赔偿损失。当时展销会已经结束,体育馆负责人称,我们只管出租场地,商品质量与我们无关。消费者要求体育馆提供生产厂家的地址，体育馆却无法提供。为此双方发生纠纷，消费者遂向消费者协会投诉，请求解决。

问：(1)体育馆是否应承担责任？为什么？

(2)该纠纷应如何解决？

(二)甲超市为吸引消费者，趁周年庆打出"周年庆祝期间，当日消费满 500 元者，可抽奖：一等奖法国 5 日游(价值15 000元，1 名)；二等奖新、马、泰、港、澳 7 日游(价值8 000元，5 名)；三等奖九寨沟 4 日游(价值1 000元，15 名)"的广告。正当该超市有奖销售进行得如火如荼时，乙超市提出甲超市的行为侵犯了包括乙超市在内的所有商业企业的利益，要求有关部门加以制止，并赔偿其损失。

问：(1)甲超市的行为是否构成侵权？为什么？

(2)如果构成侵权，应由哪些部门进行查处？其职权有哪些？

(3)本案应如何处理？

(三)2009 年 1 月，张某从某商场购买一台秋实电视机厂生产的"秋实"牌彩色电视机，使用两年后，由于显像管质量问题，电视机无影。张某找商场要求修理，但商场称是生产厂家的责任，与商场无关。秋实电视机厂远在外省，张某只好自认倒霉，3 个月后，商场附近成立了生辉电视机厂，为秋实电视机厂与辉朋电视机厂合并后成立。张某到生辉电视机厂提出修理电视机，得到的答复是："秋实电视机厂已经不存在了，对以前的事我们概不负责。"

问：(1)商场应否对张某的电视机负责修理？

(2)生辉电视机厂不负责修理的理由是否成立？

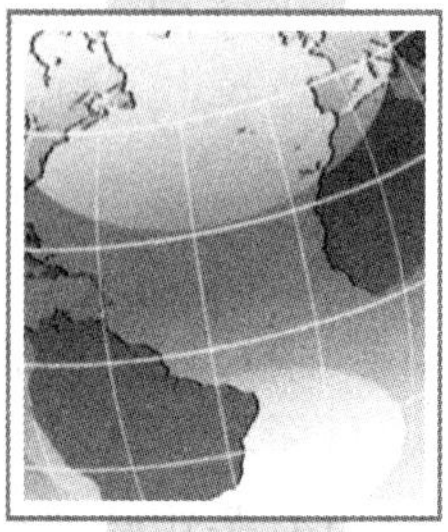

第七章 产品质量法律制度

一、单项选择题

1. 依据产品质量法，国家对产品质量实行以抽查为主要方式的监督检查制度，下列产品不是重点抽查对象的是（　　）。

A. 影响国计民生的重要工业产品

B. 可能危及人体健康和人身、财产安全的产品

C. 消费者协会反映有质量问题的产品

D. 建设工程

2. 甲从乙公司购得燃气热水器一台，因该热水器质量不合格，致使甲在使用时一氧化碳中毒，经抢救方脱离危险，则下列说法中不正确的是（　　）。

A. 乙公司未完全履行合同义务

B. 甲可向乙公司追究侵权责任

C. 甲可向乙公司追究违约责任

D. 甲可同时向乙公司追究侵权责任和违约责任，乙公司均应予以承担

二、简答题

1. 简述生产者对产品质量责任的免责情形。

2. 简述产品质量法中产品质量管理的规定。

3. 简述销售者的义务与责任。

三、案例分析题

（一）某体育器材厂生产拉力器，成品出厂前经检验员严格检测，将有缺陷产品放入废品库存房，该厂库存管理员张某不知道该库房存放的是不合格产品，而是从库房中私自拿了一件拉力器送给朋友张某。张某在正常使用情况下因缺陷产品断裂而造成身体伤害，

张某于是向体育器材厂要求赔偿。

问:体育器材厂是否负赔偿义务?为什么?

(二)某医院给病人张某开的治疗皮肤病的药物,使用后不但未缓解病情,反而加重了病情。经检验,该药物虽尚在使用期内,但这批药在医院仓库里因存放不当,已严重变质。

问:该案应如何处理?为什么?

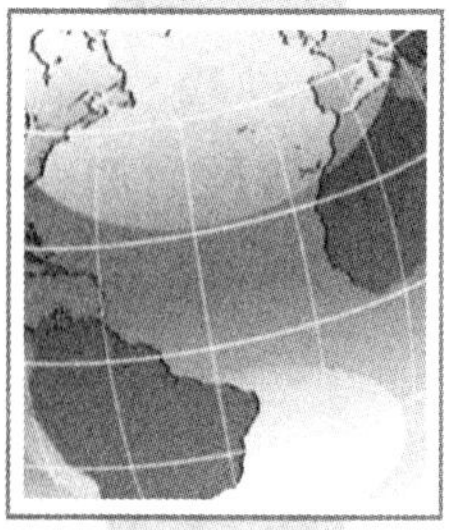

第八章 财政法律制度

一、单项选择题

1. 下列选项中不是社会主义计划经济体制下计划财政职能的是（　　）。

A. 分配职能　　B. 监督职能　　C. 稳定职能　　D. 调节职能

2. 我国国家预算实行一级政府一级预算，全国共分为（　　）预算。

A. 5 级　　B. 4 级　　C. 3 级　　D. 2 级

3. 某县政府年度支出预算 5 000 万元，根据《预算法》可设置预备费（　　）元。

A. 400 万～500 万　　B. 300 万～400 万　　C. 200 万～300 万　　D. 50 万～150 万

4. 根据《政府采购法》的规定，A 市人民政府需要采购一批货物，这批货物具有特殊性，只能从有限范围的供应商处采购此批货物，那么，A 市人民政府适用的政府采购方式是（　　）。

A. 公开招标方式　　B. 邀请招标方式　　C. 竞争性谈判方式　　D. 单一来源方式

5. 我国现行财政转移支付制度的形式不包括（　　）。

A. 体制补助或上解　　B. 税收返还　　C. 专项拨款　　D. 税收减免

6. 关于市场经济条件下，下列国债功能的论述中错误的是（　　）。

A. 弥补财政赤字　　B. 合理调节收入差距

C. 对财政预算进行调剂　　D. 对国民经济运行进行宏观调控

7. 关于分权型财政收支划分模式，下列说法中正确的是（　　）。

A. 分权型模式并非指地方享有大部分财政收入

B. 在分权型模式下，中央政府仍承担大部分的财政职能

C. 在分权型模式下，地方政府具有相对独立的财政收支范围

D. 荷兰原本是分权型财政收支划分模式，现正向集权型模式转变

8. 在财政法的体系中，处于核心法、骨干法地位的是（　　）。

A. 预算法　　B. 政府采购法

C. 国库集中收付制度　　　　D. 税法

9. 使用财政性资金采购依法制定的集中采购目录以内的或者限额标准以上的货物、工程和服务的单位中，不适用《政府采购法》的主体是(　　)。

A. 国家机关　　B. 事业单位　　C. 社会团体　　D. 国有企业

10. 下列关于全国人民代表大会的预算管理职权的表述中不正确的是(　　)。

A. 审查中央和地方预算草案及中央和地方预算执行情况的报告

B. 批准中央预算和中央预算执行情况的报告

C. 改变或者撤销全国人民代表大会常务委员会关于预算、决算的不适当的决议

D. 撤销国务院制定的与宪法、法律相抵触的关于预算、决算的行政法规、决定和命令

11. 依据有关法律规定，下列选项中适用《政府采购法》的是(　　)。

A. 某中外合资经营企业采购设备

B. 某国有独资公司采购基本建设项目设备

C. 某高等院校用教育经费拨款购买教学用计算机

D. 某上市公司承揽了国家重点建设项目而采购加工设备

12. 下列关于县级以上地方各级人民代表大会常务委员会的预算管理职权的表述中不正确的是(　　)。

A. 监督本级总预算的执行

B. 审查和批准本级预算的调整方案

C. 审查和批准本级政府决算

D. 审批本级预算和本级预算执行情况的报告

13. 政府集中采购目录和限额标准由(　　)确定并公布。

A. 省级人民政府　　　　B. 市级人民政府

C. 县级人民政府　　　　D. 乡、民族乡、镇政府

14. 以下属于采购代理机构义务的是(　　)。

A. 依法发布采购信息

B. 投标中标后，按规定程序签订政府采购合同并严格履行合同义务

C. 在指定媒体及时向社会发布政府采购信息、招标结果

D. 遵守采购代理机构的工作秩序

15. 国库集中收付制度也称为(　　)。

A. 国库集中支付制度　　　　B. 国库收入收缴制度

C. 国库单一账户制度　　　　D. 国库集中管理制度

16. (　　)不属于我国外债管理机构。

A. 国家发改委　　B. 审计署　　C. 财政部　　D. 中国人民银行

17. 中央与地方共享收入中，中央分享增值税的比例是(　　)。

A. 25%　　B. 30%　　C. 60%　　D. 75%

18. (　　)不是财政分配的基本特征。

A. 主体性　　B. 强制性　　C. 分散性　　D. 无偿性

19. 下列关于财政法地位的说法中正确的是(　　)。

A. 属于行政法

B. 属于民法

C. 属于经济法的部门法

D. 与经济法、行政法、民法并列的一个独立法律部门

20. 从转移支付形式的确定性来看,最稳定、最大量的是(　　)。

A. 专项转移支付　　B. 特殊转移支付

C. 一般性转移支付　　D. 政策性转移支付

二、多项选择题

1. 下列属于财政法调整对象的有(　　)。

A. 财政收支划分关系　　B. 预算管理关系

C. 税收关系　　D. 财政监督关系

2. 财政收入收缴方式主要有(　　)。

A. 直接缴库　　B. 集中汇缴　　C. 分散汇缴　　D. 代扣代缴

3. 财政支出支付方式主要有(　　)。

A. 财政授权支付　　B. 银行代理支付　　C. 财政直接支付　　D. 银行集中支付

4. 我国《预算法》规定的预算收入形式包括(　　)。

A. 税收收入　　B. 罚没收入　　C. 专项收入　　D. 规费收入

5. 下列政府采购行为中,适用我国《政府采购法》规定的有(　　)。

A. 我国境内国家机关适用财政资金采购法定的服务项目

B. 澳门特别行政区政府采购货物

C. 我国境内事业单位适用财政资金采购法定的货物

D. 由于严重的自然灾害,我国实施的紧急采购行为

6. 下列关于乡、民族乡、镇政府的预算管理职权的表述中正确的有(　　)。

A. 编制本级预算、决算草案

B. 向本级人民代表大会作关于本级预算草案的报告

C. 组织本级预算的执行

D. 编制本级预算的调整方案

7. 下列有关决算草案的编制、审批的表述中不正确的有(　　)。

A. 决算草案由各级政府、各部门、各单位,在每一预算年度终了后按照国务院规定的时间编制,具体事项由国务院财政部门部署

B. 各部门对所属各单位的决算草案，应当审核并汇总编制本部门的决算草案，在规定的期限内报本级政府财政部门审核

C. 国务院财政部门编制中央决算草案，再提请全国人民代表大会常务委员会审查和批准

D. 县级以上地方各级政府财政部门编制本级决算草案，再提请本级人民代表大会常务委员会审查和批准

8. 下列选项中可以作为政府采购当事人中采购人的有(　　)。

A. 中华人民共和国商务部　　B. 人民教育出版社

C. 中国红十字会　　D. 甲个人独资企业

9. 按照使用用途不同可以将国债划分为(　　)。

A. 赤字国债　　B. 建设国债　　C. 上市国债　　D. 特种国债

10. 国债的偿还方式包括(　　)。

A. 直接偿还法　　B. 买销偿还法　　C. 抽签偿还法　　D. 轮次偿还法

三、简答题

1. 简述财政在市场经济中的作用。
2. 简述预算立法的意义。
3. 预算收入和预算支出包括哪些?
4. 简述乡级人民代表大会的预算管理权限。
5. 简述国债的功能。
6. 影响国债利率的主要因素有哪些?
7. 我国“分税制”财政管理体制的特点有哪些?
8. 简述政府采购的原则。
9. 政府采购可以采用的方式有哪些?
10. 在招标采购中废标的情形有哪些?

四、案例题

(一)2011 年 9 月，新农县人民政府收到辖区内某乡人民政府报送备案的决算。县人民政府认为，该决算存在不适当之处，于是召集县人民政府全体会议，以县人民政府的名义作出撤销某乡报送备案决算的决议。

问:本案中，新农县人民政府的做法对吗? 为什么?

(二)分布在上海浦东新区的 120 所学校集中采购计算机3 120台，本项目被列入政府采购范围。计算机的配置要求高，尤其是 120 台教师用机在本次采购机型中为当前最先进配置、具有极高性能价格比的高档多媒体计算机。学生用机的数量也具有前所未有的规模。由于本次招标计算机的数量多，所以在确定招标方式上，既考虑 120 所学校需要计

算机的紧迫性，又考虑到采购程序的严密性、招标的最大范围的公开性，最终把招标方式确定为公开招标。招标文件编制的具体做法是将计算机分为A、B和C三个包，A包为2 000台学生用机，B包为1 000台学生用机，C包为120台教师用机。这样安排主要考虑到两个因素：其一是要求制造供应商供货时间短，可能的话，3 000台计算机由两家供应商提供，缩短制造周期；其二是教师机要求配置高，性能稳定可靠，兼顾到中高档国内外品牌的投标、中标机会。8月24日以公开招标的方式在浦东新区政府采购网站上发布招标公告，8月25日在《解放日报》上发布招标公告。8月27日开始出售标书，共有15家公司购买了招标文件。9月6日在浦东新区政府采购中心开标，9月7日评标，两家公司分别中标学生用机和教师用机，到10月13日完成学校的安装调试。本次招标项目节约364.8万元，节约率达21.9%。

问：(1)本案为什么采用公开招标？

(2)可否采用其他方式？陈述理由。

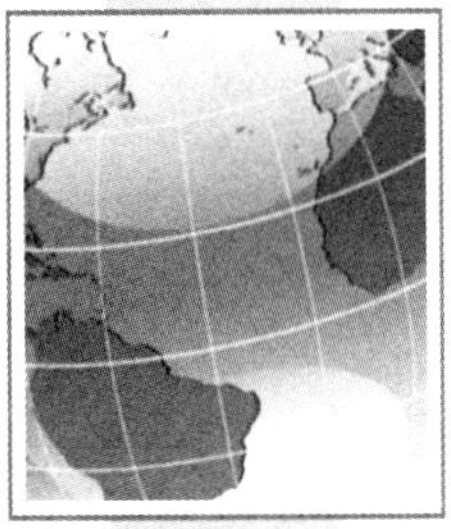

第九章 税收法律制度

一、单项选择题

1. 下列不属于税收基本特征的是(　　)。
   A. 无偿性　　B. 固定性　　C. 独立性　　D. 强制性
2. 下列税种中属于流转税的是(　　)。
   A. 个人所得税　　B. 消费税　　C. 资源税　　D. 契税
3.《税收征管法》属于(　　)。
   A. 税收法律　　B. 税收规章　　C. 税收法规　　D. 税收暂行规定
4. 下列不是按征税对象的不同而对税法进行分类的是(　　)。
   A. 流转税法　　B. 所得税法　　C. 遗产税法　　D. 财产税法
5. 下列不是累进税率基本形式的是(　　)。
   A. 全额累进税率　　B. 超额累进税率　　C. 全率累进税率　　D. 定额累进税率
6. 耕地占用税的税率为(　　)。
   A. 地区差别定额税率　　B. 行业差别定额税率
   C. 地区差别比例税率　　D. 行业差别比例税率
7. 税收债权可以优先于(　　)而行使。
   A. 无担保的普通债权　　B. 在欠税之前发生的有担保的债权
   C. 企业破产费用　　D. 劳动保险费用
8. 下列不属于税务代理基本原则的是(　　)。
   A. 依法代理原则　　B. 自愿有偿原则
   C. 客观公正原则　　D. 诚实信用原则
9. 税款征收的强制执行措施有(　　)。
   A. 必须经县以上税务局(分局)局长批准,才能适用
   B. 扣缴义务人依法履行代扣、代收税款义务时,纳税人拒绝的,扣缴义务人报税务

机关批准后可采用强制执行措施

C. 纳税担保人不应成为强制执行措施的对象

D. 税务机关扣押商品，必须开付收据

10. 下列用地中不属于免征耕地占用税对象的是（　　）。

A. 部队用地设施

B. 学校、幼儿园、养老院、医院用地

C. 铁路线路、飞机场跑道用地

D. 直接为农业生产服务的农田水利设施用地

11. 根据城镇土地使用税法律制度的规定，下列各项中属于城镇土地使用税计税依据的是（　　）。

A. 建筑面积　　B. 使用面积

C. 居住面积　　D. 实际占用土地的面积

12. 根据印花税法律制度的规定，下列各项中属于印花税纳税人的是（　　）。

A. 合同的双方当事人　　B. 合同的担保人

C. 合同的代理人　　D. 合同的鉴定人

13. 下列税率形式中适用于印花税的是（　　）。

A. 定额税率　　B. 超额累进税率　　C. 比例税率　　D. 全额累进税率

14. 根据房产税法律制度的规定，下列各项中不属于房产税纳税人的是（　　）。

A. 城区房产使用人　　B. 城区房产代管人

C. 城区房屋所有人　　D. 城区房屋出典人

15. 下列各项中，可以按照当地适用税额减半征收耕地占用的是（　　）。

A. 供电部门占用耕地新建变电站　　B. 农村居民占用耕地新建住宅

C. 市政部门占用耕地新建自来水厂　　D. 国家机关占用耕地新建办公楼

16. 下列关于税收强制执行措施的表述中正确的是（　　）。

A. 税收强制执行措施不适用于扣缴义务人

B. 作为家庭唯一代步工具的轿车，不在税收强制执行的范围之内

C. 税务机关采取强制执行措施时，可对纳税人未缴纳的滞纳金同时强制执行

D. 税务机关可对未按期缴纳工薪收入个人所得税的个人实施税收强制执行措施

17. 某盐场 2010 年度占地200 000平方米，其中，办公楼占地20 000平方米，盐场内部绿化占地50 000平方米，盐场附属幼儿园占地10 000平方米，盐滩占地120 000平方米。盐场所在地城镇土地使用税单位税额为 0.7 元/平方米。该盐场 2010 年应缴纳的城镇土地使用税为（　　）元。

A. 14 000　　B. 49 000　　C. 56 000　　D. 140 000

18. 甲国某公司 2008 年度国内应纳税所得额 100 万元，来自乙国分公司的应纳税所得额为 50 万元。甲国所得税实行超额累进税率，年所得 60 万元以下的部分，税率为

25%；超过60万元至120万元的部分，税率为35%；超过120万元的部分，税率为45%。乙国所得税实行30%的比例税率。假定甲国采用累进免税法，则该公司在甲国应缴纳的所得税为（　　）万元。

A. 29　　B. 33　　C. 34.5　　D. 49.5

19. 下列各项中，不属于营业税纳税人的是（　　）。

A. 转让不动产者　　B. 销售农产品者

C. 从事农业技术培训者　　D. 提供殡葬服务者

20. 纳税人未按规定期限缴纳税款的，税务机关除责令其限期缴纳外，从滞纳税款之日起，按日加收滞纳税款一定比例的滞纳金，该比例是（　　）。

A. 1‰　　B. 0.1‰　　C. 5‰　　D. 0.5‰

二、多项选择题

1. 税收法定原则是税法中非常重要的基本原则，或称为税法的最高法律原则，它一般由（　　）组成。

A. 税收要素法定原则　　B. 交税合法性原则

C. 税收要素明确原则　　D. 征税合法性原则

2. （　　）的征收管理不适用于《税收征管法》。

A. 农业税　　B. 牧业税　　C. 耕地占用税　　D. 契税

3. 根据城镇土地使用税法律制度的规定，在城市、县城、建制镇和工矿区范围内，下列单位中属于城镇土地使用税纳税人的有（　　）。

A. 拥有土地使用权的国有企业

B. 拥有土地使用权的私营企业

C. 使用土地的外商投资企业

D. 使用土地的外国企业在中国境内设立的机构

4. 根据契税法律制度的规定，下列各项中应当缴纳契税的有（　　）。

A. 房屋买卖　　B. 房屋出租

C. 国有土地使用权出让　　D. 土地使用权抵押

5. 根据税收法律制度的规定，下列各项中规定了比例税率和定额税率两种税率形式的税种有（　　）。

A. 印花税　　B. 消费税　　C. 房产税　　D. 营业税

6. 根据《房产税暂行条例》的规定，下列各项中符合房产税纳税人规定的有（　　）。

A. 将房屋产权出典的，承典人为纳税人

B. 将房屋产权出典的，产权所有人为纳税人

C. 房屋产权未确定的，房产代管人或使用人为纳税人

D. 产权所有人不在房产所在地的，房产代管人或使用人为纳税人

7. 我国目前的关税税率包括(　　)。
A. 普通税率　　B. 优惠税率　　C. 出口税率　　D. 过境税率
8. 营业税按行业实行有差别的比例税率,其中适用5%营业税税率的有(　　)。
A. 文化体育业　　B. 金融保险业　　C. 交通运输业　　D. 销售不动产
9. 下列关于资源税的扣缴义务人履行扣缴义务的规定的说法中,正确的有(　　)。
A. 扣缴义务人代扣代缴资源税义务的发生时间为扣缴义务人接受应税资源的当天
B. 扣缴义务人代扣代缴资源税的地点为其机构所在地
C. 主管税务机关应按照规定提取并向扣缴义务人支付手续费
D. 扣缴义务人代扣代缴资源税时,要建立代扣代缴税款账簿,序时登记资源税代扣代缴税款报告表
10. 税务登记的种类包括(　　)。
A. 开业税务登记　　B. 变更税务登记
C. 注销税务登记　　D. 外出经营税务登记

三、简答题

1. 简述税法的基本原则。
2. 简述增值税的税率。
3. 哪些项目可以免征增值税?
4. 简述营业税的征税范围。
5. 简述消费税税目。
6. 简述企业所得税的纳税人。
7. 简述个人所得税的税目。
8. 可以免交车船税的车船包括哪些?
9. 简述印花税的征税范围。
10. 税务机关可以采取的税务保全措施和强制执行措施有哪些?

四、案例题

(一)某电视机厂(为增值税一般纳税人)本纳税期内发生下列业务:(1)向某商业批发公司销售甲种型号电视机500台,每台950元(不含税);(2)向某零售商店销售乙种电视机100台,每台1 040元(含税);(3)向某敬老院赠送丙种型号电视机10台,每台1 000元(不含税);(4)外购机器设备1台,取得专用发票注明价款200 000元,税款5 000元,机器设备已验收入库;(5)外购电视机零配件支付50 000元,专用发票注明税款8 500元,其中10 000元配件因质量不合格而退货,并收回税款1 700元;(6)该电视机厂在销售电视机的同时提供运输劳务,本期取得运输劳务费收入10 000元。

要求：根据上述资料，依据税法规定，计算该厂本期应纳增值税额并说明理由。

（二）南方汽车运输公司 2010 年 8 月份取得货运收入300 000元；托运装卸收入80 000元；货物堆存收入15 000元；租借固定资产（货运汽车）租金收入30 000元；下设的歌厅当月门票收入50 000元。

已知：上述各项收入均单独核算，交通运输业营业税税率为 3%，服务业营业税率为 5%，娱乐业适用税率为 15%。

要求：计算该汽车运输公司当月应纳的营业税额。

（三）国内 A 企业 2009 年度取得收入8 000万元，其他业务收入2 000万元，发生各项成本费用支出6 000万元，尚有未弥补完的 2003 年度发生的亏损 15 万元。企业当年申报纳税情况如下：应纳所得税额＝(8 000＋2 000－6 000－15)×25%＝996.25(万元)。

税务机关核查发现该企业在成本费用中列支了以下几项支出：(1)工资总额 300 万元(该企业职工总数 100 人，计税工资标准每月人均2 000元)。(2)按工资总额提取的职工福利费、职工教育经费、职工工会经费共计 70 万元。(3)直接赞助“城市运动会”50 万元。

要求：根据相关法律指出企业纳税的错误之处，并计算企业应补交的企业所得税额。

（四）肖女士 2010 年承包所得30 000元，若采用全额累进税率，其应缴纳的个人所得税款为多少？若采用超额累进税率，其应缴纳的个人所得税款又是多少？假设肖女士 2010 年承包所得为30 001元，分别适用全额累进税率和超额累进税率两种方法，计算其应缴纳的个人所得税款又是多少？

（五）经税务机关查出，某内资企业 2010 年度将转让无形资产使用权所取得的收入 60 万元存入其账外形成的“小金库”，未列入全年收入总额；同时还多列支了管理费用 10 万元。该企业 2010 年全年收入总额为 800 万元，准予扣除的项目为 310 万元。

问：(1)计算该企业 2010 年的全年应纳企业所得税税款。

(2)该企业的违法行为属于什么性质的违法行为？如何处理？

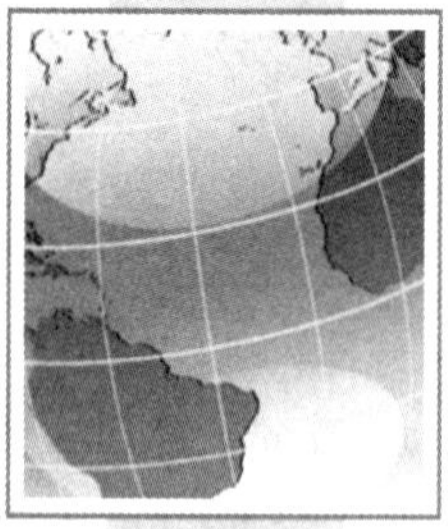

第十章
银行法律制度

一、单项选择题

1. 设立城市合作商业银行的注册资本最低限额为(　　)亿元。

A. 10　　B. 5　　C. 1　　D. 0.5

2. 各国金融体制一般都以(　　)为主导。

A. 商业银行　　B. 中央银行　　C. 货币　　D. 保险公司

3. 商业银行已经或者可能发生信用危机,严重影响存款人的利益时,中国人民银行可以对该银行实行接管,但接管期限最长不得超过(　　)。

A. 6个月　　B. 1年　　C. 2年　　D. 3年

4. 在(　　)情况下,国务院银行业监督管理委员会可以对商业银行实施接管。

A. 严重违法经营　　B. 发生重大违约行为

C. 可能发生信用危机　　D. 擅自开办新业务

5. 任何单位和个人购买商业银行股份总额比率(　　)以上的,应事先经国务院银行业监督管理委员会批准。

A. 5%　　B. 8%　　C. 10%　　D. 15%

6. 根据《商业银行法》的规定,企事业单位可以自主选择一家商业银行的营业场所开立一个办理日常转账结算和现金收付的(　　)。

A. 临时账户　　B. 一般账户　　C. 基本账户　　D. 专用账户

7. 我国银行监督管理机构对银行实施监管的原则是(　　)。

A. 公开、公正、公平　　B. 依法、公开、公正、效率

C. 公开、公正、效率　　D. 依法、公正、效率

8. 下列关于中国人民银行执行货币政策的表述中正确的是(　　)。

A. 中国人民银行在全国人民代表大会领导下独立执行货币政策

B. 中国人民银行在全国人民代表大会领导下与国家财政部共同执行货币政策

C. 中国人民银行在国务院领导下独立执行货币政策

D. 中国人民银行在国务院领导下与国家财政部共同执行货币政策

9. 根据我国银行业监督管理法的规定，在我国境内设立的(　　)不属于银行业监督管理的对象。

A. 农村信用合作社　　B. 财务公司

C. 信托投资公司　　D. 证券公司

10. 商业银行破产时，其破产财产的分配顺序为(　　)。

A. 破产费用、所欠职工工资和劳动保险费用、个人储蓄存款的本金和利息、破产企业所欠税款、破产债权

B. 破产费用、个人储蓄存款的本金和利息、所欠职工工资和劳动保险费用、破产企业所欠税款、破产债权

C. 破产费用、所欠职工工资和劳动保险费用、破产企业所欠税款、个人储蓄存款的本金和利息、破产债权

D. 个人储蓄存款的本金和利息、破产费用、所欠职工工资和劳动保险费用、破产企业所欠税款、破产债权

11. 中国人民银行实行(　　)。

A. 行长负责制　　B. 集体负责制

C. 货币政策委员会共同负责制　　D. 党委负责制

12. 中国人民银行的亏损应(　　)。

A. 由下一年度的利润来弥补　　B. 从总准备金中弥补

C. 通过发行货币弥补　　D. 由中央财政拨款弥补

13. 下列关于中国人民银行的表述中正确的是(　　)。

A. 因为是国家机关，所以不能从事市场活动

B. 因为属于国家所有，所以应在各级人民政府的指导下进行工作

C. 各地分行是总行的派出机构，享有独立的法人资格，在总行授权范围内，负责本辖区的金融监管工作，独立行使权力

D. 因为从事金融业务活动，所以也存在盈亏问题

14. 根据《商业银行法》的规定，下列有关商业银行的表述中正确的是(　　)。

A. 商业银行既可以是国有独资银行，也可以是非国有的股份制银行

B. 商业银行是依照《商业银行法》而非《公司法》设立的

C. 经国务院银行业监督管理机构批准成立的商业银行的分支机构依法独立承担民事责任

D. 商业银行只能被接管而不能破产

15. 商业银行根据业务需要，可以在我国境内、外设立分支机构。设立分支机构须报(　　)批准。

A. 商业银行总行所在地的人民政府　　B. 国家财政部
C. 中国银行业监督管理委员会　　D. 国家发改委

16. 以国家重点建设为主要融资对象的政策银行是(　　)。
A. 中国人民银行　　B. 中国农业发展银行
C. 国家开发银行　　D. 中国进出口银行

17. 我国《商业银行法》规定,银行工作人员不得在其他经济组织兼职。作为一家银行的部门总经理,孙某在当地企业家协会兼任顾问的行为,(　　)。
A. 违反了有关法律法规和职业操守的规定,必须停止兼职活动
B. 非营利机构属于允许范围内的兼职活动,并应当向所在银行披露自己的兼职身份
C. 非营利机构属于允许范围内的兼职活动,可以把一半以上的时间用于此兼职工作
D. 与银行业务不直接相关,因此可以不披露自己的兼职工作

18. 商业银行的贷款余额与存款余额的比例(　　)。
A. 不得低于 25%　　B. 不得低于 10%　　C. 不得超过 50%　　D. 不得超过 75%

19. 我国商业银行的资本充足率不得低于(　　)。
A. 8%　　B. 10%　　C. 15%　　D. 20%

20. 国务院银行监督管理机构对中国人民银行提出的检查银行业金融机构的建议,应当在收到建议之日起(　　)内予以回复。
A. 3 日　　B. 15 日　　C. 30 日　　D. 3 个月

二、多项选择题

1. 目前我国的政策性银行包括(　　)。
A. 国家开发银行　　B. 中国农业银行
C. 中国进出口银行　　D. 中国农业发展银行

2. 下列商业银行同业拆借的行为中违反了法律规定的有(　　)。
A. 约定拆借期限为 6 个月
B. 用拆入资金发放房地产开发项目贷款
C. 拆出资金为交足存款准备金之前的闲置资金
D. 将拆入资金用于解决临时性周转资金的需要

3. 根据银行监督管理法的规定,银行业金融机构违反审慎经营规则且逾期改正的,国务院银行业监督管理机构可以对其采取的措施包括(　　)。
A. 限制资产转让　　B. 限制分配红利
C. 责令暂停部分业务　　D. 促成机构重组

4. 依据商业银行法,下列表述中正确的有(　　)。

A. 商业银行注册资本是实缴资本
B. 设立城市合作商业银行的注册资本最低限额为2亿元人民币
C. 商业银行可以自主决定在境内设立分支机构
D. 商业银行自取得营业执照之日起超过6个月无正当理由未开业的,国务院银行业监督管理机构可以吊销其经营许可证

5. 下列情形中,不得担任商业银行高级管理人员的有(　　)。
A. 因犯有贪污、贿赂、侵占财产、挪用财产罪或者破坏社会经济秩序罪,被判处刑罚的
B. 因犯罪被剥夺政治权利的
C. 担任因经营不善破产清算的公司、企业董事或者厂长、经理的
D. 个人所负债务数额巨大的

6. 商业银行用于同业拆借的拆出资金限于(　　)。
A. 留足存款准备金　　B. 留足备付金
C. 归还中国人民银行到期贷款　　D. 留足当月到期的偿债资金

7. 商业银行在中华人民共和国境内不得从事的行为有(　　)。
A. 从事信托投资　　B. 从事股票业务
C. 投资于非自用房地产　　D. 向非银行金融机构和企业投资

8. 下列人员中属于《商业银行法》中的"关系人"的有(　　)。
A. 商业银行的董事　　B. 商业银行的监事
C. 商业银行的信贷业务人员　　D. 商业银行的董事投资的公司

9. 银行业监督管理机构在银行业金融机构违反审慎经营规则时,可以作出的行政管制措施有(　　)。
A. 责令调整董事、高级管理人员或者限制其权利
B. 限制资产转让
C. 责令暂停部分业务,停止批准开办新业务
D. 责令控股股东转让股权或者限制有关股东的权利

10. 中国人民银行有权对(　　)进行检查监督。
A. 执行有关黄金管理规定的行为　　B. 执行有关反洗钱规定的行为
C. 执行有关外汇管理规定的行为　　D. 执行有关人民币管理规定的行为

三、简答题

1. 中国人民银行的货币政策工具有哪些?
2. 银行业金融机构违反审慎经营规则时,银行业监督管理机构可以采取哪些措施?
3. 中国人民银行的职责有哪些?
4. 我国现行的金融机构体系由哪几部分组成?

5. 简述商业银行的设立条件。

6. 简述《商业银行法》对商业银行资产负债管理的规定。

7. 哪些人不能担任商业银行的董事、高级管理人员？

8. 简述国家开发银行资金的主要来源。

四、案例题

（一）2004 年 8 月 4 日，中国银行业监督管理委员会（银监会）网站发布公告《银监会严肃查处国有商业银行两起重大票据诈骗案件》，称，近日，银监会对国有商业银行两起重大票据诈骗案件进行了严肃查处，并将查处情况通报各银监局和商业银行。这两起票据案件涉及河南、广东、贵州三省的多个城市，以及工商银行、农业银行、建设银行等 5 家分支机构，诈骗分子以金钱收买银行工作人员，利用商业承兑汇票回购和以贴现方式骗取银行资金 2.58 亿元，损失非常严重，影响极为恶劣。银监会责成有关商业银行和银行监管部门对涉案人员和相关责任人员进行严肃处理。三家银行共处理工作人员 35 名，分别给予开除党籍、行政开除和其他党纪、政纪处分。对涉嫌经济犯罪的李晓燕、杨红霞、陆世勤、石世芳、黄学良等人分别移送司法机关。银监会依据《银行业监督管理法》和《金融机构高级管理人员任职资格管理办法》，对移送司法机关和受到行政处分的有关涉案人员，分别作出了取消金融机构任职资格终身和 10 年、8 年、5 年的决定。银监会要求各商业银行认真吸取上述案件教训，分析票据业务中存在的风险和问题，切实加强管理，健全内控制度，有效防范票据业务风险。

问：(1)银监会具有何种法律地位？与各商业银行间是什么关系？

(2)查处本案体现了法律授予银监会的何种职权？除本案体现的职权外，银监会的主要职权还有哪些？

（二）2010 年，某市新成立了一家城市信用合作商业银行 A，成立之初即进行了两笔业务：一笔是购买政府债券 500 万元，另一笔是向该市新客隆超市投资 100 万元。

根据上述情况，请回答下列问题：

(1)A 银行作为一家城市合作银行，新设立时其注册资本最低限额应该是多少元？

(2)A 银行的两笔业务属于商业银行的何种业务？

(3)A 银行的两笔业务是否符合《商业银行法》的规定？如果不符合，根据《商业银行法》的规定，对 A 银行应该怎样处理？

（三）2009 年 2 月，某商业银行与某房地产开发公司共同开发某经济特区的房地产项目，并成立项目公司，因该行副行长兼任房地产公司副董事长，商业银行向该项目公司投资 1 亿元。同年 6 月，房地产开发公司以该公司的房地产作抵押，向商业银行提出贷款申请，商业银行经审核后，向其发放了 2 亿元抵押贷款。该行当月资本余额为 17.9 亿元。2010 年 7 月，房地产开发公司因经营亏损濒临破产，商业银行的贷款已无法收回。2011 年底，该商业银行被中国人民银行接管。

问:(1)商业银行能否向项目公司投资?为什么?
(2)商业银行能否向房地产开发公司发放抵押贷款?为什么?
(3)商业银行向房地产开发公司发放2亿元贷款是否合法?为什么?
(4)中国人民银行对该商业银行的接管决定是否正确?

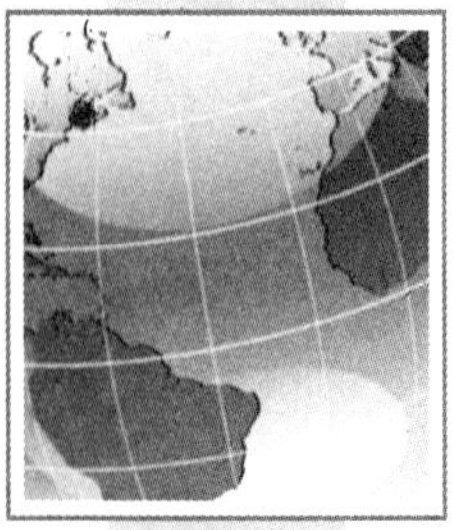

第十一章 证券法律制度

一、单项选择题

1. 我国的《公司法》及《证券法》所指的“证券转让”是指（　　）。

A. 证券买卖　　B. 证券继承　　C. 证券质押　　D. 证券借贷

2. 根据我国《证券法》的规定，下列关于证券公司能否从事证券自营业务的表述中正确的是（　　）。

A. 证券公司均可以从事证券自营业务

B. 证券公司均不得从事证券自营业务

C. 证券公司只能从事由包销产生的证券自营业务

D. 一部分证券公司可以从事证券自营业务

3. 向社会公开发行的证券票面总值超过（　　），应当由承销团承销。

A. 3 000 万元　　B. 1 500 万元　　C. 6 000 万元　　D. 5 000 万元

4. 根据我国《证券法》的规定，证券在证券交易所挂牌交易，应当采用的方式是（　　）。

A. 拍卖　　B. 公开竞价

C. 集中交易　　D. 公开的集中竞价交易

5. 股票发行采取溢价发行的，其发行价格由（　　）协商确定并报国务院证券监督管理机构核准。

A. 发行人与代销的证券公司　　B. 发行人与包销的证券公司

C. 发行人与证券交易所　　D. 发行人与承销的证券公司

二、简答题

1. 简述公司债券发行的条件。

2. 简述股票上市交易的条件。

3. 设立综合类证券公司应当满足什么法定条件?

三、案例分析题

A公司为我国境内上市公司,已发行股份为10 000万股。假设在本案发生过程中,A公司股本总额没有发生变化。B公司为我国境内的一家有限责任公司。B公司通过证券交易所的证券交易逐步购买A公司的股票。

问:(1)B公司持有A公司500万股时,应遵守什么行为规则?

(2)当B公司通过证券交易所的证券交易,持有A公司3 000万股时,若B公司欲继续收购A公司股份,应当怎么做?

(3)当收购要约的期限届满,B公司持有A公司已发行股份达到多少万股时,A公司股票应当在证券交易所终止上市?

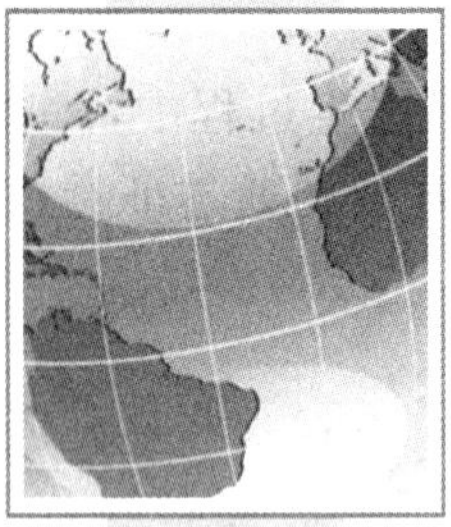

第十二章 保险法律制度

一、单项选择题

1. 下列关于保险的判断中，正确的是(　　)。

A. 保险就是要消灭危险

B. 保险就是保证不发生危险

C. 保险就是保证发生危险

D. 保险就是要分散危险带来的损失

2. 投保人一方因过失未履行如实告知义务的，将产生的法律后果是(　　)。

A. 保险人有权解除合同，并不退还保险费

B. 保险人有权解除合同，但对合同解除前发生的保险事故要承担赔偿或者给付保险金的责任

C. 保险人有权解除合同，对于合同解除前发生的保险事故不承担赔偿或者给付保险金的责任，并且不退还保险费

D. 保险人有权解除合同，对于合同解除前发生的保险事故不承担赔偿或者给付保险金的责任，但可以退还保险费

3. 2008 年，张某为自己的儿子韩某投保 10 万元寿险，在保单的“受益人”一栏中填写了“法定”的字样。2009 年，韩某与冷某结婚，不久生育一子。2011 年，韩某在出差途中遇车祸身亡。关于本案，下列说法中正确的是(　　)。

A. “法定”受益人不明确，保险公司可不承担给付保险金的责任

B. “法定”受益人应为继承人，因签订合同时，只有韩某的父母为其继承人，故应由韩某父母领取保险金

C. “法定”受益人应为继承人，应由韩某父母、妻子和儿子共同继承这笔保险金

D. “法定”受益人也为受益人，韩某的父母、妻子、儿子可领取保险金并免交个人所得税和遗产税

4. 投保人在投保时，声明其投保的财产旁边放有特别危险品，但保险人或其代理人未拒保的，以后保险财产因其旁边的特别危险品而造成损失的，保险人(　　)。

A. 可以要求解除合同，或要求提高保险费

B. 不能解除合同，但可以要求提高保险费

C. 不能解除合同，但可以拒绝赔偿

D. 既不能要求解除合同，也不能拒绝赔偿

5. 关于保险的损失补偿原则，下列说法中正确的是(　　)。

A. 保险人在其责任范围内，只对被保险人所遭受的实际损失进行赔偿

B. 只要发生约定的危险，保险人就应对被保险人予以赔偿

C. 只要保险标的发生损失，保险人就应给予赔偿

D. 保险人向被保险人补偿的保险金，不能少于其所受损失

二、简答题

1. 简述保险法的概念及特点。

2. 简述对保险代理人、保险经纪人的管理。

3. 简述保险合同的终止条件。

三、案例分析题

2007 年 8 月，王某为丈夫投保了 5 万元人寿保险，受益人是王某的儿子。2009 年 3 月，王某与丈夫因感情破裂离婚，经法院判决，儿子由王某抚养。离婚后，王某与前夫各自都建立了新的家庭。2010 年 12 月，王某的前夫因意外事故去世，王某得知后向保险公司提出了给付保险金的申请。保险公司认为王某离婚后对前夫已不再具有保险利益，保险合同失效，因此拒赔。

问：(1)保险公司拒赔的理由是否成立？为什么？

(2)本案应如何处理？为什么？

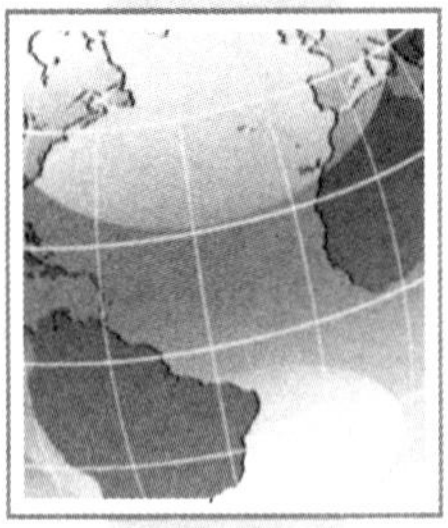

第十三章 票据法律制度

一、单项选择题

1. 票据的效力主要取决于其在形式上是否符合票据法的要求，而不取决于取得票据的原因。票据因此得名为（　　）。

A. 债权证券　　B. 文义证券　　C. 流通证券　　D. 无因证券

2. 见票后定期付款的汇票，持票人向付款人提示承兑的期限是（　　）。

A. 在汇票到期日前　　B. 出票日起1个月内

C. 出票后6个月内　　D. 出票后3个月内

3. 下列有关汇票未记载事项的表述中正确的是（　　）。

A. 汇票上未记载付款日期的，为出票后1个月内付款

B. 汇票上未记载付款地的，出票人的营业场所、住所或者经常居住地为付款地

C. 汇票上未记载收款人名称的，经出票人授权可以补记

D. 汇票上未记载出票日期的，该汇票无效

4. 定日付款的汇票，付款人在到期日前付款的，其后果是（　　）。

A. 付款行为效力同到期付款

B. 付款人出于善意向无票据权利的持票人付款的，不必承担再次付款责任

C. 付款人向无票据权利持票人付款的，不免除其向票据权利人付款的义务

D. 付款无效

5. 汇票出票人因受让票据而成为持票人时，（　　）。

A. 对前手享有追索权　　B. 对前手无追索权

C. 票据权利义务关系消灭　　D. 不得再背书转让汇票

二、简答题

1. 简述票据的善意取得的构成要件。

2. 简述票据保证的特征。

3. 简述我国对支票付款的有关规定。

三、案例分析题

H公司为支付货款向I公司签发了一份商业承兑汇票，但在到期前该汇票被盗。I公司向人民法院申请公示催告，法院受理并发布了公告。在公示催告期间，盗窃人伪造了I公司的印章，以I公司名义与J公司进行交易，把汇票背书转让给J公司。后J公司偶然得知该汇票被公示催告，即向人民法院申报权利。

问：(1)该汇票被伪造后是否有效？

(2)如果没有公示催告，J公司是否取得票据权利？为什么？

(3)根据《民事诉讼法》的有关规定，J公司是否享有票据权利？

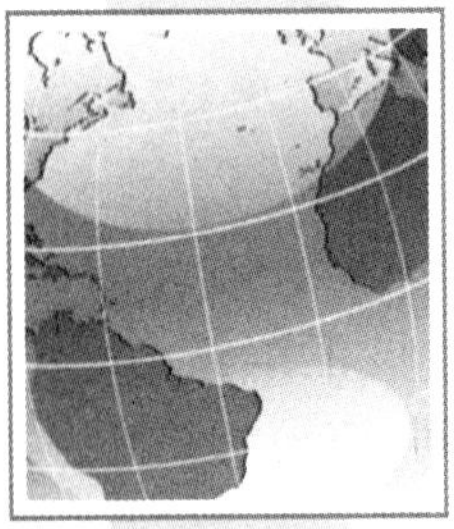

第十四章 价格法律制度

一、单项选择题

1.《价格法》明确规定我国大多数商品和服务价格实行(　　)。
A. 政府定价　　B. 政府指导价
C. 市场调节价　　D. 中央指导下的地方政府定价

2. 政府制定价格包括政府指导价和政府定价,它们的显著区别在于:(　　)。
A. 前者既体现了国家行政定价强制性的一面,又体现了经营者定价相对灵活性的一面,后者体现了强制性,属于行政定价性质
B. 前者仅体现了经营者定价相对灵活性的一面,后者体现了强制性,属于行政定价性质
C. 前者体现了强制性的一面,属于行政定价性质,后者体现了经营者定价相对灵活性的一面
D. 前者属于行政定价性质,后者不属于行政定价性质

3. 属于重要的公用事业的是(　　)。
A. 大电网　　B. 邮政　　C. 学校　　D. 医院

4. 在政府经济调控手段中,稳定价格水平最有力的手段是(　　)。
A. 货币政策　　B. 财政政策　　C. 投资政策　　D. 商品储备政策

5. 下列不属于政府价格主管部门进行价格监督检查时可以行使的职权是(　　)。
A. 询问并要求提供证明材料　　B. 查询、复制资料
C. 责令暂停相关营业　　D. 冻结银行账户

二、简答题

1.《价格法》所禁止的不正当价格行为有哪些?
2. 简述我国《价格法》的作用。

3. 简述经营者的价格权利与价格义务。

三、案例分析题

2010年5月11日，居民孙某向某市物价局举报：某市公用事业卡有限公司（以下简称IC卡公司）向用户收取IC卡折旧费。经调查，IC卡公司在用户办理公交IC卡时退卡，将用户原先办卡时缴纳的30元押金先抵冲折旧费，折旧费按1元/月计算，将抵冲后的余额退还给用户，孙某认为，这是公用企业利用自身优势自立收费项目，违规收费，并要求某市物价局依法处理。次日，某市物价局向孙某回复不属该局管辖，不予受理。

请问：某市物价局的行为是否合法？

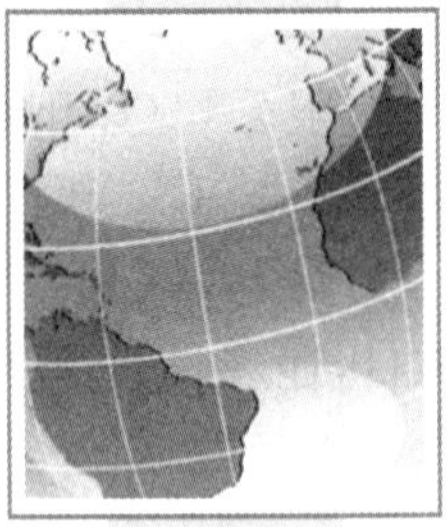

第十五章 劳动与社会保障法律制度

一、单项选择题

1. 一般认为，劳动法成为独立法律部门的时间是(　　)。

A. 18 世纪　　B. 19 世纪上半叶

C. 19 世纪下半叶　　D. 20 世纪初

2. 能够产生劳动法律关系的法律事实(　　)。

A. 只能是主体双方的合法行为

B. 只能是主体双方的违法行为

C. 可以是主体双方的合法行为，也可以是违法行为

3. 依据《劳动法》规定，劳动合同可以约定试用期，试用期最长不超过(　　)。

A. 12 个月　　B. 10 个月　　C. 6 个月　　D. 3 个月

4. 依据《劳动法》规定，劳动者在(　　)情况下，用人单位可以解除劳动合同，但应提前 30 天以书面形式通知劳动者本人。

A. 试用期间被证明不符合录用条件的

B. 患病或者负伤，在规定的医疗期内的

C. 严重违反用人单位规章制度的

D. 不能胜任工作，经过培训或调整工作岗位仍不能胜任工作的

5. 能够认定劳动合同无效的机构是(　　)。

A. 各级人民政府　　B. 工商行政管理部门

C. 各级劳动行政部门　　D. 劳动争议仲裁委员会

二、简答题

1. 试分别说明我国工作时间和休息休假的概念和分类。

2. 简述社会保险的概念、特征及其与商业人身保险的关系。

3. 简述工资的概念、我国工资分配的原则及确定最低工资标准应考虑的因素。

三、案例分析题

某机械制造厂招收 25 名工人后，厂方与工人签订了为期 3 年的劳动合同，合同期为 2010 年 1 月至 2013 年 1 月。合同内容合法有效。在履行合同中，厂方为完成订单任务，在 2011 年 9 月至 10 月期间，正常工作日每日加班 2 小时，休息日必须到厂工作 3 小时，法定休假日到厂工作 3 小时。厂方以其标准工资的 100% 支付超时工资。该厂工人因超时工资与厂方发生争议。25 名工人推选代表在法定时效内向劳动争议仲裁委员会申请仲裁，而厂方直接向人民法院提起诉讼。

分析：(1)厂方安排的延长工时是否违反法律情况？

(2)厂方应如何依法支付工人超时工资？

(3)人民法院是否应受理此案？依据是什么？

21世纪普通高等教育规划教材
21 SHI JI PU TONG GAO DENG JIAO YU GUI HUA JIAO CAI

Introduction to Economic Law Problem Sets (2nd Edition)

特别推荐

本社网址：www.sufep.com

21 世纪普通高等教育规划教材

经济法概论

（第二版）

黎江虹　夏　露　主　编
杨爱葵　刘晓坷　副主编

上海财经大学出版社

图书在版编目(CIP)数据

经济法概论/黎江虹,夏露主编. —2 版. —上海:上海财经大学出版社,2011.12
(21 世纪普通高等教育规划教材)
ISBN 978-7-5642-1231-5/F·1231

Ⅰ.①经… Ⅱ.①黎…②夏… Ⅲ.①经济法-中国-高等学校-教材
Ⅳ.①D922.29

中国版本图书馆 CIP 数据核字(2011)第 227831 号

□ 责任编辑 石兴凤
□ 封面设计 上艺设计
□ 责任校对 赵 伟 卓 妍

JINGJIFA GAILUN
经济法概论
(第二版)
黎江虹 夏 露 主 编
杨爱葵 刘晓珂 副主编

上海财经大学出版社出版发行
(上海市武东路 321 号乙 邮编 200434)
网 址:http://www.sufep.com
电子邮箱:webmaster @ sufep.com
全国新华书店经销
上海崇明裕安印刷厂印刷装订
2011 年 12 月第 2 版 2013 年 8 月第 3 次印刷

787mm×960mm 1/16 23.5 印张 514 千字
(习题集 3.75 印张 82 千字)
印数:45 001—50 000 定价:38.00 元
(本教材附赠习题集,请向售书单位索取)

21世纪普通高等教育规划教材

21 SHI JI PU TONG GAO DENG JIAO YU GUI HUA JIAO CAI

编 委 会

BIAN WEI HUI

主　编　黎江虹　夏　露
副主编　杨爱葵　刘晓坷
编　委　刘　洵　陈　虹　殷菲菲
　　　　张军荣　符　超　杨冰冰

内容简介

本书主要为满足经济管理类专业经济法课程的教学需要而编写，全书以市场经济法律体系的基本要素为主线，系统介绍了规范经济管理活动的法律制度。全书共 15 章内容，包括导论、企业法、知识产权法、合同法、竞争法、消费者权益保护法等。本书全面、系统地反映了经济法律制度的立法现状，内容新颖，注重理论和实践的结合，突出实用性和可操作性。

本书既可作为高等院校经管类专业教材，又可作为培训教材，同时也可供经济管理人员参考和广大读者阅读。

第二版前言

现代社会是法制社会，社会主义市场经济必须是法制经济。建立和完善社会主义市场经济体系，离不开经济法。经济法是宽泛的概念和体系，立法及学科体系处在不断发展和完善过程中。

对教材内容进行修订，主要基于三点原因：

第一，教材第一版出版时间比较仓促，教材中存在个别错别字和不太严谨的用语没有及时校正。比如第二章第二节关于有限责任公司董事会的设置(教材第 20 页)中“董事会成员一般为 2～13 人”的说法存在问题。又如第四章第一节关于我国知识产权制度的建立状况(教材第 65 页)中涉及的很多法规、国际条约名称不太规范，正确的名称应为《知识产权海关保护条例》、《商标国际注册马德里协定》、《商标国际注册马德里协定有关议定书》等，再如参考文献(教材第 382 页)第 10 条中的“煊”应为“烜”。

第二，教材出版后至今，我国新制定、修改了一些经济法律法规，教材部分章节内容明显与当前的法律法规不符，教材修订结合新法规定加以完善。与教材内容有关的法律法规制定和修改情况如下：2007 年 8 月 30 日颁布《中华人民共和国反垄断法》；2008 年 4 月 23 日颁布《证券公司监督管理条例》；2009 年 8 月 27 日通过《全国人民代表大会常务委员会关于修改部分法律的决定》，其中涉及《全民所有制工业企业法》部分条款的删减；2009 年 2 月 28 日全国人民代表大会常务委员会修订通过《中华人民共和国保险法》；2008 年 12 月 27 日全国人民代表大会常务委员会修订通过《中华人民共和国专利法》；2010 年 1 月 18 日国务院通过《国务院关于修改〈中华人民共和国专利法实施细则〉的决定》；2007 年 12 月 29 日通过《全国人民代表大会常务委员会关于修改〈中华人民共和国个人所得税法〉的决定》；2008 年 2 月 18 日国务院通过《国务院关于修改〈中华人民共和国个人所得税法实施条例〉的决定》；2007 年 11 月 28 日国务院通过《中华人民共和国企业所得税法实施条例》；2007 年 12 月 1 日国务院通过《中华人民共和国耕地占用税暂行条例》；2008 年 11 月 5 日国务院修订通过《中华人民共和国营业税暂行条例》、《中华人民共和国消费税暂行条例》、《中华人民共和国增值税暂行条例》；2007 年 6 月 29 日通过《中华人民共和国劳动合同法》；2008 年 9 月 3 日通过《中华人民共和国劳动合同法实施条例》；2010 年 10 月 28 日通过《中华人民共和国社会保险法》；2010 年 12 月 8 日国务院通过《国务院关于修改〈工伤保险条例〉的决定》;2010 年 11 月 29 日国务院通过《国务院关于修改〈价格违法行为行政处罚规定〉的决定》;2011 年 7 月 30 日通过关于修改《中华人民共和国个人所得税法》的决定。

第三,根据经济法学科知识体系的要求,增加或减少部分章节内容。包括:第一章增加第三节"经济法及经济法律关系";第二章第三节"非公司企业法律制度"增加"外商投资企业法",作为该节的第四点;第四章"知识产权法律制度"全章重写;第五章第三节"反垄断法"重写;第七章增加第四节"农产品质量安全法";删除第三章"物权法";删除第十七章"环境保护法"。

本书编者注重新的立法动向和趋势,理论与实务相结合,并根据长期教学中积累的经验而修订。修订后全书共分为十五章:第一章导论;第二章企业法律制度;第三章知识产权法律制度;第四章合同法律制度;第五章竞争法律制度;第六章消费者权益保护法律制度;第七章产品质量法律制度;第八章财政法律制度;第九章税收法律制度;第十章银行法律制度;第十一章证券法律制度;第十二章保险法律制度;第十三章票据法律制度;第十四章价格法律制度;第十五章劳动与社会保障法律制度。

本次修订由中南财经政法大学、湖北工业大学完成,黎江虹、夏露担任主编,杨爱葵、刘晓坷担任副主编,夏露负责第一、二、四、五、六、七章的修订;杨爱葵负责第三、八、九、十章的修订;刘晓坷负责第十一、十二、十三、十四、十五章的修订,黎江虹最后对全书进行统稿和定稿。本书在编写过程中,得到多方的支持,特别是众邦文化传播有限公司裴小满编辑的辛苦努力。成书之际,谨表深切谢意。

本书内容全面系统又简明扼要,符合时代精神和特色,同时突出实用性和实践性,帮助教师课堂设计和课堂讲解,引导学生系统、有目的地接受知识,相信对所有读者都大有裨益。需特别指出的是,本书配有课件和系列综合思考实训题,有助于提高读者教与学的效率。使用中如有任何问题、建议或意见,欢迎反馈,我们在今后会吸收意见与建议,不断提高编写水平。

编　者
2011 年 11 月

目 录

第一章 导 论

【要点提示】

- 市场经济与经济法律制度
- 我国经济法律制度的体系

【案例】

某县以盛产苹果闻名，为发展本地经济，县政府鼓励果农种植苹果，经过政府广泛动员和技术部门扶持，果农种植的几万亩苹果获得了丰收，外地的水果批发商闻讯与当地果农签订合同，苹果价格可观。

当地政府发布决定，果农不得擅自将苹果卖给外地客户，由政府统一收购。果农表示不满，政府称是依经济法进行经济宏观调控，发展本地经济，双方争执不下，诉至法院。

问：县政府的决定是否有效？试用本章所学理论分析。

第一节　市场经济与经济法律制度

一、市场经济的运行规律

市场经济是指市场在资源配置中起基础作用的经济形式。资源是指人力、物力和财力，包括劳动(力)资本、技术、自然资源(如土地、矿产)信息等，相对于人类需求来说，具有稀缺性。人类从事社会生产的过程，就是利用和配置资源的过程。通过市场或者计划都可以实现资源的配置和利用。

市场是指商品交换关系的总和，随着社会经济的发展而不断扩大、完善。从经济发展史讲，它是社会生产力发展到一定历史阶段的产物，是社会化的商品经济。市场经济的一般运行规律主要有以下几个方面。

(一)价值规律

价值规律是市场经济运行规律中最基本的规律，它是指商品价值由社会必要劳动时间决定的规律。这一规律的主要内容是：(1)商品的价值由凝结在它内部的社会必要劳动决定；(2)商品按照它包含的社会必要劳动时间量进行交换；(3)商品价值的实现是在商品价格随着供求关系变化，围绕价值上下波动的过程中达到的，这个客观过程自发调整着社会商品的生产和消费。在市场经济中，价值规律具有重要作用。首先，价值规律自发调整生产要素在社会各生产部门和经济单位之间的配置。任何生产活动都不能缺少必备的生产要素，例如，资本、劳动力、土地等。在市场经济条件下，生产要素是通过市场配置到不同的生产部门中去的，即通过市场交换来配置，在这种配置中，价格机制起到了调节作用。生产要素的价格就像信号灯，引导生产部门和经济单位的市场行为，使生产要素向有利可图的生产部门和经济单位流动。其次，价值规律刺激着生产部门和经济单位改进技术、提高劳动生产率、节约资源和劳动消耗。在市场上，商品的价格是以价值为基础的，而价值是由社会必要劳动时间决定的。这就迫使生产部门和经济单位在市场竞争中进行技术革新。加强经营管理，降低生产费用，最终使整个社会提高生产率，促进社会生产力的发展。再次，价值规律调节不同的生产者和消费者之间的经济利益分配。在市场中，商品的价格是按照社会价值和供求关系形成的，各个生产部门和经济单位的生产经营条件不同，若个别价值高于社会价值，就不能获得经济利益；反之，则能获得比较多的经济利益。

（二）供求规律

供求规律是指价值规律发挥作用的过程中，商品的市场供给与需求之间所具有的内在联系和趋于平衡的客观必然性。

供给是指卖方在一定的价格条件下愿意而且能够出售的某一商品劳务的数量。从供给方面而言，供给的一般规律是价格越高，生产者出售该商品的数量越多；价格越低，生产者出售该商品的数量越少。需求则是指消费者有支付能力的需要。从需求方面而言，需求变动的一般规律是：某种商品的价格越高，人们愿意购买的数量就越少；价格越低，人们购买的数量就越多。

供给和需求是市场上两种相反的力量，它们反映着生产者和消费者对于不同目的的追求。当供求双方不可能完全做到平衡，即不可能在数量上、构成上正好相等时，就会出现或者供大于求，或者供小于求。但是，在矛盾运动中，供求双方总是力求彼此相互适应，使供求关系逐渐趋于平衡，供求双方又会由于各自形成因素的不同而出现不同方向、不同幅度的变动，又以从平衡到不平衡的客观规律运动着。

（三）竞争规律

竞争规律是指各市场主体之间为了自身的生存和发展而展开争斗的必然性。在市场经济条件下，由于竞争规律的存在，使每一个市场主体都面临着成功与失败的可能，它们除了竞争别无选择。竞争规律是市场经济中不以人的意志为转移的客观规律。这一方面是因为竞争是市场经济中商品内在矛盾的外在表现；另一方面，竞争又是为使市场经济价值规律发挥作用而提出的客观要求。竞争规律具有普遍性和刺激性的特点。前者是指它存在于市场一切主体之间，后者是指它能最大限度地刺激各利益主体的能动性。

因此，市场经济作为一种经济运行方式，具有以下基本特征：(1)自主性，即市场主体之间的关系是平等的。市场主体都有自己的物质利益，并在此基础上形成自己的意愿，自主作出经济决策，不会成为其他主体的附庸。马克思说过，商品是天生的平等派。(2)竞争性，竞争是市场经济的特点。在市场经济条件下，市场在配置资源中发挥基础作用，这种市场具有竞争性，对资源的配置不是依靠行政命令和特权，而是依靠竞争的机制。(3)契约性，即市场主体之间实现商品交换是通过缔结合同、履行合同而完成的，没有契约性也就没有商品交换。(4)开放性，就市场的外延而言，市场经济是一种开放经济，它不受地域和行业的限制，完全打破了市场格局和地区封锁，是统一的大市场，甚至是全球性的大市场。(5)法制性，即市场经济运行有健全的法制基础。健全的法制是协调和处理矛盾、体现公正平等的依据和准则，是维护公平竞争的保证。市场经济越高度发展，法律制度越需要健全和完善。

但是市场机制调节经济的基础作用有时也会发生扭曲，尤其是当社会经济发展到了现代市场经济阶段，市场机制不能解决所有经济问题时，存在着"市场的失灵"。这主要表现在：(1)外部效应问题；(2)公共产品供给失灵；(3)市场竞争的障碍，如自然垄断和经济垄断；(4)信息不对称；(5)分配不公现象；(6)市场调节的滞后性。

因此，市场失灵需要克服，那就需要政府对经济施加适当的干预。同样，政府的干预是基于"理性人"的假设，也会出现政府干预失灵。例如，第二次世界大战后新生的社会主义国家普遍推行计划经济体制，而由政府全面管理经济的做法导致国民经济缺乏活力，因而它们开始进行市场取向的经济改革。这些使得人们认识到政府干预的缺陷，即"政府失灵"。"政府失灵"主要表现在：(1)政府居于市场之外，没有随时会受到市场惩罚的压力，这导致政府调控市场的行为缺乏效率和责任心；(2)政府难以完全掌握市场信息，不能保证对经济现象作出符合客观经济规律的正确认识，并科学地进行决策；(3)一些政府官员的权力寻租行为，会导致决策的非理性化和执行的非法性，有欠公正性；(4)政策效应递减，导致效率低下。

因此，市场经济的良性运行需要发挥市场机制的基础调节作用，也需要发挥国家(政府)作用，对经济生活进行适度的干预与调控。这就产生了市场与政府的关系如何处理的问题。市场与政府存在着互补的关系。从一定意义上可以说，凡是市场机制无法解决的，就需要政府干预；凡是市场机制能够解决的，就无需政府干预。市场调节应是基础调节机制。

二、我国社会主义市场经济的特点

什么是社会主义市场经济？特别是在"市场经济"前为什么要加上"社会主义"？著名经济学家马洪在其主编的《什么是社会主义市场经济》一书中说："我们要建立的是社会主义市场经济，并不意味着我们把市场经济分为姓'社'和姓'资'，这只是社会主义条件下的市场经济的简称。"而著名的法学家王家福指出："社会主义市场经济是以先进技术武装起来的社会化、集约化、国际化大生产的现代化经济，是以公有制经济成分为主、多种经济成分并存，倡效率、竞争，崇公平、共同富裕的社会主义性质的市场经济。"我国社会主义市场经济体制的建立和发展经历了一个曲折渐进的过程。新中国成立以来，我国长期实行的是计划经济体制，1979 年开始改革开放。1984 年中共十二届三中全会通过《关于经济体制改革的决定》,提出建立"有计划的商品经济";1992年十四大正式提出中国经济体制改革的目标模式是"社会主义市场经济"。1993年,中共十四届三中全会通过《关于建立社会主义市场经济体制若干问题的决定》,勾画出了社会主义市场经济体制的基本框架。此后10年,中国经济改革坚持了市场取向,2001年我国成功地加入世界贸易组织(WTO)。2003年秋,中共十六届三中全会通过《关于完善社会主义市场经济体制若干问题的决定》,指出了完善社会主义市场经济体制的目标和任务。主要目标是:按照统筹城乡发展、统筹区域发展、统筹经济社会发展、统筹人与自然和谐发展、统筹国内发展和对外开放的要求,更大程度地发挥市场在资源配置中的基础性作用,增强企业活力和竞争力,健全国家宏观调控,完善政府社会管理和公共服务职能,为全面建设小康社会提供强有力的体制保障。主要任务是:完善公有制为主体、多种所有制经济共同发展的基本经济制度;建立有利于逐步改变城乡二元经济结构的体制;形成促进区域经济协调发展的机制;建设统一开放、竞争有序的现代市场体系;完善宏观调控体系、行政管理体制和经济法律制度;健全就业、收入分配和社会保障制度;建立促进经济社会可持续发展的机制。这一决定成为我国现阶段深化改革、迈向完全的市场经济的一个纲领性文件。

应当承认,中国目前的市场经济体制还是一种不完全的市场经济体制,这突出表现在政府的过多干预和向国企的政策倾斜。严格来说,中国目前的市场经济体制还没有完全达到市场经济的法治、平等、竞争等要求。欧美一些国家在进行国际贸易反倾销调查中,用它们的市场经济标准来衡量,不承认中国的市场经济地位。概括这些发达国家的市场经济标准可以得出,完善的市场经济体制具有五个共同特点,即独立的企业制度、有效的市场竞争、规范的政府职能、良好的社会信用和健全的法制基础。不过,也应当看到,自加入世界贸易组织以来,我国各种生产要素市场化程度显著提高,贸易环境更加公平,金融业更加开放。2003年,中国经济市场化程度达73.8%,超过市场经济临界水平(60%),中国属于发展中的市场经济国家。中国经济自由度指数已超过许多被欧美承认为市场经济国家的转型国家或发展中国家。欧美一些国家视中国为"非市场经济国家",频频对中国发起反倾销调查,不承认中国市场经济地位,这是不公正的。而自2004年4月新西兰率先承认中国的完全市场经济地位以来,截至2006年3月,已有52个国家承认中国的完全市场经济地位。

我国社会主义市场经济是现代市场经济,既要发挥市场的作用,也要发挥政府的作用,注重市场与政府之间关系的互动、互补。从现实情况看,我国市场经济具有以下特征:(1)它是公有制经济成分占主体基础上的市场经济;(2)它是发展中大国的市场经济;(3)它是由计划经济转型而来的市场经济;(4)它是压缩发展阶段的市场经济;(5)它是民主和法治条件尚不完善的市场经济。

三、市场经济的法制需求

市场经济一个最为重要的特点就是法制经济,法制是其内在的客观要求。

首先，主体(商品所有者)所有权或其他财产权(商品所有者对其商品享有的财产权)合同(双方共同一致的意志行为)是市场交易最为重要的因素，而主体、所有权和合同基本上都是由法律确定的。其次，现代市场经济中许多复杂的市场关系，如票据关系、证券关系、期货交易、融资租赁、产权交易、电子商务等，本身就是法律的创造物。可以说，没有法律制度的支撑，就不可能产生相关的市场关系。

市场机制发挥基础的配置作用，而政府的干预也必不可少。就如同市场配置需要法律支撑一样，政府的干预同样也需要法律制度加以确认并提供保障。如市场(竞争)秩序的规制、市场交易的监管、公共产品提供、国有资产经营和国有资源开发利用、消费者权益保护、商品质量和安全生产监管、宏观经济环境控制、社会保障、社会经济可持续发展、国家经济安全等，这些都必须通过专门的法律法规加以规范，确立起市场作用与政府作用的原则和边界。并且，政府干预还需要相应的公法(宪法与行政法)制度为公权力的行使和各种政府经济行为提供一般性的规范，以免政府干预的扩张削弱了市场作用。

应当指出，市场经济对法制的需求是全方位的，包括一国的法律体系乃至整个法制系统。这里只不过概括性地提到了与市场经济密切相关的一些法律制度，主要涉及民法、商法、经济法、社会法等部门法的内容。本书主要围绕这些法律制度予以阐述，并将它们概称为“经济法律制度”。

第二节　我国经济法律制度的体系

“经济法律”、“经济法律制度”并非规范的法学概念，它是指市场经济条件下与社会经济活动密切相关的法律制度和法律规范的总和。本书使用这样的术语，意在与法学界越来越确定的“经济法”概念相区别。经济法与市场经济法律制度的区别在于：其一，经济法是一个独立的法律部门，有其调整的特殊社会经济关系，有其特殊的调整方法。市场经济法律并非部门法，而是由众多的部门法组成。其二，经济法也不仅指市场经济才有的法律，计划经济下也有经济法的存在，只不过重要性不同。其三，在市场经济条件下，经济法是市场经济法律重要的组成部分，但并不代表市场经济法律的全部。在市场经济法律体系中，既包含有不同的经济关系，也有不同的调整方法，它的覆盖面超过了任何意义上的经济法。因此，不能把市场经济法律制度等同于经济法。

一、我国经济法律制度体系的特点

(1)我国经济法律体系并不是由单一的法律部门构成的，是由调整社会主义市场经济关系的、多层次的、门类齐全的规范性文件组成的有机联系的统一整体。

(2)我国市场经济法律体系是围绕与规范市场有关的各种要素展开的，或者其核心是市场法律规范。从法律在市场经济运行机制中的作用来划分，主要可以分为以下四个方面：规范市场主体的法律；规范市场秩序、调整市场主体关系的法律；加强市场规制和宏观调控的法律;劳动和社会保障方面的法律。

(3)市场经济法律体系融合了一群不同性质的法律群。市场经济法律体系并非单一的法律部门体系,其划分不是按照法律部门进行的,而是对市场经济进行规范的总体体系,涉及许多法律部门,有民商法、经济法、社会法、行政法等传统的法律部门。

二、市场经济法律制度的表现形式

经济法律制度在我国具有多种表现形式。通常有以下几种形式:(1)宪法;(2)法律,即全国人民代表大会及其常务委员会依照法定程序制定的规范性文件;(3)行政法规,即国务院根据宪法和法律制定的规范性文件;(4)地方性法规,即省、自治区、直辖市以及较大的市的人民代表大会及其常务委员会根据本行政区域的具体情况和实际需要,在不与上位法相抵触的前提下制定的规范性文件;(5)自治条例和单行条例,即民族自治地方的人民代表大会依照当地民族的政治、经济和文化的特点制定的规范性文件;(6)规章,包括国务院各部(委、行、署)和具有行政管理职能的直属机构单独或联合制定的部门规章以及省、自治区、直辖市和较大的市的人民政府制定的地方政府规章;(7)立法解释、司法解释和其他有权解释。

三、市场经济法律制度的体系内容

根据我国经济法律制度体系的特点,我国市场经济法律体系的基本结构包括市场主体法、市场运行法、宏观调控法、社会保障法等组成部分。

(一)市场主体立法

市场主体即市场上经济活动的参加者,包括个体公民和作为经济组织体的企业和其他经济组织。

对市场主体的立法,最早的是有关外商投资企业的法律,1979 年、1986 年、1988 年,我国先后出台了《中外合资经营企业法》(2001 年修正)、《外资企业法》(2000 年修正)、《中外合作经营企业法》(2000 年修正),外商投资企业法律制度得以确立。

1986 年颁布的《民法通则》规定了民事主体制度,确立了自然人和法人两类民事主体。自然人是指公民个人、个体工商户、农村承包经营户适用自然人的规定。法人是指具有民事权利能力和民事行为能力,依法独立享有民事权利和承担民事责任的组织,包括企业法人、国家机关法人、事业单位法人和社会团体法人。另外,《民法通则》还对合伙的法律地位做出了规定。

为了适应市场经济发展的要求,与国际社会的企业制度相接轨,我国开始废弃按所有制标准给企业定型的做法,改为按出资、责任、组织三位一体的法律标准来确立企业的法律形态,建立现代企业制度。为此,我国分别于 1993 年、1997 年、1999 年颁布了《公司法》、《合伙企业法》、《个人独资企业法》三部法律。其中,《公司法》作为发展社会主义市场经济的重要法律,规定了有限责任公司和股份有限公司的设立条件、组织机构、公司股份和债券的发行与转让、解散与清算、外国公司分支机构以及违反《公司法》的法律责任等内容。它在经过1999年、2004年两次修订后，又于2005年10月进行了重大修订。修订的主要内容有：下调公司注册资本最低限额，扩大股东出资财产的范围，降低公司设立门槛，鼓励公民、法人投资创业；充实职工民主管理和保护职工权益的规定；修改公司股东大会、股东会、董事会、监事会和经理的职责等规定，强化内部监督与制约，进一步完善了公司法人治理结构；从知情权、投票权和退出机制等方面，加强对中小股东权益的保护。《合伙企业法》规定了合伙企业的设立、合伙企业财产、合伙事务的执行、入伙与退伙、解散与清算、法律责任等内容，2006年8月修改的《合伙企业法》中增加了特殊普通合伙企业和有限合伙企业的规定。《个人独资企业法》规定了个人独资企业的设立、投资人及事务管理、解散与清算、法律责任等内容。这三部法律的颁布实施，标志着中国开始按照市场经济的要求，构建市场主体结构。这样，我国企业法律形态形成公司、合伙、独资三者并存的格局，并以公司制企业为主。这有利于实现市场主体之间真正的平等，有利于保障交易安全和公平竞争秩序，因而符合市场经济运行的需要。

市场主体立法是以企业立法为主，且主要适用于工商企业，而金融企业另有特殊规定。同时，企业立法中还涉及退出机制，《企业破产法》已于2006年8月27日第十届全国人民代表大会常务委员会第二十三次会议通过，2007年6月1日起施行。

（二）市场运行立法

市场运行立法主要有合同法、知识产权法、经济竞争法、房地产法等。

在我国，合同法最初是《经济合同法》、《技术合同法》和《涉外经济合同法》三法并存，1999年3月制定新的《合同法》，废止了以上三部法律，实现了合同法的统一。新《合同法》分总则、分则、附则三编，共23章428条，规定了合同的订立、效力、履行、变更和解除、终止、违约责任以及15种典型合同类型等，为促进商品流通、化解交易纠纷提供了基本准则。

知识产权法律制度方面，我国先后制定了《商标法》、《著作权法》、《专利法》、《知识产权海关保护条例》、《计算机软件保护条例》、《实施国际著作权条约的规定》、《植物新品种保护条例》等法律、法规。此外，《反不正当竞争法》中有保护商业秘密的规定，修订后的《刑法》专章规定了对严重侵犯商标权、著作权和侵害商业秘密的行为人及假冒他人专利者进行刑事制裁。

经济竞争法律制度方面，1993年，我国先后出台的《产品质量法》、《反不正当竞争法》、《消费者权益保护法》，被称为“市场三法”。它们从不同方面规范和约束了主体的市场行为，对于加强市场管理、保障市场秩序具有重要作用。其中，《反不正当竞争法》规定了11种不正当竞争行为及其法律责任；《产品质量法》经过2000年的修订，规定了产品质量监督、企业产品质量责任和义务、损害赔偿、罚则等内容；《消费者权益保护法》赋予了消费者9项权利、经营者10项义务。另外，市场准入监管法律制度以及一些特殊市场的监管法律制度，也属于市场管理法律制度的内容。

房地产法律制度方面，主要由《城市房地产管理法》、《建筑法》、《招标投标法》等组成。

此外，在一些特殊领域，如拍卖、产权交易、电子商务等方面，当事人的交易规则具有专业性、特殊性，政府的监管规则在一些法律文件中规定。

（三）宏观调控立法

宏观调控立法包括金融法、税法、价格法等，计划统计制度、产业政策制度、国有资产制度等也属于宏观经济调控立法的范围。

金融是现代经济的核心，金融法律制度自成体系，将金融市场的主体制度、交易制度、监管制度以及调控制度都包括在内，涉及中央银行法、商业银行法、政策性银行法、货币法、信贷法、票据法、证券法、保险法、信托法等。1995 年是我国的金融立法年，我国出台了《中国人民银行法》、《商业银行法》、《保险法》、《票据法》，之后相继出台《外汇管理条例》（1996 年）、《证券法》（1998 年）、《信托法》（2001 年）等。2009 年 2 月再次修改《保险法》，加强对被保险人利益的保护，强化保险监管，拓宽保险资金运用渠道，支持保险业的发展，促进了保险业与国际的接轨。2003 年我国出台《银行业监督管理法》、《证券投资基金法》，修改《中国人民银行法》和《商业银行法》。《商业银行法》规定了商业银行的业务范围、经营原则、设立和组织机构、对存款人的保护、贷款和其他业务规则、财务会计、监督管理、接管和终止、法律责任等内容。2005 年 10 月修改《证券法》，完善证券发行和交易制度，开辟证券市场发展的新空间，针对上市公司控股股东和证券公司侵害中小股东利益的行为，加大对中小投资者权益的保护，强化证券监管措施和手段，加大对违法行为的处罚力度。

税收方面，目前已有三部法律，即 1992 年的《税收征收管理法》、1980 年的《个人所得税法》和 2006 年的《企业所得税法》。其中，《税收征收管理法》经 1995 年修正后，又于 2001 年作了重大修订，成为税收征管的基本法。它规定了税务管理、税款征收、税务检查、法律责任等内容，肯定了纳税人的权利。《个人所得税法》经过 1993 年、1999 年、2005 年、2007 年、2011 年六次修正（其中，2007 年修改过两次），目前工资所得减除费用标准提高到3 500元，扩大高收入纳税人自行申报的范围，减轻了中低工薪收入者的纳税负担，适应了城镇居民收入和基本生活支出增长的新情况。《企业所得税法》于 2006 年统一，内、外资企业适用同一法律。国务院、财政部和国家税务总局就三部法律制定了配套法规、规章，并就其他相关税种制定了法规、规章，如《增值税暂行条例》、《消费税暂行条例》、《营业税暂行条例》、《企业所得税暂行条例》、《资源税暂行条例》、《契税暂行条例》、《土地增值税暂行条例》等。另外，1958 年颁布的《农业税条例》规定，从 2004 年开始减免农业税、2005 年立法机关最后取消农业税，这一税种的废止，对于调动农民的生产积极性、促进城乡协调发展、推进社会主义新农村建设具有重大意义。

此外，另有大量由国务院、中国人民银行和证监会、保监会、银监会等金融管理机构制定的法规、规章，如《储蓄管理条例》、《现金管理暂行条例》、《金融资产管理公司条例》、《金融机构撤销条例》、《期货交易管理暂行条例》、《期货交易所管理办法》、《外资金融机构管理条例》、《外资保险公司管理条例》、《贷款通则》、《证券公司管理办法》、《证券公司治理准则》、《证券公司债券管理暂行办法》、《上市公司治理准则》、《亏损上市公司暂停上市和终止上市实施办法》、《上市公司收购管理办法》、《保险公司管理规定》、《保险公司偿付能力及监管指标管理规定》、《保险经纪公司管理规定》等。关于政策性银行的立法还有待加强。

(四)社会保障立法

规范劳动和社会保障立法方面,我国先后制定有《劳动合同法》、《就业促进法》,其中,《劳动合同法》于2007年6月29日经第十届全国人民代表大会常务委员会第二十八次会议通过,《就业促进法》于2007年8月30日经中华人民共和国第十届全国人民代表大会常务委员会第二十九次会议通过。与此同时,国务院及原劳动与社会保障部为了推进国有企业改革,颁布了大量有关劳动和社会保障的行政法规或规章,如《城市居民最低生活保障条例》、《国家扶贫资金管理办法》、《企业职工工伤保险试行办法》、《失业保险条例》、《社会保险费征缴暂行条例》、《城镇最低收入家庭廉租住房管理办法》、《残疾人就业条例》、《职工带薪休假条例》、《中华人民共和国未成年人保护法》、《中华人民共和国妇女权益保障法》等。

四、经济法律制度的实施

经济法律制度的实施反映的是经济法律制度得到人们普遍的遵守和贯彻执行,包括有关经济法律的执法、司法、守法环节和过程。经济法律制度的实施具有重要意义,表现在:其一,它是市场经济条件下法治建设的内在要求。制定了经济法律制度只是做到了有法可依,而有法必依、执法必严、违法必究体现了经济法律制度的实施过程。其二,经济法律制度只有得到贯彻实施,才能促进市场经济的发展,停留在纸上的经济法律制度是毫无用处的。

经济法律制度的实施应当遵循法律适用的一般原则:一是以事实为根据,以法律为准绳;二是法律面前人人平等。

经济法律制度实施涉及以下几个要素:(1)完善的经济法律制度。一是富有操作性,法律规定不能过于原则,否则须有配套规定或实施细则。二是具有确定性,法律规定不能指示不明,缺少程序规定和法律责任规定;授权执法要明确执法机关的职权和职责。三是具有适应性,不合时宜的法律规定应当及时修改、完善或者废止。因此,应当注重经济立法的质量。(2)精良的执法、司法人员。执法、司法人员的素质主要包括两方面:一是业务素质;二是职业道德。(3)完备的执法、司法体制。执法、司法体制也是影响法律实施的重要因素。(4)良好的法律意识和权利意识。

第三节 经济法及经济法律关系

市场经济下,市场对资源配置起着基础作用,但是,市场存在着失灵和失效,并且市场调节具有一定的自发性、滞后性和盲目性，决定了经济法的必然性和必要性。本节将经济法作为独立的法律部门，阐述经济法的概念、调整对象及相应的法律关系。

一、经济法的概念

经济法最早产生于资本主义国家，资本主义国家学者关于经济法的概念，主要见于德国、日本等大陆法系国家的学术文献中，典型的观点有：德国的艾斯特豪思认为，经济法是有关经济的法，努斯鲍姆认为，经济法是以直接影响国民经济为目的的法律规范的综合；日本学者美浓部达吉也持此观点。这一学说是经济法产生初期学者对经济法概念的尝试性定义。日本的丹宗昭信认为，现代经济法的核心是垄断禁止法，是国家规制市场支配的法；日本学者正田彬认为，经济法是规制垄断资本主义阶段固有的以垄断为中心的经济从属关系法；日本的金泽良雄认为，经济法是以国家之手（无形的手）来满足各种经济性的，即社会协调性而制定的法，持这一学说的学者认为经济法是纠正垄断主体与非垄断主体之间显著不平等关系的。认为经济法是经济公法，这一观点认为应该坚守罗马法关于公法和私法的划分，规定国家公务的法律为公法，规定个人利益的法律为私法；经济法是国家对经济施加直接影响的法律，是官方组织和管理经济的措施。另有一种比较狭隘的观点则把经济法等同于经济刑法，理由是经济法的规定大多包括刑事责任的内容，这一观点已经随着经济法的发展而被摒弃。认为经济法是社会法，与经济公法论不同，它以公私法的划分为认识论基础，但认为在公法和私法之外存在一个独立的第三领域，即社会法。我国很多学者认可这一学说。认为经济法是企业法，德国的卡斯凯尔和库拉乌捷、日本的西原宽一等，主张以企业为中心来把握经济法的定义，认为经济法是关于企业的法，企业的概念构成了经济立法的出发点。

在我国，1979 年后，全国人民代表大会文件、国务院文件中广泛使用了“经济法”概念，逐渐出现经济立法，市场经济确立后，重视经济法的作用。在经济法的概念上，代表性的观点有：

（1）需要国家干预论。以李昌麒为代表，认为经济法是国家为克服市场失灵而制定的、调整需要由国家干预的、具有全局性和社会公共性的经济关系的法律规范的总称，即经济法调整的是需要由国家干预的经济关系。这一学说不断发展和完善，历经了“国家干预—适度干预—谨慎干预”的理论进程，对我国经济法的概念产生着重要的影响。

（2）国家协调说。以杨紫烜为代表，认为经济法是调整在国家协调经济运行的过程中发生的经济关系的法律规范的总称。

（3）纵横统一说。以刘文华为代表，认为我国经济法是调整国家机关、企事业单位和其他社会组织内部及其相互之间，以及他们与公民之间，在经济活动中所发生的社会关系的法律规范的总称。

（4）密切联系说。是由纵横统一说发展而来，并在《民法通则》颁布后为法学统编教材采纳的一种经济法学说，认为经济法是调整经济管理关系以及与经济管理关系密切联系的经济协作关系的法律规范的总称。主张经济法调整经济管理关系和与经济管理关系有密切联系的那部分经济协作关系。

(5)宏观调控说。认为经济法是国家对国民经济进行宏观间接调控的部门法，市场主体之间的平等性经济关系主要由民法调整，国家行政主体与市场主体之间的社会公务性直接管理经济关系由行政法调整。

本书认为，经济法是从社会整体本位出发，调整国家管理、协调经济运行过程中发生的经济关系的法律规范的总称。它不是某一部法，而是一类法，立法宗旨在于追求社会整体利益，以此为出发点，保障总量平衡、优化经济结构、维护公平竞争。在调整方法上，国家介入经济生活的方式不仅仅是协商性或引导性协调，也可以是管理性或强制性协调。

二、经济法的法律地位

经济法的地位通过经济法的外部独立性和内部结构来体现，外部独立性是经济法与相关法律部门的关系，回答经济法是否具备独立的调整对象；经济法的内部结构性是经济法具体调整哪些社会关系。经济法是规范我国社会主义市场经济体制的部门法律，以社会主义市场经济体制的经济理论作为基础，以宪法依据和一系列经济法律制度为依据，能够较好地协调与民法、行政法等相邻部门法律的关系。

(一)经济法的外部独立性问题

1936 年，苏联法学家 M. A. 阿尔扎诺夫率先提出法律调整对象是划分法律部门的标准[①]。目前，无论主张还是不主张经济法是一个独立的法律部门的学者都认为，判定是否是独立的法律部门的标准主要看是否具有自己的调整对象，即“所谓法律调整的对象，也就是法律规范所调整的社会关系……，凡调整同一社会关系的法律规范就构成同一法律部门”[②]。

调整对象是法的效力所及的范围，经济法的调整对象是现实中的经济利益关系，不是政治关系、人事关系等非经济利益关系，也不是所有的经济关系，经济法调整的经济利益关系是在本国经济运行过程中发生的，这种本国经济运行体现了国家协调，是体现国家意志的经济关系。所以，经济法调整对象有一定的范围，经济法不同于国内法体系的民法、商法、行政法等法律部门，是一个独立的法律部门。

(二)经济法调整对象的范围

经济法的调整范围是由经济法所调整的经济关系的特殊性决定的，在经济法发展过程中，人们对于经济法调整范围的认识的趋同，如均认为经济法调整一定范围的经济关系，发生在经济运行过程中，是体现国家协调意志的经济关系的总和。

1. 市场主体关系

---

① M. A. 阿尔扎诺夫：“苏联法的体系及其发展前景”，《法学译丛》，1983 年第 1 期。
② 孙国华：《法理法》，法律出版社 1995 年版。

市场主体的组织管理关系是指市场主体的设立、变更、终止和市场主体内部组织机构在管理过程中发生的经济关系。对企业的设立、变更、终止，财务加以管理，但不能管太多、太严，只能进行必要的干预，保证企业从法律上能自主经营、自负盈亏、独立核算。调整这一关系的主要有全民所有制企业法、集体所有制企业法、私营企业法、合伙企业法、个人独资企业法、外商投资企业法和公司法等。

2. 市场运行关系

市场管理关系是指国家为了建立社会主义市场经济秩序，维护国家、生产经营者和消费者的合法权益而干预市场所发生的经济关系。发挥市场机制在资源配置中的基础性作用，必须建立统一、开放的市场体系。培育市场体系要求各种生产要素的自由流动，规范市场行为，打破市场分割与封锁，制止不正当竞争。与此相适应，经济法把左右市场体系的不正当竞争关系、垄断关系、产品质量关系、广告关系、价格关系、消费者利益保护等关系纳入自已的调整范围，调整这些关系的主要有合同法、产品质量法、反不正当竞争法、消费者权益保护法等。

3. 宏观调控关系

政府宏观调控关系是指国家为了实现经济总量的基本平衡，促进经济结构的优化，推动国民经济的发展，对国民经济总体活动进行的调节和控制过程中发生的经济关系。生产的优化配置和效率的提高主要依靠市场的自发调节，市场经济运作的实践表明，市场调节本身也具有自身的局限性和消极方面，尤其是随着自由竞争发展到垄断阶段，对市场机制具有决定作用的竞争受到限制，并影响正常的运行机制，导致市场失灵，需要通过“国家之手”克服市场调节的盲目性和局限性，以保证市场的健康发展和国家经济战略的实现。宏观调控是国家在社会经济宏观层面进行的调控活动，是国家基本的经济管理职能之一，也体现了可持续发展的要求。进行宏观调控的法律主要有计划法、金融法、税法、价格法、外汇管理法等。

4. 社会保障关系

社会保障是国家赋予社会成员的一项基本权利。社会保障关系是国家在从事社会保障各项事业的过程中与劳动者及全体社会成员之间所形成的物质利益关系。市场经济强调效率、兼顾公平，既要克服平均主义，又要保障全体社会成员的基本生活，但是，市场本身解决不了这些问题，需要国家出面进行干预，建立互助互济、社会化管理的社会保障制度。实施社会保障中发生的经济关系由经济法调整，充分开发和合理利用劳动力资源、保护劳动者的基本生活权利、维护社会稳定，促进经济发展。调整这部分关系的主要有劳动法、社会保险制度、妇女权益保障制度、残疾人权益保障制度、老年人权益保障制度等。

三、经济法律关系

法律关系是以法律上的权利、义务为纽带而形成的社会关系，它是法律规范指示的规定在事实社会关系中的体现。法律关系是上层建筑，以法律规范的存废为前提。经济法律关系是法律关系的一种。

(一)经济法律关系的概念

经济法律关系，是指经济法律规范在调整经济管理和经济协调过程中所产生的经济权利、经济义务关系。与其他法律关系一样，经济法律关系由主体、内容、客体三要素构成。

法律关系是由法律规范所确认和调整的人们之间的权利和义务关系。经济关系是人们在生产、分配、交换和消费过程中形成的社会关系。经济法律关系是由经济法律规范所确认的人与人之间具有权利和义务内容的社会关系。经济法律关系与经济法所调整的经济关系不同，经济法律关系是经济法调整特定的经济关系后所确认的权利和义务关系，而经济关系是客观存在的物质利益关系，前者属于上层建筑范畴，后者属于经济基础范畴；经济法律关系要靠法律来保障，而经济关系靠客观经济规律来支配；经济法律关系的存在以经济法的存在为前提，而经济关系的存在不以法的存在为前提，它是客观存在的[①]。

(二)经济法律关系的法律特征

经济法律关系是法律关系的一种，除了具有法律关系的一般特点之外，还有其自身的法律特征，具体包括：

1. 是经济管理和经营协作相统一的法律关系

经济法调整的经济管理关系和经济协作关系之间尽管有差别，但它们又是有机联系、相互统一的，是统一在社会经济关系中的两个不可分割的方面。

2. 以经济权利和经济义务为内容

任何法律关系都是以当事人之间一定的权利和义务关系为内容。在经济法律关系中的两个不可分割的方面则是以经济权利和经济义务为内容，否则不是经济法律关系。这种经济权利和经济义务直接反映当事人之间的经济利益，体现了经济性。

3. 除法律允许采用口头形式外，均应采用书面形式

经济法律关系的产生、变更，一般采用法定的书面形式表达，体现经济法律关系的稳定性和严肃性，并作为将来可能发生争议的处理依据。

(三)经济法律关系的构成

经济法律关系由主体、内容和客体三要素构成，三者紧密联系，缺一不可。经济法律关系的主体是构成经济法律关系的第一要素，它是经济法律关系形成的启动者，是权利和义务的承受者，有些主体的特殊性还决定着经济法律关系的性质；经济法律关系的内容是经济权利和经济义务，它是确定主体关系的性质和量度，是联系主体以及主体与客体之间的纽带；经济法律关系的客体是经济法主体通过经济法律关系所追求的经济目标和经济利益，经济权利和义务只有通过客体才能得到落实和体现。经济法律关系的三个要素紧密联系、不可分割。

---

① 参见 2008 年注册会计师考试统一辅导教材，《经济法》，中国财政经济出版社 2009 年版。

1. 主体

经济法律关系的主体，是经济法律关系的参加者，是在国家协调本国经济运行过程中，依法享有经济权利（权力）和承担经济义务的社会实体。他们或依照法定条件、法定程序成立，或由法定机关授权而取得经济法主体资格，经济法律关系主体主要有以下三类：

（1）国家机关

国家协调经济、干预市场活动主要通过国家机关来实施，国家机关是经济法律关系中重要的主体，特别是承担经济管理职能的综合职能机关和行业管理机关（如工业和信息产业部、交通部等），在市场管理和宏观调控中主体地位和作用突出。

（2）社会组织

社会组织是市场经济中最活跃的细胞，是经济法律关系最主要的主体，数量大、种类多，可以分为：企业（如个人独资、合伙、公司等），企业是自主经营、自负盈亏，以营利为目的的商品或服务的提供者；事业单位，即拥有一定财政预算或其他拨款，并从事科、教、文、卫等社会事业的非营利性组织；社会团体，即根据自愿原则进行社会活动的群众团体、公益性组织和学术团体等；企业内部组织和有关人员，企业内部车间、职能科室、班组都可以成为经济法律关系的主体。

（3）公民个人

公民个人主要指以个人（或家庭）身份从事生产经营或特定服务的个人（如，个体工商户），或者由经济法专门规定的个人（如，农村承包户）、消费者个人，都是经济法律关系主体。

2. 内容

法律关系的内容，是指法律关系主体间在一定条件下依照法律或约定所享有的权利和承担的义务，是人们利益的获取或付出的状态。经济法律关系内容是经济法律关系的实质和核心，是联系各主体、主体与客体之间的桥梁，直接体现了法律关系主体的要求和利益。如果只有主体、客体，不通过权利和义务互相联结，就不可能形成法律关系。经济法律关系的内容有其特殊性，除了一般的权利和义务关系以外，还包括经济法律关系的权力。

权利和义务是一对表征关系和状态的范畴，是法学范畴体系中的最基本的范畴。权利本质上是法律保护的某种利益，行为方式上表现为要求权利相对人可以怎样行为、必须怎样行为或不得怎样行为。义务指人们必须履行的某种责任，它表现为必须怎样行为和不得怎样行为两种方式。在法律调整状态下，权利是受法律保障的利益，其行为方式表现为意志和行为的自由。义务则是对法律所要求的意志和行为的限制，以及利益的付出。权利和义务是法律调整的特有机制，是法律行为区别于道德行为最明显的标志，也是经济法律关系内容的核心。

3. 客体

经济法律关系的客体，是法律关系主体权利义务所指向的对象和目的，是在国家协调经济运行过程中所发生的经济利益关系。没有经济法律关系的客体，经济法律关系主体的活动就失去了意义，权利和义务也就失去了目标。经济法律关系的客体广泛，概括起来，可以分为以下三类：

（1）物

物，亦称有体物，是指可以为人们控制和支配，有一定经济价值并以物质形态表现出来的物体。有些物不能为人们所控制或支配，或即使可为人们所控制和支配，但无一定经济价值的物，不能成为经济法律关系的客体，限制流通物或禁止流通物不能成为经济法律关系的客体。

从法的角度看，物可作多种划分，如：生产资料和生活资料；流通物与限制流通物；特定物和种类物；有形物与无形物；主物与从物等。

（2）行为

行为，是指经济法律关系的主体为达到一定经济目的所进行的行为，包括经济管理行为、完成一定工作的行为和提供一定劳务的行为。

经济管理行为是指经济法律关系的主体行使经济管理权或者经营管理权所指向的行为，如经济决策行为、经济命令行为、审查批准行为以及经济监督检查行为等。完成一定工作的行为是指经济法律关系的主体的一方利用自己的资金和技术设备为对方完成一定的工作任务，而对方根据完成工作的数量和质量支付一定报酬的行为。提供一定劳务的行为是指为对方提供一定劳务或服务满足对方的需求，而对方支付一定酬金的行为。提供一定劳务的行为与完成一定的工作不同的是，前者通过一定行为最终体现为一定的经济效果，后者则是通过劳动最终表现为一定的客观物质成果。

（3）智力成果

智力成果，是指人们创造的能够带来经济价值的创造性脑力劳动成果。智力成果不具有物化形态，但却可以创造物质财富，提供经济效益，例如，专利权、专有技术、著作权等。随着社会的进步和科学技术的发展，智力成果在社会财富中将日益重要，成为经济法律关系的重要客体。

此外，在现实经济生活中，权利亦可能成为经济法律关系的客体。权利本是经济法律关系的内容，但是，当某种权利成为另一权利的对象时，该权利就成为客体的组成部分，例如，土地使用权的客体是土地，但是，当土地使用权在土地出让和转让法律关系中成为法律关系指向的对象时，土地使用权就构成该法律关系的客体。

（四）经济法律关系的产生、变更和终止

经济法律关系的发生、变更和终止，是一个动态的运行过程，它是由经济法律事实引起的，即由法律、法规所规定的具体行为或事件引起。

1. 经济法律关系的产生、变更和终止的含义

经济法律关系的产生，是指由于某种经济法律事实的出现，使特定的经济法律关系主体间产生具体的权利和义务关系。

经济法律关系的变更，是指由于某种经济法律事实的出现，使已经生效的经济法律关系的要素发生变化。经济法律关系的变更不得损害国家利益和社会公共利益，不得损害国家计划；双方协商一致而设立的经济法律关系，需经双方协商达成合意方可变更，任何一方均不得擅自变更；由国家机关批准而设立的经济法律关系，虽经双方协商达成一致，还需经原批准机关认可或批准方可变更；法律规定禁止变更的经济法律关系，不得变更。

经济法律关系的终止是指由于一定的法律事实，使经济法律关系主体之间的权利与义务关系归于终止。

2.经济法律事实的概念和种类

经济法律事实，是指能够引起经济法律关系产生、变更、终止的客观情况。经济法律事实引起经济法律关系产生、变更、终止，它是一种客观存在。现实生活中，引起经济法律关系产生、变更、终止的客观存在包括行为和事件。

(1)行为

行为以意思表示为要素，是指人们进行的能引起经济法律关系产生、变更和终止的有意识的活动。包括国家经济管理机关的管理行为，行政机关的执法行为、司法行为，社会组织和其他经济法主体的经济行为，其他可引起经济法律关系产生、变更和终止的行为。作为经济法律事实的行为必须是主体资格合法，客体合法，权利和义务符合法律规定的要求的行为。

(2)事件

事件，是指不以人的意志为转移的能够引起经济法律关系产生、变更或终止的客观法律事实，包括自然现象和社会现象。

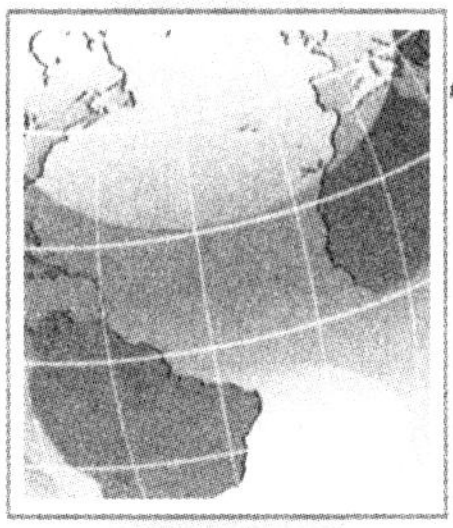

第二章 企业法律制度

【要点提示】

- 我国企业分类及企业立法体系
- 公司法
- 全民所有制企业法
- 个人独资企业法
- 合伙企业法
- 外商投资企业法
- 企业破产法

【案例】

2011 年 1 月，某市甲、乙两企业与王某个人经协商，决定共同投资创办一家有限责任公司。公司注册资本为 100 万元，其中，甲、乙两企业各出资 30 万元，王某以其个人所有的非专利技术作价出资 40 万元，三方对公司债务承担无限责任，公司设立股东会、董事会和两名监事，以董事会为公司的最高权力机构，协议还规定公司经有关部门批准后向社会公开发行股票。

问：上述过程中有哪些不合法之处，依法应如何处理？

第一节　企业与企业立法

一、企业的概念和分类

(一)企业的概念

“企业”源于英文中的“enterprise”，原意为企图冒险从事某项事业，后来用以指经营组织或经营体。通常认为，企业是指依法设立的，从事商品生产经营活动或提供商业服务的独立的经济组织。

企业依法设立，具有独立或相对独立的法律人格，这是企业独立开展经营性活动的前提。其基本含义为：企业必须符合特定企业类型的法定设立条件，满足资金、人员、场地、名称、组织机构等方面的要求；企业必须依法选择组织形式，我国法律规定的企业组织形式有个人独资、合伙、公司等，企业只能在其中选择，而不能超越法定范围自创组织形式，同时，企业必须按照法律规定的设立程序，依法履行申请、审批、登记手续，取得民事权利能力和民事行为能力。

不同法律形态的企业，法律地位各不相同，公司是法人企业，具有独立的法律人格。合伙企业和独资企业则属于非法人企业，企业财产和合伙人或出资人的个人财产不完全分离，但是，非法人企业仍然具有相对独立的法律人格，有相对独立的财产，实行独立核算；可以以企业自己的名义签订合同，从事对外经营活动；以自己的名义起诉和应诉；在企业债务责任的承担上，优先以企业财产清偿。

（二）企业的分类

我国法律和学理上采用不同标准，对企业主要有三类划分。

1. 独资企业、合伙企业和公司

依据企业投资人出资方式和责任形式的不同，将企业分为独资企业、合伙企业和公司。

（1）独资企业。特指由一个自然人投资设立的企业，企业财产为投资人所有，投资人以其个人财产对企业债务承担无限责任。独资企业在法律上属于自然人企业，不具有法人资格。

（2）合伙企业。特指自然人、法人和其他组织依法在中国境内设立的普通合伙企业和有限合伙企业。合伙企业中确立了有区别的责任制度，普通合伙企业中合伙人对合伙企业的债务承担无限连带责任；有限合伙企业中普通合伙人对合伙企业的债务承担无限连带责任，有限合伙人对企业承担有限责任。

（3）公司。特指依公司法设立的经营性法人。公司由一个或多个股东投资设立，公司是法人，具有独立的法律人格，我国《公司法》中规定有限责任公司和股份有限公司对外均承担有限责任。

2. 全民所有制企业、集体所有制企业、私营企业和混合所有制企业

依据企业所有制性质的不同，可将企业分为全民所有制企业、集体所有制企业、私营企业和混合所有制企业。

（1）全民所有制企业是指以生产资料全民所有制为基础的独立商品经济组织。全民所有制企业不包括《公司法》设立的国有独资公司和所有股东均为国有主体的全民所有制的公司。

（2）集体所有制企业是指企业财产归一定范围内的社会成员集体所有，由集体投资或社员入股集资设立的企业。

（3）私营企业是指企业财产属于私人所有的企业。私营企业主要采取独资企业、合伙企业和有限责任公司三种传统的企业形式。

（4）混合所有制企业是指跨所有制界限组成的公司制企业、中外合资经营企业和中外合作经营企业。

3. 内资企业、外商投资企业

依据企业资金来源的不同，将企业分为内资企业和外商投资企业。

(1)内资企业是指由中国内地投资者单独投资举办的企业。

(2)外商投资企业是指由中国投资者和外商投资者共同投资,或者仅由外商投资者投资举办的企业,这里的中国投资者包括中国公司、企业和其他经济组织,外商投资者包括外国的公司、企业和其他经济组织或个人。中国港、澳、台地区投资者依法投资也视为外资。

此外,依据企业生产经营规模的不同,可将企业分为大型企业、中型企业和小型企业。世界各国采用的标准不一,有的国家侧重于生产规模,有的侧重于生产总值和利润,也有一些国家同时参考就业人员的多寡,例如,全球范围内 500 强企业主要是以销售额为依据。划分大、中、小型企业,有利于国家实行合理的产业政策和改革措施,调整经济结构,促进资源合理配置。依据其他标准还可以将企业分为法人企业和非法人企业;工业企业、商业企业、交通运输企业和金融企业等。

二、企业法

我国理论界一般认为,企业法是调整企业在设立、组织、经营活动以及变更、终止过程中发生的社会关系的法律规范的总称。企业法以企业为规范对象,调整企业的法律地位以及企业内外部组织关系,属组织法,同时,企业法调整与企业组织特点直接相关的资本行为,兼具行为法的性质。企业法调整的社会关系包括:

(一)国家对企业的经济管理关系

国家在对企业经营实行宏观调控过程中发生的国家管理企业的关系。在管理过程中,各类职能管理部门、行业管理部门、地方政府与企业之间的权利和义务均属于企业法调整的范畴。企业法规定企业设立、变更和终止的条件、方式、程序及后果;规定国家对企业生产经营活动实行计划指导、经济调节和行政监督。立法侧重保护企业及其投资者、债权人的合法权益,维护经济秩序,促进社会经济发展。

(二)企业内部的组织管理关系

企业在设立、变更、终止过程中发生的投资者与企业内部组织机构之间及其自身的关系。企业内部的组织管理是企业对外进行经营性活动的前提与基础,也是国家施行的企业经营管理政策在企业内部的反映。企业法中规定企业的法律地位和主体资格;企业的设立、变更、终止;企业的内部组织机构;企业投资者的权利和义务等。

(三)企业的经营关系

企业在对内和对外从事经营性活动过程中所发生的社会关系,如公司股票的发行、交易关系、企业债券的发行和转让关系等。

第二节　公司法律制度

公司是现代企业最优的组织形式和产权模式,是市场经济活动的主体。调整公司的基本法是 1993 年 12 月 29 日第八届全国人民代表大会常务委员会第五次会议通过的《中华人民共和国公司法》(以下简称《公司法》),该法于 1999 年 12 月 25 日、2004 年 8 月 28 日和 2005 年 10 月 27 日分别进行了三次修改。

一、公司概述

(一)公司和公司法

1. 公司

公司是指依法设立,以股东投资行为为基础的,以营利为目的的企业法人。

由此概念可知,公司必须依法设立,取得公司法人资格;公司的资本来源来自于若干股东的出资,投资入股采取自愿原则,等量出资拥有等量权益;公司从事生产、经营或提供劳务是为了获取利润,即以营利为目的。

根据不同的标准,可对公司进行以下分类:

(1)根据股东对公司所承担的责任,将公司分为无限责任公司、两合公司、股份有限公司、股份两合公司、有限责任公司。

(2)根据公司信用,将公司分为人合公司、资合公司、人合兼资合公司。

(3)根据公司体制,将公司分为总公司和分公司。《公司法》第 14 条规定:"公司可以设立分公司。设立分公司,应当向公司登记机关申请登记,领取营业执照。分公司不具有法人资格,其民事责任由总公司承担。"

(4)根据资本控制关系,将公司分为母公司和子公司。母公司是控制他公司半数以上股份的公司,子公司是半数以上股份受控于他公司的公司,母、子公司均具有法人资格,依法独立承担民事责任。

(5)根据公司国籍,将公司分为本国公司、外国公司、多国公司。

(6)根据公司资本来源和性质,将公司分为国有公司、合作或集体所有制公司、私营公司、外商投资公司。

《公司法》第 2 条规定:"本法所称公司是指依照本法在中国境内设立的有限责任公司和股份有限公司。"该划分以财产责任形式为标准。

2. 公司法

狭义上的公司法仅指《中华人民共和国公司法》,广义上的公司法是指国家关于公司的设立、组织与活动的各种法律、法规和规章的总称。公司法是关于公司设立、组织与活动的法,体现了组织要素和财产要素的结合。

(二)公司资本

公司资本通常是指公司的注册资本,有时也指公司的实缴资本,注册资本是在公司登记机关登记注册的资本,而实缴资本是指股东为履行出资实际交付的财产总和。公司资本包括资本金、公积金和其他未分配盈余。

1. 出资要求

(1)出资方式。公司股东可以以货币方式出资,也可以以实物、知识产权、土地使用权等方式出资。

(2)货币出资比例。有限责任公司货币出资金额不得低于注册资本的30%。

2. 出资义务

(1)股东应当按期足额缴纳公司章程中规定的各自所认缴的出资额。股东以货币出资的,应当将货币出资足额存入公司在银行开设的账户;以非货币财产出资的,应当依法办理其财产权的转移手续。股东不按规定缴纳出资的,除应当向公司足额缴纳外,还应当向已按期足额缴纳出资的股东承担违约责任。

(2)股东出资后不得抽回。股东出资不得要求撤回,维系公司营运资本的完整。

(3)股东缴纳出资后,必须经依法设立的验资机构验资并出具证明。

3. 资本制度

大陆法系国家为确保其资本的真实可靠,确立了资本三原则,我国公司法在立法之初采用了这一原则,修改的公司法在资本制度上有所改变。

(三)公司董事、监事和经理资格和义务

公司董事、监事和经理是公司高层管理人员,《公司法》第147～153条规定了他们的资格和义务。

1. 任职资格

有下列情形之一的,不得担任公司的董事、监事、高级管理人员:

(1)无民事行为能力或者限制民事行为能力。

(2)因贪污、贿赂、侵占财产、挪用财产或者破坏社会主义市场经济秩序,被判处刑罚,执行期满未逾5年,或者因犯罪被剥夺政治权利,执行期满未逾5年。

(3)担任破产清算的公司、企业的董事或者厂长、经理,对该公司、企业的破产负有个人责任的,自该公司、企业破产清算完结之日起未逾3年。

(4)担任因违法被吊销营业执照、责令关闭的公司、企业的法定代表人,并负有个人责任的,自该公司、企业被吊销营业执照之日起未逾3年。

(5)个人所负数额较大的债务到期未清偿。

2. 义务

(1)忠实和勤勉的义务

董事、监事、高级管理人员应当遵守法律、行政法规和公司章程,对公司负有忠实义务和勤勉义务。不得利用职权收受贿赂或者其他非法收入,不得侵占公司的财产。

(2)接受质询的义务

股东会或者股东大会要求董事、监事、高级管理人员列席会议的,董事、监事、高级管理人员应当列席并接受股东的质询。董事、高级管理人员应当如实向监事会或者不设监事会的有限责任公司的监事提供有关情况和资料,不得妨碍监事会或者监事行使职权。

(3)应诉的义务

公司监事会或者监事可就董事有违忠实和勤勉义务、有违接受质询义务向人民法院提起诉讼，董事会或者执行董事也可就监事违反义务行为向人民法院提起诉讼。在一定条件下，股东有权为了公司的利益以自己的名义以董事、监事为被告直接向人民法院提起诉讼。

(四)公司债券

公司债券是指公司依照法定程序发行、约定在一定期限还本付息的有价证券。公司债券发行规模由国务院确定，公司债券只能用于审批机关批准的用途，不得用于弥补亏损和非生产性支出。

(五)公司财务及盈利分配

1. 公司财务

公司应当依照法律、行政法规和国务院财政部门的规定建立本公司的财务、会计制度，并在每一会计年度终了时编制财务会计报告，依法经会计师事务所审计。公司除法定的会计账簿外，不得另立会计账簿。

有限责任公司应当依照公司章程规定的期限将财务会计报告送交各股东。股份有限公司的财务会计报告应当在召开股东大会年会的 20 日前置备于本公司，供股东查阅；公开发行股票的股份有限公司必须公告其财务会计报告。

2. 公司公积金

根据《公司法》的规定，公积金分为以下两类：

(1)法定公积金和任意公积金

《公司法》第 167 条规定，公司分配当年税后利润时，应当提取利润的 10%列入公司法定公积金。公司法定公积金累计额为公司注册资本的 50%以上的，可以不再提取。公司的法定公积金不足以弥补以前年度亏损的，在依法提取法定公积金之前，应当先用当年利润弥补亏损。

公司从税后利润中提取法定公积金后，经股东会或者股东大会决议，还可以提取任意公积金。

(2)资本公积金

公司资本公积金是指公司盈利分配前提取的非经营性盈利的资本收入。《公司法》规定，股份有限公司以超过股票票面金额的发行价格发行股份所得的溢价款以及国务院财政部门规定列入资本公积金的其他收入，应当列为资本公积金。

在公积金的使用上，《公司法》第 167 条规定，公司的公积金用于弥补公司的亏损、扩大公司生产经营或者转为增加公司资本。但是，资本公积金不得用于弥补公司的亏损。法定公积金转为资本时，所留存的该项公积金不得少于转增前公司注册资本的 25%。

3. 公司利润分配

公司弥补亏损和提取公积金后所余税后利润，可用于公司股东利润分配。

对违反规定、在公司弥补亏损和提取法定公积金之前向股东分配利润的，股东必须将违反规定分配的利润退还公司，另外，公司持有的本公司股份不得分配利润。

（六）公司变更和解散

1. 公司变更

公司变更包括公司名称、地址、组织形式的变更，董事长更换，公司发生合并或分立，公司注册资本的增加或减少等，其中，最主要的形式是合并、分立、增加和减少注册资本。

2. 公司解散、清算

（1）公司解散

公司解散是指使公司丧失法人资格的法定原因已经产生，而应逐渐终止公司权利和义务的行为。

使公司丧失法人资格的法定原因有：公司章程规定的营业期限届满或者公司章程规定的其他解散事由出现；股东会或者股东大会决议解散；因公司合并或者分立需要解散；依法被吊销营业执照、责令关闭或者被撤销；公司经营管理发生严重困难，持有公司全部股东表决权 10％以上的股东请求人民法院解散公司。

除公司合并或者分立由变更后的公司继受权利和义务外，因其他原因解散公司的，都要进入清算阶段。

（2）公司清算

公司清算是指处理解散公司各项未了事务，最终结束法律关系，消灭其法人资格的法律行为。

公司应当在解散事由出现之日起 15 日内成立清算组，完成清算工作。有限责任公司的清算组由股东组成，股份有限公司的清算组由董事或者股东大会确定的人员组成，逾期不成立清算组的，债权人可以申请人民法院指定有关人员组成。清算组在清算期间行使下列职权：清理公司财产，分别编制资产负债表和财产清单；通知、公告债权人；处理与清算有关的公司未了结的业务；清缴所欠税款以及清算过程中产生的税款；清理债权、债务；处理公司清偿债务后的剩余财产；代表公司参与民事诉讼活动。

公司财产在分别支付清算费用、职工的工资、社会保险费用和法定补偿金，缴纳所欠税款，清偿公司债务后的剩余财产，有限责任公司按照股东的出资比例分配，股份有限公司按照股东持有的股份比例分配。清算组清理公司财产、编制资产负债表和财产清单后，发现公司财产不足清偿债务的，应当依法向人民法院申请宣告破产。

二、有限责任公司

在公司立法史上，有限责任公司是出现最晚的一种公司类型，自 1892 年德国首创，迅速推行，目前已经成为世界各国最普遍采用的公司组织形式。

（一）有限责任公司的概念

有限责任公司是指依法设立，由不超过一定人数的股东出资组成，股东以其出资额为限对公司承担责任，公司以其全部资本对公司债务承担责任的企业法人。有限责任公司具有以下法律特征：

1. 人资两合性

资金的联合和股东间的信任是有限责任公司两个缺一不可的信用基础。

2. 封闭性

有限责任公司的封闭性表现为：股东人数有限、不向社会公开募股、出资证明书不能上市流通、转让严格限制、财务管理等信息无须向社会公开。

3. 组织机构设置灵活

由于有限责任公司具有封闭性的特点，国家对有限责任公司干预较少，相应地，公司组织机构设置也比较灵活。

4. 转让严格限制

有限责任公司股权发生转让，需经全体股东过半数通过，不同意转让的股东应购买该转让出资，否则视为同意。同等情况下，其他股东享有优先认股权。

5. 股东参加管理

上述特征是典型的有限责任公司的特征。《公司法》也有例外规定，国有独资公司、一人公司不具备上述法律特征。

(二)有限责任公司的设立

1. 有限责任公司的设立条件

设立有限责任公司，应当具备下列条件：

(1)股东符合法定人数。《公司法》第 24 条规定："有限责任公司由 50 人以下股东出资设立。"公司股东可以是自然人，也可以是法人或其他组织。

(2)股东出资达到法定最低限额。公司须承担与其经济责任相应的财产义务，公司的法定出资是对公司基本责任能力的要求。公司法规定，有限责任公司注册资本的最低限额为人民币 3 万元，公司全体股东的首次出资额不得低于注册资本的 20%，其余部分由股东自公司成立之日起 2 年内缴足；其中，投资公司可以在 5 年内缴足。

(3)股东共同制定公司章程。公司章程是记载公司组织规范和行为准则的书面文件，由全体股东签署，体现全体股东的意志。有限责任公司章程应当载明：公司名称和住所，公司经营范围，公司注册资本，股东的姓名或者名称，股东的出资方式，出资额和出资时间，公司的机构及其产生办法，职权，议事规则，公司法定代表人，股东会会议认为需要规定的其他事项。股东应当在公司章程上签名、盖章。

(4)有公司名称，建立符合要求的组织机构。公司名称通常由地名、字号、经营业务、法律性质四部分组成。公司组织机构是公司作为社会组织所必需的，有限责任公司组织机构相对灵活。

(5)有公司住所。公司住所是公司主要办事机构所在地。

2. 有限责任公司的设立程序

(1)内部通过公司章程。公司章程须经有限责任公司有表决权的出资人 2/3 以上通过。

(2)外部办理登记。由全体股东的指定人或受托人持申请书、公司章程、验资证明向公司登记机关办理设立登记,领取营业执照。

(三)有限责任公司的组织机构

1. 股东会

(1)股东会的形式

有限责任公司股东会由全体股东组成。股东会会议分为定期会议和临时会议。定期会议依照公司章程的规定按时召开;代表1/10以上表决权的股东、1/3以上的董事、监事会或者不设监事会的公司的监事提议召开临时会议的,应当召开临时会议。

(2)股东会的职权

股东会是公司的权力机构,依法行使职权,股东会的职权包括:决定公司的经营方针和投资计划;选举和更换由非职工代表担任的董事、监事,决定有关董事、监事的报酬事项;审议批准董事会的报告;审议批准监事会或者监事的报告;审议批准公司的年度财务预算方案、决算方案;审议批准公司的利润分配方案和弥补亏损方案;对公司增加或者减少注册资本作出决议;对发行公司债券作出决议;对公司合并、分立、解散、清算或者变更公司形式作出决议;修改公司章程;公司章程规定的其他职权。对上述所列事项股东以书面形式一致表示同意的,可以不召开股东会会议,直接作出决定,并由全体股东在决定文件上签名、盖章。

(3)股东会决议

股东会会议由股东按照出资比例行使表决权,股东会会议作出修改公司章程、增加或者减少注册资本的决议,以及公司合并、分立、解散或者变更公司形式的决议,必须经代表2/3以上表决权的股东通过。

2. 董事会

(1)董事会的设置

有限责任公司董事会设董事长1人,董事长是公司的法人代表。董事会成员一般为3～13人。2个以上的国有企业或者2个以上的其他国有投资主体投资设立的有限责任公司,其董事会成员中应当有公司职工代表;其他有限责任公司董事会成员中可以有公司职工代表。董事会中的职工代表由公司职工通过职工代表大会、职工大会或者其他形式民主选举产生。董事任期由公司章程规定,但每届任期不得超过3年。

(2)董事会的职权

董事会是公司的执行机构,对股东会负责,行使下列职权:召集股东会会议,并向股东会报告工作;执行股东会的决议;决定公司的经营计划和投资方案;制定公司的年度财务预算方案、决算方案;制定公司的利润分配方案和弥补亏损方案;制定公司增加或者减少注册资本以及发行公司债券的方案;制定公司合并、分立、解散或者变更公司形式的方案;决定公司内部管理机构的设置;决定聘任或者解聘公司经理及其报酬事项,并根据经理的提名决定聘任或者解聘公司副经理、财务负责人及其报酬事项;制定公司的基本管理制度；公司章程规定的其他职权。

（3）董事会决议

董事会决议的表决，实行一人一票。董事会应当对所议事项的决定作成会议记录，出席会议的董事应当在会议记录上签名。董事会的议事方式和表决程序，除本法有规定的外，由公司章程规定。

3. 经理

经理机构是公司的日常行政管理机构，经理对董事会负责，由董事会决定聘任或者解聘，行使下列职权：主持公司的生产经营管理工作，组织实施董事会决议；组织实施公司年度经营计划和投资方案；拟订公司内部管理机构设置方案；拟订公司的基本管理制度；制定公司的具体规章；提请聘任或者解聘公司副经理、财务负责人；决定聘任或者解聘除应由董事会决定聘任或者解聘以外的负责管理人员；董事会授予的其他职权。

4. 监事会

（1）监事会的设置

有限责任公司设监事会，其成员不得少于 3 人。股东人数较少或者规模较小的有限责任公司，可以设 1～2 名监事，不设监事会。监事会应当包括股东代表和适当比例的公司职工代表，其中职工代表的比例不得低于 1/3。监事可以列席董事会会议，并对董事会决议事项提出质询或者建议。监事会每年度至少召开 1 次会议，监事可以提议召开临时监事会会议。监事会、不设监事会的公司的监事发现公司经营情况异常，可以进行调查；必要时，可以聘请会计师事务所等协助其工作，监事会、不设监事会的公司的监事行使职权所必需的费用，由公司承担。

（2）监事会的职权

监事会是公司的监督机构，监事会、不设监事会的公司的监事行使下列职权：检查公司财务；对董事、高级管理人员执行公司职务的行为进行监督，对违反法律、行政法规、公司章程或者股东会决议的董事、高级管理人员提出罢免的建议；当董事、高级管理人员的行为损害公司的利益时，要求董事、高级管理人员予以纠正；提议召开临时股东会会议，在董事会不履行本法规定的召集和主持股东会会议职责时召集和主持股东会会议；向股东会会议提出提案；依法对董事、高级管理人员提起诉讼；公司章程规定的其他职权。

（四）有限责任公司的股权转让

《公司法》第 72 条第 1 款规定："有限责任公司的股东之间可以相互转让其全部或者部分股权。"包括以下几个方面：

1. 股东向股东以外人的股权转让

股东应就其股权转让事项书面通知其他股东，并经其他股东过半数同意，不同意的股东应当购买该转让的股权；不购买的，视为同意转让。其他股东自接到书面通知之日起满 30 日未答复的，视为同意转让。

2. 经股东同意的股权转让

经股东同意转让的股权，同等条件下，其他股东有优先购买权。2 个以上股东主张行使优先购买权的，协商确定各自的购买比例，协商不成的，按照转让时各自的出资比例行使优先购买权。

3. 人民法院强制执行的股权转让

人民法院依照法律规定的强制执行程序转让股东的股权时，应当通知公司及全体股东，其他股东在同等条件下有优先购买权。其他股东自人民法院通知之日起满 20 日不行使优先购买权的，视为放弃优先购买权。

4. 自然人股东死亡的股权转让

自然人股东死亡后，其合法继承人可以继承股东资格。

5. 对股东会决议投反对票的股权转让

股东会对下述决议投反对票的股东可以请求公司按照合理的价格收购其股权，决议包括：公司连续 5 年不向股东分配利润，而公司该 5 年连续盈利，并且符合本法规定的分配利润条件的；公司合并、分立、转让主要财产的；公司章程规定的营业期限届满或者章程规定的其他解散事由出现，股东会会议通过决议修改章程使公司存续的。

自股东会会议决议通过之日起 60 日内，双方达成股权收购协议，不能达成协议的，股东可以自股东会会议决议通过之日起 90 日内向人民法院提起诉讼。

(五)一人公司的特别规定

《公司法》第 58 条规定："一人有限责任公司是指只有一个自然人股东或者一个法人股东的有限责任公司。"一人公司的出资人可以是一个自然人或者一个法人，公司设立时应当在公司登记中注明，并在公司营业执照中载明。

1. 出资要求

一人有限责任公司的注册资本最低限额为人民币 10 万元，股东应当一次足额缴纳公司章程规定的出资额。

2. 组织机构

一人有限责任公司不设股东会，股东作出决定时，应当采用书面形式，并由股东签名后置备于公司。

3. 债务承担

一人有限责任公司应当在每一会计年度终了时编制财务会计报告，并经会计师事务所审计。一人有限责任公司的股东不能证明公司财产独立于股东自己的财产的，应当对公司债务承担连带责任。

(六)国有独资有限责任公司

《公司法》第 65 条第 2 款规定："本法所称国有独资公司是指国家单独出资，由国务院或者地方人民政府授权本级人民政府国有资产监督管理机构履行出资人职责的有限责任公司。"国有独资公司是有限责任公司，它具有有限责任公司的若干基本特征，但国有独资公司与一般的有限责任公司相比，又有许多不同之处，主要表现在以下几个方面：

1. 国有独资公司公司章程特别制定

国有独资公司公司章程由国有资产监督管理机构制定，或者由董事会制定，并报国有资产监督管理机构批准。

2. 国有独资公司组织机构按特殊程序建立

（1）不设股东会。国有资产监督管理机构可以授权公司董事会行使股东会的部分职权，决定公司的重大事项，但公司的合并、分立、解散、增加或者减少注册资本和发行公司债券，必须由国有资产监督管理机构决定；其中，重要的国有独资公司合并、分立、解散、申请破产的，应当由国有资产监督管理机构审核后，报本级人民政府批准。

（2）设董事会。董事会成员由国有资产监督管理机构委派，但是，董事会成员中的职工代表由公司职工代表大会选举产生。

（3）设经理。经理由董事会聘任或者解聘，依法行使职权，经国有资产监督管理机构同意，董事会成员可以兼任经理。

（4）监事会成员由国有资产监督管理机构委派。监事会成员不得少于5人，其中职工代表的比例不得低于1/3，具体比例由公司章程规定，监事会主席由国有资产监督管理机构从监事会成员中指定。

三、股份有限公司

股份有限公司的出现，被认为不亚于蒸汽机的出现和电力的发明。股份有限公司能最大限度地广泛集资，是典型的股份制企业，对社会经济发展具有重大意义。

（一）股份有限公司的概念和特征

股份有限公司是指依法设立，全部资本分成等额股份，股东以其所持股份为限对公司承担责任，公司以其全部资本对公司债务承担责任的企业法人。股份有限公司具有以下法律特征：

1. 公开性

与有限责任公司的封闭性不同，股份有限公司募股集资方式是公开的，无论发起设立还是募集设立，都必须向社会公开或在一定范围内公开募集资本，招股公开，公司财务管理信息等状况也须公开。

2. 规模性

股份有限公司股东人数无上限规定，即“封底不封顶”，注册资本最低限额较高，这就使股份有限公司的股东具有最大的广泛性，决定了公司的规模性。

3. 流动性

流动性特征是相对于无限责任公司的出资不能转让、有限责任公司出资转让严格限制而言的。股份有限公司资本外部表现形式为股票，股份转让自由。当然，为了保证公司和股东的利益，保证社会经济秩序，法律也对股份转让中的主体、时间、范围等作了若干必要的限制性规定。

4. 资合性

股份有限公司的信用基础是公司的资本，与股东个人的人身性(信誉、地位、声望)没有直接联系，投资人只要出资就能成为股东。

5. 设立要求严格

股份有限公司具有特殊的经济地位和组织活动地位，是唯一能发行股票的公司，因此，国家必须以严格的法律手段对其加强管理和监督，立法要求股份有限公司设立需具备法定条件，履行严格的批准手续，并依较复杂的程序设立。

(二)股份有限公司的设立

1. 股份有限公司的设立条件

(1)发起人符合法定人数。设立股份有限公司，应有 2 人以上、200 人以下为发起人，其中须有半数以上的发起人在中国境内有住所。发起人是发起设立公司的人，发起过程中，发起人通过签订发起人协议，明确各自在公司设立过程中的权利和义务。

(2)发起人认购和募集的股本达到法定资本最低限额。股份有限公司注册资本的最低限额为人民币 500 万元。法律、行政法规对股份有限公司注册资本的最低限额有较高规定的，从其规定。

(3)股份发行、筹办事项符合法律规定。

(4)发起人制定公司章程，采用募集方式设立的经创立大会通过。

(5)有公司名称，建立符合股份有限公司要求的组织机构。

(6)有公司住所。

2. 股份有限公司的设立方式

股份有限公司的设立，可以采取发起设立或者募集设立的方式。

3. 股份有限公司的设立程序

以募集设立为例，股份有限公司的设立程序为：

(1)经国务院或省级人民政府批准可以采取募集方式设立。

(2)经国务院证券管理部门的批准。

(3)制作并公布招股说明书。发起人向社会公开募集股份，必须公告招股说明书，并制作认股书。认股书应当载明发起人认购的股份数；每股的票面金额和发行价格；无记名股票的发行总数；募集资金的用途；认股人的权利、义务；本次募股的起止期限及逾期未募足时认股人可以撤回所认股份的说明等法定事项，由认股人填写认购股数、金额、住所，并签名、盖章。认股人按照所认购股数缴纳股款。

(4)承销。发起人向社会公开募集股份，应当由依法设立的证券公司承销，签订承销协议。

(5)代收股款。发起人向社会公开募集股份，应当同银行签订代收股款协议。代收股款的银行应当按照协议代收和保存股款，向缴纳股款的认股人出具收款单据，并负有向有关部门出具收款证明的义务。

(6)召开创立大会。发行股份的股款缴足后,必须经依法设立的验资机构验资并出具证明,发起人应当自股款缴足之日起 30 日内主持召开公司创立大会。创立大会由发起人、认股人组成。发行的股份超过招股说明书规定的截止期限尚未募足的,或者发行股份的股款缴足后,发起人在 30 日内未召开创立大会的,认股人可以按照所缴股款并加算银行同期存款利息,要求发起人返还。

(7)申请设立登记。董事会应于创立大会结束后 30 日内,向公司登记机关报送公司登记申请书、创立大会的会议记录、公司章程、验资证明、法定代表人、董事、监事的任职文件及其身份证明、发起人的法人资格证明或者自然人身份证明、公司住所证明等文件,以募集方式设立股份有限公司公开发行股票的,还应当向公司登记机关报送国务院证券监督管理机构的核准文件,申请设立登记。

(三)股份有限公司的组织机构

1. 股东大会

股份有限公司股东大会由全体股东组成。股东大会是公司的权力机构,依照本法行使职权。

(1)股东大会的召开

股东大会应当每年召开一次年会。有下列情形之一的,应当在两个月内召开临时股东大会:董事人数不足本法规定人数或者公司章程所定人数的 2/3 时;公司未弥补的亏损达到实收股本总额的 1/3 时;单独或者合计持有公司 10%以上股份的股东请求时;董事会认为必要时;监事会提议召开时;公司章程规定的其他情形时。

召开股东大会会议,应当将会议召开的时间、地点和审议的事项于会议召开 20 日前通知各股东;临时股东大会应当于会议召开 15 日前通知各股东;发行无记名股票的,应当于会议召开 30 日前公告会议召开的时间、地点和审议事项。

(2)股东大会决议

股东出席股东大会会议,所持每一股份有一次表决权。但是,公司持有的本公司股份没有表决权。股东大会作出决议,必须经出席会议的股东所持表决权过半数通过。但是,股东大会作出修改公司章程、增加或者减少注册资本的决议,以及公司合并、分立、解散或者变更公司形式的决议,必须经出席会议的股东所持表决权的 2/3 以上通过。

股东大会选举董事、监事,可以依照公司章程的规定或者股东大会的决议,实行累积投票制。所谓累积投票制,是指股东大会选举董事或者监事时,每一股份拥有与应选董事或者监事人数相同的表决权,股东拥有的表决权可以集中使用。

2. 董事会、经理

股份有限公司设董事会,其成员为 5～19 人。董事会每年度至少召开 2 次会议,每次会议应当于会议召开 10 日前通知全体董事和监事。代表 1/10 以上表决权的股东、1/3 以上的董事或者监事会,可以提议召开董事会临时会议。董事会会议应有过半数的董事出席方可举行，董事会作出决议，必须经全体董事的过半数通过。有限责任公司董事任期及职权的规定，适用于股份有限公司董事会。

股份有限公司设经理，由董事会决定聘任或者解聘。有限责任公司经理职权的规定，适用于股份有限公司经理。

3. 监事会

股份有限公司设监事会，其成员不得少于3人。监事会应当包括股东代表和适当比例的公司职工代表，其中职工代表的比例不得低于1/3，具体比例由公司章程规定，监事会中的职工代表由公司职工通过职工代表大会、职工大会或者其他形式民主选举产生。监事会每6个月至少召开一次会议，监事可以提议召开临时监事会会议。

4. 上市公司组织机构的特别规定

上市公司是指股票在证券交易所上市交易的股份有限公司。

(1)上市公司股东大会特别决议事项。上市公司在一年内购买、出售重大资产或者担保金额超过公司资产总额30%的，应当由股东大会作出决议，并经出席会议的股东所持表决权的2/3以上通过。上市公司董事与董事会会议决议事项所涉及的企业有关联关系的，不得对该项决议行使表决权，也不得代理其他董事行使表决权。该董事会会议由半数以上的无关联关系董事出席即可举行，董事会会议所作决议须经无关联关系董事过半数通过。出席董事会的无关联关系董事人数不足3人的，应将该事项提交上市公司股东大会审议。

(2)上市公司设立独立董事。中国证监会于2001年8月发布了《关于上市公司建立独立董事制度的指导意见的通知》规定，要求在2003年6月30日前，上市公司董事会成员至少应包括1/3的独立董事。独立董事是指不在公司担任除董事外的其他职务，并与其所受聘的上市公司及其股东不存在可能妨碍其进行独立客观判断的关系的董事。

(3)上市公司设董事会秘书。董事会秘书负责公司股东大会和董事会会议的筹备、文件保管以及公司股东资料的管理，办理信息披露事务等事宜。

(四)股份有限公司的股份发行和转让

1. 股份有限公司的股份发行

股份发行应坚持公开、公平、公正的原则，同种类的股份应当具有同等权利，同次发行的同种类股票，每股的发行条件和价格相同。

(1)股份有限公司的股份发行价格

《公司法》第128条规定："股票发行价格可以按票面金额，也可以超过票面金额，但不得低于票面金额。"股票采用纸面形式或者国务院证券监督管理机构规定的其他形式，股票上载明公司名称、公司成立日期、股票种类、票面金额及代表的股份数、股票的编号。其中，发起人的股票，应当标明"发起人股票"字样，股份有限公司成立后，即向股东正式交付股票。

(2)股份有限公司的新股发行程序

①股东大会决议。股东大会就新股种类及数额、新股发行价格、新股发行的起止日期、向原有股东发行新股的种类及数额作出决议。

②公司经国务院证券监督管理机构核准公开发行新股。

③公告新股招股说明书和财务会计报告，并制作认股书。

④公司发行新股募足股款后，向公司登记机关办理变更登记。

2. 股份有限公司的股份转让

《公司法》第138条规定："股东持有的股份可以依法转让。"

(1)股份有限公司股份转让的方式

股东转让其股份，应当在依法设立的证券交易场所进行或者按照国务院规定的其他方式进行。记名股票，由股东以背书方式或者法律、行政法规规定的其他方式转让；无记名股票的转让，由股东将该股票交付给受让人后即发生转让的效力。

(2)股份有限公司股份转让的限制

①对发起人的限制。发起人持有的本公司股份，自公司成立之日起一年内不得转让。公司公开发行股份前已发行的股份，自公司股票在证券交易所上市交易之日起一年内不得转让。

②对公司高层管理人员的限制。公司董事、监事、高级管理人员应当向公司申报所持有本公司的股份及其变动情况，在任职期间每年转让的股份不得超过其所持有本公司股份总数的25%；所持本公司股份自公司股票上市交易之日起一年内不得转让。上述人员离职后半年内，不得转让其所持有的本公司股份。公司章程可以对公司董事、监事、高级管理人员转让其所持有的本公司股份作出其他限制性规定。

③对公司的限制。公司不得收购本公司股份，不得接受本公司的股票作为质押权的标的。但是，有下列情形之一的除外：减少公司注册资本；与持有本公司股份的其他公司合并；将股份奖励给本公司职工；股东因对股东大会作出的公司合并、分立决议持异议，要求公司收购其股份的。

第三节　非公司企业法律制度

企业是相对于国家机关、事业单位和社会团体而独立存在的社会组织，是依法设立，从事商品生产经营活动，自主经营、自负盈亏、独立核算的商品经济组织，我国非公司企业指个人独资企业、合伙企业和外商投资企业。

一、个人独资企业法

个人独资企业法是一种古老的企业形式，个人独资企业以其设立方便、经营灵活、纳税简单等优点，一直广泛运用于商业主体。1999年8月30日，第九届全国人民代表大会常务委员会第十一次会议通过《中华人民共和国个人独资企业法》(以下简称《个人独资企业法》),该法于2000年1月1日施行。

(一)个人独资企业的概念和特征

个人独资企业是指依法在中国境内设立,由一个自然人投资,财产为个人所有,投资人以其个人财产对企业债务承担无限责任的经营实体。个人独资企业具有以下法律特征:

1. 个人独资企业的内部机构设置简单,经营管理方式灵活

个人独资企业的投资人既是企业的所有者,又是企业的经营者,法律对其内部机构和经营管理无严格的规定,因此,个人独资企业内部一般机构设置简单,经营方式灵活。

2. 个人独资企业的投资人对企业债务承担无限责任

当企业的资产不足以清偿到期债务时,投资人应以自己个人的全部财产用于清偿,这实际上将企业的责任与投资人的责任连为一体。

3. 个人独资企业是非法人企业

个人独资企业在权利义务上,企业和个人融为一体,企业的责任即是投资人个人的责任,企业的财产即是投资人的财产,因此,个人独资企业不具有法人资格,也无独立承担民事责任的能力。个人独资企业虽然不具有法人资格,但却是独立的民事主体,可以自己的名义从事民事活动。

(二)个人独资企业的设立

1. 个人独资企业的设立条件

根据《个人独资企业法》第8条的规定,设立个人独资企业应当具备下列条件:

(1)投资人为一个自然人

个人独资企业由一个自然人出资,投资主体只能是自然人,并且只能是一个具有中国国籍的自然人出资设立,国家机关、国家授权的投资机构、企业、事业单位,以及外国人、外国企业都不能作为个人独资企业的设立人。

(2)有合法的企业名称

个人独资企业的名称应当符合国家关于企业名称登记管理的有关规定,企业名称应与其责任形式及从事的业务相符,个人独资企业的名称中不得使用"有限"、"有限责任"或者"公司"字样。

(3)有投资人申报的出资

《个人独资企业法》对设立个人独资企业的出资数额未作限制。根据国家工商行政管理局《关于实施〈个人独资企业登记管理办法〉有关问题的通知》的规定,设立个人独资企业可以用货币出资,也可以用实物、土地使用权、知识产权或者其他财产权利出资,采取实物、土地使用权、知识产权或者其他财产权利出资的,应将其折算成货币数额。投资人申报的出资额应当与企业的生产经营规模相适应。投资人可以个人财产出资,也可以家庭共有财产作为个人出资。

(4)有固定的生产经营场所和必要的生产经营条件

生产经营场所包括企业的住所和与生产经营相适应的住所,住所是企业的主要办事

机构所在地，是企业的法定地址。

(5)有必要的从业人员

设立个人独资企业要有与其生产经营范围、规模相适应的从业人员。

2. 个人独资企业的设立程序

(1)提出申请

设立个人独资企业，应当由投资人或者其委托的代理人向个人独资企业所在地的登记机关提出申请。投资人申请设立登记，应当向登记机关提交：设立申请书、投资人身份证明、生产经营场所使用证明。从事法律、行政法规规定须报经有关部门审批的业务，应当在申请设立登记时提交有关部门的批准文件。

(2)工商登记

登记机关应当在收到设立申请文件之日起 15 日内，对符合本法规定条件的，予以登记，发给营业执照；对不符合本法规定条件的，不予登记，并应当给予书面答复，说明理由。个人独资企业的营业执照的签发日期，为个人独资企业成立日期。

(三)个人独资企业投资人及事务管理

1. 个人独资企业投资人的条件、权利和责任

个人独资企业投资人，是指投资设立个人独资企业的人。

(1)个人独资企业投资人的条件

《个人独资企业法》第 16 条规定："法律、行政法规禁止从事营利性活动的人，不得作为投资人申请设立个人独资企业。"根据我国有关规定，国家公务员、法官、检察官、警察、商业银行工作人员等不得作为投资人设立个人独资企业。

(2)个人独资企业投资人的权利

投资人对本企业的财产依法享有所有权，出资及经营积累的财产归投资人所有，有关权利可以依法转让或继承。

(3)个人独资企业投资人的责任

个人独资企业投资人在申请企业设立登记时明确以其家庭共有财产作为个人出资的，应当依法以家庭共有财产对企业债务承担无限责任。

2. 个人独资企业的事务管理

(1)个人独资企业事务管理的方式

个人独资企业投资人可以自行管理企业事务，也可以委托或者聘用其他具有民事行为能力的人负责企业的事务管理。投资人委托或者聘用他人管理个人独资企业事务的，应当与受托人或者被聘用的人签订书面合同，明确委托的具体内容和授予的权利范围。

投资人对受托人或者被聘用的人员职权的限制，不得对抗善意第三人。善意第三人是指第三人在就有关经济业务事项交往中，没有从事与受托人或者被聘用的人员串通，故意损害投资人的利益的人。个人独资企业的投资人与受托人或者被聘用的人员之间有关权利义务的限制只对受托人或者被聘用的人员有效，对第三人并无约束力。

(2)个人独资企业事务管理的内容

根据《个人独资企业法》第21、22和23条的规定，个人独资企业事务管理的内容主要有：

①会计事务管理。根据《会计法》的规定，各单位应当按照国家统一会计制度的规定和会计业务的需要设置会计账簿；必须根据实际发生的经济业务事项进行会计核算，填制会计凭证，登记会计账簿，编制财务会计报告，任何单位不得以虚假的经济业务事项或者资料进行会计核算。

②用工事务管理。企业招用职工应当与职工签订劳动合同，劳动合同必须遵循平等自愿、协商一致的原则，并不得违反国家法律法规和有关政策的规定。

③社会保险事务管理。社会保险是指职工在年老、患病、丧失劳动能力、失业、工伤、生育等情况下有权获得的物质帮助，使其基本生活能得到保障的一种制度。社会保险基金由国家、企业和职工三者共同负担，个人独资企业应当按照国家规定参加社会保险，为职工缴纳社会保险费。

(四)个人独资企业的解散与清算

1. 个人独资企业的解散

个人独资企业有下列情形之一时，应当解散：

(1)投资人决定解散。

(2)投资人死亡或者被宣告死亡，无继承人或者继承人决定放弃继承。

(3)被依法吊销营业执照。

(4)法律、行政法规规定的其他情形。

2. 个人独资企业的清算

个人独资企业解散，由投资人自行清算或者由债权人申请人民法院指定清算人进行清算。投资人自行清算的，应当在清算前15日内书面通知债权人，无法通知的，应当予以公告。债权人应当在接到通知之日起30日内，未接到通知的应当在公告之日起60日内，向投资人申报其债权。

清算期间，个人独资企业不得开展与清算目的无关的经营活动，清偿债务前，投资人不得转移、隐匿财产。个人独资企业解散的，财产应当按照下列顺序清偿：(1)所欠职工工资和社会保险费用；(2)所欠税款；(3)其他债务。

个人独资企业清算结束后，投资人或者人民法院指定的清算人应当编制清算报告，并于15日内到登记机关办理注销登记。个人独资企业财产不足以清偿债务的，投资人应当以其个人的其他财产予以清偿。个人独资企业解散后，原投资人对个人独资企业存续期间的债务仍应承担偿还责任，但债权人在5年内未向债务人提出偿债请求的，该责任消灭。

二、合伙企业法

合伙企业起源于家族共有联合经营方式，有着悠久的历史。1997年2月23日，第八届全国人民代表大会常务委员会第二十四次会议通过《中华人民共和国合伙企业法》(以下简称《合伙企业法》);2006 年 8 月 27 日,第十届全国人民代表大会常务委员会第二十三次会议修订,修订后的法律于 2007 年 6 月 1 日起施行。《中华人民共和国合伙企业法》是规范我国合伙企业的基本法律文件,《中华人民共和国民法通则》对合伙也作了专章规定。

(一)合伙企业的概念和特征

《合伙企业法》第 2 条规定:"本法所称合伙企业,是指自然人、法人和其他组织依照本法在中国境内设立的普通合伙企业和有限合伙企业。"合伙企业包括普通合伙企业和有限合伙企业,其中,普通合伙企业由普通合伙人组成,有限合伙企业由普通合伙人和有限合伙人组成。依照《合伙企业法》第 3 条的规定:"国有独资公司、国有企业、上市公司以及公益性的事业单位、社会团体不得成为普通合伙人。"合伙企业具有以下法律特征:

(1)合伙企业具有相对健全的组织结构。

(2)合伙企业存在的基础是合伙协议。

(3)合伙企业的资本由各合伙人共同出资。

(4)合伙企业中确立了有区别的责任制度。

(二)普通合伙企业

普通合伙企业,是指由普通合伙人组成,合伙人对合伙企业债务承担无限连带责任的合伙企业。

1. 普通合伙企业的设立条件

(1)有两个以上合伙人。合伙人为自然人的,应当具有完全民事行为能力。

(2)有书面合伙协议。合伙协议是合伙各方就设立合伙企业达成一致的协议。合伙协议应当载明:合伙企业的名称和主要经营场所的地点;合伙目的和合伙经营范围;合伙人的姓名或者名称、住所;合伙人的出资方式、数额和缴付期限;利润分配、亏损分担方式;合伙事务的执行;入伙与退伙;争议解决办法;合伙企业的解散与清算;违约责任。合伙协议经全体合伙人签名、盖章后生效。

(3)有合伙人认缴或者实际缴付的出资。合伙人应当按照合伙协议约定的出资方式、数额和缴付期限,履行出资义务。合伙人以实物、知识产权、土地使用权或者其他财产权利出资的,依法办理财产权转移手续;合伙人以劳务出资的,其评估办法由全体合伙人协商确定,并在合伙协议中载明。

(4)有合伙企业的名称和生产经营场所。设立普通合伙企业,合伙企业名称中应当标明"普通合伙"字样,生产经营场所是合伙企业生产经营地点。

(5)法律、行政法规规定的其他条件。

2. 普通合伙企业的入伙和退伙

(1)普通合伙企业的入伙

入伙是指合伙企业存续期间,合伙人以外的第三人加入合伙,取得合伙人资格的法律行为。

①入伙的条件。根据《合伙企业法》第43条规定，新合伙人入伙，必须以全体合伙人一致同意为条件；新合伙人入伙，应当订立书面入伙协议，并对原合伙协议事项做相应变更。

②新合伙人的权利和责任。入伙的新合伙人与原合伙人享有同等权利，承担同等责任。新合伙人对入伙前合伙企业的债务承担无限连带责任。

(2)普通合伙企业的退伙

退伙是指合伙人退出合伙企业，丧失合伙人资格的法律行为。根据《合伙企业法》的规定，合伙人退伙包括协议退伙、当然退伙和除名。其中，协议退伙是自愿行为，当然退伙和除名是法定退伙。

①协议退伙。合伙协议约定合伙期限的，在合伙企业存续期间有下列情形之一的，合伙人可以退伙：合伙协议约定的退伙事由出现；经全体合伙人一致同意；发生合伙人难以继续参加合伙的事由；其他合伙人严重违反合伙协议约定的义务。合伙协议未约定合伙期限的，合伙人在不给合伙企业事务执行造成不利影响的情况下，可以退伙，但应当提前30日通知其他合伙人。

②当然退伙。合伙人有下列情形之一的，当然退伙：作为合伙人的自然人死亡或者被依法宣告死亡；个人丧失偿债能力；作为合伙人的法人或者其他组织被依法吊销营业执照、责令关闭、撤销，或者被宣告破产；法律规定或者合伙协议约定合伙人必须具有相关资格而丧失该资格；合伙人在合伙企业中的全部财产份额被人民法院强制执行。合伙人被依法认定为无民事行为能力人或者限制民事行为能力人的，经其他合伙人一致同意，可以依法转为有限合伙人，普通合伙企业依法转为有限合伙企业。其他合伙人未能一致同意的，该无民事行为能力或者限制民事行为能力的合伙人退伙。

③除名。合伙人有下列情形之一的，经其他合伙人一致同意，可以决议将其除名：未履行出资义务；因故意或者重大过失给合伙企业造成损失；执行合伙事务时有不正当行为；发生合伙协议约定的事由。对合伙人的除名决议应当书面通知被除名人。被除名人接到除名通知之日，除名生效，被除名人退伙。

退伙是一项能够产生民事法律后果的行为，其效力为：

①合伙人退伙，其他合伙人应当与该退伙人按照退伙时的合伙企业财产状况进行结算，退还退伙人的财产份额。

②合伙人死亡或者被依法宣告死亡的，对该合伙人在合伙企业中的财产份额享有合法继承权的继承人，按照合伙协议的约定或者经全体合伙人一致同意，从继承开始之日起，取得该合伙企业的合伙人资格。

③合伙人的继承人为无民事行为能力人或者限制民事行为能力人的，经全体合伙人一致同意，可以依法成为有限合伙人，普通合伙企业依法转为有限合伙企业。

3. 特殊的普通合伙企业

特殊的普通合伙企业是指合伙人特殊规定承担责任的普通合伙企业，即一个合伙人或者数个合伙人在执业活动中因故意或者重大过失造成合伙企业债务的，承担无限责任或者无限连带责任，而其他合伙人仅以其在合伙企业中的财产份额为限承担责任的合伙企业。

(1)特殊的普通合伙企业的设立

《合伙企业法》第55条规定："以专业知识和专门技能为客户提供有偿服务的专业服务机构，可以设立为特殊的普通合伙企业。"特殊的普通合伙企业应当建立执业风险基金、办理职业保险，执业风险基金用于偿付合伙人执业活动造成的债务。特殊的普通合伙企业名称中应当标明"特殊普通合伙"字样。

(2)特殊的普通合伙企业的责任承担

合伙人在执业活动中非因故意或者重大过失造成的合伙企业债务以及合伙企业的其他债务，与普通合伙企业一样，由全体合伙人承担无限连带责任。合伙人执业活动中因故意或者重大过失造成的合伙企业债务，以合伙企业财产对外承担责任后，该合伙人应当按照合伙协议的约定对给合伙企业造成的损失承担赔偿责任。

(三)有限合伙企业

有限合伙企业是指由普通合伙人和有限合伙人组成，普通合伙人对合伙企业债务承担无限连带责任，有限合伙人以其认缴的出资额为限对合伙企业债务承担责任的合伙企业。有限合伙企业由普通合伙人和有限合伙人组成，根据《合伙企业法》规定，有限合伙企业仅剩有限合伙人的，应当解散；有限合伙企业仅剩普通合伙人的，转为普通合伙企业。

合伙企业的成立以合伙协议为基础，有限合伙企业的合伙协议除符合一般合伙企业规定外，还应当载明下列事项：

(1)普通合伙人和有限合伙人的姓名或者名称、住所。有限合伙企业由2个以上、50个以下合伙人设立，法律另有规定的除外。《合伙企业法》规定，有限合伙企业名称中应当标明"有限合伙"字样。

(2)执行事务合伙人应具备的条件和选择程序。

(3)执行事务合伙人权限与违约处理办法。

(4)执行事务合伙人的除名条件和更换程序。

(5)有限合伙人入伙、退伙的条件、程序以及相关责任。

(6)有限合伙人和普通合伙人相互转变程序。

(四)合伙企业的解散、清算

1. 合伙企业的解散

根据《合伙企业法》的规定，合伙企业有下列情形之一的，应当解散：

(1)合伙期限届满，合伙人决定不再经营。

(2)合伙协议约定的解散事由出现。

(3)全体合伙人决定解散。

(4)合伙人已不具备法定人数满30天。

(5)合伙协议约定的合伙目的已经实现或者无法实现。

(6)被依法吊销营业执照、责令关闭或者被撤销。

(7)法律、行政法规规定的其他原因。

2. 合伙企业的清算

根据《合伙企业法》的规定,合伙企业解散后应由清算人进行清算,清算期间,合伙企业不得开展与清算无关的经营活动。

(1)清算人

清算人由全体合伙人担任,经全体合伙人半数以上同意,可以自合伙企业解散事由出现后 15 日内指定一个或者数个合伙人,或者委托第三人,担任清算人。自合伙企业解散事由出现之日起 15 日内未确定清算人的,合伙人或者其他利害关系人可以申请人民法院指定清算人。

清算人在清算期间执行下列事务:清理合伙企业财产,分别编制资产负债表和财产清单;处理与清算有关的合伙企业未了结事务;清缴所欠税款;清理债权、债务;处理合伙企业清偿债务后的剩余财产;代表合伙企业参加诉讼或者仲裁活动等事务。

(2)财产分配

合伙企业财产在支付清算费用和职工工资、社会保险费用、法定补偿金以及缴纳所欠税款、清偿债务后的剩余财产,依法进行分配。

(3)清算终结

清算结束,清算人应当编制清算报告,经全体合伙人签名、盖章后,在 15 日内向企业登记机关报送清算报告,申请办理合伙企业注销登记。合伙企业注销后,原普通合伙人对合伙企业存续期间的债务仍应承担无限连带责任。

三、外商投资企业法

1979 年改革开放后,为吸引外资,我国举办了中外合资经营企业、中外合作经营企业和外资企业。相应地制定有三部基本法,包括:1979 年 7 月 1 日第五届全国人民代表大会第二次会议通过的《中华人民共和国中外合资经营企业法》(以下简称《中外合资经营企业法》),经 2001 年 3 月 15 日第九届全国人民代表大会第四次会议第二次修正;1988 年 4 月 13 日第七届全国人民代表大会第一次会议通过的《中华人民共和国中外合作经营企业法》(以下简称《中外合作经营企业法》),经 2000 年 10 月 31 日第九届全国人民代表大会常务委员会第十八次会议修正;1986 年 4 月 12 日第六届全国人民代表大会第四次会议通过的《中华人民共和国外资企业法》(以下简称《外资企业法》),经 2000 年 10 月 31 日第九届全国人民代表大会常务委员会第十八次会议修正,三部企业法在吸引外资、发展经济的过程中发挥了重大作用。除了三个基本法外,近年来,国务院发布了若干规范外资企业行政法规,此外,外资领域还有以华侨和港澳台同胞为对象的投资立法。

(一)外商投资企业的种类

外商投资企业,是指依中华人民共和国法律规定,在中国境内设立的,由中国投资者和外国投资者共同投资或者仅由外国投资者投资设立的企业。中方投资者为中国企业或者其他经济组织，外方投资者为外国企业、其他经济组织或者个人。

1. 中外合资经营企业

中外合资经营企业又称股权式企业，是指依中国法律，在中国境内设立，由中国合营者和外国合营者共同出资、共同经营，按出资比例分享利润及分担风险与亏损的企业。

2. 中外合作经营企业

中外合作经营企业又称契约式企业，是指中国合作者和外国合作者，依中国法律，在中国境内共同举办的，按合作企业合同约定分配收益和产品及分担风险与亏损的企业。

3. 外资企业

外资企业又称外商独资企业，是指依中国法律，在中国境内设立的，全部资本由外国投资者投资的企业，不包括外国企业的分支机构。

4. 外商投资性企业

外商投资性企业又称控股投资企业，是指外国投资者在中国以独资或与中国投资者合资的形式设立的从事直接投资的公司。1995 年 5 月，外经贸部发布了《关于外商投资举办投资性公司的暂行规定》，确立外商投资性企业为有限责任公司，外商投资性企业设立的目的是对其在中国境内投资的各企业进行统一管理和协调，与直接从事经营的企业相比，它是以股权投资和股权收购为主要业务，而不从事生产经营活动。

5. 外商投资股份有限公司

外商投资股份有限公司，是指依中国法律，在中国境内设立，由中国合营者和外国合营者共同出资、共同经营，全部资本分成等额股份，股东以其出资为限对公司承担责任，公司以其全部资产对公司债务承担责任的企业法人。它是中外合资经营企业的一种特殊形式。

(二)外商投资企业的设立

1. 外商投资企业的设立条件

(1)中外合资经营企业。《中外合资经营企业法》第 2 条第 2 款规定："合营企业的一切活动应遵守中华人民共和国法律、法规的规定。"

(2)中外合作经营企业。《中外合作经营企业法》第 4 条规定："国家鼓励举办产品出口的或者技术先进的生产型合作企业。"此法表明了国家的产业政策。

(3)外资企业。《外资企业法》规定："设立外资企业，必须有利于中国国民经济的发展。国家鼓励举办产品出口或者技术先进的外资企业。"

2. 外商投资企业的投资领域

根据国务院 2002 年 2 月公布的《指导外商投资方向规定》和计委、经贸委和外经贸部 2002 年 3 月发布的《外商投资产业指导目录》，外商投资项目分为鼓励、允许、限制和禁止四类，其中三类有具体明列，不属于三类的是允许项目。

(1)鼓励。包括农业新技术、高新技术、提高国际竞争力产品、发挥西部优势。

(2)允许。

(3)限制。包括技术落后、影响生态、特种矿产开采、国家逐步开放的产业。

(4)禁止。包括危害利益、严重污染、大量占有耕地、危害军事、运用我国特有工艺。

3. 外商投资企业的设立程序

(1)中外合资经营企业。合营各方签订合营协议、合同、章程,并报国家对外经济贸易主管部门审查批准。审查批准机关在三个月内决定批准或不批准,合营企业经批准后,向国家工商行政管理主管部门登记,领取营业执照。合营企业的营业执照签发日期,为该企业的成立日期。

(2)中外合作经营企业。申请设立合作企业,应当将中外合作者签订的协议、合同、章程等文件报国务院对外经济贸易主管部门或者国务院授权的部门和地方政府审查批准。审查批准机关应当自接到申请之日起45天内决定批准或者不批准,设立合作企业的申请经批准后,应当自接到批准证书之日起30天内向工商行政管理机关申请登记,领取营业执照。合作企业的营业执照签发日期,为该企业的成立日期。

(3)外资企业。设立外资企业的申请,由国务院对外经济贸易主管部门或者国务院授权的机关审查批准。审查批准机关应当在接到申请之日起90天内决定批准或者不批准。设立外资企业的申请经批准后,外国投资者应当在接到批准证书之日起30天内向工商行政管理机关申请登记,领取营业执照。外资企业的营业执照签发日期,为该企业的成立日期。

(三)外商投资企业的出资

1. 出资方式

(1)中外合资经营企业。合营企业各方可以现金、实物、工业产权等进行出资。外国合营者投资的技术和设备,必须确实是适合我国需要的先进技术和设备,中国合营者的投资还包括场地使用权。各项投资应在合营企业的合同和章程中加以规定,其价格(土地使用权除外)由合营各方评议商定。

(2)中外合作经营企业。中外合作者投资或者提供的合作条件可以是现金、实物、土地使用权、工业产权、非专利技术和其他财产权利。

(3)外资企业。外资企业出资方式由外方自主选择。

2. 出资比例

出资比例,是指出资各方在注册资本中占有的份额。我国为了提高外方对企业的关心度,规定在中外合资经营企业的注册资本中,外国合营者的投资比例不低于25%,合营各方按注册资本比例分享利润和分担风险及亏损;取得法人资格的中外合作经营企业,外方出资不低于25%;外资企业全部由外方出资。

(四)外商投资企业的组织管理

1. 中外合资经营企业

合营企业采取有限责任公司组织形式,设立董事会,董事会为公司最高权力机构,其人数组成由合营各方协商，在合同、章程中确定，并由合营各方委派和撤换。董事长和副董事长由合营各方协商确定或由董事会选举产生，董事会根据平等互利的原则，决定合营企业的重大问题。

2. 中外合作经营企业

合作企业应当设立董事会或者联合管理机构，依照合作企业合同或者章程的规定，决定合作企业的重大问题。中外合作者的一方担任董事会的董事长、联合管理机构的主任的，由他方担任副董事长、副主任。董事会或者联合管理机构可以决定任命或者聘请总经理负责合作企业的日常经营管理工作。

合作企业成立后改为委托中外合作者以外的他人经营管理的，须经董事会或者联合管理机构一致同意，报审查批准机关批准，并向工商行政管理机关办理变更登记手续。

3. 外资企业

外资企业采取有限责任公司或其他组织形式，《外资企业法》第 11 条规定："外资企业依照经批准的章程进行经营管理活动，不受干涉。"

(五)外商投资企业的特殊规定

1. 合营、外资企业的国有化和征收

国家对合营企业、外资企业不实行国有化；在特殊情况下，根据社会公共利益的需要，对合营企业、外资企业可以依照法律程序实行征收，并给予相应的补偿。

2. 合作企业中期满后财产归属

中外合作者在合作企业合同中约定合作期满时合作企业的全部固定资产归中国合作者所有的，可以在合作企业合同中约定外国合作者在合作期限内先行回收投资。外国合作者在合作期限内先行回收投资的，中外合作者应当依照有关法律的规定和合作企业合同的约定对合作企业的债务承担责任。

3. 合营企业合营期限

合营企业的合营期限，按不同行业、不同情况，作不同的约定。有的行业的合营企业，应当约定合营期限；有的行业的合营企业，可以约定合营期限，也可以不约定合营期限。约定合营期限的合营企业，合营各方同意延长合营期限的，应在距合营期满 6 个月前向审查批准机关提出申请。审查批准机关应自接到申请之日起 1 个月内决定批准或不批准。

4. 外商投资企业的税收

三种类型的外商投资企业依照国家有关税收的法律和行政法规的规定，可以享受减税、免税的优惠待遇。外国合营、合作者及外商将分得的净利润用于在中国境内再投资时，可申请退还已缴纳的部分所得税。

5. 外商投资企业的利润分配

外国合营者、合作者在履行法律和协议、合同规定的义务后分得的净利润，在合营企业期满或者中止时所分得的资金以及其他资金，可按合营企业合同规定的货币，按外汇管理条例汇往国外。外国投资者从外资企业获得的合法利润、其他合法收入和清算后的资金，可汇往国外。

合营、合作、外资企业的外籍员工的工资收入和其他正当收入，按我国税法缴纳个人所得税后，可按外汇管理条例汇往国外。

第四节 企业破产法

一、破产与破产法

（一）破产

破产是指企业法人不能清偿到期债务，并且资产不足以清偿全部债务或者明显缺乏清偿能力的，依法清理债务的行为。

破产目的是强调履行在债权人间的公平，破产债务人已无清偿能力，不能对全体债权人公平地履行义务，必须以破产方式解决，通过破产对债务人财产与经济关系的全面清算执行，在作出破产宣告后，终结债务人的业务经营，并使其丧失民事主体资格。

（二）破产法

破产法是指规定在债务人不能清偿到期债务时，法院强制对其全部财产清算分配，公平清偿债权人，或通过重整、和解制度清偿债务的法律规范的总称。狭义的破产法是指2006年8月27日中华人民共和国第十届全国人民代表大会常务委员会第二十三次会议通过的《中华人民共和国企业破产法》（以下简称《企业破产法》），该法自2007年6月1日起施行。广义的破产法还包括《民法通则》、《民事诉讼法》等相关法律法规，以及最高人民法院的司法解释。

二、破产程序

（一）破产申请的提出和受理

1. 破产申请的提出

《企业破产法》第7条规定，债务人不能清偿到期债务，债权人可以向人民法院提出对债务人进行重整或者破产清算的申请。企业法人已解散但未清算或者未清算完毕，资产不足以清偿债务的，依法负有清算责任的人应当向人民法院申请破产清算。

债权人或债务人向人民法院提出破产申请，应当提交破产申请书和有关证据。破产申请书应当载明下列事项：

（1）申请人、被申请人的基本情况。

（2）申请目的。

（3）申请的事实和理由。

（4）人民法院认为应当载明的其他事项。

债务人提出申请的，还应当向人民法院提交财产状况说明、债务清册、债权清册、有关财务会计报告、职工安置预案以及职工工资的支付和社会保险费用的缴纳情况。

2. 破产申请的受理

债权人提出破产申请的，人民法院应当自收到申请之日起5日内通知债务人，债务人对申请有异议的，应当自收到人民法院的通知之日起7日内向人民法院提出，人民法院应当自异议期满之日起10日内裁定是否受理。债务人提出申请的，人民法院应当自收到破产申请之日起15日内裁定是否受理。人民法院裁定受理破产申请的，同时指定管理人，管理人由有关部门、机构的人员组成的清算组或者依法设立的律师事务所、会计师事务所、破产清算事务所等社会中介机构担任。

人民法院应当自裁定受理破产申请之日起25日内通知已知债权人，并予以公告。债权申报期限自人民法院发布受理破产申请公告之日起计算，最短不得少于30日，最长不得超过3个月。在人民法院确定的债权申报期限内，债权人未申报债权的，可以在破产财产最后分配前补充申报，但是，此前已进行的分配，不再对其补充分配，为审查和确认补充申报债权的费用，由补充申报人承担。债权人未依法申报债权的，不得依照本法规定的程序行使权力。

债权人申报债权时，应当书面说明债权的数额和有无财产担保，并提交有关证据。债务人的保证人或者其他连带债务人已经代替债务人清偿债务的，以其对债务人的求偿权申报债权。

(二)债权人会议和债权人委员会

1. 债权人会议

债权人会议是指由全体债权人组成的表达债权人共同意志，议决有关破产事项的机构。依法申报债权的债权人为债权人会议的成员，有权参加债权人会议，享有表决权，债权人会议设主席一人，由人民法院从有表决权的债权人中指定。召开债权人会议，管理人应当提前15日通知已知的债权人。

(1)债权人会议的职权

债权人会议行使下列职权：核查债权；申请人民法院更换管理人，审查管理人的费用和报酬；监督管理人；选任和更换债权人委员会成员；决定继续或者停止债务人的营业；通过重整计划；通过和解协议；通过债务人财产的管理方案；通过破产财产的变价方案；通过破产财产的分配方案；人民法院认为应当由债权人会议行使的其他职权。

(2)债权人会议的表决方式

债权人会议的决议，由出席会议的有表决权的债权人过半数通过，并且其所代表的债权额占无财产担保债权总额的1/2以上。

债权人认为债权人会议的决议违反法律规定，损害其利益的，可以自债权人会议作出决议之日起15日内，请求人民法院裁定撤销该决议，责令债权人会议依法重新作出决议。

2. 债权人委员会

债权人会议可以决定设立债权人委员会。债权人委员会由债权人会议选任的债权人代表和一名债务人的职工代表或者工会代表组成，经人民法院书面决定认可，成员不得超过 9 人。债权人委员会的职权包括：

债权人委员会执行职务，有权要求管理人、债务人的有关人员对其职权范围内的事务作出说明或者提供有关文件。《破产法》规定其职权包括：监督债务人财产的管理和处分；监督破产财产分配；提议召开债权人会议；债权人会议委托的其他职权。

另外，管理人实施下列行为应报债权人委员会，这些行为包括：涉及土地、房屋等不动产权益的转让；探矿权、采矿权、知识产权等财产权的转让；全部库存或者营业的转让；借款；设定财产担保；债权和有价证券的转让；履行债务人和对方当事人均未履行完毕的合同；放弃权利；担保物的取回；对债权人利益有重大影响的其他财产处分行为。

（三）重整

1. 重整申请和裁定

债务人或债权人可以依法直接向人民法院申请对债务人进行重整。债权人申请对债务人进行破产清算的，在人民法院受理破产申请后、宣告债务人破产前，债务人或者出资额占债务人注册资本 1/10 以上的出资人，可以向人民法院申请重整。

人民法院经审查认为重整申请符合法律规定的，应当裁定债务人重整，并公告。

2. 重整计划

债务人或管理人应当自人民法院裁定重整之日起 6 个月内，向人民法院和债权人会议同时提交重整计划草案。

3. 终止重整的情形

（1）债务人的经营状况和财产状况继续恶化，缺乏挽救的可能性。

（2）债务人有欺诈、恶意减少债务人财产或者其他显著不利于债权人的行为。

（3）由于债务人的行为致使管理人无法执行职务。

（四）和解

1. 和解申请和裁定

债务人申请和解，应当向人民法院提出和解协议草案。

人民法院经审查符合规定的，裁定和解，并召集债权人会议讨论和解协议草案。

2. 和解协议

债权人会议通过和解协议的决议，由出席会议的有表决权的债权人过半数同意，并且其所代表的债权额占无财产担保债权总额的 2/3 以上。和解协议草案经债权人会议表决未通过，或者未获得法院认可的，应裁定终止和解，宣告债务人破产。

3. 和解的效力

（1）债权人会议通过和解协议的，由人民法院裁定认可，终止和解程序，并予以公告。管理人应当向债务人移交财产和营业事务，并向人民法院提交执行职务的报告。

（2）和解债权人对债务人的保证人和其他连带债务人所享有的权利，不受和解协议的影响。

(3)债务人应当按照和解协议规定的条件清偿债务,按照和解协议减免的债务,自和解协议执行完毕时起,债务人不再承担清偿责任。

4. 和解的终止

(1)因债务人的欺诈或者其他违法行为而成立的和解协议,人民法院应当裁定无效,并宣告债务人破产。

(2)债务人不能执行或者不执行和解协议的,人民法院经和解债权人请求,应当裁定终止和解协议的执行,并宣告债务人破产。

人民法院裁定终止和解协议执行的,和解债权人在和解协议中作出的债权调整的承诺失去效力。和解债权人因执行和解协议所受的清偿仍然有效,和解债权未受清偿的部分作为破产债权。

(五)破产宣告和破产清算

债务人财产不足以清偿破产费用的,管理人应当提请人民法院终结破产程序。人民法院应当自收到请求之日起 15 日内裁定终结破产程序,并自裁定作出之日起 5 日内送达债务人和管理人,自裁定作出之日起 10 日内通知已知债权人,并予以公告。

1. 裁定终结破产的情形

破产宣告前,有下列情形之一的,裁定终结破产程序:

(1)第三人为债务人提供足额担保或者为债务人清偿全部到期债务的;

(2)债务人已清偿全部到期债务的。

2. 破产财产分配方案

管理人应当及时拟订破产财产分配方案,提交债权人会议讨论,并经人民法院裁定认可后,由管理人执行。破产财产分配方案应当载明:参加破产财产分配的债权人名称或者姓名、住所;参加破产财产分配的债权额;可供分配的破产财产数额;破产财产分配的顺序、比例及数额;实施破产财产分配的方法。

自破产程序依法终结之日起 2 年内,有下列情形之一的,债权人可以请求人民法院按照破产财产分配方案进行追加分配:

(1)人民法院受理破产申请前 1 年内,债务人无偿转让财产、以明显不合理的价格进行交易、对没有财产担保的债务提供财产担保、对未到期的债务提前清偿、放弃债权。

(2)人民法院受理破产申请前 6 个月内,债务人不能清偿到期债务,仍对个别债权人进行清偿。

(3)债务人为逃避债务而隐匿、转移财产;虚构债务或者承认不真实的债务。

(4)债务人的董事、监事和高级管理人员利用职权从企业获取非正常收入和侵占企业财产。

3. 破产清偿顺序

破产财产在优先清偿破产费用和共益债务后,按下列顺序清偿:

(1)破产人所欠职工的工资和医疗、伤残补助、抚恤费用,所欠的应当划入职工个人账户的基本养老保险、基本医疗保险费用，以及法律、行政法规规定应当支付给职工的补偿金。

(2)破产人欠缴的除前项规定以外的社会保险费用和破产人所欠税款。

(3)普通破产债权。

破产财产不足以清偿同一顺序的清偿要求的，按照比例分配。

4. 破产财产分配额的提存

(1)对于附生效条件或者解除条件的债权，管理人应当将其分配额提存。管理人依法提存的分配额，在最后分配公告日，生效条件未成就或者解除条件成就的，应当分配给其他债权人；在最后分配公告日，生效条件成就或者解除条件未成就的，应当交付给债权人。

(2)债权人未受领的破产财产分配额，管理人应当提存。债权人自最后分配公告之日起满 2 个月仍不领取的，视为放弃受领分配的权利，管理人或者人民法院应当将提存的分配额分配给其他债权人。

(3)破产财产分配时，对于诉讼或者仲裁未决的债权，管理人应当将其分配额提存。自破产程序终结之日起满 2 年仍不能受领分配的，人民法院应当将提存的分配额分配给其他债权人。

(六)破产的终结

破产人无财产可供分配的，管理人应当请求人民法院裁定终结破产程序。管理人在最后分配完结后，应当及时向人民法院提交破产财产分配报告，并提请人民法院裁定终结破产程序。人民法院应当自收到管理人终结破产程序的请求之日起 15 日内作出是否终结破产程序的裁定。管理人应当自破产程序终结之日起 10 日内，向破产人的原登记机关办理注销登记。

破产人的保证人和其他连带债务人，在破产程序终结后，对债权人依照破产清算程序未受清偿的债权，依法继续承担清偿责任。

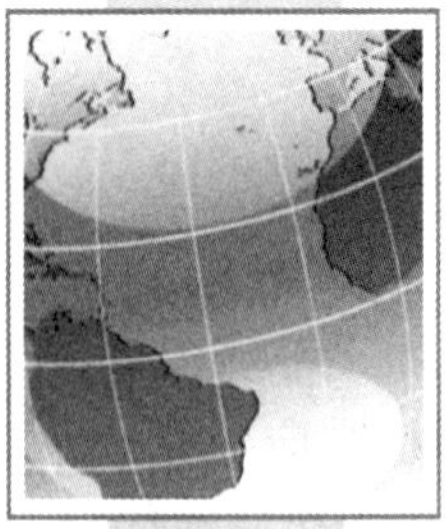

第三章 知识产权法律制度

【要点提示】

- 知识产权
- 知识产权法
- 专利法
- 商标法

【案例】

原告宝马股份公司(以下简称宝马公司)成立于1916年,系全球知名的汽车生产商。该公司的“BMW及图”、“BMW”、“寶馬”商标经中国商标局核准注册,核定在第12类“机动车辆、摩托车及其零件”商品上使用。被告深圳市世纪宝马服饰有限公司(以下简称世纪宝马公司)、家多润商业股份有限公司在其生产、销售的服饰产品上使用了“MBWL及图”、“MBWL”标识,以及含有“宝马”文字的企业名称。被告傅献琴作为世纪宝马公司的职员将自己的银行账户提供给世纪宝马公司收取加盟保证金、货款。

问:世纪宝马公司、家多润商业股份有限公司、傅献琴是否构成商标侵权?为什么?

第一节 知识产权法概述

知识经济时代,科学技术比以往任何时候都更显示其推动整个经济发展的强劲力量,同时凝聚着人类智慧的各类创造也比以往任何时候更需要立法来保护。目前包括对专利、商标、著作、商业秘密等在内的知识产权保护已得到世界各国的普遍认同,知识产权保护的国际化运动更是促进了世界知识产权制度的一致性。知识产权不仅是资本,也是重要的资源,是核心竞争力的体现。加强我国知识产权制度建设,大力提高知识产权创造、管理、保护、运用能力,是增强我国自主创新能力、建设创新型国家的迫切需要,是完善社会主义市场经济体制、规范市场秩序和建立诚信社会的迫切需要,是增强我国企业市场竞争力、提高国家核心竞争力的迫切需要,也是扩大对外开放、实现互利共赢的迫切需要。

一、知识产权的概念

当前对知识产权(Intellectual Property)概念的总结主要有列举式和概括式两种方法。

列举式方法广泛见之于知识产权国际条约。如《建立世界知识产权组织公约》第 2 条第 8 款规定：知识产权包括：关于文学、艺术和科学作品的权利；关于表演艺术家的演出、录音和广播的权利；关于人们努力在一切领域的发明的权利；关于科学发现的权利；关于工业品式样的权利；关于商标、服务商标、厂商名称和标记的权利；关于制止不正当竞争的权利；以及在工业、科学、文学或艺术领域里一切其他来自知识活动的权利。"而根据世界贸易组织《与贸易有关的知识产权协定》，其所称的知识产权包括：版权与有关权利、专利、商标、地理标志、工业品外观设计、集成电路布图设计、未披露过的信息。

概括式方法界定知识产权的概念主要为法学理论界所采用，而且概念本身也呈现出一定的差异性。在国内，刘春田认为："知识产权是基于创造性智力成果和工商业标记依法产生的权利的统称。"冯晓青认为："一般来说，知识产权是指在科学、技术、文化、艺术、工商等领域内，创造性智力成果的完成人或工商业经营活动中工商标志所有人依法享有的专有权利。"吴汉东则认为："知识产权是人们对于自己的智力活动创造的成果和经营管理活动中的标记、信誉依法享有的一种无形财产权。"

根据当前各国对知识产权保护的情况，可以将知识产权定义为：知识产权，又称智力产权、智力成果权、智慧财产权等，是指人们的智力活动创造的一切成果和工商业标记以及制止不正当竞争依法所享有的权利的总称。

二、知识产权的特征

知识产权属于私权，是公民享有的一种民事权利，与其他民事权利相比，知识产权有很多独特之处。学者们从不同的角度出发，总结出知识产权的诸多法律特征，如法定性、无形性、时间性、地域性、专有性、人身财产双重性、可复制性等。尽管不能简单认为其中某一特征属于知识产权所独有的特性，但同时具备这些特性的民事权利只有知识产权。在知识产权的诸多特征中，法定性、专有性、时间性和地域性比较典型。

（一）法定性

一项创造性成果是否受法律保护？如何保护？主要依一国国内法而定。由于各国对知识产权的认识不一，同一知识产权客体立法规则不同，一国受保护的创新成果在其他国家不一定作为知识产权来保护；同样认可的知识产权客体在两国的保护程度和保护方法也往往存在差异。此外，知识产权与其他民事权利相比，后者一般根据一定的法律事实即可设定和取得，并不需要每次由国家机关认可或核准，而知识产权需要由主管机关依法定条件和程序授予或确认而产生。例如，专利权的获得需要经过申请，报主管机关审查批准，并由国家发给专利证书予以确认；商标权的产生，绝大多数国家都要求依照法定程序申请注册，并取得注册证后方可为有效。

（二）专有性

知识产权一经确认，便具有专有性，也叫独占性或排他性。知识产权的专有性主要表现在两个方面：一是知识产权所有人独占地享有其权利，这种权利受法律保护，未经许可，任何人不得擅自使用知识产权所有人的智慧成果，否则便视为侵权并承担相应的法律责任。二是同样的智力成果只能有一个成为知识产权保护的对象，而不允许有两人以上相同的知识产权同时并存。

（三）时间性

作为一种利益平衡的结果，知识产权所有者对自己的知识产权在一定时间内享有垄断性的权利。知识产权保护不是目的，促进人类的创新和进步才是设置知识产权制度的初衷，各种创新知识最终都应由人类共享。因此除了商业秘密外，各种知识产权的保护都是有时效的，保护期届满则该创新知识纳入公有领域。各国结合自身的国情，在具体知识产权保护期的规定上略有不同。依据我国现有法律，发明专利的保护期为20年，实用新型和外观设计专利的保护期为10年，都从专利申请之日起计算；著作财产权的保护期为50年，一般截至作者死后第50年的12月31日；注册商标的有效期为10年，自核准注册之日起计算，期满后要维持商标权应依法办理续展手续。

（四）地域性

知识产权在空间上的效力并不是无限的，而是具有严格的领土性或区域性，其效力仅限于本国本区域境内。创造性成果的产权必须依法加以确认，由法律直接认定，但由于各国国情不同，各国法律对知识产权的认定条件和认定程序不同，因而各国不可能自动承认依照别国法律产生的知识产权，导致按照一国法律获得承认和保护的知识产权，也只能在该国发生法律效力。著作权和商业秘密由于不需要办理确认手续，因而其权利不受地域性的约束，其他知识产权的产生通常需要依据一国规定的程序加以确认，往往不具有域外效力。以发明创造为例，要想在一国获得某项专利权，必须在该国提出申请，由该国有关主管部门按照该国法律进行审查确认，方能受该国法律的保护。但该发明创造不能得到其他国家的保护，任何人都可以在没有申请专利的国家自由实施该项发明创造技术。由于网络信息的发展，网络知识产权的地域性特点被淡化。

三、知识产权的范围

知识产权的范围，也称知识产权的客体，即知识产权保护的对象。知识产权具有法定性，任何一种创造性成果只有被一国法律明确加以确认，才能在该国作为知识产权来保护。由于各国的认识和立法实践不同，对于知识产权的具体保护对象各国之间还存在一定的分歧，除了像商标、著作、专利等传统知识产权各国都通过立法加以保护外，对于一些新兴的知识产权客体，各国之间的分歧日益明显。从维护国家整体经济利益考虑，每一个国家都主张将本国具有竞争优势的创造性成果纳入知识产权保护的范畴。例如，发达国家纷纷将数据库、商业方法作为知识产权保护，而发展中国家尽力促成遗传资源、传统知识的知识产权保护。随着科技的发展和社会的不断进步，知识产权的保护对象日益扩大，各国之间的共识也将越来越广泛，这是一个总趋势。

根据我国现有的法律和参加的国际公约规定，目前我国确认的知识产权保护对象包括以下几类:(1)著作权及邻接权;(2)商标权;(3)其他商业标记权(包含企业名称权、原产地名称权、特殊标志权等);(4)专利权;(5)商业秘密所有权;(6)科技奖励权;(7)植物新品种权;(8)集成电路布图设计权。除此之外,我国正积极规划对遗传资源、传统知识的立法保护。需要指出的是,国际社会一般将外观设计排斥在专利外,通过单独立法保护外观设计,而我国将外观设计作为专利来保护,我国的专利法同时保护发明、实用新型和外观设计三种类型。

四、我国现行知识产权立法

新中国成立后,由于多方面的原因,我国的知识产权立法工作一直处于停滞状态。改革开放以后,我国全面启动知识产权立法工作,各种创造性成果陆续通过立法得到了有效保护,特别是进入 21 世纪后,知识产权问题在我国受到了前所未有的关注,相应建立起了比较完善的知识产权法律体系。

我国仅用了 30 年的时间就建立起了基本符合我国国情的知识产权法律制度,这个成就得到了国际社会的广泛认可。回顾 30 年来知识产权的主要立法进程,我国知识产权法律法规的制定过程主要如下:(1)1982 年 8 月 23 日,五届全国人大常委会第二十四次会议通过了商标法;(2)1984 年 3 月 12 日,六届全国人大常委会第四次会议通过专利法;(3)1986 年 4 月 12 日《中华人民共和国民法通则》通过;(4)1990 年 9 月 7 日,七届全国人大常委会第十五次会议通过著作权法;(5)1992 年 9 月 4 日,七届全国人大常委会第二十七次会议通过了专利法修正案;(6)1993 年 2 月 22 日,七届全国人大常委会第三十次会议通过商标法修正案;(7)1993 年 9 月 2 日,八届全国人大常委会第三次会议通过反不正当竞争法;(8)1996 年 7 月 13 日,国务院发布《特殊标志管理条例》;(9)1997 年 3 月 20 日,国务院发布《植物新品种保护条例》;(10)2000 年 8 月 25 日,九届全国人大常委会第十七次会议通过专利法修正案;(11)2001 年 3 月 28 日,国务院第三十六次常务会议通过《集成电路布图设计保护条例》;(12)2001 年 6 月 15 日,国务院公布专利法实施细则;(13)2001 年 10 月 27 日,九届全国人大常委会第二十四次会议通过著作权法修正案;(14)2001 年 10 月 27 日,九届全国人大常委会第二十四次会议通过商标法修正案;(15)2001 年 12 月 20 日,国务院公布《计算机软件保护条例》;(16)2002 年 2 月 4 日,国务院公布《奥林匹克标志保护条例》;(17)2002 年 8 月 2 日,国务院颁布《著作权法实施条例》;(18)2002 年 8 月 3 日,国务院颁布商标法实施条例;(19)2002 年 12 月 28 日,国务院作出关于修改《中华人民共和国专利法实施细则》的决定;(20)2003 年 11 月 2 日,国务院发布知识产权海关保护条例;(21)2004 年 9 月 17 日,《国防专利条例》公布;(22)2006 年 5 月 18 日,国务院颁布《信息网络传播权保护条例》;(23)2008 年 12 月 27 日,十一届全国人大常委会第六次会议通过专利法修正案;(24)2009 年 12 月 30 日,国务院作出关于修改《中华人民共和国专利法实施细则》的决定。(25)2010 年 2 月 26 日,第十一届全国人民代表大会常务委员会第十三次会议通过著作权法修正案。(26)2010 年 3 月 17 日,国务院作出关于修改《中华人民共和国知识产权海关保护条例》的决定。

除上述知识产权法律法规以外,我国还制定了大量的有关知识产权的地方性法规、规章和司法解释,这些规范性法律文件都是我国知识产权国内立法的一部分。随着知识产权保护的国际化,我国也适时地加入了一些知识产权保护的国际公约和条约。例如,我国已经加入了《保护工业产权巴黎公约》(1883年)、《保护文学艺术作品伯尔尼公约》(1886年)、《商标国际注册马德里协定》(1891年)、《世界版权公约》(1952年)、《成立世界知识产权组织公约》(1967年)、《专利合作条约》(1970年)、《与贸易有关的知识产权协议》(1993年)、《世界知识产权组织版权条约》(1996年)等。根据我国法律规定,除我国声明保留的除外,这些国际公约或条约在我国具有法律效力。

第二节　专利法

一、专利的相关概念

"专利"一词从字面上讲,就是一种专有的能够给权利人带来利益的东西。现代意义上的专利特指发明创造,而且这一发明创造只有经法定程序被授予专利权后才能称为专利,即专利技术。

"专利权"简单地说是指发明人或合法受让人对特定的发明创造所享有的专有权利。在特定语境下,专利权和专利往往被理解为具有同一含义,但是两者在内涵上毕竟还是存在较大差异,专利权是一种法定的权利,而专利是权利的客体,专利权以专利为载体。

专利制度伴随着专利的出现而逐步建立和完善,它是当前国际上通行的一种利用经济、法律的手段来保护和鼓励发明创造,促进技术进步的管理制度。"专利"(patent)一词来源于拉丁语 Litterae patentes,英语"patent"一词包括"垄断"和"公开"两个方面的意思,现代专利制度也包含了这两方面的内容。专利制度是指依据专利法,对申请专利的发明创造,经过审查和批准,授予专利权,同时把申请专利的发明创造的技术内容公诸于世,使发明创造者享有独占实施该发明创造的权利,以此来保护发明创造者的利益和促进发明创造的信息交流。

二、专利权的主体

专利权的主体,也称专利权人,是指申请专利、享有专利申请权和专利权的组织和个人。专利权人不限于发明创造人本人,发明创造人所在的单位和一切合法的受让人都可以成为专利权的主体。

(一)发明人(设计人)

专利法所称发明人或者设计人,是指对发明创造的实质性特点作出创造性贡献的人。在完成发明创造过程中,只负责组织工作的人、为物质技术条件的利用提供方便的人或者从事其他辅助工作的人，不是发明人或者设计人。

发明人（设计人）的发明创造属于非职务发明创造的，申请专利的权利属于发明人或者设计人；申请被批准后，该发明人或者设计人为专利权人。对发明人或者设计人的非职务发明创造专利申请，任何单位或者个人不得压制。

（二）发明人（设计人）所在单位

发明人（设计人）并非当然拥有专利申请权，如果发明人（设计人）的发明创造构成职务发明，则申请专利的主体往往是发明人（设计人）所在单位，专利申请成功后，所在单位为专利权人。

我国《专利法》第 6 条规定：执行本单位的任务或者主要是利用本单位的物质技术条件所完成的发明创造为职务发明创造。职务发明创造申请专利的权利属于该单位；申请被批准后，该单位为专利权人。利用本单位的物质技术条件所完成的发明创造，单位与发明人或者设计人订有合同，对申请专利的权利和专利权的归属作出约定的，从其约定。

《专利法实施细则》第 12 条对“执行本单位的任务或者主要是利用本单位的物质技术条件所完成的发明创造”进行了具体解释。所谓“执行本单位的任务所完成的职务发明创造”，是指：(1)在本职工作中作出的发明创造；(2)履行本单位交付的本职工作之外的任务所作出的发明创造；(3)退休、调离原单位后或者劳动、人事关系终止后 1 年内作出的，与其在原单位承担的本职工作或者原单位分配的任务有关的发明创造。所谓“利用本单位的物质技术条件”，是指利用本单位的资金、设备、零部件、原材料或者不对外公开的技术资料等。以上所称本单位，包括临时工作单位。

为了鼓励发明人（设计人）的职务发明行为，我国法律进行了一系列的制度安排。如《专利法》第 16 条规定：“被授予专利权的单位应当对职务发明创造的发明人或者设计人给予奖励；发明创造专利实施后，根据其推广应用的范围和取得的经济效益，对发明人或者设计人给予合理的报酬。”被授予专利权的单位可以与发明人、设计人约定或者在其依法制定的规章制度中规定奖励、报酬的方式和数额。没有规定和约定的，被授予专利权的单位应当自专利权公告之日起 3 个月内发给发明人或者设计人奖金。一项发明专利的奖金最低不少于3 000元；一项实用新型专利或者外观设计专利的奖金最低不少于1 000元。在专利权有效期限内，被授予专利权的单位实施发明创造专利后，每年应当从实施该项发明或者实用新型专利的营业利润中提取不低于 2%或者从实施该项外观设计专利的营业利润中提取不低于 0.2%，作为报酬给予发明人或者设计人，或者参照上述比例，给予发明人或者设计人一次性报酬；被授予专利权的单位许可其他单位或者个人实施其专利的，应当从收取的使用费中提取不低于 10%，作为报酬给予发明人或者设计人。此外，我国政府非常重视科技的发展，各级政府都出台了科技奖励政策，发明人（设计人）也可以将自己完成的科技创新成果参与评奖，这也是对发明人（设计人）的额外褒奖。

（三）共同发明人（设计人）

两个以上的单位或者个人共同完成的发明创造属于共同发明创造，共同发明人（设计人）可以共同申请专利，成为共有专利的专利权人。共有人除了在使用共有专利方面比较自由外，行使共有的专利申请权或者专利权应当取得全体共有人的同意。

在实务中，共同发明主要包括合作共同发明和委托共同发明两种形式。两个以上单位或者个人合作完成的发明创造、一个单位或者个人接受其他单位或者个人委托所完成的发明创造，除另有协议的以外，申请专利的权利属于完成或者共同完成的单位或者个人；申请被批准后，申请的单位或者个人为专利权人。

（四）合法继受人

由于专利权可以依法转让，专利权可以通过合法的方式在不同主体之间转移，例如，通过继承、赠与、合同许可、合同受让等方式，继承人、受赠人、被许可人和受让人就可以合法地取得相应的专利权，从而成为广义上的专利权人。

三、专利权的客体

专利权的客体，也称专利法的保护对象，是指依照专利法授予专利权的发明创造。很多国家通过立法仅仅将发明和实用新型纳入专利法的保护对象，而我国专利法同时具备保护发明、实用新型和外观设计三种专利。

（一）发明

发明是指对产品、方法或者其改进所提出的新的技术方案。发明是一种技术方案，通常是自然科学领域的智力成果，但发明绝不是自然规律本身，而是发明人将自然规律在特定技术领域进行运用和结合的结果。发明具体包括产品发明、方法发明和改进发明三类。

1. 产品发明

产品发明，是指发明人用所提供的解决特定问题的技术方案直接生产的新产品或者新物质。如电灯、电话、电脑、机器、设备、仪器仪表、新型材料、工具用具等的发明。产品发明取得专利权后，称为“产品专利”。产品专利只保护产品本身，不保护该产品的制造方法。

2. 方法发明

方法发明，是指为制造产品或者解决某个技术问题而采用的操作方法和技术过程。此处的“方法”，可以是化学方法、物理方法、通讯方法、生物方法以及工艺规定的顺序所描述的方法，如冶炼方法、印刷方法、培育方法、制作方法等。方法发明取得专利权后，称为“方法专利”。

3. 改进发明

改进发明是对已有的产品发明或方法发明作出的具有实质性革新的技术方案。例如，爱迪生发明了白炽灯，通用电气公司通过给其充惰性气体的方法对白炽灯进行了改进，从而大大地改善了白炽灯的质量和使用寿命，这就属于改进发明。改进发明与产品发明、方法发明的根本区别在于，改进发明并不是新的产品和方法的发明，发明没有从根本上突破原有产品或者方法的格局，但是这种改进发明对于技术的进步同样具有重要的作用，因此我国专利法把改进发明也作为专利法保护的对象。

（二）实用新型

实用新型是指对产品的形状、构造或者其结合所提出的适于实用的新的技术方案。实用新型也可以称为小发明，尽管其创造性要求没有发明专利要求高，但实用新型也体现了一定的技术思想，实用新型产品融入了一定的科技含量。与发明专利相比，除了创造性水平不同外，实用新型专利的保护期较短、保护范围要窄、实用性要求更高、审批程序简单。只有具备一定形状和构造的有形产品才适于申请实用新型专利，因此方法发明是不能申请实用新型专利的，没有一定形状和构造的产品，如液体、气体、粉尘状的产品，也是不能申请实用新型专利的。

（三）外观设计

外观设计是指工业品的外观设计，也就是工业品的式样，是指对产品的形状、图案或者其结合以及色彩与形状、图案的结合所作出的富有美感并适于工业应用的新设计。例如，汽车的外观、钟表的形状、食品的形状等都可以作为外观设计申请。外观设计注重的是产品的美观与实用，它不是一种技术方案，所以很多国家并不将外观设计视为专利，而是作为另外一种知识产权客体单独加以保护。长期以来，我国对外观设计专利的要求不高，很多产品的平面包装设计都授予了专利权，不仅加重了我国专利审查的压力，而且造成了很多“垃圾专利”的存在，今后我国将更加重视申请专利的质量。

四、专利权人的权利

1. 独占实施权

专利权是一种专有权利，这种权利体现在对自己专利实施的自由和对他人实施其专利的禁止两方面。

（1）专利权人有权自由实施其专利。专利权人有权对其专利产品依法享有进行制造、使用、销售、许诺销售的专有权利，对其专利方法依法享有专有使用权，对依照其专利方法直接获得的产品享有专有使用权和销售权。

（2）专利权人有权禁止他人实施其专利。除专利法另有规定，发明和实用新型专利权被授予后，任何单位或者个人未经专利权人许可，都不得实施其专利，即不得为生产经营目的制造、使用、许诺销售、销售、进口其专利产品，或者使用其专利方法以及使用、许诺销售、销售、进口依照该专利方法直接获得的产品。外观设计专利权被授予后，任何单位或者个人未经专利权人许可，都不得实施其专利，即不得为生产经营目的制造、许诺销售、销售、进口其外观设计专利产品。

2. 转让权

转让权是指专利权人将其获得的专利权转让给他人的权利，包括专利申请权和专利权的转让。中国单位或者个人向外国人、外国企业或者外国其他组织转让专利申请权或者专利权的，应当依照有关法律、行政法规的规定办理手续。转让专利申请权或者专利权的，当事人应当订立书面合同，并向国务院专利行政部门登记，由国务院专利行政部门予以公告。专利申请权或者专利权的转让自登记之日起生效。

3. 许可实施权

许可实施权是指专利权人通过实施许可合同的方式，许可他人实施其专利并收取专利使用费的权利。任何单位或者个人实施他人专利的，应当与专利权人订立实施许可合同，向专利权人支付专利使用费，并且被许可人无权允许合同规定以外的任何单位或者个人实施该专利。专利申请权或者专利权的共有人对权利的行使有约定的，从其约定。没有约定的，共有人可以单独实施或者以普通许可方式许可他人实施该专利；许可他人实施该专利的，收取的使用费应当在共有人之间分配。专利权人与他人订立的专利实施许可合同，应当自合同生效之日起 3 个月内向国务院专利行政部门备案。在许可方式上，目前主要有独占许可、排他许可和普通许可三种形式，许可人要根据实际情况慎重选择许可方式，切忌许可中发生权利的冲突。

4. 标记权

标记权是指专利权人有权决定是否在其专利产品或者该产品的包装上标明专利标识。在授予专利权之后的专利权有效期内，专利权人或者经专利权人同意享有专利号、专利标记标注权的专利实施许可合同的被许可人可以在其专利产品、依照专利方法直接获得的产品或者该产品的包装上标注专利标记和专利号。

5. 请求保护权

请求保护权是指专利权人认为其专利权受到侵犯时，有权向人民法院起诉或请求专利管理部门处理以保护其专利权的权利。未经专利权人许可，实施其专利，即侵犯其专利权，引起纠纷的，由当事人协商解决；不愿协商或者协商不成的，专利权人或者利害关系人可以向人民法院起诉，也可以请求管理专利工作的部门处理。管理专利工作的部门处理时，认定侵权行为成立的，可以责令侵权人立即停止侵权行为，当事人不服的，可以自收到处理通知之日起 15 日内依照《中华人民共和国行政诉讼法》向人民法院起诉；侵权人期满不起诉又不停止侵权行为的，管理专利工作的部门可以申请人民法院强制执行。

6. 放弃权

放弃权是指专利权人自动提前终止其专利权的权利。《专利法》第 44 条规定："有下列情形之一的，专利权在期限届满前终止：(1)没有按照规定缴纳年费的；(2)专利权人以书面声明放弃其专利权的。专利权在期限届满前终止的，由国务院专利行政部门登记和公告。"授予专利权当年以后的年费应当在上一年度期满前缴纳，专利权人未缴纳或者未缴足的，国务院专利行政部门应当通知专利权人自应当缴纳年费期满之日起 6 个月内补缴，同时缴纳滞纳金；滞纳金的金额按照每超过规定的缴费时间 1 个月，加收当年全额年费的 5%计算；期满未缴纳的，专利权应当自缴纳年费期满之日起终止。以书面形式声明放弃专利权的行为在以前并不多见，但随着新专利法的实施，一项发明创造只能获得一项专利，将一项发明创造同时申请两个以上种类专利的，权利人面临着对专利类型的取舍，声明放弃专利的情况将会普遍存在。

7. 质押权

质押权是指专利权人可以将其专利权作为质物以担保其债务履行的权利。根据担保法，权利可以质押作为债的担保形式，由此专利权人享有将其专利权中的财产权进行出质的权利。

五、专利权的授予

（一）专利权授予条件

1. 发明、实用新型专利授予条件

（1）新颖性

新颖性，是指该发明或者实用新型不属于现有技术；也没有任何单位或者个人就同样的发明或者实用新型在申请日以前向国务院专利行政部门提出过申请，并记载在申请日以后公布的专利申请文件或者公告的专利文件中。现有技术，是指申请日以前在国内外为公众所知的技术。我国现行专利法采取的是绝对新颖性标准，也称为世界新颖性，发明创造内容如果在世界范围内被公开使用，或者以其他方式为公众所知，则丧失其新颖性。

为了切实保障发明创造人的利益，鼓励创新，我国法律还规定了不丧失新颖性的例外情形。根据《专利法》第 24 条，申请专利的发明创造在申请日以前 6 个月内，有下列情形之一的，不丧失新颖性：①在中国政府主办或者承认的国际展览会上首次展出的；②在规定的学术会议或者技术会议上首次发表的；③他人未经申请人同意而泄露其内容的。中国政府主办的国际展览会，包括国务院或者国务院各部门主办或者国务院批准由其他机关或者地方政府举办的国际展览会。中国政府承认的国际展览会，是指国际展览会公约规定的在国际展览局注册或者由其认可的国际展览会。规定的学术会议或者技术会议，是指国务院有关主管部门或者全国性学术团体组织召开的学术会议或者技术会议。

（2）创造性

创造性，是指与现有技术相比，该发明具有突出的实质性特点和显著的进步，该实用新型具有实质性特点和进步。在创造性条件上，发明专利和实用新型专利要求不同，实用新型专利只需具备一定的技术特点和一定的进步意义就够了，不要求具有“突出的”实质性特点和“显著的”进步。

（3）实用性

实用性，是指该发明或者实用新型能够制造或者使用，并且能够产生积极效果。实用性包含两方面的要求：其一是可实施性，即在现有的技术背景下，该专利产品能够生产制造，该专利方法能够在工农业生产中使用；其二是积极性，这是专利在社会效果方面的要求，即发明创造要对社会发展具有正面影响，如提高了劳动生产率、节约了成本和资源、减少了环境污染等，都是实用性的表现。

2.外观设计专利授予条件

(1)新颖性

新颖性，是指授予专利权的外观设计，应当不属于现有设计；也没有任何单位或者个人就同样的外观设计在申请日以前向国务院专利行政部门提出过申请，并记载在申请日以后公告的专利文件中。现有设计，是指申请日以前在国内外为公众所知的设计。外观设计专利的新颖性同样具有时间标准和绝对标准(世界新颖)的特点。

(2)创造性

创造性，是指授予专利权的外观设计与现有设计或者现有设计特征的组合相比，应当具有明显区别。创造性要求申请专利的外观设计与现有的设计不仅不“相同”，也不得“相近似”。判断两个外观设计是否近似，应比较使用外观设计的同类的两个产品，看它们从整体上是否相似，对于近似的外观设计不能授予专利权。

(3)合法性

合法性，是指授予专利权的外观设计不得与他人在申请日以前已经取得的合法权利相冲突。外观设计专利权的获取以尊重他人合法权利为前提，如他人的图画、作品、广告用语、商标、产品装潢、字号等权利都不得侵犯。外观设计专利申请人未经权利人许可，擅自使用他人享有著作权的作品和专属于他人的标识，将不会被授予外观设计专利，外观设计专利已被授予专利，他人可以侵犯其在先权利为由申请撤销。

3.不授予专利权的例外

授予专利的发明创造必须具备以上“三性”，但具备以上“三性”的发明创造并不一定都可以申请专利，基于各种原因，现代各国一般在专利法中规定了一些不受专利法保护的例外。我国《专利法》第5条和第25条列举了不授予专利权的具体对象：

(1)科学发现。

(2)智力活动的规则和方法。

(3)疾病的诊断和治疗方法。

(4)动物和植物品种。

(5)用原子核变换方法获得的物质。

(6)对平面印刷品的图案、色彩或者二者的结合作出的主要起标识作用的设计。

(7)违反法律、社会公德或者妨害公共利益的发明创造，不授予专利权。

(8)违反法律、行政法规的规定获取或者利用遗传资源，并依赖该遗传资源完成的发明创造。

(二)专利权授予原则

1.单一性原则

单一性原则包含专利申请单一性和专利权项单一性两方面。

专利申请单一性原则又称为一发明一申请原则，是指一件发明或者实用新型专利申请应当限于一项发明或者实用新型，一件外观设计专利申请应当限于一种产品所使用的一项外观设计。但属于一个总的发明构思的两项以上的发明或者实用新型，可以作为一项申请提出；同一产品两项以上的相似外观设计，或者用于同一类别并且成套出售或者使用的产品的两项以上的外观设计，可以作为一项申请提出。

所谓专利权项单一性原则，是指一项发明创造只能授予一项专利权，并且只能授予一种类型的专利权。两个以上的申请人分别就同样的发明创造申请专利的，就世界范围而言，要么将专利权授予最先申请的人，要么授予最先使用的人，除共有专利以外，不可能分别授予两个以上的主体。一项创造性成果可以申请不同类型的专利，但最终只可能获得发明专利、实用新型专利、外观设计专利中的一种类型。

2. 先申请原则

当两个或两个以上的单位或者个人就同一发明创造分别提出专利申请时，专利权究竟授予谁？各国专利法对此一直存在着两种原则，即先发明原则和先申请原则。先发明原则是指两个以上的申请人分别就同样的发明申请专利时，不论谁先提出专利申请，专利权授予最先完成发明的申请人。先申请原则是指两个以上的申请人分别就同样的发明申请专利时，不管是谁最先完成的发明，专利权授予最先提出专利申请的申请人。我国采用先申请原则。我国《专利法》第9条明确规定："两个以上的申请人分别就同样的发明创造申请专利的，专利权授予最先申请的人。"现实中也存在两个以上的申请人同日（指申请日；有优先权的，指优先权日）就同样的发明创造申请专利的特殊情况，此时由两个以上的申请人在收到国务院专利行政部门的通知后自行协商确定申请人，否则将面临都不授予专利权的风险。

3. 优先权原则

优先权原则是《保护工业产权巴黎公约》中确定的原则，其目的在于排除在其他国家抄袭此专利者，有抢先提出申请、取得注册的可能。专利申请人就其发明创造第一次在某国提出专利申请后，在法定期限内又就相同主题的发明创造提出专利申请的，根据有关法律规定，其在后申请以第一次专利申请的日期（优先权日）作为其申请日，专利申请人依法享有的这种权利，就是优先权。

我国专利法规定了国际优先权和国内优先权两种。国际优先权，又称"外国优先权"，是指专利申请人就同一发明或者实用新型在外国第一次提出专利申请之日起12个月内，或者就同一外观设计在外国第一次提出专利申请之日起6个月内，又在中国提出专利申请的，依照该外国同中国签订的协议或者共同参加的国际条约，或者依照相互承认优先权的原则，可以享有优先权，即以其在外国第一次提出专利申请之日（优先权日）为申请日。国内优先权，又称为"本国优先权"，是指申请人自发明或者实用新型在中国第一次提出专利申请之日起12个月内，又向国务院专利行政部门就相同主题提出专利申请的，可以享有优先权，即以其在中国第一次提出专利申请日为其后专利申请日。在我国国内优先权制度中不包括外观设计专利。

优先权的行使须具备一定的条件，并且要符合程序要求。我国《专利法》第 30 条规定："申请人要求优先权的，应当在申请的时候提出书面声明，并且在 3 个月内提交第一次提出的专利申请文件的副本；未提出书面声明或者逾期未提交专利申请文件副本的，视为未要求优先权。"

(三)专利权授予程序

在三种专利的审批程序中，发明专利的审批过程较为繁琐，审查更为严格，审批周期也较长，总体上遵循的是"早期公开，延迟审查"制度。实用新型专利权和外观设计专利权的授权程序相对简单，主要进行形式审查。专利权的授予一般要经过 3～5 年的时间，很多技术还来不及授予专利权就被其他技术所替代，这不利于创新成果的保护，各国通过立法缩短专利审批周期是大势所趋。

1. 发明专利权的授予程序

(1)发明专利申请

①申请主体

我国的单位和个人可以申请中国专利和外国专利，也可以根据中华人民共和国参加的有关国际条约提出专利国际申请。任何单位或者个人将在中国完成的发明或者实用新型向外国申请专利的，应当事先报经国务院专利行政部门进行保密审查。对违反规定直接向外国申请专利的发明或者实用新型，在中国申请专利的，不授予专利权。在中国没有经常居所或者营业所的外国人、外国企业或者外国其他组织在中国申请专利的，依照其所属国同中国签订的协议或者共同参加的国际条约，或者依照互惠原则，根据我国法律办理。

②申请形式

专利申请以书面为原则，但随着电子政务的发展，专利申请也可以电子等形式提出。以书面形式申请专利的，应当向国务院专利行政部门提交申请文件一式两份。以国务院专利行政部门规定的其他形式申请专利的，应当符合规定的要求。

③申请途径

中国单位或者个人在国内申请专利和办理其他专利事务的，可以自行办理，也可以委托依法设立的专利代理机构办理。申请人委托专利代理机构向国务院专利行政部门申请专利和办理其他专利事务的，应当同时提交委托书，写明委托权限。在中国没有经常居所或者营业所的外国人、外国企业或者外国其他组织在中国申请专利和办理其他专利事务的，应当委托依法设立的专利代理机构办理。

专利申请文件可以直接送达，也可以邮寄的方式送达。国务院专利行政部门以收到专利申请文件之日为申请日。如果申请文件是邮寄的，以寄出的邮戳日为申请日。申请人可以在被授予专利权之前随时撤回其专利申请。

④申请文件

申请发明专利的，应当提交请求书、说明书及其摘要和权利要求书等文件。请求书应当写明发明或者实用新型的名称，发明人的姓名，申请人姓名或者名称、地址，以及其他事项。说明书应当对发明或者实用新型作出清楚、完整的说明，以所属技术领域的技术人员能够实现为准；必要的时候，应当有附图。摘要应当简要说明发明或者实用新型的技术要点。权利要求书应当以说明书为依据，清楚、简要地限定要求专利保护的范围。申请人可以对其专利申请文件进行修改，但是，对发明专利申请文件的修改不得超出原说明书和权利要求书记载的范围。发明专利已经在外国提出过申请的，国务院专利行政部门可以要求申请人在指定期限内提交该国为审查其申请进行检索的资料或者审查结果的资料；无正当理由逾期不提交的，该申请即被视为撤回。

（2）发明专利审查

①审查机关

我国专利的受理和审查机关有三个，即国家知识产权局、国务院国防科学技术工业主管部门和中国人民解放军总装备部。国家知识产权局是国务院专利行政主管机关，国务院国防科学技术工业主管部门和中国人民解放军总装备部属于国防专利机构。专利申请一般应向国家知识产权局提出，国防专利则要向另两个机构提出。根据现有分工，国务院国防科学技术工业主管部门和中国人民解放军总装备部分别负责地方系统和军队系统的国防专利管理工作。

②初步审查

初步审查即形式审查，主要是对申请人的主体资格审查和申请文件的形式审查。国务院专利行政部门收到发明专利申请后，经初步审查认为符合本法要求的，自申请日起满18个月，即行公布。国务院专利行政部门可以根据申请人的请求早日公布其申请。申请人请求早日公布其发明专利申请的，应当向国务院专利行政部门声明。国务院专利行政部门对该申请进行初步审查后，除予以驳回的外，应当立即将申请予以公布。在公告阶段，任何人均可以提出对专利申请的异议。

③实质审查

实质审查侧重于专利授予条件的审查，具体审查申请的发明专利是否满足新颖性、创造性和实用性的要求。实质审查程序通常由申请人主动提起，在特定情况下也可由国家知识产权局自行决定进行。我国《专利法》第35条规定："发明专利申请自申请日起三年内，国务院专利行政部门可以根据申请人随时提出的请求，对其申请进行实质审查；申请人无正当理由逾期不请求实质审查的，该申请即被视为撤回。国务院专利行政部门认为必要的时候，可以自行对发明专利申请进行实质审查。"

自发明专利申请公布之日起至公告授予专利权之日止，任何人均可以对不符合专利法规定的专利申请向国务院专利行政部门提出意见，并说明理由。发明专利申请经申请人陈述意见或者进行修改后，国务院专利行政部门仍然认为不符合本法规定的，应当予以驳回。

（3）发明专利授权

发明专利申请经实质审查没有发现驳回理由的，由国务院专利行政部门作出授予发明专利权的决定，发给发明专利证书，同时予以登记和公告。发明专利权自公告之日起生效。保密专利申请经审查没有发现驳回理由的，国务院专利行政部门应当作出授予保密专利权的决定，颁发保密专利证书，登记保密专利权的有关事项。国务院专利行政部门发出授予专利权的通知后，申请人应当自收到通知之日起 2 个月内办理登记手续。申请人按期办理登记手续的，国务院专利行政部门应当授予专利权，颁发专利证书，并予以公告。期满未办理登记手续的，视为放弃取得专利权的权利。

自国务院专利行政部门公告授予专利权之日起，任何单位或者个人认为该专利权的授予不符合本法有关规定的，可以请求专利复审委员会宣告该专利权无效。专利复审委员会对宣告专利权无效的请求应当及时审查和作出决定，并通知请求人和专利权人。宣告专利权无效的决定，由国务院专利行政部门登记和公告。

(4)发明专利复审

专利复审在性质上属于行政复议，既是专利申请人权利救济的一种方式，也是对国务院专利行政部门具体行政行为的监督。国务院专利行政部门设立专利复审委员会。专利申请人对国务院专利行政部门驳回申请的决定不服的，可以自收到通知之日起 3 个月内，向专利复审委员会请求复审。专利复审委员会复审后，作出决定，并通知专利申请人。专利申请人对专利复审委员会的复审决定不服的，可以自收到通知之日起 3 个月内向人民法院起诉。自国务院专利行政部门公告授予专利权之日起，任何单位或者个人认为该专利权的授予不符合专利法有关规定的，可以请求专利复审委员会宣告该专利权无效。对专利复审委员会宣告专利权无效或者维持专利权的决定不服的，可以自收到通知之日起 3 个月内向人民法院起诉。人民法院应当通知无效宣告请求程序的对方当事人作为第三人参加诉讼。复审请求人在专利复审委员会作出决定前，可以撤回其复审请求。复审请求人在专利复审委员会作出决定前撤回其复审请求的，复审程序终止。

2. 实用新型和外观设计专利权的授予程序

(1)提出申请

在专利申请的主体资格要求、申请的形式和申请的途径上三种类型的专利申请都是相同的，发明和实用新型专利申请文件要求也基本是一样的，只有外观设计专利申请时需提交的文件有所不同。根据《专利法》第 27 条的规定，申请外观设计专利的，应当提交请求书、该外观设计的图片或者照片以及对该外观设计的简要说明等文件。申请人提交的有关图片或者照片应当清楚地显示要求专利保护的产品的外观设计。实用新型或者外观设计专利申请人自申请日起 2 个月内，可以对实用新型或者外观设计专利申请主动提出修改，但是，对实用新型专利申请文件的修改不得超出原说明书和权利要求书记载的范围，对外观设计专利申请文件的修改不得超出原图片或者照片表示的范围。

(2)审查并授予专利

实用新型和外观设计专利申请经初步审查没有发现驳回理由的，由国务院专利行政部门作出授予实用新型专利权或者外观设计专利权的决定，发给相应的专利证书，同时予以登记和公告。实用新型专利权和外观设计专利权自公告之日起生效。

自国务院专利行政部门公告授予专利权之日起，任何单位或者个人认为该专利权的授予不符合本法有关规定的，可以请求专利复审委员会宣告该专利权无效。专利复审委员会对宣告专利权无效的请求应当及时审查和作出决定，并通知请求人和专利权人。宣告专利权无效的决定，由国务院专利行政部门登记和公告。

(3)异议复审

同发明专利授权程序一样，对驳回实用新型和外观设计专利申请不服的，对作出维持专利权和宣告专利权无效的决定不服的，申请人或者利害关系人可以自收到通知之日起3个月内向专利复审委员会请求复审。对专利复审委员会的复审决定不服的，申请人或者利害关系人可以自收到通知之日起3个月内向人民法院起诉。

六、专利权的保护

（一）专利权的保护范围

专利权的保护范围是指发明、实用新型和外观设计专利权的法律效力所及的范围。专利权的保护范围由法律明确规定，这是划清专利侵权与非侵权的界限，不仅有利于依法充分保护专利权人的合法权益，也避免了不适当地扩大专利保护的范围，损害专利权人以外的社会公众的利益。我国《专利法》第59条规定："发明或者实用新型专利权的保护范围以其权利要求的内容为准，说明书及附图可以用于解释权利要求的内容。外观设计专利权的保护范围以表示在图片或者照片中的该产品的外观设计为准，简要说明可以用于解释图片或者照片所表示的该产品的外观设计。"

（二）专利侵权行为

专利侵权行为是指在专利权有效期限内，行为人未经专利权人许可又无法律依据，以营利为目的实施他人专利的行为。对专利侵权行为的认定主要适用无过错原则，只是在特定的赔偿问题上适用过错原则。根据我国专利法相关规定，专利侵权行为体现在以下两方面：

1.实施他人专利的行为

专利权人对其专利享有独占实施权，并有权禁止他人未经许可而实施其专利。未经许可实施他人专利的，都构成对他人专利权的侵犯。发明和实用新型专利权被授予后，除专利法另有规定的以外，任何单位或者个人未经专利权人许可，都不得实施其专利，即不得为生产经营目的制造、使用、许诺销售、销售、进口其专利产品，或者使用其专利方法以及使用、许诺销售、销售、进口依照该专利方法直接获得的产品。外观设计专利权被授予后，任何单位或者个人未经专利权人许可，都不得实施其专利，即不得为生产经营目的制造、许诺销售、销售、进口其外观设计专利产品。

在专利侵权纠纷中，被控侵权人有证据证明其实施的技术或者设计属于现有技术或者现有设计的,不构成侵犯专利权。为生产经营目的使用、许诺销售或者销售不知道是未经专利权人许可而制造并售出的专利侵权产品,能证明该产品合法来源的,不承担赔偿责任。

2.假冒他人专利的行为

假冒他人专利包括假冒他人专利的行为和冒充专利的行为。假冒他人专利行为与冒充专利行为都是作假欺骗行为,即冒充专利号或者专利标记,借用专利的名义欺骗公众,损害公共利益,扰乱正常市场秩序的违法行为。从形式上看,两者的区别主要是:假冒他人专利是冒用他人已经取得的专利,冒充专利是实际上就没有这个专利而冒用。

根据我国《专利法实施细则》第84条的规定,下列行为属于《专利法》第63条规定的假冒专利的行为:(1)在未被授予专利权的产品或者其包装上标注专利标识,专利权被宣告无效后或者终止后继续在产品或者其包装上标注专利标识,或者未经许可在产品或者产品包装上标注他人的专利号;(2)销售第(1)项所述产品;(3)在产品说明书等材料中将未被授予专利权的技术或者设计称为专利技术或者专利设计,将专利申请称为专利,或者未经许可使用他人的专利号,使公众将所涉及的技术或者设计误认为是专利技术或者专利设计;(4)伪造或者变造专利证书、专利文件或者专利申请文件;(5)其他使公众混淆,将未被授予专利权的技术或者设计误认为是专利技术或者专利设计的行为。

专利权终止前依法在专利产品、依照专利方法直接获得的产品或者其包装上标注专利标识,在专利权终止后许诺销售、销售该产品的,不属于假冒专利行为。假冒专利的,除依法承担民事责任外,由管理专利工作的部门责令改正并予以公告,没收违法所得,可以并处违法所得4倍以下的罚款;没有违法所得的,可以处20万元以下的罚款;构成犯罪的,依法追究刑事责任。销售不知道是假冒专利的产品,并且能够证明该产品合法来源的,由管理专利工作的部门责令停止销售,但免除罚款的处罚。

(三)专利侵权行为认定的例外

未经专利权人许可,以营利为目的实施他人专利的,属于专利侵权行为,但我国《专利法》第69条也规定了五种例外情形,这五种情形不视为侵犯专利权,其实质是对专利权的限制。

1.专利权用尽

专利权用尽也称为专利权穷竭,是指只要经专利权人许可,将他(或他的被许可人)制造的专利产品投入了商品流通领域,则这些产品的"再销售"和使用方式,均不再受专利权人的控制,即专利权人对它们的独占已告"穷竭"。关于专利权用尽的适用范围,各国有着不同的观点,几乎所有的国家都承认专利权的国内用尽,一些区域性国际组织(如欧盟)实行专利权的区域用尽规则,也有部分国家(如澳大利亚、新西兰等)主张专利权的国际用尽。在实行专利权国内用尽和区域用尽规则的国家,往往会面临商品的"平行进口"问题,发达国家为了自身利益,反对专利权的国际用尽,通过"平行进口"限制其他国家的贸易发展。我国在新修改的专利法中有一个重大变化,就是承认了进口权的用尽,根据《专利法》

第69条的规定，专利产品或者依照专利方法直接获得的产品，由专利权人或者经其许可的单位、个人售出后，使用、许诺销售、销售、进口该产品的，不视为专利侵权。我国在立法上首次取消了对专利产品“平行进口”的限制。

2. 在先使用

我国专利法规定，在专利申请日前已经制造相同产品、使用相同方法或者已经做好制造、使用的必要准备，并且仅在原有范围内继续制造、使用的，不视为专利侵权。在专利申请日以前已经制造相同产品，使用相同方法或者已经做好制造、使用的必要准备的人称为“在先权人”。“在先权人”所享有的在原有的范围内继续制造、使用的权利称为“在先权”或“先用权”。

3. 外国运输工具自身需要的临时使用

为履行我国参加的国际条约(《保护工业产权巴黎公约》)所应承担的义务，我国专利法规定，临时通过中国领陆、领水、领空的外国运输工具，依照其所属国同中国签订的协议或者共同参加的国际条约，或者依照互惠原则，为运输工具自身需要而在其装置和设备中使用有关专利的，不视为侵犯专利权。临时通过中国领陆、领水、领空的外国运输工具，为其自身需要在装置和设备中使用我国有关专利技术的，可以不经专利权人的许可，但这种使用仅限与我国签有协议或者共同参加的国际公约，或者有互惠条约的国家的运输工具，并不面向所有国家。需说明的是，在临时过境运输工具上装载有仿制专利的产品，不在此合理使用范围之内，应视为侵权。

4. 非商业目的的使用

我国专利法规定，专为科学研究和实验而使用有关专利的，不视为侵犯专利权。非商业目的的使用专利，包括为了科学研究和实验使用专利，还包括因教育目的的使用和为个人或者家庭的目的使用专利。这种使用，只能是小范围的没有营利性质的使用，不能对专利权人的潜在的市场利益构成威胁，否则不属于合理使用的范围。

5. 药品、医疗器械专利的合理使用

我国专利法规定，为提供行政审批所需要的信息，制造、使用、进口专利药品或者专利医疗器械的，以及专门为其制造、进口专利药品或者专利医疗器械的，不视为侵犯专利权。这一规定被业界称为中国的“Bolar条款”(因美国联邦巡回上诉法院的 Roche v. Bolar 案而得名)，目的在于鼓励仿制药的生产。药品和医疗器械生产企业可以利用该规则，在药品或医疗器械的有效专利保护期限届满之前，进行药品或医疗器械的临床试验和申请生产许可，做好上市前的准备。一旦专利到期，立即推出产品，占领市场。

(四)专利权的保护方法

在我国，专利权的保护方法有三种，即行政保护、司法保护和自我保护。其中行政手段保护是我国知识产权保护的特色，是我国现阶段行之有效的保护手段之一。

1. 行政保护

省、自治区、直辖市人民政府以及专利管理工作量大又有实际处理能力的、设区的市人民政府设立的管理专利工作的部门是我国管理专利工作的部门，负责处理专利侵权纠纷、查处假冒专利行为、调解专利纠纷。未经专利权人许可，实施其专利，即侵犯其专利权，引起纠纷的，由当事人协商解决；不愿协商或者协商不成的，专利权人或者利害关系人可以向人民法院起诉，也可以请求管理专利工作的部门处理。管理专利工作的部门处理时，认定侵权行为成立的，可以责令侵权人立即停止侵权行为，当事人不服的，可以自收到处理通知之日起 15 日内依照《中华人民共和国行政诉讼法》向人民法院起诉；侵权人期满不起诉又不停止侵权行为的，管理专利工作的部门可以申请人民法院强制执行。进行处理的管理专利工作的部门应当事人的请求，可以就侵犯专利权的赔偿数额进行调解；调解不成的，当事人可以依照《中华人民共和国民事诉讼法》向人民法院起诉。

管理专利工作的部门根据已经取得的证据，对涉嫌假冒专利行为进行查处时，可以询问有关当事人，调查与涉嫌违法行为有关的情况；对当事人涉嫌违法行为的场所实施现场检查；查阅、复制与涉嫌违法行为有关的合同、发票、账簿以及其他有关资料；检查与涉嫌违法行为有关的产品，对有证据证明是假冒专利的产品，可以查封或者扣押。管理专利工作的部门依法行使职权时，当事人应当予以协助、配合，不得拒绝、阻挠。假冒专利的，除依法承担民事责任外，由管理专利工作的部门责令改正并予公告，没收违法所得，可以并处违法所得 4 倍以下的罚款；没有违法所得的，可以处 20 万元以下的罚款；构成犯罪的，依法追究刑事责任。

2. 司法保护

专利纠纷第一审案件，由各省、自治区、直辖市人民政府所在地的中级人民法院和最高人民法院指定的中级人民法院管辖。因侵犯专利权行为提起的诉讼，由侵权行为地或者被告住所地人民法院管辖。侵权行为地包括：被控侵犯发明、实用新型专利权的产品的制造、使用、许诺销售、销售、进口等行为的实施地；专利方法使用行为的实施地，依照该专利方法直接获得的产品的使用、许诺销售、销售、进口等行为的实施地；外观设计专利产品的制造、销售、进口等行为的实施地；假冒他人专利的行为实施地。

侵犯专利权的诉讼时效为 2 年，自专利权人或者利害关系人得知或者应当得知侵权行为之日起计算。侵犯专利权的赔偿数额按照权利人因被侵权所受到的实际损失确定；实际损失难以确定的，可以按照侵权人因侵权所获得的利益确定。权利人的损失或者侵权人获得的利益难以确定的，参照该专利许可使用费的倍数合理确定。赔偿数额还应当包括权利人为制止侵权行为所支付的合理开支。权利人的损失、侵权人获得的利益和专利许可使用费均难以确定的，人民法院可以根据专利权的类型、侵权行为的性质和情节等因素，确定给予 1 万元以上 100 万元以下的赔偿。

3. 自我保护

专利权的自我保护是指专利权人或利害关系人在发现侵权行为时，通过警告、协商等方式维护自己专利权的方式。通常可以采用的措施有两种：其一是向侵权人书面警告或委托律师发送律师函。通过向侵权人书面警告或委托律师发送律师函，告知对方所侵犯的专利权的内容（包括专利权的名称、编号、有效期等），并要求对方停止侵权行为、赔礼道歉、赔偿损失以及不按照该要求处理的法律后果等，以此来达到制止专利侵权行为的目的。其二是协商解决。我国《专利法》第 60 条规定：未经专利权人许可，实施其专利，即侵犯其专利权，引起纠纷的，由当事人协商解决。协商解决的内容主要是如何解决专利侵权问题，包括如何停止侵权行为、侵权产品的处理、损失的赔偿等；如果侵权人想把其侵权行为合法化，还要涉及与专利权人协商专利的授权使用许可问题，包括使用许可的方式、许可使用的期限及使用费的金额等。如果双方就纠纷的解决没有达成一致的，专利权人可申请通过行政保护或司法保护途径解决。

七、专利的许可实施

实施专利是专利权人的权利，专利权人不仅可以自己实施专利，也可以合同方式许可他人实施其专利。为了防止技术垄断或特殊情况下为了公共利益的需要，我国专利法还规定了计划许可实施和强制许可实施制度，这从一定意义上讲也是对专利权人权利的一种限制。

（一）合同许可实施

合同许可实施是指专利权人以合同方式允许他人实施其专利，并取得相应报酬的制度。合同许可实施要依法进行，实践中有两点需要注意。第一，书面形式。当事人应当以书面形式订立专利许可合同，订立专利许可合同可以使用国家知识产权局监制的合同文本，采用其他合同文本的，应当符合有关法律规定。第二，及时备案。当事人应当自专利许可合同生效之日起 3 个月内办理备案手续，当事人凭专利合同备案证明办理外汇、海关知识产权备案等相关手续。

按照被许可人取得实施权的范围和权限，可以将专利实施许可分为独占实施许可、排他实施许可和普通实施许可。独占实施许可，简称独占许可，指在一定的时间和有效地域范围内，被许可人享有独占的实施权，专利权人不得向其他人许可实施该专利，而且专利权人本人也不得实施该专利。排他实施许可，简称排他许可或独家许可，即指在一定的时间和有效地域范围内，专利权人仅许可被许可人实施该专利权，不得许可其他人实施该专利，但专利权人本人可以实施该专利。普通实施许可，亦称普通许可，指在一定的时间和有效地域范围内，专利权人在许可被许可人实施该专利权的同时，还可以许可其他人实施该专利，专利权人本人也可以实施该专利。

（二）计划许可实施

我国《专利法》第 14 条规定："国有企业事业单位的发明专利，对国家利益或者公共利益具有重大意义的，国务院有关主管部门和省、自治区、直辖市人民政府报经国务院批准，可以决定在批准的范围内推广应用，允许指定的单位实施，由实施单位按照国家规定向专利权人支付使用费。"此条规定的许可实施即为"计划许可实施"，法律对专利权主体、专利的类型、许可的条件、实施的范围等作了严格的限制，只有在符合上述要求的情况下，为了国家利益或公共利益才可以批准他人实施。

(三)强制许可实施

强制许可实施是指国务院专利行政部门可以不经专利权人的同意,通过行政申请程序直接允许申请者实施发明专利或者实用新型专利,并向其颁发实施有关专利的强制许可。我国《专利法》第6章和《专利法实施细则》第5章就专利强制许可作了一些具体规定。强制许可实施通常是为了公共利益和防止技术垄断,而且强制许可的实施主要为了供应国内市场。

1.防止专利权滥用的强制许可

根据我国《专利法》第48条的规定,有下列情形之一的,国务院专利行政部门根据具备实施条件的单位或者个人的申请,可以给予实施发明专利或者实用新型专利的强制许可:(1)专利权人自专利权被授予之日起满3年,且自提出专利申请之日起满4年,无正当理由未实施或者未充分实施其专利的;(2)专利权人行使专利权的行为被依法认定为垄断行为,为消除或者减少该行为对竞争产生的不利影响的。未充分实施其专利,是指专利权人及其被许可人实施其专利的方式或者规模不能满足国内对专利产品或者专利方法的需求。申请强制许可的单位或者个人应当提供证据,证明其以合理的条件请求专利权人许可其实施专利,但未能在合理的时间内获得许可。

2.在国家出现紧急状态时的强制许可

我国《专利法》第49条规定:"在国家出现紧急状态或者非常情况时,或者为了公共利益的目的,国务院专利行政部门可以给予实施发明专利或者实用新型专利的强制许可。"国家出现紧急状态或者紧急情况,一般是指发生战争、社会动乱、自然灾害以及经济发生严重危机等情况。专利权虽然是专利权人依法享有的专有权,但在特殊情况下专利权人的利益应当服从于国家和民族的利益。

3.药品专利的强制许可

专利制度可以激励新药投资与研发,但有时药品专利(尤其是涉及公共健康的药品专利)的权利人行使排他权,可能会限制竞争进而影响新药上市,并可能导致药品价格居高不下,因此在涉及公共健康的药品专利领域,充分发挥专利强制许可制度的作用非常重要。为了有利于人类的公共健康,我国在新修订的专利法中增加了对药品专利的强制许可规定。《专利法》第50条规定:"为了公共健康目的,对取得专利权的药品,国务院专利行政部门可以给予制造并将其出口到符合中华人民共和国参加的有关国际条约规定的国家或者地区的强制许可。"

4.从属专利的强制许可

从属专利的强制许可,又称"交叉许可",是指根据专利之间相互依存的关系,采取的一种有利于科学技术发展的强制许可制度。有时前一项专利与后一项专利是相互依存的,为了保障前后两个专利都能够得到实施,专利法规定了从属专利的强制许可制度。我国《专利法》第51条规定:"一项取得专利权的发明或者实用新型比前已经取得专利权的发明或者实用新型具有显著经济意义的重大技术进步，其实施又有赖于前一发明或者实用新型的实施的，国务院专利行政部门根据后一专利权人的申请，可以给予实施前一发明或者实用新型的强制许可。在依照前款规定给予实施强制许可的情形下，国务院专利行政部门根据前一专利权人的申请，也可以给予实施后一发明或者实用新型的强制许可。”

取得实施强制许可的单位或者个人不享有独占的实施权，并且无权允许他人实施。取得实施强制许可的单位或者个人应当付给专利权人合理的使用费，或者依照中华人民共和国参加的有关国际条约的规定处理使用费问题。付给使用费的，其数额由双方协商；双方不能达成协议的，由国务院专利行政部门裁决。专利权人对国务院专利行政部门关于实施强制许可的决定不服的，专利权人和取得实施强制许可的单位或者个人对国务院专利行政部门关于实施强制许可的使用费的裁决不服的，可以自收到通知之日起 3 个月内向人民法院起诉。

第三节　商标法

一、商标相关概念

商标，俗称商品或服务的牌子，是将不同企业的商品或服务相互区别的专用标记。

商标有注册商标和未注册商标之分，经商标局核准注册的商标为注册商标，包括商品商标、服务商标和集体商标、证明商标。商标注册人享有商标专用权，受法律保护。

著名商标也叫知名商标，是指具有较高市场声誉和商业价值，为相关公众所熟知，并依法被认定的注册商标。

驰名商标是指在一定范围内为相关公众广为知晓并享有较高声誉的商标。中国驰名商标则指在中国为相关公众所知晓并享有较高声誉的商标。

集体商标，是指以团体、协会或者其他组织名义注册，供该组织成员在商事活动中使用，以表明使用者在该组织中的成员资格的标志。

证明商标，是指由对某种商品或者服务具有监督能力的组织所控制，而由该组织以外的单位或者个人使用于其商品或者服务，用以证明该商品或者服务的原产地、原料、制造方法、质量或者其他特定品质的标志。

联合商标是指同一商标所有人在同一种或类似商品上注册的若干近似商标。这些商标中首先注册的或者主要使用的为主商标或正商标，其余的则备而不用。

防御商标是指商标所有人将相同商标注册在不同类别的商品或服务上，以防止他人在这些类别的商品或服务上注册使用相同的商标。

二、商标权主体

商标权主体又叫商标权人，是指依法享有商标权并承担一定义务的自然人、法人或者其他组织，包括商标权的原始主体和继受主体。

商标权的原始主体是指商标注册人。在我国，自然人、法人或其他组织，包括依法成立的企业、事业单位、社会团体、个体工商户、个人合伙和个人，都可以成为商标权的原始主体。根据我国《商标法》第 4 条的规定："自然人、法人或者其他组织对其生产、制造、加工、拣选或者经销的商品，需要取得商标专用权的，应当向商标局申请商品商标注册。自然人、法人或者其他组织对其提供的服务项目，需要取得商标专用权的，应当向商标局申请服务商标注册。"申请注册的商标被核准注册后，该商标注册申请人就成为商标权的原始主体。在中国没有经常居所或者营业所的外国人或者外国企业也可以成为我国商标权的主体。我国《商标法》第 17 条规定："外国人或者外国企业在中国申请商标注册的，应当按其所属国和中华人民共和国签订的协议或者共同参加的国际条约办理，或者按对等原则办理。"只要外国人或者外国企业的所属国和中华人民共和国签订与商标有关的协议，或者共同参加了与商标有关的国际条约，或者按照对等原则办理中国人或者中国企业的商标注册事宜，则该外国人或外国企业就具备成为我国商标权的主体资格。

商标权的继受主体是指依法通过注册商标的转让或者移转取得商标权的自然人、法人或者其他组织。商标权的原始主体可以依法转让其注册商标。作为商标权原始主体的自然人死亡后，该注册商标可以依法移转给其继承人；作为商标权原始主体的法人或者其他组织终止后，该注册商标可以依法移转给有关法人或者其他组织。自然人、法人或者其他组织依法通过注册商标的转让或者移转取得商标权后，就成为该商标权的继受主体。

三、商标权客体

商标权客体，即法律对商标权所保护的具体对象，是商标权的物化载体即注册商标。没有注册的商标以及未予核准注册的商标，其专用权均不受法律的保护，因而不是商标权的客体。依据我国商标法的规定，作为商标权的客体至少应包含以下三个特性：

（一）可表现性

商标是一种专用标记，需以能够为人们所感知的元素来表现。按照感知的方式可以将商标划分为视觉商标、听觉商标（音响商标）与嗅觉商标（气味商标）。尽管有些国家承认听觉商标和嗅觉商标，但目前我国只保护视觉商标，听觉商标和嗅觉商标在我国不能获得注册保护。我国《商标法》第 8 条规定："任何能够将自然人、法人或者其他组织的商品与他人的商品区别开的可视性标志，包括文字、图形、字母、数字、三维标志和颜色组合，以及上述要素的组合，均可以作为商标申请注册。"可见，我国商标权的客体只能是一种可视性的标志，包括立体商标。

（二）可识别性

可识别性也叫显著性，是指构成商标的元素从总体上具有明显的特色，能与他人同种或类似商品上的商标区别开来。我国《商标法》第 9 条规定："申请注册的商标，应当有显著特征，便于识别，并不得与他人在先取得的合法权利相冲突。”可识别性是对商标的基本要求，不管商标标志是否独特，只要商标在市场交易中足以使一般人据此区分不同经营者提供的商品或服务，则该商标具有可识别性，可以作为商标注册。

（三）合法性

商标权应依照法定的程序确认，并不得与他人在先取得的合法权利相冲突，商标标志本身也应合法，在设计商标时要充分考虑法律的禁止性规定。《商标法》第10条规定，下列标志不得作为商标使用：(1)同中华人民共和国的国家名称、国旗、国徽、军旗、勋章相同或者近似的，以及同中央国家机关所在地特定地点的名称或者标志性建筑物的名称、图形相同的；(2)同外国的国家名称、国旗、国徽、军旗相同或者近似的，但该国政府同意的除外；(3)同政府间国际组织的名称、旗帜、徽记相同或者近似的，但经该组织同意或者不易误导公众的除外；(4)与表明实施控制、予以保证的官方标志、检验印记相同或者近似的，但经授权的除外；(5)同“红十字”、“红新月”的名称、标志相同或者近似的；(6)带有民族歧视性的；(7)夸大宣传并带有欺骗性的；(8)有害于社会主义道德风尚或者有其他不良影响的。此外，县级以上行政区划的地名或者公众知晓的外国地名，不得作为商标。但是，地名具有其他含义或者作为集体商标、证明商标组成部分的除外；已经注册的使用地名的商标继续有效。

有些标志通常不能成为注册商标，但可以作为非注册商标使用。《商标法》第11条规定，下列标志不得作为商标注册：(1)仅有本商品的通用名称、图形、型号的；(2)仅仅直接表示商品的质量、主要原料、功能、用途、重量、数量及其他特点的；(3)缺乏显著特征的。但上述所列标志经过使用取得显著特征，并便于识别的，可以作为商标注册。

四、商标权利

（一）专用权

专用权是指商标权人依法享有的在指定商品或服务项目上对其注册商标独占使用的权利。《商标法》第3条规定：“经商标局核准注册的商标为注册商标，包括商品商标、服务商标、集体商标和证明商标；商标注册人享有商标专用权，受法律保护。”注册商标的专用权，以核准注册的商标和核定使用的商品为限。

（二）许可权

许可权是指商标权人通过签订商标使用许可合同许可他人使用其注册商标的权利。《商标法》第40条明确指出：商标注册人可以通过签订商标使用许可合同，许可他人使用其注册商标。许可人应当监督被许可人使用其注册商标的商品质量。被许可人应当保证使用该注册商标的商品质量。经许可使用他人注册商标的，必须在使用该注册商标的商品上标明被许可人的名称和商品产地。商标使用许可合同应当报商标局备案，商标使用许可合同未经备案的，不影响该许可合同的效力，但当事人另有约定的除外。商标使用许可的形式主要有独占许可、排他许可、普通许可等。独占使用许可，是指商标注册人在约定的期间、地域和以约定的方式，将该注册商标仅许可一个被许可人使用，商标注册人依约定不得使用该注册商标；排他使用许可，是指商标注册人在约定的期间、地域和以约定的方式，将该注册商标仅许可一个被许可人使用，商标注册人依约定可以使用该注册商标但不得另行许可他人使用该注册商标；普通使用许可，是指商标注册人在约定的期间、地域和以约定的方式，许可他人使用其注册商标，并可自行使用该注册商标和许可他人使用其注册商标。

(三)转让权

转让权是指商标权人依照法定程序和条件将其注册商标转让给他人的权利。依照法律规定，转让注册商标的，转让人和受让人应当签订转让协议，由转让人和受让人共同向商标局提交转让注册商标申请书。转让注册商标申请手续由受让人办理。商标局核准转让注册商标申请后，发给受让人相应证明，并予以公告，受让人自公告之日起享有商标专用权。对可能产生误认、混淆或者其他不良影响的转让注册商标申请，商标局不予核准，书面通知申请人并说明理由。注册商标受让人应当保证使用该注册商标的商品质量。

(四)标记权

使用注册商标，可以在商品、商品包装、说明书或者其他附着物上标明"注册商标"或者注册标记。注册标记包括(注外加"○")和(R 外加"○")。使用注册标记，应当标注在商标的右上角或者右下角。

(五)续展权

注册商标的有效期为 10 年，自核准注册之日起计算。注册商标有效期满，需要继续使用的，应当在期满前 6 个月内申请续展注册；在此期间未能提出申请的，可以给予 6 个月的宽展期。宽展期满仍未提出申请的，注销其注册商标。注册商标需要续展注册的，应当向商标局提交商标续展注册申请书。商标局核准商标注册续展申请后，发给相应证明，并予以公告。续展注册商标有效期自该商标上一届有效期满次日起计算，每次续展注册的有效期为 10 年。

(六)请求保护权

请求保护权是指商标权人认为其商标权受到侵犯时，有权向人民法院起诉或请求工商行政管理部门处理以保护其商标权的权利。侵犯注册商标专用权引起纠纷的，由当事人协商解决；不愿协商或者协商不成的，商标注册人或者利害关系人可以向人民法院起诉，也可以请求工商行政管理部门处理。当事人对处理决定不服的，可以自收到处理通知之日起 15 日内依照《中华人民共和国行政诉讼法》(以下简称《行政诉讼法》)向人民法院起诉；侵权人期满不起诉又不履行的，工商行政管理部门可以申请人民法院强制执行。进行处理的工商行政管理部门根据当事人的请求，可以就侵犯商标专用权的赔偿数额进行调解；调解不成的，当事人可以依照《中华人民共和国民事诉讼法》(以下简称《民事诉讼法》)向人民法院起诉。

(七)质押权

同专利权一样,商标权也可以作为权利质押的客体。从理论上分析商标权质押是可行的,我国部分地方也开始了商标权质押的探索,但由于商标价值评估中的障碍以及商标自身价值的不稳定性,商标权质押在现实中遇冷。商标质押权的真正实现尚需多方面共同推动。

五、商标注册

(一)商标注册原则

1. 自愿注册原则

我国对于商标注册采取的是"自愿注册为主,强制注册为辅"的原则。自愿注册原则是指商标所有人根据自己的需要和意愿,自行决定是否申请商标注册。在自愿注册原则下,商标注册人对其注册商标享有专用权,受法律保护。未经注册的商标,也可以在生产服务中使用,但其使用人不享有专用权,除驰名商标外,商标使用人无权禁止他人在同种或类似商品或服务上使用与其商标相同或近似的商标。

与自愿注册相对应的是强制注册,国家对生产经营者在某些商品或服务上所使用的商标,强制规定必须经依法注册才能使用。我国也有对商标强制注册的要求。《商标法》第 6 条规定:国家规定必须使用注册商标的商品,必须申请商标注册,未经核准注册的,不得在市场销售。目前我国要求强制注册的商标有两大类,即人用药品(西药、针剂和中成药)和烟草制品(卷烟、雪茄烟和有包装的烟丝)。

2. 注册在先原则

在商标权授权的顺序选择上,国际社会主要采用注册在先原则、使用在先原则及兼顾注册和使用在先的混合原则。注册在先原则,即商标的最先注册人优先于商标最先使用人取得商标专用权(德、法、意、日、韩等国采用)。使用在先原则,即商标的最先使用人有权取得商标专用权,最先使用人与商标注册人在商标专用权发生冲突时,享有优先权(极少数国家采用)。

我国采取的是混合原则,即"注册在先为主,使用在先为辅"的原则。《商标法》第 29 条规定:"两个或者两个以上的商标注册申请人,在同一种商品或者类似商品上,以相同或者近似的商标申请注册的,初步审定并公告申请在先的商标;同一天申请的,初步审定并公告使用在先的商标,驳回其他人的申请,不予公告。"《商标法实施条例》第 19 条进一步规定:"两个或者两个以上的申请人,在同一种商品或者类似商品上,分别以相同或者近似的商标在同一天申请注册的,各申请人应当自收到商标局通知之日起 30 日内提交其申请注册前在先使用该商标的证据。同日使用或者均未使用的,各申请人可以自收到商标局通知之日起 30 日内自行协商,并将书面协议报送商标局;不愿协商或者协商不成的,商标局通知各申请人以抽签的方式确定一个申请人,驳回其他人的注册申请。商标局已经通知但申请人未参加抽签的,视为放弃申请,商标局应当书面通知未参加抽签的申请人。"除法律另有规定的外，当事人向商标局或者商标评审委员会提交文件或者材料的日期，直接递交的，以递交日为准；邮寄的，以寄出的邮戳日为准；邮戳日不清晰或者没有邮戳的，以商标局或者商标评审委员会实际收到日为准，但是当事人能够提出实际邮戳日证据的除外。

3. 优先权原则

优先权制度是巴黎公约中确立的一项基本制度，是指在巴黎公约成员国中，某一申请人向两个以上国家分别提出同一商标注册申请，相隔时间若不超过6个月，可用第一次申请日期作为第二次申请的日期，以取得优先申请的权利。我国商标法比较全面地规定了优先权制度，《商标法》第24条和第25条分别规定了商标的国际优先权和展览优先权。《商标法》第24条规定：商标注册申请人自其商标在外国第一次提出商标注册申请之日起六个月内，又在中国就相同商品以同一商标提出商标注册申请的，依照该外国同中国签订的协议或者共同参加的国际条约，或者按照相互承认优先权的原则，可以享有优先权。《商标法》第25条规定：商标在中国政府主办的或者承认的国际展览会展出的商品上首次使用的，自该商品展出之日起六个月内，该商标的注册申请人可以享有优先权。

要求优先权的，应当在提出商标注册申请时提出书面声明，并且在3个月内提交第一次提出的商标注册申请文件的副本，或者提交展出其商品的展览会名称、在展出商品上使用该商标的证据、展出日期等证明文件；未提出书面声明或者逾期未提交证明文件的，视为未要求优先权。申请人提交的第一次提出商标注册申请文件的副本应当经受理该申请的商标主管机关证明，并注明申请日期和申请号。申请人提交的证明文件应当经国务院工商行政管理部门规定的机构认证；展出其商品的国际展览会是在中国境内举办的除外。

（二）商标注册程序

国务院工商行政管理部门商标局主管全国商标注册和管理工作，商标注册必须由申请人提出申请，统一由商标局核准注册。

1. 商标申请

（1）申请方式

国内的申请人办理各种商标注册事宜有两种途径：一是直接到商标局办理，二是委托国家认可的商标代理机构代理。外国人或者外国企业在中国申请商标注册和办理其他商标事宜的，应当委托国家认可的具有商标代理资格的机构代理，但在中国有经常居所或者营业所的外国人或外国企业除外。

（2）申请文件

申请商标注册，应当按照公布的商品和服务分类表按类申请。商标注册申请人在不同类别的商品上申请注册同一商标的，应当按商品分类表提出注册申请。商标注册申请等有关文件，应当打印或者印刷。

①以法人或者其他组织名义申请商标注册的，应提交以下申请书：

A. 加盖申请人公章的商标注册申请书。

B. 商标图样 6 张(申请书背面贴 1 张,交 5 张),要求图样清晰、规格为长和宽不小于 5 厘米,并不大于 10 厘米。若指定颜色,贴着色图样 1 张,交着色图样 5 张,附黑白图样 1 张。

C. 直接到商标注册大厅办理的,提交申请人的营业执照复印件,并出示营业执照副本原件;如不能出示营业执照副本原件,申请人的营业执照复印件须加盖申请人印章。委托商标代理机构办理的,提交申请人的营业执照复印件。

D. 直接到商标注册大厅办理的,提交经办人的身份证复印件;委托商标代理机构办理的,提交商标代理委托书。

E. 如申请注册的商标是人物肖像,应附送经过公证的肖像权人同意将此肖像作为商标注册的声明文件。

②自然人申请商标注册的,应提交以下申请书:

A. 申请人签名的商标注册申请书。

B. 商标图样 6 张(申请书背面贴 1 张,交 5 张),要求图样清晰、规格为长和宽不小于 5 厘米,并不大于 10 厘米。若指定颜色,贴着色图样 1 张,交着色图样 5 张,附黑白图样 1 张。

C. 直接到商标注册大厅办理的,提交申请人本人的身份证或护照的复印件,经办人出示身份证或护照的原件,提交复印件;委托商标代理机构办理的,提交商标代理委托书和申请人的身份证复印件。

D. 如申请注册的商标是人物肖像,应附送经过公证的肖像权人同意将此肖像作为商标注册的声明文件。

2. 商标审查

商标审查是商标主管机关对商标注册申请是否符合商标法的规定所进行的一系列活动。大多数国家既进行形式审查,也进行实质审查。

(1)形式审查

形式审查是对商标注册申请的书件、手续是否符合法律规定的审查,主要就申请书的填写是否属实、准确、清晰和有关手续、书件是否完备进行审查。通过形式审查决定商标注册申请能否受理。

(2)实质审查

实质审查是对商标是否具备注册条件的审查。实质审查决定了商标注册的成功与否。实质审查主要包括以下内容:不得作为商标的标志的审查;商标显著特征的审查;商标相同、近似的审查等。凡是经过实质审查,认为申请注册的商标符合商标法的有关规定并且有显著性的,予以初步审定,并予以公告。对驳回申请、不予公告的商标,商标局应当书面通知商标注册申请人。商标注册申请人不服的,可以自收到通知之日起 15 日内向商标评审委员会申请复审,由商标评审委员会做出决定,并书面通知申请人。当事人对商标评审委员会的决定不服的,可以自收到通知之日起 30 日内向人民法院起诉。

3. 商标异议

商标异议是《商标法》及《商标法实施条例》明确规定的对初步审定商标公开征求社会公众意见的法律程序，其目的在于监督商标局公正、公开地进行商标确权。对初步审定的商标，自公告之日起 3 个月内，任何人均可以提出异议。经裁定异议成立的，不予核准注册。

对初步审定、予以公告的商标提出异议的，商标局应当听取异议人和被异议人陈述事实和理由，经调查核实后，做出裁定。国务院工商行政管理部门设立商标评审委员会，负责处理商标争议事宜。当事人对商标局的裁定不服的，可以自收到通知之日起 15 日内向商标评审委员会申请复审，由商标评审委员会做出裁定，并书面通知异议人和被异议人。当事人对商标评审委员会的裁定不服的，可以自收到通知之日起 30 日内向人民法院起诉。人民法院应当通知商标复审程序的对方当事人作为第三人参加诉讼。

4. 核准注册

商标局对于初审公告期满无异议的，予以核准注册，发给商标注册证，并予以公告。虽有异议，但经裁定异议不能成立的，同样予以核准注册，发给商标注册证，并予以公告。经裁定异议不能成立而核准注册的，商标注册申请人取得商标专用权的时间自初审公告3 个月期满之日起计算。经异议裁定核准注册的商标，自该商标异议期满之日起至异议裁定生效前，对他人在同一种或者类似商品上使用与该商标相同或者近似的标志的行为不具有追溯力；但是，因该使用人的恶意给商标注册人造成的损失，应当给予赔偿。

已经注册的商标，违反《商标法》第 10 条、第 11 条、第 12 条规定的，或者是以欺骗手段或者其他不正当手段取得注册的，由商标局撤销该注册商标；其他单位或者个人可以请求商标评审委员会裁定撤销该注册商标。已经注册的商标，违反《商标法》第 13 条、第 15 条、第 16 条、第 31 条规定的，自商标注册之日起 5 年内，商标所有人或者利害关系人可以请求商标评审委员会裁定撤销该注册商标。对恶意注册的，驰名商标所有人不受 5 年的时间限制。对已经注册的商标有其他争议的，可以自该商标经核准注册之日起 5 年内，向商标评审委员会申请裁定。商标评审委员会做出维持或者撤销注册商标的裁定后，应当书面通知有关当事人。当事人对商标评审委员会的裁定不服的，可以自收到通知之日起 30 日内向人民法院起诉。人民法院应当通知商标裁定程序的对方当事人作为第三人参加诉讼。

六、商标权的保护

(一)商标侵权行为

商标侵权行为是指在商标权有效期限内，行为人未经商标权人许可又无法律依据，以营利为目的使用他人商标的行为。我国《商标法》第 52 条列举了侵犯商标权的行为。有下列行为之一的，均属侵犯注册商标专用权：(1)未经商标注册人的许可，在同一种商品或者类似商品上使用与其注册商标相同或者近似的商标的；(2)销售侵犯注册商标专用权的商品的；(3)伪造、擅自制造他人注册商标标识或者销售伪造、擅自制造的注册商标标识的;(4)未经商标注册人同意,更换其注册商标并将该更换商标的商品又投入市场的(通常简称反向假冒);(5)给他人的注册商标专用权造成其他损害的。其他损害主要包括五种情形:第一,在同一种或者类似商品上,将与他人注册商标相同或者近似的标志作为商品名称或者商品装潢使用,误导公众的;第二,故意为侵犯他人注册商标专用权行为提供仓储、运输、邮寄、隐匿等便利条件的;第三,将与他人注册商标相同或者相近似的文字作为企业的字号在相同或者类似商品上突出使用,容易使相关公众产生误认的;第四,复制、摹仿、翻译他人注册的驰名商标或其主要部分在不相同或者不相类似商品上作为商标使用,误导公众,致使该驰名商标注册人的利益可能受到损害的;第五,将与他人注册商标相同或者相近似的文字注册为域名,并且通过该域名进行相关商品交易的电子商务,容易使相关公众产生误认的。

(二)商标权的保护方法

在我国,商标权的保护方法有三种,即行政保护、司法保护和自我保护。其中行政手段保护是我国知识产权保护的特色,是我国现阶段行之有效的保护手段之一。

1. 行政保护

各级工商行政管理部门是我国商标行政管理部门,对侵犯注册商标专用权的行为,任何人可以向工商行政管理部门投诉或者举报。县级以上工商行政管理部门根据已经取得的违法嫌疑证据或者举报,对涉嫌侵犯他人注册商标专用权的行为进行查处时,可以行使下列职权:(1)询问有关当事人,调查与侵犯他人注册商标专用权有关的情况;(2)查阅、复制当事人与侵权活动有关的合同、发票、账簿以及其他有关资料;(3)对当事人涉嫌从事侵犯他人注册商标专用权活动的场所实施现场检查;(4)检查与侵权活动有关的物品;对有证据证明是侵犯他人注册商标专用权的物品,可以查封或者扣押。工商行政管理部门依法行使前款规定的职权时,当事人应当予以协助、配合,不得拒绝、阻挠。

侵犯注册商标专用权引起纠纷的,商标注册人或者利害关系人可以请求工商行政管理部门处理。工商行政管理部门处理时,认定侵权行为成立的,责令立即停止侵权行为,没收、销毁侵权商品和专门用于制造侵权商品、伪造注册商标标识的工具,并可处以罚款。罚款数额为非法经营额3倍以下;非法经营额无法计算的,罚款数额为10万元以下。当事人对处理决定不服的,可以自收到处理通知之日起15日内依照《中华人民共和国行政诉讼法》向人民法院起诉;侵权人期满不起诉又不履行的,工商行政管理部门可以申请人民法院强制执行。

2. 司法保护

商标民事纠纷第一审案件,由中级以上人民法院管辖。各高级人民法院根据本辖区的实际情况,经最高人民法院批准,可以在较大城市确定1～2个基层人民法院受理第一审商标民事纠纷案件。不服国务院工商行政管理部门商标评审委员会(以下简称商标评审委员会)作出的复审决定或者裁定的案件,由北京市高级人民法院根据最高人民法院的授权确定其辖区内有关中级人民法院管辖。商标注册人或者利害关系人向工商行政管理部门就侵犯商标专用权行为请求处理，又向人民法院提起侵犯商标专用权诉讼请求损害赔偿的，人民法院应当受理。

侵犯商标专用权的赔偿数额，为侵权人在侵权期间因侵权所获得的利益，或者被侵权人在被侵权期间因被侵权所受到的损失，包括被侵权人为制止侵权行为所支付的合理开支。侵权人因侵权所得利益，或者被侵权人因被侵权所受损失难以确定的，由人民法院根据侵权行为的情节判决给予 50 万元以下的赔偿。人民法院依据商标法的规定确定侵权人的赔偿责任时，可以根据权利人选择的计算方法计算赔偿数额。人民法院在确定赔偿数额时，应当考虑侵权行为的性质、期间、后果，商标的声誉，商标使用许可费的数额，商标使用许可的种类、时间、范围及制止侵权行为的合理开支等因素综合确定。销售不知道是侵犯注册商标专用权的商品，能证明该商品是自己合法取得的并说明提供者的，不承担赔偿责任。

未经商标注册人许可，在同一种商品上使用与其注册商标相同的商标，构成犯罪的，除赔偿被侵权人的损失外，依法追究刑事责任。伪造、擅自制造他人注册商标标识或者销售伪造、擅自制造的注册商标标识，构成犯罪的，除赔偿被侵权人的损失外，依法追究刑事责任。销售明知是假冒注册商标的商品，构成犯罪的，除赔偿被侵权人的损失外，依法追究刑事责任。

3. 自我保护

商标权的自我保护是指商标权人或利害关系人在发现侵权行为时，通过警告、协商等方式维护自己商标权的方式。通常可以采用的措施有两种：其一是向侵权人书面警告或委托律师发送律师函。通过向侵权人书面警告或委托律师发送律师函，告知对方侵犯商标权，并要求对方停止侵权行为、赔礼道歉、赔偿损失以及不按照该要求处理的法律后果等，以此来达到制止商标侵权行为的目的。其二是协商解决。我国《商标法》第 53 条规定：侵犯注册商标专用权引起纠纷的，由当事人协商解决，不愿协商或者协商不成的，商标注册人或者利害关系人可以向人民法院起诉，也可以请求工商行政管理部门处理。协商解决的内容主要是如何解决商标侵权问题，包括如何停止侵权行为、侵权产品的处理、损失的赔偿等。如果双方就纠纷的解决没有达成一致的，商标权人可申请通过行政保护或司法保护途径解决。

（三）驰名商标的特殊保护

驰名商标具有非常重大的商业价值，各国都对驰名商标进行特殊保护。我国《商标法》第 13 条规定：就相同或者类似商品申请注册的商标是复制、摹仿或者翻译他人未在中国注册的驰名商标，容易导致混淆的，不予注册并禁止使用。就不相同或者不相类似商品申请注册的商标是复制、摹仿或者翻译他人已经在中国注册的驰名商标，误导公众，致使该驰名商标注册人的利益可能受到损害的，不予注册并禁止使用。

七、商标权的限制

商标权的限制是指在一定的情况下当商标权人的权利与其他人的正当利益发生冲突

时,为平衡及公正地保护各方的利益而对商标权作出的必要限制。根据我国现有法律规定和商标实践,商标权的限制主要体现在商标权的合理使用和商标权的穷竭两个方面。

(一)商标权的合理使用

商标权的合理使用是指商标权人以外的人在生产经营活动中善意使用商标权人的商标而不构成侵犯商标专用权的行为。

《商标法实施条例》第 6 条第 2 款规定:以地理标志作为证明商标注册的,其商品符合使用该地理标志条件的自然人、法人或者其他组织可以要求使用该证明商标,控制该证明商标的组织应当允许。以地理标志作为集体商标注册的,其商品符合使用该地理标志条件的自然人、法人或者其他组织,可以要求参加以该地理标志作为集体商标注册的团体、协会或者其他组织,该团体、协会或者其他组织应当依据其章程接纳为会员;不要求参加以该地理标志作为集体商标注册的团体、协会或者其他组织的,也可以正当使用该地理标志,该团体、协会或者其他组织无权禁止。《商标法实施条例》第 49 条规定:注册商标中含有的本商品的通用名称、图形、型号,或者直接表示商品的质量、主要原料、功能、用途、重量、数量及其他特点,或者含有地名,注册商标专用权人无权禁止他人正当使用。

(二)商标权的穷竭

商标权的穷竭又称为商标权用尽或权利穷竭,是指商标权人或者其被许可人将附载商标的商品投入市场销售后,其他任何人进一步使用或者销售该商品,不受商标权人的控制。也就是说,当附载商标的商品进入市场流通后,商标权人对该商品商标权意义上的控制权即告穷竭,商标权人不能禁止该商品在市场上进一步流通,也不能禁止其他任何人使用该商品。对于商标权穷竭的地域范围,国际社会有三种观点,即国内权利穷竭、区域权利穷竭和国际权利穷竭。一般来说,各国都承认商标权的“国内权利穷竭”,即在一国范围内带有商标的产品一旦投放市场以后,对于任何人使用或销售该产品的行为,商标权人都无权控制。欧共体出于统一市场的需要,将商标权权利穷竭的范围扩展到整个欧共体市场。“国际权利穷竭”指商标所有人本人或经其同意的第三人将商品首次投放境外市场后,商标所有人的商标权利即告穷竭,即丧失了对带该商标的商品再销售等行为的控制权。就我国而言,在商标法的实践中,对商标国内穷竭的基本原则实质上采取了默认的态度。

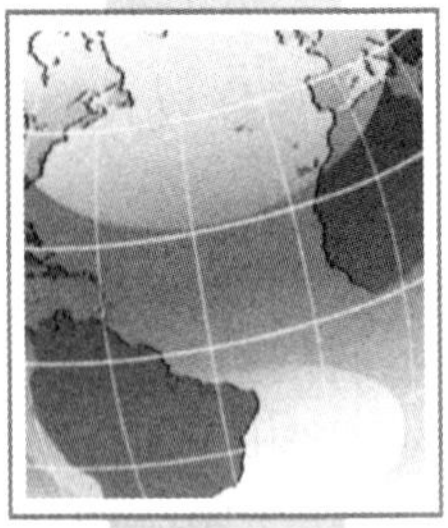

第四章 合同法律制度

【要点提示】

- 合同法的基本原则
- 合同的成立
- 合同的效力
- 合同的履行
- 合同的变更、转让和终止
- 违约责任
- 合同的其他规定

【案例】

2010 年 3 月 1 日，甲公司向乙公司发电传称：有 B 牌春茶叶1 000斤，每斤 200 元，如贵公司需要，请在 2010 年 3 月 10 日前回电。2010 年 3 月 6 日，乙公司回复：接受贵公司的条件，但请贵公司附产地证明书。

问：(1)甲、乙之间是否存在合同关系？为什么？

(2)若合同履行中甲想变更茶叶数量，是否可以？甲应当如何处理？

(3)若在履行合同中，甲将交付新茶叶的义务转给丙，甲应当如何处理？

第一节 合同法概述

一、合同的概念和特征

合同又称契约，广义上的合同既包括债权合同，也包括物权合同和人身合同，狭义上的合同仅指债权合同，《中华人民共和国合同法》第 2 条规定：“本法所称合同是平等主体的自然人、法人、其他组织之间设立、变更、终止民事权利义务关系的协议。”

合同以调整平等主体之间民事权利和义务关系为内容，决定了合同具有以下法律特征：

1. 合同是平等主体之间的民事法律关系。合同当事人的法律地位平等，一方不得凭借行政权力、经济实力等，将自己的意志强加给另一方。

2. 合同是双方或多方当事人的法律行为。合同的主体必须是两个或两个以上，合同的成立是各方当事人意思表示一致的结果。

3. 合同设定当事人的权利和义务。合同是主体间设立、变更、终止民事权利义务关系的协议，以合同行为实现当事人的特定目的。

4. 合同具有法律效力。合同依法订立即具有法律效力，任何一方不得擅自变更或解除，当事人不履行合同中规定的义务，应依法承担违约责任。

二、合同法的概念及立法概况

合同法是调整平等主体的商事交换关系的法律规范的总称。调整当事人之间设立、变更和终止民事权利义务活动过程中发生的社会关系，包括合同的成立、效力、履行、变更、转让、终止、违约责任等关系。

中共十一届三中全会之后，我国曾以合同性质为依据先后制定了三部不同的合同法，即《中华人民共和国经济合同法》、《中华人民共和国涉外经济合同法》和《中华人民共和国技术合同法》。实践表明，这三部合同法律都在我国的经济法制建设中发挥了重要作用。但是，随着市场经济的发展，原有三部合同法存在的问题日益突出，表现为：一些共性的地方不统一、利用合同欺诈现象突出，市场经济下出现了诸多新的合同形式，如融资租赁合同、行纪合同、居间合同等，需要制定一部统一的合同法，以完善合同法制。

1993 年我国将合同立法列入规划，经过长期的起草工作，1999 年 3 月 15 日，第九届全国人民代表大会第二次会议通过了《中华人民共和国合同法》（以下简称《合同法》）。《合同法》分总则、分则、附则三篇，共 23 章 428 条。《合同法》自 1999 年 10 月 1 日起施行，原有三部合同法同时废止。《合同法》规范合同的订立，合同的效力，合同的履行，合同的变更、转让和终止以及违约责任等问题，而同属于民商法律领域的婚姻、收养、监护等有关身份关系的协议，以及提单、保险单等物权关系协议，适用其他法律规定。为保障《合同法》的顺利实施，最高人民法院于 1999 年 12 月 1 日通过了《关于适用〈中华人民共和国合同法〉若干问题的解释（一）》，该解释自 1999 年 12 月 29 日起施行。此外，《中华人民共和国担保法》以及最高人民法院的司法解释对合同的担保起着重要的调整作用。

三、合同法基本原则

合同法的基本原则是合同当事人在合同活动中遵守的行为模式，贯穿于合同法律制度始终，合同法基本原则也是人民法院、仲裁机构在审理、仲裁合同纠纷时应遵循的准则。《合同法》在总则部分规定了以下基本原则。

（一）平等原则

《合同法》第 3 条规定："合同当事人的法律地位平等，一方不得将自己的意志强加给另一方。"这一规定确立了合同当事人之间的关系，合同当事人地位平等意味着双方当事人应在权利和义务对等的基础上订立合同，实现互惠互利的经济关系。

(二)自愿原则

《合同法》第4条规定:“当事人依法享有自愿订立合同的权利,任何单位和个人不得非法干预。”合同是当事人经过自由协商,决定相互间权利和义务关系的协议,在不违反缔约的限制和法律强制性规范限制的基础上,当事人依自己的意志设立、变更或解除相互间关系,不受任何单位和个人的非法干预。

(三)公平原则

《合同法》第5条规定:“当事人应当遵循公平原则确定各方的权利和义务。”公平原则是指当事人在合同关系中尊重相互间权利和义务对等关系,任何当事人不得滥用权力,不得在合同中规定显失公平的内容,根据公平原则确定风险和违约责任的承担。

(四)诚实信用原则

《合同法》第6条规定:“当事人行使权利、履行义务应当遵循诚实信用原则。”当事人应当善意地行使权利,履行义务,不得以欺诈、胁迫等恶意行为订立和履行合同。在法律、合同未作规定或者规定不清的情况下,依据诚实信用原则平衡当事人之间的利益关系。

(五)遵守法律和社会公德原则

《合同法》第7条规定:“当事人订立、履行合同,应该遵守法律、行政法规,尊重社会公德,不得扰乱社会经济秩序、损害社会公共利益。”根据这一原则,首先,要求不得利用合同追求非法目的;其次,合同的内容应当符合法律规定;最后,合同的形式应当符合法律规定,法律要求应当采取特定方式订立的合同,当事人应当遵守。

(六)合同的法律约束力原则

《合同法》第8条规定:“依法成立的合同,对当事人具有法律约束力。当事人应当按照约定履行自己的义务,不得擅自变更或者解除合同。”当事人在合同履行中应当遵守法律规定及合同约定,正确行使合同权利、履行合同义务。

第二节　合同的成立

合同的成立是指双方当事人为设立、变更、终止一定的民事权利义务而达成一致意思表示的法律现象。合同成立的过程,是市场主体自由表达自己的意志并最终达成一致协议的过程,从鼓励交易的角度讲,法律应该更多地尊重当事人的自由选择,不对合同的成立进行过多的限制,但是由于合同关系是一种能够产生法律后果的行为,因此,法律对合同成立的主体、形式、内容、阶段等加以规范。

一、合同成立的主体资格

合同的主体是合同当事人。《合同法》第2条规定,“本法所称合同是平等主体的自然人、法人、其他组织之间设立、变更、终止民事权利义务关系的协议。”合同的主体包括自然人、法人、其他组织。

(一)主体具有相应的民事行为能力

合同的有效成立首先要求当事人具有缔约能力，对不具备缔约能力的当事人予以限制。《合同法》第 9 条规定，当事人订立合同，应当具有相应的民事权利能力和民事行为能力。

1. 自然人的民事行为能力

根据我国《民法通则》的规定，自然人的民事行为能力分为以下三种情况：

(1)完全民事行为能力。18 周岁以上的公民是成年人，具有完全民事行为能力，可以独立进行民事活动，是完全民事行为能力人；16 周岁以上、不满 18 周岁的公民，以自己的劳动收入为主要生活来源的，视为完全民事行为能力人。

(2)限制民事行为能力。10 周岁以上的未成年人是限制民事行为能力人，可以进行与他的年龄、智力相适应的民事活动；不能完全辨认自己行为的精神病人是限制民事行为能力人，可以进行与他的精神健康状况相适应的民事活动。限制民事行为能力人其他民事活动由他的法定代理人代理，或者征得他的法定代理人的同意。

(3)无民事行为能力。不满 10 周岁的未成年人或者不能辨认自己行为的精神病人是无民事行为能力人，由他的法定代理人代理民事活动。

2. 法人

法人是具有民事权利能力和民事行为能力，依法独立享有民事权利和承担民事义务的组织。法人的民事行为能力与民事权利能力同时存在，从法人成立时产生，到法人终止时消灭。

3. 其他经济组织

其他经济组织的民事行为能力与法人相同。

(二)代订合同的主体要符合代理的要求

当事人委托他人以自己的名义与第三人签订合同，并承担由此产生的法律后果，称为代订合同。《民法通则》规定，公民、法人可以通过代理人实施民事法律行为。代理是指代理人在代理权限内，以被代理人的名义实施民事法律行为，由被代理人对代理人的代理行为承担责任的法律行为。代订合同关系的成立，要同时具备代理有效成立的三个要件。

1. 有委托证明

《民法通则》第 65 条规定，民事法律行为的委托代理可以用书面形式，也可以用口头形式，法律规定用书面形式的，应当用书面形式。书面委托代理的授权委托书应当载明代理人的姓名或者名称、代理事项、权限和期间，并由委托人签名或盖章。

2. 在授权范围内进行

委托代理人按照被代理人的委托行使代理权，没有代理权、超越代理权或者代理权终止后的行为，只有经过被代理人的追认，被代理人才承担民事责任。未经追认的行为，由行为人承担民事责任。

3. 以被代理人的名义进行

代理人应以被代理人的名义进行代理，由此产生的法律后果由被代理人承担。

二、合同成立的形式和内容

(一)合同的形式

合同的形式是指合同内容的外部表现方式，合同形式原则上应由当事人自由选择。《合同法》第10条规定："当事人订立合同，有书面形式、口头形式和其他形式。法律、行政法规规定采用书面形式的，应当采用书面形式。当事人约定采用书面形式的，应当采用书面形式。"根据该条的规定，合同的形式有三种，即书面形式、口头形式和其他形式。

1. 书面形式

《合同法》第11条规定："书面形式是指合同书、信件和数据电文(包括电报、电传、传真、电子数据交换和电子邮件)等可以有形地表现所载内容的形式。"根据该条规定，合同的书面形式分为传统书面和新型书面形式。传统书面包括合同书、往来信件等，传统的书面合同形式多种多样，除了正式的合同书之外，日常生活中经常使用的借据、车票、发票、存单、提单等都具有书面合同的效力；新型书面形式包括所有通过计算机网络系统订立合同的形式，如电子邮件、电子数据交换、电报、电传、传真等，这些信息交换方式目前已经广泛运用于个人、公司和其他组织间的合同关系中。

2. 口头形式

口头形式是指当事人面对面地谈话或者通过电话交谈达成的协议。口头形式是最直接、简便、快速的方式，在商务实践中，数额较小或者现款交易通常采用口头形式，但是口头形式由于没有载体，"空口无凭"，发生纠纷时往往难以取证，不利于纠纷的解决。

3. 其他形式

除了书面和口头的形式外，合同还有可能根据当事人的行为或者特定情形推定合同的成立，理论上称之为默示形式和推定形式。默示形式和推定形式是指当事人不需要用文字或语言明确表示，而是根据一定的行为和特定的情形推定当事人的意思表示。

(二)合同的内容

合同的内容是指合同当事人约定的合同主要条款。合同条款是指双方当事人经过协商达成的明确当事人合同权利义务的具体条文。合同的条款是否完整、明确，与合同能否成立关系密切。根据《合同法》第12条的规定，合同的内容包括以下条款：

1. 当事人的名称(姓名)和住所

当事人的名称或者姓名及住所是所有合同首先必须具备的条款，目的在于表明当事人的身份。其中，姓名是针对自然人，名称则针对法人和其他组织，住所是法人和其他组织的特有概念，是法人或其他组织主要办事机构所在地。

2. 标的

标的是合同权利义务所指向的对象，合同种类不同，合同的标的也各不相同，总体上包括有形财产(物)、无形财产、劳务和工作成果。

3. 数量

数量是衡量标的大小、多少、轻重的尺度。在大多数合同中，数量都是非常重要的条款。例如，在以有形财产为标的的合同中，数量是对单位个数、体积、面积、长度、宽度、容量、重量等的计量；在以无形财产为标的的合同中，数量是对单位个数、件数、字数以及使用范围的计量；在以劳务为标的的合同中，工作量就是数量。

4. 质量

质量是衡量标的内在素质和外观形态的状况。如果有国家颁布或者行业颁布质量标准的，依据国家或者行业标准；没有国家或者行业标准的，当事人可分别保存样品，对于不易保存的，应采取书面方式约定质量状况，以作为合同履行时的依据。

5. 价款或者报酬

价款或者报酬是指一方当事人向另一方当事人履行后，另一方当事人支付的以货币为表现形式的代价。价款用于对提供财产的合同当事人支付的代价，而报酬用于对提供劳务或者工作成果的合同当事人支付代价，两者无实质性区别。

6. 履行期限、地点和方式

履行期限、地点和方式与合同当事人权利义务密切相关，履行期限关系到合同义务的完成时间，包括合同履行的时间段和时间点；履行地点是履行义务或者对方接受履行的地方；履行方式包括标的的交付方式和价金的结算方式，标的交付方式有需方提货、供方送货和第三方代运三种，而价金的结算方式包括现金结算和非现金结算。

7. 违约责任

违约责任是指当事人不履行或者不完全履行合同而应承担的不利的民事法律后果。《合同法》中对责任的构成、方式、免责条款等都有明确规定，同时，为了尊重当事人的意思自治，法律允许当事人在不违反法律规定的前提下，约定违约责任条款。

8. 解决争议的方法

当事人在解决合同争议的途径、合同发生争议时的解释方法以及法律适用上，可以在合同中约定解决方法。尤其是针对当事人发生争议后，希望通过仲裁途径解决时，仲裁要求合同当事人必须是在合同中订有仲裁条款或者事后达成仲裁协议，因此，在合同中对仲裁条款进行约定具有特别意义。

三、合同的成立

合同成立的过程是当事人双方或多方协商一致的过程，《合同法》第 13 条规定："当事人订立合同，采取要约、承诺的方式。"合同的订立往往由一方发出要约，另一方提出新的要约，反复多次，最后有一方完全接受对方要约，合同即告成立。

（一）要约

要约，又称为发价、发盘。《合同法》第 14 条对要约的定义为：要约是希望和他人订立合同的意思表示。要约是单方面的意思表示，发出要约的一方称为要约人，接受要约的一方称为受要约人。要约不同于要约邀请。《合同法》第 15 条规定："要约邀请是希望他人向自己发出要约的意思表示。寄送的价目表、拍卖公告、招标公告、招股说明书、商业广告等为要约邀请。商业广告的内容符合要约规定的,视为要约。"

1. 要约的要件

一项有效的要约,意思表示应当符合下列要件:

(1)内容具体确定。在要约的内容上应当包含足以使合同成立的必要条款,并在要约的订约意旨中表明要约人订立合同的诚意和决心。

(2)表明经受要约人承诺,要约人即受该意思表示约束。要约由要约人向受要约人发出,要约必须表明受要约人只要作出同意的表示,要约人就不得撤销。受要约人承诺到达后,合同成立,要约人就要受合同的约束。

2. 要约的生效

《合同法》第 16 条第 1 款规定:"要约到达受要约人时生效。"要约的生效时间依要约的形式不同而有所不同。

(1)口头要约的生效。口头要约自受要约人了解时发生法律效力,因为口头要约要经受要约人了解才能算到达。

(2)书面要约的生效。书面要约自要约到达受要约人时发生法律效力,到达是指到达受要约人所能控制的地方。采用数据电文形式订立合同,收件人指定特定系统接收数据电文的,该数据电文进入该特定系统的时间,视为到达时间,未指定特定系统的,该数据电文进入收件人的任何系统的首次时间,视为到达时间。

3. 要约的撤回和撤销

为了维护当事人的利益和交易安全,要约人应当维护要约的严肃性,不得随意撤回和撤销,但要约作为民事主体表达自己希望与他人订立合同的意思表示,体现的是要约人的意志和利益,若要约人发出要约后,又发现要约的内容不符合自己的意志和利益,从国家不干预民事主体意思自治的原则出发,应允许要约人调整自己的意思表示。

(1)撤回

撤回是指要约人发出要约后,在要约到达受要约人之前或者刚刚到达受要约人时,收回自己发出的要约。要约的撤回是要约人阻止要约发生效力的意思表示。《合同法》第 17 条规定:"要约可以撤回。撤回要约的通知应当在要约到达受要约人之前或者与要约同时到达受要约人。"

(2)撤销

撤销是指要约人在发出要约到达受要约人后,受要约人发出承诺通知之前,收回自己发出的要约。《合同法》第 18 条规定:"要约可以撤销。撤销要约的通知应当在受要约人发出承诺通知之前到达受要约人。"要约撤销和要约撤回的区别在于,在目的上,要约的撤销是为了消灭要约的效力,要约的撤回是为了阻止要约生效;在时间上,要约的撤销是在要约生效之后、承诺生效之前;要约的撤回是在要约生效之前或生效之时。

要约的撤销是撤销一个已经生效的要约,是要约人消灭要约效力的意思表示,为保护受要约人的信赖利益，对要约的撤销应当有所限制。根据《合同法》第19条的规定，在下列两种情形下，要约不得撤销：

其一，要约人确定了承诺期限或者以其他形式明示要约不可撤销。要约人确定了承诺期限不可撤销，因为要约规定了承诺期限，即表示要约人默示放弃撤销权的表示；以其他形式明示要约不可撤销，如要约人表示“这是一个不可撤销的要约”。

其二，受要约人有理由认为要约是不可撤销的，并已经为履行合同作了准备工作。这是为了保护受要约人的信赖利益，如果受要约人已经依信赖行事，要约不可撤销。

4. 要约的失效

有下列情形之一的，要约失效：

(1)要约人明确拒绝要约。受要约人在要约规定的承诺期之前，明确予以拒绝，拒绝要约的通知到达要约人，要约失去效力。

(2)要约人依法撤销要约。在符合撤销条件时，要约人可以撤销要约，被撤销时要约失效。

(3)承诺期限届满，受要约人未作出承诺。受要约人在规定的期限内未予以答复，视为受要约人以沉默方式表示拒绝，此时要约效力终止，不能自动延伸。

(4)受要约人对要约的内容作了实质性变更。理论上认为，受要约人对要约内容作出实质变更，就是提出了新的要约，新要约的提出视为对原要约的拒绝。

(二)承诺

《合同法》第21条规定：“承诺是受要约人同意要约的意思表示。”有效的承诺一经作出，即表明合同成立，一项意思表示是否构成承诺是合同成立的关键问题。

1. 承诺的构成要件

根据合同法的基本原理，承诺的构成有以下四个要件：

(1)承诺必须由受要约人作出。一般来说，受要约人是特定的，要约人选择了受要约人，只有受要约人才有资格进行承诺，受要约人也包括其代理人，即由受要约人的代理人作出的承诺，视为受要约人的行为。

(2)承诺必须在一定的期限内到达要约人。根据《合同法》第23条的规定，要约中确定有期限的，应当在该确定的期限内到达要约人；要约中没有确定承诺期限的，视承诺的方式而定，要约如果是以对话的方式作出的，应当即时作出承诺，除非当事人另有约定，如果要约不是以对话的方式作出的，承诺应当在合理的期限内到达。

(3)承诺的内容必须与要约的内容一致。承诺是受要约人愿意按照要约的要求与要约人订立合同的意思表示，承诺是对要约的同意，只有在内容上与要约一致，才能成立合同。这种一致性体现为承诺应当是无条件的，不得限制、扩展或者变更要约的实质内容，否则不构成承诺，而视为是对原要约的拒绝，并作出的新的要约或者称为反要约。

实践中，只要承诺与要约内在实质内容一致就足以成立一份合同，因此，法律不宜要求承诺与要约完全一致，不能有丝毫改变，《合同法》第30、31条规定：受要约人对要约的内容作出实质性变更的，为新要约。有关合同的标的、数量、质量、价款或者报酬、履行期限、履行地点和方式、违约责任和解决争议方法等的变更，是对要约内容的实质性变更。承诺对要约的内容作出非实质性变更的，除要约人及时表示反对或者要约表明承诺不得对要约的内容作出任何变更的以外，该承诺有效，合同的内容以承诺的内容为准。

(4)承诺必须表明受要约人决定与要约人订立合同的意图。正如要约中要表明要约人愿意订立合同的意图一样，如果承诺态度不明确也不构成承诺。比如受要约人表示“我们愿意考虑你的要约条件”或者“我们对你的产品表示兴趣”等含糊表示，都不构成一项有效承诺。

2. 承诺的方式

《合同法》第22条规定：“承诺应当以通知的方式作出，但根据交易习惯或者要约表明可以通过行为作出承诺的除外。”

(1)通知的方式

承诺应当以通知的方式作出。所谓通知，是指受要约人以语言、文字或其他直接表示意思的方式表示同意要约的意思表示。因为一方面要约是意思表示，另一方面缄默或者不行为没有意思表示，实际上只有一个意思表示，没有达到意思表示一致，因此，不通知不能视为承诺。

(2)例外的情况

承诺应当以通知的方式作出，也有两点例外：一是根据交易习惯，要约人和受要约人进行交易的习惯和当地的习惯中，一方向另一方发出要约，另一方在规定的时间内没有作出意思表示，则视为承诺；二是根据要约的要求，要约人在要约中表示受要约人可以通过行为做出承诺，则受要约人可以不再向要约人发出承诺通知，只做出承诺行为即可。如要约人提出希望从受要约人处以某种价格购买冰箱100台，如受要约人同意即可发货，货到付款，受要约人的发货行为即视为是承诺的意思表示。

3. 承诺的生效时间

承诺生效时合同成立，承诺何时生效是关系合同生效时间的关键。由于承诺的方式不同，承诺生效的时间也不一样。根据《合同法》第26条的规定，承诺生效的时间可以分为以下三种情况：

(1)采用通知的情况下。通知到达要约人时，承诺生效。采取数据电文方式进行承诺的，收件人指定特定系统接受数据电文的，该数据电文进入该特定系统时间，视为到达时间，未指定特定系统的，该数据电文进入收件人的任何系统的首次时间，视为到达时间。

(2)不需要通知的情况下。受要约人根据交易习惯或者要约的要求作出承诺的行为时，承诺生效。

(3)书面形式订立合同的情况下。当事人采用合同书形式订立合同的，自双方当事人签字或者盖章时合同成立。当事人采用信件、数据电文等形式订立合同的，可以在合同成立之前要求签订确认书，签订确认书时合同成立。

4. 撤回

承诺的撤回是指在承诺没有发生法律效力之前，承诺人宣告取消承诺的意思表示。撤回承诺意味着受要约人根本就没有承诺，所以不发生成立合同的法律效力。《合同法》第 27 条规定："承诺可以撤回，撤回承诺的通知应当在承诺通知到达要约人之前或与承诺通知同时到达要约人。"

在实践中，受要约人做出承诺后，由于种种原因致使其不愿意订立合同，从尊重当事人的自由意愿出发，法律允许撤回承诺。但又由于承诺一旦到达要约人，合同即告成立，所以承诺人撤回承诺必须是在承诺尚未到达要约人之前，最起码撤回承诺的通知与承诺的通知同时到达要约人，才能产生撤回的法律效力。另外，承诺撤回只能发生在承诺采用书面通知的情况下，若采用行为方式做出，也不存在撤回承诺的问题。

四、缔约过失责任

(一)缔约过失责任的概念

缔约过失责任是指当事人在订立合同过程中，因为过错给对方造成损失而应承担的赔偿责任。

缔约过失责任最早由德国著名的法学家耶林提出。订立合同的双方当事人，在合同订立之前本无义务，但由于订立合同的过程使双方相互接触。根据诚实信用原则，接触交换缔约信息的当事人相互间应负起协助、保护、保密、通知等义务。这种义务并非因合同而生，被称为前合同义务，对前合同义务的违反，应当承担相应的法律后果，这种法律后果就是缔约过失责任。我国原《合同法》对此没有做出明确的规定，随着社会经济的发展，现实生活中出现合同还未订立，当事人因违背诚实信用原则已经给对方造成损害的例子，客观上要求缔约过失责任立法。

(二)缔约过失责任的构成要件

按照合同法的基本理论，缔约过失责任的构成有如下要件：

1. 当事人一方违反前合同义务

当事人之间是否存在前合同义务是缔约过失责任是否构成的前提条件。一般来说，一方向另一方发出要约后，当事人之间为订立合同开始进行接触之后，就存在了前合同义务，这种义务表现为不得随意撤销要约，不得泄漏秘密，必须进行协助、保密、通知等。合同订立过程中，一方未遵循诚实信用原则，违反协助、通知、保护、保密等义务，即视为违反了前合同义务。

2. 违反前合同义务的一方在主观上有过错

缔约过失责任属于过错责任，只有在订立合同过程中，违反前合同义务的一方主观上具有故意或者过失的过错时，才可能构成缔约过失责任。

3. 合同对方因一方违反前合同义务而蒙受了损失

该要件包含了两层含义：其一，对方当事人遭受了损失，包括商业秘密被泄漏，因信赖对方而对履行合同作了准备等；其二，对前合同义务的违反行为与对方所蒙受的损失之间有直接的因果关系。

（三）承担缔约过失责任的情形

根据《合同法》第42、43条的规定，应当承担缔约过失责任的情形如下：

1. 假借订立合同，恶意进行磋商

恶意磋商是指一方当事人假借订立合同，以损害对方利益为目的恶意进行的磋商。恶意磋商根本没有与对方订立合同的意图，而是打着与对方进行磋商的借口，损害对方或者第三人的利益，例如，为套取他人的经营信息和技术信息，或者故意拖延时间使对方失去订约机会等。

2. 故意隐瞒与订立合同有关的重要事实或者提供虚假情况

故意隐瞒或者提供虚假情况直接表现为欺诈，欺诈违背了合同当事人如实告知的义务，故意隐瞒重要事实或者提供虚假情况给对方造成损失的，应承担赔偿责任。

3. 泄漏或不正当使用在订立合同过程中知悉的对方商业秘密

合同基于人身信赖而订立，当事人在订立合同过程中知悉对方的商业秘密，无论合同是否成立，都不得泄漏对方的商业秘密，并且未经对方同意，不得擅自使用对方的商业秘密，否则应承担相应责任。

4. 其他违背诚实信用原则的行为

这是一个授权条款，法律不可能将实际生活中违反前合同义务的行为列举穷尽，订立合同的行为并不必然导致成立合同，无论合同是否有效成立，如果一方不遵循诚实信用原则导致另一方蒙受损失的，应当依法承担赔偿责任。

缔约过失责任制度的创设为保护当事人的信赖利益，责任的承担方式主要是赔偿损失。赔偿范围原则上不超过实际损失，不包括合同履行后可能获得的利益。

第三节　合同的效力

合同的效力，又称合同的法律效力，是指依法成立的合同对当事人直接产生的法律拘束力。合同的效力是法律赋予的。根据《合同法》效力的规定，可以将合同区分为有效合同，效力待定合同，无效合同和可变更、可撤销合同。

一、有效合同

有效合同是指能够在当事人之间产生法律拘束力，受合同法所保护的合同。《合同法》第8条规定："依法成立的合同，对当事人具有约束力。当事人应当按照合同的约定履行自己的义务，不得擅自变更或者解除合同。依法成立的合同，受法律保护。"

（一）合同的生效条件

合同作为一种重要的民事法律行为，应当具备一般民事法律行为所要求的生效条件。

《民法通则》第 55 条规定，一项民事法律行为应当满足下列生效条件：

1. 行为人具有相应的民事行为能力

一般来说，完全的民事行为能力人可以订立任何合同；限制行为能力人只能订立与其年龄、智力、精神状态相一致的合同；无民事行为能力人无订约资格。

2. 当事人的意思表示真实

意思表示是指当事人内心的想法、愿望和打算。合同既然是当事人设立、变更、终止民事权利义务的协议，为促进行为人达到预期目的，法律要求当事人表示的意思必须是真实的，即当事人的想法、愿望和打算与其付诸的行为相一致。

3. 不违反法律和社会公共利益

合同法强调当事人意思自治，但是如果当事人订立的合同以危害国家、社会以及法律保护的利益为内容，法律当然不承认其效力，这是维护社会公共利益的必要。

（二）合同的生效时间

合同的生效时间是合同产生法律效力的时间，自该时间后，合同就对当事人产生具有法律拘束力的效力。

1. 依法成立的合同，自成立时生效

《合同法》第 44 条第 1 款规定，依法成立的合同，自成立时生效。此规定针对的是法律、法规没有要求需要批准、登记，当事人在合同中也没有约定附条件、附期限的一般合同。

合同的成立与生效常常是密切联系在一起的，依法成立并符合法律规定生效要件的合同，自成立时起自然就生效。但它们毕竟是两个完全不同的概念，而且并非总是同步。合同成立是指合同订立过程的完成，即当事人经过平等协商对合同的基本内容达成合意，这个过程解决了合同是否存在的问题；而合同生效则是指合同产生了法律拘束力，合法的合同一成立就具有法律拘束力，不合法的合同虽然完成了成立的步骤但不会发生法律效力。

2. 需要批准、登记的合同，自批准登记时生效

《合同法》第 44 条第 2 款规定，法律、行政法规规定应当办理批准、登记等手续生效的，依照其规定。在某些特殊情况下，合同是否生效不能完全听凭当事人的自由选择，国家法律、行政法规要进行控制，例如，我国《中外合资经营企业法》、《中外合作经营企业法》要求中外合资经营合同、中外合作经营合同，必须经过有关部门审批后才能生效。法律、行政法规要求应当办理批准、登记等手续的合同，自批准、登记时生效。

3. 附条件的合同，自条件成就时生效

附条件的合同是指当事人约定以将来某种事实或行为是否发生作为合同生效或失效条件的合同。《合同法》第 45 条第 1 款规定："当事人对合同的效力可以约定条件，附生效条件的合同，自条件成就时生效，附解除条件的合同，自条件成就时失效。"这里的条件包括生效条件和解除条件。生效条件是指合同效力的发生取决于所附条件的成就，而解除

条件是指合同效力的消灭取决于所附条件的成就。

由于附条件合同的效力深受所附条件是否成就的影响，并且所附条件是不确定的客观事实，因此，任何一方均不得违反诚实信用原则恶意阻止或者促成条件的成就，否则将产生对其不利的法律后果。《合同法》第 45 条第 2 款规定："当事人为自己的利益不正当地阻止条件成就的，视为条件已成就；不正当地促成条件成就的，视为条件不成就。"

4. 附期限的合同，自期限届满时生效

附期限的合同是指当事人对合同生效或失效的期限作出特别约定的合同。《合同法》第 46 条规定："当事人对合同效力可以约定附期限。附生效期限的合同，自期限届至时生效，附终止期限的合同，自期限届满时失效。"合同中所附的期限可以是确定的日期，也可以是一个期间，前者如"该合同自某日生效"；后者如"该合同自签订之日起 5 个月时生效"。

附期限与附条件尽管都是当事人自由选择的，都是针对合同的效力发生或终止进行的约定。但两者具有明显区别，附期限为将来确定能到来的事实，而附条件是不确定的事实。

根据附期限产生的效力，可将期限分为生效期限和终止期限。生效期限是指该期限的到来使合同发生效力，在该期限到来之前，合同虽然成立，但是不具有法律约束力，待该期限到来时，合同的效力才发生；终止期限是指以该期限的到来使合同效力终止。

5. 表见代理和表见代表合同，相对人主张权利时生效

表见代理是指代理人的代理虽然属于无权代理，但由于无权代理人与被代理人之间的特殊关系，使相对人误以为其有代理权，相对人主观上为善意没有过失，因此可以向被代理人主张代理人效力。从实质上讲，表见代理属于无权代理，但为了维护市场秩序和善意相对人的利益，法律赋予相对人可以对被代理人直接主张因代理行为而产生的权利，即要求被代理人承担代理行为的法律后果。《合同法》第 49 条规定："行为人没有代理权、超越代理权或者代理权终止后以被代理人名义订立合同，相对人有理由相信行为人有代理权的，该代理行为有效。"表见代理合同自相对人主张权利时生效，被代理人因此而遭受的损害，可以向无权代理人追偿。

表见代表是指代表人有超越代表的行为，而其行为足以使无过错的相对人相信其有代表权，因此，代表行为的后果由该代表人代表的法人或组织承担。表见代表设定的意义与表见代理一样，是为了保护善意相对人的利益，维护交易秩序，保障交易安全。《合同法》第 50 条规定："法人或者其他组织的法定代表人、负责人超越权限订立的合同，除相对人知道或者应当知道其超越权限的以外，该代表行为有效。"与表见代理合同一样，表见代表合同自相对人主张权利时生效。

二、效力待定合同

效力待定合同又称为可追认的合同，是指合同虽然已经成立，但因其不完全符合有效

合同的要件，是否产生相应的法律效力尚处于待定状态的合同。通常情况下，效力待定合同是合同订立后尚未生效，须权利人追认才能生效的合同。根据我国《合同法》的规定，效力待定合同有三种。

(一)限制民事行为能力人订立的与其年龄、智力、精神状态不相适应的合同

1. 限制民事行为能力人及其行为能力

限制民事行为能力人是指10周岁以上的未成年人，以及不能完全辨认自己行为的精神病人。

根据《民法通则》规定，10周岁以上的未成年人是限制民事行为能力人，可以进行与他的年龄、智力相适应的民事活动；不能完全辨认自己行为的精神病人是限制民事行为能力人，可以进行与他的精神健康状况相适应的民事活动，限制民事行为能力人订立的与其年龄、智力、精神状态相适应的合同是有效的。《合同法》第47条第1款也作了相同规定："限制民事行为能力人订立的合同，经法定代理人追认后，该合同有效，但纯获利益的合同或者与其年龄、智力、精神健康状况相适应而订立的合同，不必经法定代理人追认。"

2. 行为效力取决于法定代理人是否追认

与限制民事行为能力人年龄、智力、精神状态不相适应的合同，应由他的法定代理人代理，或者征得他的法定代理人的同意。在没有事先代理的情况下，限制民事行为能力人订立的与其年龄、智力、精神状态不相适应的合同须经追认，如果法定代理人向相对人表示追认，合同有效，未经追认不发生法律效力。

为了维护交易秩序，平衡法定代理人与相对人之间的利益，法律赋予相对人催告权和撤销权，《合同法》第47条第2款规定："相对人可以催告法定代理人在一个月内予以追认。法定代理人未作表示的，视为拒绝追认。合同被追认之前，善意相对人有撤销的权利。撤销应当以通知的方式作出。"

(二)无处分权人订立的合同

1. 无处分权人

无处分权人是指无权代理人，包括没有代理权的人、超越权限的代理人和代理权已经终止后的原代理人。之所以将这类合同视为效力待定，理由是这类合同并非都给被代理人造成损失，如果被代理人愿意追认无权代理人的行为，不仅能够给被代理人带来利益，更重要的是可以稳定社会交易秩序。

2. 无处分权人的行为效果

对被代理人来讲，是否追认，完全由自己决定，他人不得强制或者干预。如果经被代理人追认，无权代理人的行为自始有效，由被代理人承担该合同的后果；如果被代理人不追认，无权代理人的行为自始无效，由无权代理人与相对人根据过错承担无效合同的法律后果。

《合同法》第48条第1款规定："行为人没有代理权、超越代理权或者代理权终止后以被代理人名义订立的合同，未经被代理人追认，对被代理人不发生效力，由行为人承担责任。"基于与限制民事行为能力人订立的合同相同的原因,《合同法》第 48 条第 2 款也赋予无权代理人订立的合同,相对人有催告权和撤销权。"相对人可以催告被代理人在一个月内予以追认。被代理人未作表示的,视为拒绝追认。合同被追认之前,善意相对人有撤销的权利。撤销应当以通知的方式作出。"

(三)无处分权人与相对人订立的处分他人财产的合同

《合同法》第 51 条规定:"无处分权的人处分他人财产,经权利人追认或者无处分权的人订立合同后取得处分权的,该合同有效。"

根据《合同法》规定,无处分权人与相对人订立的处分他人财产的合同并非当然无效,也不是当然有效,其效力如何,取决于两个因素:一是权利人追认该合同;二是相对于取得权利后的处分权。只要具备这两个因素中的任何一个,该合同就是自始有效合同;如果这两个因素都不具备,合同也不当然无效。根据物权法的基本原理,这种合同的效力还取决于另外一个因素,就是相对人主观是善意或恶意。即如果相对人已经通过该合同取得了财产,而且主观上不知道也不可能知道处分人没有处分权,基于民法上当事人行为不得对抗善意第三人的原则,该合同有效。

三、无效合同

无效合同是相对于有效合同而言的,是指合同虽然成立,但因其违反法律、行政法规或者社会公共利益,而被确认不产生法律效力的合同。无效合同是国家法律不予以承认的,视为自始即不成立,分全部无效和部分无效的合同,合同部分无效,不影响合同其他部分的效力。

(一)无效合同的种类

根据《合同法》第 52 条的规定,有下列情形之一的,合同无效:

1. 一方以欺诈、胁迫的手段订立合同,损害国家利益的合同无效

按照最高人民法院《关于贯彻〈民法通则〉若干问题的意见》第 68 条的解释,欺诈是指一方当事人故意告知对方虚假情况,或者故意隐瞒真实情况,诱使对方当事人作出错误意思表示的行为。根据该法律文件第 69 条规定,胁迫是指以给公民及其亲友的生命健康、荣誉、名誉、财产等造成损害或者以给法人的荣誉、名誉、财产等造成损害为要挟,迫使对方作出违背真实的意思表示的行为。一方以欺诈、胁迫的手段订立的合同不是当然无效,只有在损害到国家利益时,为保护国家利益,《合同法》明确规定该类合同无效。

2. 恶意串通,损害国家、集体或者第三人利益的合同无效

恶意串通,损害国家、集体或者第三人利益的合同是指合同的双方当事人非法勾结,为牟取私利而共同订立的损害国家、集体或者第三人利益的合同。实践中常见的是代理人与第三人勾结订立合同,损害被代理人利益。由于这种合同具有极大的危险性和破坏性,为了维护国家、集体及第三人的利益,维护正常的交易,《合同法》规定该类合同无效。

3. 以合法形式掩盖非法目的的合同无效

以合法形式掩盖非法目的的合同又称规避法律的合同。当事人为达到非法目的，故意避开法律或者行政法规的强制性规定，从表面上看符合法律的要求，一旦实施就可能达到非法的结果。由于这种合同掩盖了非法的目的，对社会公共利益及第三人的合法权益都可能造成损害，属典型的无效合同。

4. 损害社会公共利益的合同无效

损害社会公共利益的合同实质上违反了社会公共道德，破坏了社会正常的经济秩序及生活秩序，对全社会的健康、文明都具有较大的破坏性，为无效合同。

5. 违反法律、行政法规的强制性规定的合同无效

法律、法规分为强制性规定和任意性规定。强制性规定属于必须遵守的法律制度，对于法律、行政法规中的强制性规定，当事人不得违反，否则，合同无效。

(二)合同部分无效

《合同法》第 53 条规定，下列免责条款无效：

(1)造成人身伤害的；

(2)故意或重大过失造成对方财产损失的。

合同中的上述免责条款，严重违反公共道德、社会正义以及诚实信用，违背了公平原则，如果允许这一行为的存在，给占据有利地位的一方提供将自己意志强加给他人的机会，不利于维护正常的经济秩序。

(三)无效合同的法律后果

无效合同的直接法律后果是合同不产生法律效力，合同一旦被确认为无效，视为自始即不成立；合同部分无效仅指部分条款的无效，有效部分能够独立存在，部分无效不影响整个合同的效力。合同无效不影响合同中独立存在的有关解决争议方法的条款的效力。此外，无效合同还产生以下法律后果：

1. 返还

合同被确认无效后，因该合同取得的财产，应当予以返还对方，使合同恢复到双方履行之前的状况。

2. 赔偿

不能返还或者没有必要返还的，应当折价补偿。有过错的一方应当赔偿对方所受的损失；双方都有过错的，各自承担相应的责任。

3. 追缴

当事人恶意串通，损害国家、集体或者第三人利益的，因此取得的财产收归国家所有或者返还集体、第三人。

四、可变更、可撤销合同

(一)可变更、可撤销合同的概念

可变更、可撤销合同是指虽经当事人协商成立，但由于当事人的意思表示不真实，经

当事人一方向法院或仲裁机关请求，可以变更或撤销合同效力。合同成立后，存在法定事由，人民法院或仲裁机构根据一方当事人的请求，在审理后，根据具体情况允许变更或撤销合同。根据《合同法》的规定，当事人请求变更的，人民法院或者仲裁机构不得撤销。当事人请求撤销的，人民法院可以变更。这种规则，体现了合同法尽量保护交易关系的思想。

（二）可变更、可撤销合同成立的要件

1. 必须具备法定事由

合同可变更、可撤销必须具有导致合同变更、撤销的事由。根据《合同法》第 54 条规定，下列合同，当事人一方有权请求人民法院或者仲裁机构变更或者撤销：

（1）存在重大误解。重大误解是指当事人对合同的某些条件产生了错误理解，行为结果与自己的意志相悖，并造成较大损失的情形。这种合同由于当事人对意思表示的主体或内容理解上有错误，违背合同的本质，因此，当事人有权申请变更或撤销。

（2）订立合同时显失公平。显失公平是指一方当事人利用自身优势或者利用对方没有经验，致使双方的权利和义务明显不对等，对己有利、对他人不利超出了法律的范围，违背了公平原则，法律赋予当事人可以行使变更或撤销合同的权利。

（3）一方以欺诈、胁迫手段或乘人之危使对方在违背真实意思的情况下订立合同。欺诈是指一方在订立合同时，故意制造假象或者掩盖真相，致使对方陷入错误而订立合同；胁迫是指一方采用违法手段，威胁对方与自己订立合同，被胁迫一方因恐惧而订立合同；乘人之危订立是指一方当事人乘对方处于危难之机，为牟取不正当利益，迫使对方违背自己的真实意愿与己订立合同。以欺诈、胁迫手段订立的合同如果损害到国家利益的，该合同无效，如果只是损害到对方或第三方利益的，由当事人自主决定是否行使变更或撤销权。乘人之危订立的合同有违当事人真实的意思表示，法律同样赋予当事人行使变更或撤销合同的权利。

2. 必须有一方当事人行使请求权

享有请求权的当事人是因意思表示不真实而蒙受损失的合同受害方，比如欺诈合同中的被欺诈人、胁迫合同中的被胁迫人、重大误解中的误解人等。

在撤销权的行使问题上，最关键的是撤销权人必须在法定期限内行使撤销权，否则，撤销权消灭。根据《合同法》第 55 条规定，具有撤销权的当事人应当自知道或者应当知道撤销事由之日起 1 年内行使撤销权。这是因为可撤销的合同往往只涉及一方当事人意思表示不真实的问题，如果受损害的人愿意接受这一行为的后果，不主张撤销或者变更，法律承认该行为的法律效力。如果法律完全听凭当事人的自由选择，不对其作任何限制，合同的效力将一直处于不确定状态，不利于社会经济秩序的稳定。

3. 必须由人民法院或者仲裁机构行使变更权、撤销权

变更权、撤销权的行使只能是人民法院或仲裁机构，其他机关或者个人行使变更权或撤销权，不属于《合同法》中所讲的可变更或者可撤销。

合同被变更的，当事人依变更后的合同履行。合同被撤销的，当事人应当返还基于该合同而取得的财产，不能返还或者没有必要返还的，应当折价补偿。有过错的一方应当赔偿对方因此所受到的损失，双方都有过错的，应当各自承担相应的责任。

第四节　合同的履行

合同的履行是指合同当事人按照合同的约定，全面、适当地完成各自承担的义务，实现合同目的的行为。当事人订立合同的目的是为了实现债权目标，合同的履行主要表现为债务人完成债务的行为，没有这个行为，就不会出现债权人债权实现的结果。从这个意义上讲，合同订立是前提，履行才是关键，只订立合同而不能履行当事人的合同，目的就会落空。

一、合同履行原则

合同履行原则是合同当事人在履行合同过程中所应遵循的基本准则，是统帅合同履行的灵魂。合同履行的原则主要有：

(一)全面履行原则

全面履行原则又称适当履行原则或者正确履行原则，是指当事人按合同约定的主体、标的、数量、价款或报酬等，在适当的履行期限、履行地点，以适当的方式全面完成合同义务。《合同法》第 60 条第 1 款规定："当事人应当按照约定全面履行自己的义务。"

全面履行原则是判断合同当事人是否全面履行了合同义务、当事人是否存在违约事实以及是否应承担违约责任的重要法律准则。但全面履行也非绝对的、机械的，当事人履行中合理的磅差、自然减负、正负尾差限量内，视为当事人全面履行了合同义务。

(二)诚信履行原则

诚信履行原则是指当事人在履行合同义务时，秉承诚实、守信、善意、不滥用权利或者规避义务。《合同法》第 60 条第 2 款规定："当事人应当遵循诚实信用原则，根据合同的性质、目的和交易习惯履行通知、协助、保密等义务。"

诚实信用原则要求在合同履行过程中确保合同当事人合同利益关系的平衡，强调各方当事人应本着重诚实、讲信用，以善意的方式履行合同义务，这是诚实信用原则的基本内涵，除此，法律上强调当事人应当履行诚信履行原则所派生的附属义务，包括通知、协助、保密等。

1. 通知

合同的履行实际上是债务人履行、债权人受领两方面行为的结合，在履行合同过程中，当事人相互间应当及时通知对方关于合同履行方面的信息。

2. 协助

合同履行中，债务人的交付行为需要债权人的积极配合，否则，合同的目标难以实现。

诚信履行原则要求当事人在合同履行过程中的相互配合、相互协助，债权人应为债务人履行合同债务提供必要的条件和方便，债务人因故不能完全履行时，债权人应采取积极措施，尽可能避免或减少损失。

3. 保密

合同基于当事人人身信赖订立和履行，在合同履行中要为对方保守因合同关系知悉对方的商业秘密，若有违反，应当承担相应的法律责任。

二、合同履行的规则

(一)合同履行中的补缺规则

《合同法》第61条规定，合同生效后，当事人就质量、价款或者报酬、履行地点等内容没有约定或者约定不明确的，可以协议补充；不能达成补充协议的，按照合同有关条款或者交易习惯确定。当事人就有关合同内容约定不明确，依照合同有关条款或者交易习惯仍不能确定的，适用下列规定：

1. 质量要求不明确的，按照国家标准、行业标准履行；没有国家标准、行业标准的，按照通常标准或者符合合同目的的特定标准履行。

2. 价款或者报酬不明确的，按照订立合同时履行地的市场价格履行；依法应当执行政府定价或者政府指导价的，按照规定履行。

3. 履行地点不明确的，给付货币的，在接受货币一方所在地履行；交付不动产的，在不动产所在地履行；其他标的，在履行义务一方所在地履行。

4. 履行期限不明确的，债务人可以随时履行，债权人也可以随时要求履行，但应当给对方必要的准备时间。

5. 履行方式不明确的，按照有利于实现合同目的的方式履行。

6. 履行费用负担不明确的，由履行义务一方负担。

(二)合同履行中的价格变动规则

履行期较长的合同，存在履行过程中价格变动问题，目前，大多数商品和劳务由企业定价，合同履行中的价格变动规则仅指极少数执行政府定价或政府指导价的合同。政府定价是指依照《价格法》的规定，由政府价格主管部门或者其他有关部门，按照定价权限和范围制定的价格。政府指导价，是指依照《价格法》的规定，由政府价格主管部门或者其他有关部门，按照定价权限和范围规定基准价及其浮动幅度，指导经营者制定的价格。政府定价与政府指导价都是具有强制性的价格，合同当事人必须执行。

《合同法》第63条规定："执行政府定价或者政府指导价的，在合同约定的交付期限内政府价格调整时，按照交付时的价格计算。逾期交付标的物的，遇价格上涨时，按照原价格执行；价格下降时，按照新价格执行。逾期提取标的物或者逾期付款的，遇价格上涨时，按新价格执行；价格下降时，按原价格执行。"

合同履行中的价格变动规则总的精神是尊重政府定价和政府指导价，在出现违约的情况下，执行对违约者不利的价格，体现惩罚违约方，保护守约方的价值取向。

（三）涉及第三人的合同履行规则

合同通常仅在双方当事人之间产生效力，《合同法》也同时允许涉及第三人的合同存在，这类合同包括为第三人利益签订的合同和由第三人履行合同义务的合同。

1. 为第三人利益签订的合同

为第三人利益签订的合同又称为利他合同，是指合同双方当事人约定，债务人不是向对方当事人而是向第三人履行合同义务，第三人直接取得利益的合同。比如发货方通过铁路运输将货物发给第三人的合同，受益人为第三人。

《合同法》第 64 条规定："当事人约定由债务人向第三人履行债务的，债务人未向第三人履行债务或者履行债务不符合约定，应当向债权人承担违约责任。"合同双方在订立为第三人利益的条款时，可以征得第三人的同意，也可以不告知第三人。但债务人向第三人履行合同义务时，一般应当通知第三人，第三人受领的，债务人的合同义务解除。如果债务人不向第三人履行合同义务，债权人可以请求其履行并要求其承担违约责任。

2. 由第三人履行义务的合同

由第三人履行义务的合同又称为第三人负担合同，是指合同的双方当事人约定，合同债务由第三人履行。比如甲、乙签订合同，约定由丙来履行，这样约定，往往是因为甲与丙之间存在着某种债权债务关系，丙应对甲履行债务。

《合同法》第 65 条规定："当事人约定由第三人向债权人履行债务的，第三人不履行债务或者履行债务不符合约定，债务人应当向债权人承担违约责任。"由于由第三人履行义务的合同为他人设定了负担，在签订合同时或者在签订合同后，当事人应征得第三人的同意。但是即使约定由第三人履行并且第三人同意该约定，第三人也不是合同的当事人，如果第三人拒绝履行合同义务，应由合同中的债务人向债权人承担违约责任。

三、合同履行的保全

合同的保全是指法律为防止因债务人财产发生不当减少而给债权人的债权实现带来危害，允许债权人对债务人或第三人的行为行使一定的权利以保护债权的制度。《合同法》规定了合同履行中的五种保全措施。

（一）同时履行抗辩权

抗辩权是指对抗或否认请求权的权利。抗辩权的行使是使对方请求权消灭，或使对方请求权效力延期发生。抗辩权分为永久抗辩权和一时抗辩权，永久抗辩权导致对方请求权根本消灭，一时抗辩权指因某种情况的发生致使对方的请求权在一定期限内不能行使。

同时履行抗辩权是指无先后履行顺序的双务合同债务人在对方未履行或者履行不符合合同约定时，有权拒绝其履行请求。同时履行抗辩权源于公平原则，作用是平衡利益、维护秩序、促进协作。

《合同法》第66条规定:“当事人互负债务,没有先后履行顺序的,应当同时履行。一方在对方履行之前有权拒绝其履行要求。一方在对方履行债务不符合约定时,有权拒绝其相应的履行要求。”

同时履行抗辩权的前提是当事人互负债务,没有先后履行顺序的。同时履行抗辩权行使条件有以下两点:一是存在同一双务合同产生的同时履行义务;二是存在产生对抗请求后果的对方未履行债务的事实。

(二)顺序履行抗辩权

顺序履行抗辩权是指双务合同的后履行义务人针对先履行义务人先期违约而成立的抗辩。顺序履行抗辩权的目的是保护后履行一方当事人的利益。

《合同法》第67条规定:“当事人互负债务,有先后履行顺序,先履行一方未履行的,后履行一方有权拒绝其履行要求。先履行一方履行债务不符合约定的,后履行一方有权拒绝其相应的履行要求。”

顺序履行抗辩权的前提是当事人互负债务,有先后履行顺序。顺序履行抗辩权的行使应具有两个条件:一是存在同一双务合同产生的先后履行义务;二是存在先履行一方未履行债务的事实。

(三)不安抗辩权

不安抗辩权是指双务合同中,先履行的一方有确切证据证明后履行债务当事人在缔约后出现足以影响其对待给付的情形时,可以中止履行合同的权利。不安抗辩权目的是保护先履行一方当事人的利益。

大陆法系国家首创了不安抗辩权。在双务合同中,应当先履行义务的一方当事人明知自己履行义务后,对方由于缔约后发生足以影响对待给付的情形而不能履行的情况下,先履行债务的一方当事人陷入两难的境地,如果按合同严守原则履行,则其合法权益不仅得不到保障,反而将遭受更大的损失;如果自己不按合同履行,依合同严守理论又要承担违约责任。鉴于这一情况,在先履行方是否仍要按期履约问题上,创立了不安抗辩权。

1. 不安抗辩权的适用情形

《合同法》第68条规定:“应当先履行债务的当事人,有确切证据证明对方有下列情形之一的,可以中止履行:(1)经营状况严重恶化;(2)转移财产、抽逃资金,以逃避债务;(3)丧失商业信誉;(4)有丧失或者可能丧失履行债务能力的其他情形。当事人没有确切证据中止履行的,应当承担违约责任。”

2. 不安抗辩权的适用程序

不安抗辩制度是对一般违约补救措施的补充,如果说一般违约补救是事后救济,不安抗辩制度则是事先救济。不安抗辩的救济特点是违约发生仅仅具有潜在性,因合同尚未到期,也谈不上现实违约,因此,有着特殊性的适用程序。

(1)通知。债权人要及时通知债务人,通知不仅是不安抗辩权的一项义务,同时也是先履行人行使不安抗辩权的重要程序。且先履行人在行使不安抗辩权时,负有举证责任。

(2)中止履行。通过中止履行使先履行人的权益避免损失,同时,也使后履行人能够有相应机会采取适当的补救,最终实现缔约目的。

(3)恢复履行或者解除合同。在合同履行期限内,当对方恢复履行能力并且提供担保时,即可恢复履行合同。相反,先履行人中止履行合同后,后履行人在合理期限内未能恢复履行能力,也未能提供适当担保的,中止履行方可解除合同。

(四)代位权

代位权是指债务人怠于行使其对第三人的到期债权而损害债权人的利益时,债权人为保全自己的债权,可能以自己的名义代位于行使债务人对第三人权利的权利。

随着市场经济的发展,我国债务纠纷增加,由于各方面的原因,执行难度也更大,不少债务人负债后,不是努力准备清偿债务,而是为逃债隐匿财产或故意不主张自己的债权,甚至放弃自己的债权,这样不仅使债务案件难以执行,而且给社会经济秩序和商业道德都构成极大的危害。由于是债务人自己放弃自己的债权,法院也难以对债务人的债权强制执行。1999 年,《合同法》借鉴国外民事立法经验,首次确立了代位权制度。

1. 行使代位权的条件

《合同法》第 73 条规定:"因债务人怠于行使其到期债权,对债权人造成损害的,债权人可以向人民法院请求以自己的名义代位行使债务人的债权,但该债权专属于债务人自身的除外。代位权的行使范围以债权人的债权为限。债权人行使代位权的必要费用,由债务人负担。"根据该条规定,代位权的行使应具备以下四个条件:

(1)合同当事人之间必须存在合法的债权债务关系。

(2)债务人对第三人必须有债权存在,而且该权利在性质上不是专属于债务人的权利。

(3)合同债务人怠于行使其对第三人的债权。

(4)合同债务人怠于行使权力的行为危及到合同债权人权利的实现。

2. 代位权的实现

根据《合同法》的规定,代位权是一种法定权能,无须当事人约定,但是,代位权的实现须注意以下四个问题:

(1)代位权须债权人通过人民法院请求行使,不能直接行使。

(2)代位权以债权人自己的名义行使债务人的债权。

(3)代位权的行使范围以合同债权人的债权为限。

(4)代位权行使中所需要的必要费用,由合同债务人负担。

(五)撤销权

撤销权是指债权人对债务人所为的危害债务人的行为,请求人民法院予以撤销的权利。

《合同法》第 74 条规定:"因债务人放弃其到期债权或者无偿转让财产,对债权人造成损害的,债权人可以请求人民法院撤销债务人的行为。债务人以明显不合理的低价转让财产，对债权人造成损害，并且受让人知道该情形的，债权人也可以请求人民法院撤销债务人的行为。撤销权的行使范围以债权人的债权为限。债权人行使撤销权的必要费用，由债务人负担。”

撤销权与代位权不同，不是针对于债务人的消极行为行使的权力，而是针对于债务人的积极行为行使的权力。撤销权自债权人知道或者应当知道撤销事由之日起1年内行使。自债务人的行为发生之日起5年内没有行使撤销权的，该撤销权消灭。

四、合同履行的担保

担保是随着商品经济发展而产生的一项重要的民事保证制度。《民法通则》中有担保的基本规定。1995年6月30日，第八届全国人大常委会第十四次会议通过了《中华人民共和国担保法》(以下简称《担保法》)，该法于1995年10月1日施行，该法确立了担保的五种形式，即保证、抵押、质押、留置和定金。

(一)保证

《担保法》第6条规定："本法所称保证，是指保证人和债权人约定，当债务人不履行债务时，保证人按照约定履行债务或者承担责任的行为。”

1. 保证的效力

保证的效力表现为当主债务人不履行合同时，保证人代主债务人履行合同义务。保证担保的范围涉及主债权及利息、违约金、损害赔偿金和实现债权的费用，当事人对保证担保的范围没有约定或者约定不明确的，保证人应当对全部债务承担责任。同一债务有两个以上保证人的，保证人应当按照保证合同约定的保证份额，承担保证责任。没有约定保证份额的，保证人承担连带责任，债权人可以要求任何一个保证人承担全部保证责任，保证人都负有担保全部债权实现的义务。已经承担保证责任的保证人，有权向债务人追偿，或者要求承担连带责任的其他保证人清偿其应当承担的份额。

2. 保证人资格

保证人必须是具有能代为清偿债务能力的法人、其他组织和公民。国家机关、学校、医院等以公益为目的的事业单位、社会团体不得作为保证人；企业法人的分支机构、职能部门不得作为保证人，但有法人书面授权的企业法人分支机构，可以在授权范围内提供担保。

(二)抵押

抵押是指债务人或第三人不转移对《担保法》所列的财产的占有，将该财产作为债权的担保。抵押的特点是不转移抵押财产的所有权，抵押人对财产享有完全的占有、使用、收益权，只是处分权受到限制。债权人为抵押权人，债务人为抵押人。

1. 抵押的效力

抵押的法律效力是当抵押人不履行合同义务时，抵押权人有权依法以该财产折价或者拍卖、变卖该财产的价款优先受偿。不足部分有追偿的权利。

2. 抵押财产

抵押人所担保的债权不得超出其抵押物的价值，财产抵押后，该财产的价值大于所担保债权的余额部分，可以再次抵押，但不得超出其余额部分。《担保法》第 37 条规定了不得抵押的财产范围，包括以下几点：

(1)土地所有权。

(2)耕地、宅基地、自留山、自留地等集体所有土地使用权。

(3)学校、幼儿园、医院等以公益为目的的事业单位、社会团体的教育设施、医疗卫生设施和其他社会公益设施。

(4)所有权、使用权不明或有争议的财产。

(5)依法被查封、扣押、监管的财产。

(6)其他。

(三)质押

质押是指债务人或第三人将特定动产或权利移交债权人占有，作为债权的担保，在债务人不履行债务时，债权人有权依法以该特定财产折价或者以拍卖、变卖该特定财产的价款优先受偿的担保方式。债务人或第三人为出质人，债权人为质权人，移交的动产或不动产为质物。出质人将质物移交质权人占有是质押的最大特点，也是不同于抵押的地方，质权人实际占有质物，享有收取质物所生孳息的权利，并负有妥善保管质物的义务。

质押与抵押具有相同的法律效力。

(四)留置

《担保法》第 82 条规定，留置是指债权人按照合同约定占有债务人的动产，债务人不按照合同约定的期限履行债务的，债权人有权留置该财产。

1. 留置权的产生

留置权依法产生，依《担保法》规定，因保管合同、运输合同、加工承揽合同发生的债权，债务人不履行债务的，债权人享有留置权。

2. 留置权的行使

债权人与债务人应当在合同中约定，债权人留置财产后，债务人应当在不少于 2 个月的期限内履行债务。债权人与债务人在合同中未约定的，债权人留置债务人财产后，应当确定 2 个月以上的期限，通知债务人在该期限内履行债务。债务人逾期仍不履行的，债权人可以与债务人协议以留置物折价，也可以依法拍卖、变卖留置物。

留置物折价或者拍卖、变卖后，其价款超过债权数额的部分归债务人所有，不足部分由债务人清偿。

(五)定金

定金是指为保证合同的履行，在合同未履行前，一方先行给付对方一定数量的货币。《担保法》第 89 条规定，当事人可以约定一方向对方给付定金作为债权的担保，债务人履行债务后，定金可以抵作价款或者收回。定金的数额由双方约定，但不得超过合同标的物金额的20%。

定金的效力是给付定金的一方不履行约定的债务的，无权要求返还定金；收受定金的一方不履行约定的债务的，应当双倍返还定金。

第五节　合同的变更、转让和终止

一、合同的变更

合同的变更是指合同成立后、履行完毕前，由双方当事人依法对原合同内容进行修改。《合同法》第77条规定："经当事人协商一致，可以变更合同，但法律、法规规定变更合同应当办理批准、登记手续的，还须办理审批手续。"

（一）当事人对合同变更内容约定不明确的处理

《合同法》第78条规定："当事人对合同变更的内容约定不明确的，推定为未变更。"因为合同的变更涉及当事人的权利和义务，而权利义务只有明确，才能有法律约束力，才有利于合同的履行，当事人对变更内容必须明确，没有歧义。

（二）合同变更的效力

合同的变更实质是以变更后的合同代替原来的合同，当事人应该按变更后的合同履行，否则构成违约。

合同的变更不溯及既往，对原已经履行的部分不产生法律效力，任何一方不得因为合同变更要求另一方返还已经作出的履行。

二、合同的转让

合同的转让是指合同当事人将全部或部分合同的权利或义务转让给第三人的合法行为。合同转让只是主体发生变化，不改变原合同权利和义务内容，但是，合同转让涉及当事人双方之间的权利和义务关系，以及转让人与受让人之间的权利和义务关系。

（一）合同转让的种类

合同的转让包括债权人转让债权、债务人转让债务和债权债务的概括转让。

1. 合同权利的转让

合同权利的转让是指不改变合同的内容，合同债权人将其权利转让给第三人享有。《合同法》第81条规定："债权人转让权利的，应当通知债务人。未经通知，该转让对债务人不发生效力。债权人转让权利的通知不得撤销，但经受让人同意的除外。"

债权人转让权利的，受让人取得与债权有关的从权利，但该从权利专属于债权人自身的除外。债务人接到债权转让通知时，债务人对让与人享有债权，并且债务人的债权先于转让的债权到期或者同时到期的，债务人可以向受让人主张抵消。

2. 合同义务的转让

合同义务的转让是指不改变合同的内容，合同债务人将其义务全部或部分地转让给第三人承受。《合同法》第84条规定："债务人将合同的义务全部或者部分转移给第三人的，应当经债权人同意。"

债务人转移义务的，新债务人可以主张原债务人对债权人的抗辩。债务人转移义务的，新债务人应当承担与主债务有关的从债务，但该从债务专属于原债务人自身的除外。

3. 合同权利和义务的概括转让

合同权利和义务的概括转让，是指合同当事人一方将其合同和义务一并移转给第三人，由第三人概括继受。《合同法》第88条规定："当事人一方经对方同意，可以将自己在合同中的权利和义务一并转让给第三人。"

合同权利和义务的概括转让包括合同承受和企业合并分立。其中，合同承受是一方当事人与第三人约定，并经对方当事人同意，将合同权利义务一并转移给第三人。当事人订立合同后，当事人发生合并或者分立的是最典型的债权、债务概括转让情形，当事人发生合并的，由合并后的法人或者其他组织行使合同权利，履行合同义务；当事人发生分立的，除债权人和债务人另有约定的以外，由分立的法人或者其他组织对合同的权利和义务享有连带债权，承担连带债务。

(二)合同不得转让的情形

《合同法》第79条规定："债权人可以将合同的权利全部或者部分转让给第三人，但有下列情形之一的除外：(1)根据合同性质不得转让；(2)按照当事人约定不得转让；(3)依照法律规定不得转让。"

三、合同的终止

合同的终止又称合同的消灭，是指合同关系的客体不存在，合同权利义务关系归于消灭。合同终止基于两类原因发生：一是基于当事人的意思表示；二是基于法律的直接规定。其中，法定事由包括：

(一)履行完毕

债权人实现了自己全部的债权，订立合同的目的已经实现，合同自然消灭。

(二)合同解除

合同解除包括约定解除和法定解除。其中，约定解除是当事人协商一致的结果，解除合同的约定条件成立时，解除权人可以解除合同；法定解除是由法律直接规定的解除，是一种单方面的意思表示。《合同法》第94条规定，有下列情形之一的，当事人可以解除合同：

(1)因不可抗力致使不能实现合同目的。

(2)履行期限届满前，当事人一方明确表示或者以自己行为表示不履行合同主要义务，例如，明确表示不履行合同、异物交付等。

(3)当事人一方迟延履行主要义务，经催告后，在合理期限内仍未履行，实际上是履行期届满后的不履行。

（4）当事人有其他违约行为，致使不能实现合同目的。

（5）法律规定的其他情形。

合同解除后，尚未履行的终止履行；已经履行的，根据履行情况和合同性质，当事人可以要求恢复原状、采取其他补救措施，并有权要求赔偿损失。合同的权利和义务终止，不影响合同中结算和清理条款的效力。

（三）债务相互抵消

抵消是指双方互负债务时，各以自己的债权来充抵债务的清偿，使其债务与对方的债务在对等额内相互消灭的法律行为。债务相互抵消分为法定抵消和协议抵消，作用是方便当事人履行债务，通过抵消，免除当事人再履行同样的债务义务。

《合同法》第 99 条第 1 款规定："当事人互负到期债务，该债务的标的物种类、品质相同的，任何一方可以将自己的债务与对方的债务抵消，但依照法律规定或者按照合同性质不得抵消的除外。"依此规定，法定抵消必须具备下列构成条件：

（1）必须是当事人互负到期债务。

（2）标的物是品种、品质相同的且可用于抵消的债务。

（3）抵消不得附条件或者附期限。

法定抵消是单方行为，只要当事人一方主张，及时通知对方，采取书面方式通知到达对方时生效。

（四）提存

提存是指由于债权人的原因，无法向其交付标的物时，债务人将标的物交给提存机关而使合同权利义务终止的制度。债务的履行需要债权人的协助，若债权人无正当理由拒绝受领或者不能受领，债权人虽然应承担相应责任，但债务人债务未消灭，负有随时履行的义务，这对债务人不公平，为此，《合同法》设定了提存制度。

1. 提存的适用

《合同法》第 101 条规定，当发生如下原因致使债务人难以履行债务时，可以将标的物提存：

（1）债权人无正当理由拒绝受领。

（2）债权人下落不明。

（3）债权人死亡未确定继承人或者丧失民事行为能力未确定监护人。

（4）法律规定的其他情形。

标的物不适于提存或者提存费用过高的，债务人依法可以拍卖或者变卖标的物，提存所得的价款。

2. 提存的期限和费用承担

提存期限为 5 年，5 年后，在扣除提存费用后视为无主财产，收归国有。标的物提存后，除债权人下落不明的以外，债务人应当及时通知债权人或者债权人的继承人、监护人。

标的物提存后，毁损、灭失的风险由债权人承担，提存期间，标的物的孳息归债权人所有，提存费用由债权人负担。

（五）免除

免除又称债务免除，是指债权人放弃部分或全部债权，从而全部或者部分消灭合同权利义务的单方行为。

免除是单方法律行为，债权人必须向债务人进行明确的意思表示，自向债务人或其代理人表示后，即产生债务消灭的效力。债权人一旦作出免除的意思表示，即不得撤销。

（六）混同

混同是指债权人、债务人合为一人，发生混同，当事人权利义务关系终止。《合同法》第 106 条规定："债权债务归于一人的，合同的权利义务终止，但涉及第三人利益的除外。"

混同的发生，由债权或债务的承受而产生，包括概括承受与特定承受。其中，概括承受是发生混同的主要原因，例如，企业发生合并，合并前的两个企业之间的合同权利和义务，因企业合并而消灭。由特定承受而发生的混同，是指债务人由债权人受让债权，债权人承受债务人的债务。

合同债权债务关系，因发生混同而消灭，但如果债权是他人权利的标的时，从保护第三人的合法权益出发，债权不消灭。

第六节　违约责任

违约责任是指当事人不履行合同义务或者履行义务不符合法律规定或合同约定时应当承担的民事法律后果。违约责任既是违约行为的法律后果，同时也是合同效力的表现。违约责任制度对于促进合同全面履行，弥补违约造成的损失具有重大意义。违约责任为民事责任，具有民事责任的一般属性，即惩罚性和补偿性，其中，惩罚性表现为法律对违约行为的一种否定性评价，而不是通过对违约方处以高于受害人实际损害的赔偿数额或者违约金来表现；补偿性表现为对受害人所受损害的弥补。

一、违约责任的归责原则与免责

（一）违约责任的归责原则

现行各国的民法典和合同法中，违约责任的归责原则通常包括过错责任、过错推定责任和无过错责任。过错责任原则是指在一方违反合同义务、不履行或者不适当履行合同时，以过错作为责任成立的要件及确定责任范围依据的归责原则；过错推定原则是指在发生了违约行为之后，法律直接推定违约行为人在主观上具有过错，判定其应承担违约责任的一种归责原则；无过错责任原则是指违约责任的成立无须当事人主观上具有过错，只要违约行为与损害结果之间具有因果关系，违约方就应对其违约行为负责的一种归责原则。我国《合同法》采取了二元归责原则或者说二元制归责体系。

1. 无过错责任原则

《合同法》第 107 条规定:“当事人一方不履行合同义务或者履行合同义务不符合约定的,应当承担继续履行、采取补救措施或者赔偿损失等违约责任。”《合同法》采纳了违约责任无过错责任的归责立场,即严格责任原则。无过错责任归责原则在现实背景下具有重要意义。首先,有利于促进合同当事人认真履行合同,在过错原则下,当事人以“无错”开脱责任,使合同履行率不高,无过错责任下,不论何种原因,只要当事人未能全面履行合同,存在违约行为,就应承担违约责任;其次,有利于保护受害方的合法权益,在过错责任原则下,守约方作为原告承担对被告过错的举证责任,不利于保护受害人的合法权益,采取严格责任原则,则守约方无需举证违约方具有主观“过错”。

2. 过错责任原则

《合同法》有些条款也确立了过错责任原则,如《合同法》第 303 条规定,在运输过程中旅客自带物品毁损、灭失,承运人有过错的,应当承担损害赔偿责任;第 320 条规定,因托运人托运货物时的过错造成多式联运经营人损失的,即使托运人已经转让多式联运单据,托运人仍然应当承担损害赔偿责任;第 406 条规定,有偿的委托合同,因受托人的过错给委托人造成损失的,委托人可以要求赔偿损失。此外,《合同法》在个别条文中规定了过错推定责任,如第 374 条规定,保管期间,因保管人保管不善造成保管物毁损、灭失的,保管人应当承担损害赔偿责任,但保管是无偿的,保管人证明自己没有重大过失的,不承担损害赔偿责任。

(二)违约责任的构成要件

违约责任的构成要件是指违约责任的成立所必须具备的要件。对违约责任的构成要件分析使归责条件具体化,利于当事人分清责任的有无及轻重。违约责任的构成要件分为一般构成要件与特殊构成要件。

1. 一般构成要件

一般构成要件是指所有的违约责任都必须具备的要件。根据现行《合同法》无过错责任的立场,理论上所有的违约责任追究时都要求具备的构成要件只有一个,即违约行为。

2. 特殊构成要件

特殊构成要件是指具体的违约责任形式所必须具备的要件。违约责任形式不同,违约责任的构成要件也不同。

(1)强制实际履行责任。构成要件有:违约方不履行合同、违约方能够履行、守约方要求履行。

(2)赔偿损失责任。构成要件有:违约行为、损害事实、违约行为与损害事实之间的因果关系,在过错责任情况下,还要求行为人主观上有过错。

(3)违约金责任。构成要件只有违约行为一种,当然,在过错责任原则下,还要求违约方有过错。

(三)违约责任的免责事由

免责事由是指当事人约定或者法律规定的债务人不履行合同时可以免除承担违约责任的条件与事项。《合同法》规定的一般免责事由为不可抗力,其他法律对特定合同免责事由有规定的,适用于特定合同的规定。另外,当事人可以在合同中自愿约定合理的免责条款。

《合同法》第 117 条第 1 款规定:“因不可抗力不能履行合同的,根据不可抗力的影响,部分或者全部免除责任,但法律另有规定的除外。当事人迟延履行后发生不可抗力的,不能免除责任。”不可抗力是指不能预见、不能避免并不能克服的客观情况。

一般认为,下列情况属于不可抗力的范围:

(1)自然灾害。如地震、火灾、水灾等。

(2)政府行为。如政府颁布新的法律、制定新的政策等。

(3)社会异常事件。如工人罢工、战争、革命、政治运动等。

因不可抗力造成合同不能履行的,应当免除或部分免除当事人的违约责任。但是当事人一方应当及时将不可抗力导致合同不能履行的事实通知对方,以减轻可能给对方造成的损失,并应当在合理期限内提供证明。

二、违约责任的承担方式

根据《合同法》规定,违约责任的承担方式主要有:继续履行、采取补救措施、赔偿损失、违约金和定金。

(一)继续履行

继续履行,又称实际履行、强制实际履行,是指债权人在债务人不履行合同义务时,请求人民法院或者仲裁机构强制债务人实际履行合同义务。

继续履行违约责任的承担方式一直为我国采用,但与原《合同法》相比,含义有所不同,《合同法》规定,当事人一方不履行非金钱债务或者履行非金钱债务不符合约定的,对方可以要求履行。当事人不履行合同义务或者履行合同义务不符合约定的,在履行义务或者采取补救措施后,对方还有其他损失的,应赔偿损失。从立法以及现实操作上看,一般还将继续履行作为违约责任的第一位救济措施。

但有下列情形之一的除外:

(1)法律上或者事实上不能履行。

(2)债务的标的不适于强制履行或者履行费用过高。

(3)债权人在合理期限内未要求履行。

(二)采取补救措施

补救措施是指债务人履行合同义务不符合约定,债权人在请求人民法院或者仲裁机构强制债务人实际履行合同义务的同时,根据合同履行情况要求债务人采取的补救履行措施。

《合同法》第 111 条规定：质量不符合约定的，应当按照当事人的约定承担违约责任。对违约责任没有约定或者约定不明确，受损害方根据标的的性质以及损失的大小，可以合理选择要求对方承担修理、更换、重作、退货、减少价款或者报酬等违约责任。采取补救措施是违约方采取的旨在消除违约后果的措施。

(三)赔偿损失

赔偿损失是指违约方不履行或者不完全履行合同给对方造成损失时，依法律或合同约定赔偿对方当事人所受损失的行为。

赔偿损失是常见的责任形式，其目的是通过金钱给付，使遭受损失的一方当事人能够得到相应的弥补。《合同法》规定，当事人一方不履行合同义务或者履行合同义务不符合约定，给对方造成损失的，在履行义务或者采取补救措施后，对方还有其他损失的，应当赔偿损失。损失赔偿额应当相当于因违约所造成的损失，包括合同履行后可以获得的利益，但不得超过违反合同一方订立合同时预见到或者应当预见到的因违反合同可能造成的损失。经营者对消费者提供商品或者服务有欺诈行为的，依照《中华人民共和国消费者权益保护法》的规定承担损害赔偿责任，即承担双倍赔偿责任。

当事人一方违约后，对方应当采取适当措施防止损失的扩大；没有采取适当措施致使损失扩大的，不得就扩大的损失要求赔偿。当事人因防止损失扩大而支出的合理费用，由违约方承担。

(四)违约金

违约金是指当事人在合同中约定或由法律规定，一方违约时，应向对方支付一定数量的货币。当事人可以约定一方违约时应当根据违约情况向对方支付一定数额的违约金，也可以约定因违约产生的损失赔偿额的计算方法。

《合同法》中确立的违约金改变了过去以惩罚性为主、补偿性为辅的做法，违约金可以是约定的，也可以是法定的。

法律对约定违约金金额可进行法定调整，《合同法》第 114 条第 2 款规定，约定的违约金低于造成的损失的，当事人可以请求人民法院或者仲裁机构予以增加；约定的违约金过分高于造成的损失的，当事人可以请求人民法院或者仲裁机构予以适当减少。

当事人就迟延履行约定违约金的，违约方支付违约金后，还应当履行债务。

(五)定金

定金是指合同当事人为确保合同履行，依法律规定或当事人约定，由当事人一方在合同订立时或订立后履行前，按合同标的的一定比例预先付给对方当事人的金钱或其他替代物。

债务人履行债务后，定金应当抵作价款或者收回。给付定金的一方不履行约定的债务的，无权要求返还定金；收受定金的一方不履行约定的债务的，应当双倍返还定金。

《合同法》第 116 条规定："当事人在合同中既约定违约金，又约定定金的，一方违约时，对方可以选择适用违约金或者定金条款，但两者不可同时并用。"救济手段的选择确定，源于对定金和违约金的性质的正确认识，定金作为违约责任的形式与定金作为债的担保形式并不矛盾，定金的设立虽然是为了担保合同的履行，但是当事人违约后，就要产生定金责任，定金条款可以有力地督促当事人履行合同，当事人违约时，定金就转化为承担违约责任的违约定金。

第七节　其他规定

一、合同的法律适用

（一）特别法优于普通法

在合同法之前，商标法、专利法、担保法、保险法、海商法、中外合资经营企业法、中外合作经营企业法等法律对合同都有规定。《合同法》第 123 条规定："其他法律对合同另有规定的，依其规定。"即法理上的特别法优于普通法，合同法是规范合同的普通法，其他法律对合同的规范属于特别法的规定，特别法在适用上优先于普通法，但特别法的基本原则与合同法应该是一致的。

（二）无名合同的法律适用

无名合同是指合同法和其他法律中没有明确规定名称的合同。《合同法》分则中规定了 15 种有名合同，如买卖合同、租赁合同、赠与合同、借款合同、委托合同、运输合同、技术合同等。此外，我国铁路法、海商法、民用航空法、担保法、保险法、著作权法、商标法、专利法等单行法中明确规定的合同，也属于有名合同。

现实生活中的合同多种多样，法律不可能将所有的合同种类罗列穷尽，更由于民事主体"契约自由"，只要当事人意思表示一致并不违反国家法律禁止性规定和社会公共利益，法律就应承认当事人合意的效力，因此，无名合同也应受法律保护。《合同法》第 124 条规定："本法分则或者其他法律没有明文规定的合同，适用本法总则的规定，并可以参照本法分则或者其他法律最相类似的规定。"

（三）涉外合同的法律适用

涉外合同的法律适用，是指处理涉外合同争议适用何国法。根据《合同法》的规定，涉外合同法律适用有三种情况。

1. 当事人意思自治

当事人意思自治是指当事人自行协商选择可适用的法律，当事人所选择的法律又称为准据法。当事人所选择的法律，可以是中国法，也可以是外国法或第三国法，但只能是实体法，而不能是程序法，程序法不允许当事人选择，同时选择适用的法律不得违背国家社会公共利益。

2. 最密切联系国法

《合同法》第 126 条第 1 款规定："涉外合同的当事人可以选择处理合同争议所适用的

法律，但法律另有规定的除外。涉外合同的当事人没有选择的，适用与合同有最密切联系的国家的法律。”何为最密切联系国，由最高人民法院解释。

3. 强制适用中国法

《合同法》第126条第2款规定：“在中华人民共和国境内履行的中外合资经营企业合同、中外合作经营企业合同、中外合作勘探开发自然资源合同，适用中华人民共和国法律。”凡上述三类涉外合同发生争议时，只能适用中国法解决。

二、合同争议的解决途径

合同争议的解决途径是指当事人之间对合同的履行情况和不履行的后果产生争议通过何种渠道解决。《合同法》第128条规定：“当事人可以通过和解或者调解解决合同争议。当事人不愿和解、调解或者和解、调解不成的，可以根据仲裁协议向仲裁机构申请仲裁。涉外合同的当事人可以根据仲裁协议向中国仲裁机构或者其他仲裁机构申请仲裁。当事人没有订立仲裁协议或者仲裁协议无效的，可以向人民法院起诉。当事人应当履行发生法律效力的判决、仲裁裁决、调解书；拒不履行的，对方可以请求人民法院执行。”根据该规定，合同争议的解决途径有三种。

（一）和解与调解

合同当事人可以通过和解或者调解解决合同争议。和解是自行协商解决争议，调解是指由第三方居中调解，又称为行政调解。和解与调解均为当事人自愿行为，不具有法律强制执行效力。

（二）仲裁

《合同法》规定：“当事人不愿和解、调解或者和解、调解不成的，可以根据仲裁协议向仲裁机构申请仲裁。涉外合同的当事人可以根据仲裁协议向中国仲裁机构或者其他仲裁机构申请仲裁。”

仲裁是具有法律效力的解决途径，其前提条件是当事人订有仲裁条款或事后达成仲裁协议。仲裁实行一次裁决制度，在仲裁和诉讼的选择上采取或裁或诉制度。

（三）诉讼

合同当事人没有订立仲裁协议或者仲裁协议无效的，可以向人民法院起诉。人民法院依法作出判决，对生效法律文书，一方当事人拒不执行的，另一方可以申请人民法院强制执行。

三、诉讼时效、中止和中断

（一）诉讼时效

诉讼时效是指法律规定的，允许当事人为保护自己的合法权益向人民法院或仲裁机构提起诉讼或仲裁的法定期限。时效自当事人知道或应当知道自己权利受到侵害之日起计算，当事人是否知道侵害事实，不仅仅以自己表示为依据，而主要根据事实上他是否知道或是否应当知道，这一判断由法院或仲裁机构作出。超过诉讼时效提起诉讼或申请仲裁，人民法院或仲裁机构不予受理。

时效因不同合同而有所不同，例如，国际货物买卖合同、技术进出口合同的诉讼时效为 4 年；技术合同的诉讼时效为 1 年；一般民事合同的诉讼时效为 2 年等。《合同法》第 129 条规定："因国际货物买卖合同和技术进出口合同争议提起诉讼或者申请仲裁的期限为 4 年，自当事人知道或者应当知道其权利受到侵害之日起计算。因其他合同争议提起诉讼或者申请仲裁的期限，依照有关法律的规定。"

(二)中止

诉讼时效因不可抗力的发生而中止，中止诉讼时效的从原因消除之日起继续计算。

(三)中断

诉讼时效因诉讼发生而中断，中断自中断时起诉讼期间重新计算。

第五章 竞争法律制度

【要点提示】

- 竞争立法的共性与个性
- 竞争立法模式
- 反不正当竞争法
- 反垄断法

【案例】

某公司专门生产销售化妆品，为了提高某护肤品的增白效果，该公司在其中添加了超过国家规定标准的对人体有害的增白剂。公司总工程师付某因不满工资待遇，离开公司，将增白剂一事向媒体公开，该公司以侵犯商品秘密为由将付某诉至法院。

问：付某是否构成侵犯商业秘密？该案应如何处理？

第一节　竞争法概述

一、竞争

竞争对人类而言具有重要而深远的意义，不仅是促进物质文明的重要手段，而且发展出独特而深具魅力的竞争观念与文化。作为一种社会现象，普遍存在于政治、经济、科技、文化等许多领域；作为一个术语，其使用频率与适用范围相当广泛，所以我们有必要进行梳理，以区别在不同语境下使用的“竞争”一词的具体含义。

（一）竞争的概念

在生物学意义上，由于优胜劣汰这一竞争规律在自然界，尤其是生物界具有特别重要的作用，因而，人们首先想到的是生物学意义上的竞争。生物体为获取各自所需的资源，为维持自己的生存而展开角逐。“物竞天择，适者生存”便是对生物学意义上竞争最好的说明。

在社会学意义上，人类社会中，一些人为了获得更好的生存环境，而与另一些人不断进行斗争和协调。其表现在政治、经济、科技、体育等各个方面，竞争是人类社会发展的基本方式与动力。

在经济学意义上，竞争是指市场主体在市场上为实现自身的经济利益和既定目标而不断进行的角逐。由于市场主体无穷的欲望与资源稀缺的矛盾，市场主体不得不在某种规则之下分配资源，建立起优胜劣汰的市场竞争机制。竞争的目的在于最大限度地发挥市场机制的资源配置能力，提高市场效率。

在法律上，竞争是指经济利益相互排斥的两个或两个以上的市场主体，采用能够促成交易的手段，互相争夺市场而导致优胜劣汰的行为。

法律上关于竞争的界定，来自于经济学的一些基本原理，但它们所关注的问题的重点是各有侧重的。与经济学注重对于竞争行为的经济属性分析不同，法律着重于对竞争行为的社会属性与法律后果的分析。法律对于竞争行为的关注，包括三个主要环节：竞争主体、竞争手段与目标、竞争后果。(1)竞争主体。对竞争主体的认识，直接关系到竞争法的适用与调整。例如，如何界定经营者，会直接影响对相关行为的性质认定。(2)竞争手段与目标。手段与目标是从法律上判断各种不同竞争行为的性质的基础。事实上，竞争的一个重要因素，就是竞争手段。竞争者要获得竞争优势，可能通过价格、信息、质量或与之相关的扩大规模、瓜分市场等多种手段；而这些手段是基于一定目标的，可能是为了排挤竞争者，可能是为了损害消费者利益等。为此，竞争手段与目标成为竞争法关注的焦点之一，竞争法律制度就必须针对各种竞争手段的目的性、正当性以及合法性，来确定相应的调整方法。(3)竞争后果。竞争后果直接关系到法律行为的定性以及责任的承担，例如，要判断一种行为是否构成不正当竞争，竞争行为所造成的后果至关重要。综观各国立法，对于竞争明确进行法律界定的国家和地区并不多见。我国现行的竞争法律法规中，尚无对竞争这一概念的法定定义，某些行政法规、地方性法规中，虽有对竞争的表述，但基本借用的是经济学的界定方式。

(二)竞争的分类

竞争是一种纷繁复杂的经济、社会现象，面对竞争，学界更多保持着一种非常审慎的态度和批判精神。为进一步认识竞争，我们可从不同角度、按照不同标准对竞争予以分类，只有从多个角度来了解和分析，才能获得完整而深刻的认知。

1. 正当竞争和不正当竞争

在现代市场经济体制中，有市场就有竞争，但由于竞争的两面性，故有正当与不正当的区别。竞争法的功能就是通过界定的竞争行为，制止不正当竞争，保护正当竞争，因此，这一分类在法律上具有重要意义。

在开放竞争的市场上，合理与不合理市场竞争太难界定，正当与不正当竞争的法律要求也不易判断：从本质上说，正当竞争是一种符合诚实信用和社会公认的道德准则的竞争，而不正当竞争是一种违反公平、诚实信用原则和违反社会公认的道德准则的竞争。问题就归结为，我们以何种标准来判定正当竞争与不正当竞争的界限。显然，“正当”与“不正当”，并不是描述性的法律概念，而是一种典型的道德价值意义上的词。将道德价值引入法律命题之中，并且作为衡量“正当”与“不正当”，进而决定合法与不合法的评判标准，是用法律的形式确立起了竞争的道德要求，反之也是用道德的合理性考量和评价着现实的法律问题。

2. 自由竞争、完全竞争、不完全竞争和有效竞争

基于竞争的重要性，各经济学流派在与理想状态竞争模式的相互比较中，逐渐修正自己的竞争模式，形成了各种用以描述动态的竞争环节的竞争理论。丰富的、不断更新的竞争理论，对各国的竞争政策和竞争法制产生了广泛而深远的影响。研究和探讨竞争理论，对于合理构建和完善竞争法律制度具有重要意义。

(1)自由竞争。最有代表性的是亚当·斯密的古典竞争理论，他认为市场是一只“看不见的手”，引导着经营者在追求个人利益的过程中最终走上有利于社会整体经济的发展轨道，为了保证市场机制的有效运行，就必须给市场主体以充分的自由，实现自由竞争。该理论指明了竞争的重要性，奠定了竞争理论的基础，但未说明竞争展开的条件、提出竞争的具体政策。

(2)完全竞争。又称“纯粹竞争”，其由法国古典经济学家奥古斯汀·古诺提出，后经新古典经济学家的代表人物帕累托、马歇尔等人的发展而形成，其描述了一种不考虑市场特点的、静止的市场状态。类似于物理学的思维和试验条件，假设出一系列前提条件，如市场上有无数个买方与卖方，每个生产者只能占据很小的无足轻重的市场份额；所有的产品都是同质的；市场高度透明；生产要素的进入与退出完全不受限制等。在较长的一段时间内，完全竞争是进行市场主体行为经济分析和政策制定的出发点。然而，在现实生活中这些前提是根本不存在的，虽为最优模式，却只是理论的抽象。

(3)不完全竞争。又称“垄断性竞争”，由美国学者张伯伦和英国学者罗宾逊夫人首先提出，他们描述了一种存在着不同程度的垄断而竞争受到限制、阻碍的市场模式。他们认为，在现实世界中，真实的竞争往往处在完全竞争和完全垄断之间，通常是不同程度的竞争与垄断的交织。依照垄断与竞争力量的对比关系，可作具体的考察：垄断的程度达到极端(即单一的卖者或买者)，就形成完全垄断。完全垄断是一种极少存在的情况，即使偶尔发生，也很短命，除非有行政权力的干预如铁路、政企合一的电信产业，或企业本身拥有同行所无法复制的专利技术、竞争力。垄断的程度达到只有少数几个卖者或买者，就形成寡头垄断(或寡头竞争)。垄断的程度达到存在较多的卖者或买者，或有较大程度的竞争，就形成垄断竞争，这是一种较为良性、成熟的市场格局。这种理论彻底否定了完全竞争，相对接近于市场竞争的客观实际。

(4)有效竞争。又称可行性竞争，是由美国学者克拉克提出的，是指能使市场经济活动保持高效率的不完全竞争模式，是适度的规模经济与适度竞争相结合的一种状态：竞争的强度应足以激发企业不断提高市场竞争力、改善经济效益、发展规模经济，但规模经济又是可以控制的，不会发展成为市场进入的障碍，降低市场活力和经济效率。后来学者们为有效竞争从三个方面设定了15个最低标准，以评价、量化竞争模式的有效与否。作为竞争法所追求的目标，有效竞争理论的目的在于确立可操作性的量化标准，以衡量各行业市场竞争的格局是否达到有效，这与竞争法所追求的目标极为一致，因此，各国竞争法借

鉴了经济学的这一成果，以其明确的市场结构、行为和绩效方面的最低标准为参考，用以衡量企业行为或状态的“竞争合法性”，以及衡量竞争法本身的价值，形成了竞争法律规范体系。

3. 国内竞争和国际竞争

国内竞争，即本国的竞争主体之间互相争夺国内市场。国际竞争是指国家相互之间在经济交往中，产品、资金技术、资源、人才等各方面所进行的竞争。它超出了一国的范围，参与竞争的各方为不同国家的市场主体。随着经济全球化进程的加快，经济开放程度的不断提高，国际竞争已经成为当今社会经济生活中极为重要的经济、法律现象。同时，由于国内市场与国际市场的交叉和重叠，使国内竞争和国际竞争相互渗透，两者的界限日益模糊，在法律上，国内竞争法律规范与国际竞争法律规范也相互影响、相互借鉴。

(三)竞争的功能

竞争是市场经济的本质属性，却是一把“双刃剑”，兼具促进与抑制市场机制的双重功能。从积极的方面看，竞争有利于劳动生产率的提高，促进社会生产力的发展；有利于促进资源在国民经济各部门的合理流动与优化配置；有利于更好地满足消费者的需要，维护消费者的利益。

但是，竞争也可能给市场经济的有序运行和社会经济的发展带来不良后果，其消极作用主要表现在：竞争会导致垄断；在资源配置过程中，不可避免地会造成一定的资源浪费；导致贫富悬殊，形成两极分化。

竞争功能双重性是竞争法所必须面对和考虑的问题。竞争法的最重要任务和直接目的在于对竞争积极功能的保护和对其消极功能的抑制，以保证市场机制的正常运行。一方面，要通过制定合理的规则有效地促进竞争积极作用的发挥，推动社会经济向前发展；另一方面，需要针对竞争的消极作用，采取有效的规制措施，予以约束和限制，将其危害降到最低限度。

二、竞争法

(一)竞争法的规制对象

竞争法是指以市场竞争关系为调整对象，以保护公平竞争为主旨，以反垄断法和反不正当竞争法为核心内容的法律规范的总和。经济现实表明，作为竞争的伴生物，非正当竞争的现象总是存在。从竞争法所规范的非正当竞争行为类型的角度看，通常表现有三种情形：一是垄断行为，指的是经营者通过自身经营或企业合并等方式，形成对一定市场的独占或控制；二是限制竞争行为，指的是单个经营者滥用其市场优势或几个经营者通过联合的方式损害竞争对手的利益；三是不正当竞争行为，指的是经营者采取有违诚实信用或商业惯例的手段进行市场竞争。其中，垄断与限制竞争具有同质性，反映的是排斥竞争或避免、减少竞争；不正当竞争表明的是不择手段的过度竞争。世界各国竞争法就是以这些反竞争行为或现象为规制对象而形成的制度体系。

其实，垄断行为、限制竞争行为与不正当竞争行为，都是从理论上抽象出来的概念。例如，在对待竞争的态度上，垄断行为与限制竞争行为是反对竞争、抑制竞争，其实质是通过独占或分占市场达到控制消费者的目的，从而获取巨大的利润。它们根本不允许竞争的存在，哪怕是不正当的竞争也不需要；而不正当竞争行为则是在有竞争的情况下，以不正当的手段进行竞争，其实质是违背商业道德和良好习惯，用卑鄙手段夺取他人利益的违法行为。

在实际中，这三种行为之间并没有绝对的界限，特别是垄断行为与限制竞争行为、限制竞争行为与不正当竞争行为之间的联系不仅十分紧密，甚至存在很大程度上的交叉。各国在立法技术上，也将限制竞争行为的某些具体形态，有的归于垄断，有的归于不正当竞争。从总体上看，垄断行为与限制竞争行为的联系更为密切。正因如此，人们常常将竞争法划分为两大部分，即反垄断法和反不正当竞争法，其中，反垄断法中包含了绝大部分反限制竞争的内容。

(二)竞争法的立法模式

1. 世界各国主要竞争立法模式

立法模式是一国在立法时所采取的、与调整范围相关的法律类型。基于法律传统、经济体制、文化传统以及立法时间等差异，各国竞争立法所选择的立法模式不尽相同。总体而言，主要呈现三种模式：

(1)以反垄断法为重心的立法模式。这以美国为代表，美国于1890年颁布了《保护贸易和商业免受非法限制和垄断之害法》即《谢尔曼法》，开创了竞争法的先例。之后，又出台了《克莱顿法》、《联邦贸易委员会法》等，由此形成了美国独具特色的系列反托拉斯法。内容主要是反垄断或限制竞争，但也含有反不正当竞争规范。

(2)分立式立法模式(二元式)。即分别制定法律调整垄断(或限制竞争)和不正当竞争，形成形式意义上的反垄断法(或反限制竞争法)和反不正当竞争法。这以德、日为代表，流行于大陆法系圈内。德国于1896年制定了《反不正当竞争法》，1957年出台了《反限制竞争法》；日本于1934年制定了《不正当竞争防止法》，1947年颁布了《禁止私人垄断及确保公正交易法》。

(3)合并式立法模式(一元式)。即只制定一部法律调整三类行为，形成形式意义上的二法一体。名称上有的直接以反不正当竞争法命名，如匈牙利于1990年制定的《禁止不正当竞争法》；有的以其他命名。合并立法多发生在竞争立法较晚的国家或地区。

上述竞争立法模式以分立式和合并式两种情形具有示范意义，为各国效仿。两相比较，各有优劣。分立式立法的优点主要有：立法目的明确，针对性强；立法内容界限清楚；法律适用上操作相对容易。合并式立法的优点主要有：突出了反垄断法和反不正当竞争法的共性，兼顾了两法之间的内在联系，使两法合为一体，不致分别归属；有利于发展中国家反垄断的需要，反垄断的任务并不多，立法在于防范；有利于强化反不正当竞争的力度，发挥行政执法作用；有利于竞争法实施中的协调运作。

2. 中国的立法模式选择

自 1987 年开始，在我国竞争立法中，对于如何处理反垄断法和反不正当竞争法的关系，一直存在争议。关于立法模式的选择，大体存在三种不同的观点：(1)主张采取分立式模式，即分别制定反垄断法和反不正当竞争法。主要理由为：垄断和不正当竞争是两个性质不同的问题，它们分属于两个不同的法律部门，应分别予以调整；中国的垄断问题特殊而又复杂，需要进行专门的特殊调整等。(2)主张采取合并式模式。主要理由是有利于竞争法各部分的协调、统一和平衡发展。(3)主张采取折中模式。即在竞争立法之初采取一种综合的调整模式，从当时的经济情况出发，以一部《反不正当竞争法》把当时经济条件下已经出现或即将出现的限制竞争行为及大量的不正当竞争行为均纳入其中加以综合调整。这种观点形成于 20 世纪 90 年代初我国市场经济体制初步确立之时。

在不断的争议与讨论中，形成比较一致的看法是，当时制定系统的反垄断法尚缺乏成熟的实践基础，而个别的垄断行为在我国又确已出现，并对竞争秩序造成了危害，有必要通过立法予以制止。因此，最后选定的立法方案是，制定反不正当竞争法，但其并不纯粹以不正当竞争行为为调整对象，而将具有实践基础的个别垄断行为也予以规范。根据这种思路，在全国人大常委会审议反不正当竞争法草案的过程中，从整体上删除了滥用市场竞争优势和协议限制竞争内容，留待将来制定反垄断法时解决，但保留了部分条款。因此，最后通过的反不正当竞争法并非一部单纯的禁止不正当竞争行为的法律，而实际上是制止不正当竞争行为和部分垄断行为的混合性法律。

目前，我国规制经济竞争的法律主要有：1993 年 9 月 2 日，第八届全国人民代表大会常务委员会第三次会议通过，1993 年 12 月 1 日起施行《中华人民共和国反不正当竞争法》。2007 年 8 月 30 日第十届全国人民代表大会常务委员会第二十九次会议通过，2008 年 8 月 1 日起施行《中华人民共和国反垄断法》。

第二节　反不正当竞争法律制度

一、不正当竞争的概念

不正当竞争行为是以其广泛且变化多端而著称，德国学者将其比喻为海神，意指其有千变万化的外形；意大利学者则将其喻为云彩，变幻无穷，难以捉摸。因此，恰当地界定不正当竞争行为是我们认知的基础，是我们理解反不正当竞争法律制度的起点与源头。

(一)不正当竞争的一般界定

归纳国内外立法及其最新发展和有关学理认识，可对不正当竞争一般界定如下：不正当竞争是经营者在市场交易中，违反诚实信用原则或公认的商业道德，所从事的有损于其他经营者或消费者利益，扰乱社会经济秩序，应予追究其法律责任的行为。应从以下几个方面加以把握：

1. 商业竞争性

不正当竞争是经营者在市场交易中出于竞争目的所为的行为。正当竞争和不正当竞争都是竞争者为取得预期的竞争效果和目标所为的竞争行为。所不同之处，前者是竞争者采取正当的商业手段，即通过提高质量、降低成本、开发技术、改善服务、增强信誉等来实现其竞争效果和目标；后者则是竞争者不择手段，或滥用他人竞争优势（如仿冒他人商业标志、窃取他人商业秘密等），或打击他人竞争优势（如诋毁他人商誉等），或非法牟取竞争优势（如商业贿赂、虚假广告等），来达到或意图达到其竞争效果和目标。

2. 反商业道德性

不正当竞争是经营者违反诚实信用原则或公认的商业道德的行为，这体现了不正当竞争的本质。

诚信原则（"善良风俗"或"善意"原则），通常是要求当事人以诚实、信用的态度去行使权利，履行义务，换言之，也就是当事人在经营活动中应当诚实待人、恪守信用，不得进行任何欺诈或侵权的行为。其有着广泛的内容，几乎涵盖民事或经济活动所应遵循的基本准则的各个方面。商业道德是指在长期的工商业活动中所形成的、为人们所认可并加以遵守的一般习俗或习惯，如货真价实、童叟无欺、平等自愿、公平买卖等，属于不成文的规范。可见，"诚信原则"与"商业道德"具有等同的意义。反不正当竞争法有着深厚的道德基础，它的产生源自商人对诚信行为的追求，它的任务在于对商业伦理的捍卫，它的适用以既存的道德为尺度。

3. 社会危害性

不正当竞争是有损其他经营者（竞争对手）和客户（尤其是消费者）的利益、扰乱社会经济秩序的行为。

（1）侵害其他经营者的利益。有以下三种情形：一是侵害特定经营者（竞争对手）的利益；二是侵害同业经营者的利益；三是侵害不同业的经营者。

（2）侵害客户（尤其是消费者）的利益。在市场经济下，客户成为不同竞争者争夺的对象。作为不诚实的竞争者以不正当手段进行竞争，不可避免地会影响消费者的利益，即使表面看来有些对消费者有利的行为，也会最终损害消费者。

（3）扰乱和破坏整个社会经济秩序。不正当竞争是行为人滥用竞争自由，违反竞争规则，通过投机取巧、坑蒙拐骗等不正当手段所为的行为，如果不加以禁止，务必影响市场结构和市场绩效，甚至危及整个经济的良性运行。

4. 应受责罚性

不正当竞争是应予追究经营者法律责任的行为。不正当竞争的反道德性和社会危害性，决定了它是违法行为，理应追究行为人的法律责任，包括民事责任、行政责任和刑事责任。

（二）不正当竞争的具体界定

不正当竞争的具体界定，就是尽可能全面地列举规定出各种不正当竞争行为。对此，各国立法不尽相同。《巴黎公约》列举了混淆、误导、诋毁三种典型不正当竞争行为，后来世界知识产权组织（以下简称 WIPO）在《示范法》中又增列侵犯商业秘密行为、不正当地利用他人成果的行为、比较广告等。

我国现行《反不正当竞争法》通过专章规定了不正当竞争的具体表现形式，包括有 11 类行为：(1)欺骗性市场交易行为，又分为假冒他人注册商标，仿冒知名商品特有的名称、包装、装潢，假冒他人企业名称或姓名，商品质量的虚假表示；(2)公用企业限制竞争行为；(3)滥用行政权力行为；(4)商业贿赂行为；(5)虚假宣传行为；(6)侵犯商业秘密行为；(7)低价销售行为；(8)附条件销售行为；(9)不正当有奖销售行为；(10)诋毁竞争对手行为；(11)串通招标投标行为。

上述列举的不正当竞争，涵盖了各国所确认的比较典型的不正当竞争行为，但从立法当时考虑，也涉及一些垄断或限制竞争行为，如公用企业限制竞争、滥用行政权力、附条件销售、串通招标投标等。目前，我国《反垄断法》立法在即，这些垄断或限制竞争行为应当归入《反垄断法》之中。因此，依照一般界定，并吸收国外和国际的立法经验，对不正当竞争行为类型可具体界定如下：(1)商业混淆行为，这是以侵害他人商业标志造成商品（服务）混淆为特点的、一种传统而典型的不正当竞争行为。在我国现行立法中，包括了假冒他人注册商标、仿冒知名商品和假冒他人企业名称或姓名等。(2)商业误导行为，这是经营者对自己及其商品（服务）进行引人误解的商业陈述。在我国现行立法中，包括了虚假宣传（或广告）行为、商品质量的虚假标示行为等。(3)商业诋毁行为，这是经营者对他人及其商品（服务）进行贬损的商业陈述。(4)侵犯商业秘密行为。(5)商业利诱行为，包括商业贿赂行为和巨奖销售行为。(6)其他行为。如不当利用他人成果的行为（包括淡化、模仿）、不当营销（如传销）行为等。

二、不正当竞争行为的种类

（一）商业混淆行为

1. 商业混淆行为的概念

商业混淆行为（causing confusion），又被称为“商业混同行为”、“市场混淆行为”、“假冒名牌”、“欺骗性交易行为”、“仿冒行为”等，指的是经营者对他人（特有）的商业标志进行不正当的相同或类似使用，致使与他人的商品（包括服务）或营业活动产生混淆，而由此获得市场交易机会和经济利益的行为。认定商业混淆行为，须注意以下几点：

(1)从主体看，混淆行为人是不正当使用他人商业标志的经营者，实践中多表现为中小经营者，即一些经济实力较弱、没有竞争优势的中小型企业、个体经营户或自然人。受混淆行为之害的人涉及商业标志权利人和购买者（或消费者）。其中，商业标志权利人多表现为一些知名企业、具有品牌的企业，与混淆行为人之间常常具有一定竞争关系。当然，混淆行为的构成并非以行为人与权利人之间存在直接的竞争关系为限。

(2)从客体看，混淆行为侵害的是他人（特有）的商业标志及其权利利益。商业标志，也称商业标识，是指用以表明经营者及其商品（服务）个性和共性的外在形式。按 WIPO 的解释，商业标识是向消费者传递市场上的一种商品或服务来自特定的商业来源的信息的任何牌子、象征或图案。《反不正当竞争示范法》中列举了商业标识的范围，包括六种典型的形式，即：商标（trademark）、商号（trade name）、商标或商号以外的商业标识（如某种风格的商业象征 business symbols、徽章 emblems、标志 logos、标语 slogans 等）、商品的外观、商品或服务的表述或表示（尤其包括广告）、知名人士或众所周知的虚构形象。

（3）从客观方面看，混淆行为表现为经营者对他人（特有）的商业标志进行了不正当使用，发生了混淆事实，或由此获得了交易机会和经济利益。

其一，经营者对他人特有的商业标志进行了不正当使用。不正当使用主要有两种情形：①未经他人许可，将他人特有商业标志作相同使用。这就是所谓的"假冒"，是完全冒用他人商业标志，把自己的商品与他人的商品从外在方面使得两者间一模一样，或者直接把自己与他人在经营身份上加以等同或联系起来而使得两者间真假难辨。②未经他人许可，将他人特有商业标志作类似（或近似）使用。此即所谓"仿冒"，并非完全冒用他人商业标志，而是把他人商业标志作没有显著区别的"加工处理"后用于自己的商品上，或者自己用于商品上的商业标志与他人特有商业标志形成近似，由此足以引起公众对自己的商品与他人的商品发生误认或混淆。

其二，经营者对他人商业标志的使用引起了混淆事实。这也就是说，经营者把使用他人商业标志的商品投放市场，造成购买者将该商品与商业标志权利人（所有人、合法使用人）的商品混同对待，发生误认误购。

其三，经营者基于混淆行为取得了一定的市场交易机会和经济利益。这表明经营者实施混淆行为达到了其非法的经济目的。当然，从理论上说，经营者尚未取得或是取得少量的交易机会和经济利益，并不影响混淆行为的认定。

2. 我国关于商业混淆行为的立法规定

根据《反不正当竞争法》第 5 条规定，商业混淆行为表现为以下三种形式：

（1）假冒他人注册商标。指经营者对他人注册商标进行不正当使用，直接或间接地造成商品混淆和商标注册人利益受损的各种行为。具体可包括：①未经注册商标所有人的许可，在同一种商品或者类似商品上使用与注册商标相同或者近似的商标。②经销明知或应知是侵犯他人注册商标专用权的商品。③伪造、擅自制造他人注册商标标识或销售伪造、擅自制造的注册商标标识。④给他人注册商标专用权造成其他损害的行为。

（2）仿冒知名商品特有的名称、包装、装潢。指经营者擅自将他人知名商品特有的名称、包装、装潢作相同或近似使用，造成自己的商品与他人的知名商品相混淆，使购买者误认为是该知名商品的行为。国家工商局 1995 年 7 月专门发布了《关于禁止仿冒知名商品特有的名称、包装、装潢的不正当竞争行为的若干规定》，对如何认定和处理仿冒知名商品行为做出了具体规定。

（3）假冒他人企业名称或姓名。指经营者擅自使用他人的企业名称或姓名，引人误认为是他人商品的行为。“企业名称”可泛指所有参加市场交易活动的单位经营者的名称，包括各种类型的工商企业名称，也包括从事经营活动的事业单位、科技性社会团体名称。“姓名”主要是指无名称字号的个体工商户、个人合伙在市场交易中所使用的投资者姓名，包括正式姓名、曾用名、化名等。实践中被假冒的企业名称或姓名往往具有一定的知名度或较好的信誉。

应当指出，我国关于商业混淆行为的现行立法存在不足，上述行为并没有统一规范，归并为一种不正当竞争行为，而是按照三种行为进行规定，导致执法实践中对经营者分别认定和处罚。同时，依照有限列举的三种商业标志规定出三种行为，也失之过窄，不利于规范现实经济生活中的混淆行为，有待立法的完善。

(二)商业误导行为

1. 商业误导行为的概念

商业误导行为(misleading)，又被称为虚假宣传行为、误导公众、商业欺诈行为等，指的是经营者利用广告或其他方法，对商品(服务)的质量、价格、性能、用途、数量、制造方法等进行引人误解的陈述或表示。

理解时注意以下方面：(1)从主体看，误导涉及误导行为人、受误导的消费者或交易相对人(公众)以及受误导行为影响的相关经营者。(2)从误导的内容看，涉及商品(服务)数量、质量、价格、性能、用途、来源、售后服务等若干方面。(3)从误导的方法、方式看，有三种情形：一是通过广告；二是直接通过产品及其包装；三是其他方式。(4)从客观方面看，误导的事实认定主要在于陈述、宣传的内容引人误解，包括实际产生或可能产生。其通常以一般消费者依一般的消费知识和交易常识为标准加以认定。

商业误导不同于商业吹嘘。在市场竞争条件下，商业吹嘘是难免的现象，比如，有些广告语，使用文学夸张手法，基于其不具有误导效果，法律对此并未严格禁止，而是采取容忍态度。

欺骗、欺诈与误导虽有联系但含义不一。欺骗、欺诈与误导都是使人陷入错误，产生误解。但欺骗、欺诈的认定要求行为人具有主观恶意(故意或重大过失)，通常表现为对商业信息的陈述存在绝对虚假或重大隐瞒；误导则不强调恶意，无过失也可能构成，对商业信息只要求作一般的虚假或隐瞒陈述。反不正当竞争不以构成欺骗、欺诈为标准，而以构成误导即可。如果从程度上讲，可以认为，欺骗、欺诈是重大的误导，是更应当打击的。

2. 我国关于商业误导行为的立法规定

关于商业误导行为，在我国现行立法上还没有统一的规定，显得比较零散，归纳起来有以下情形：

(1)在商品及其包装上作虚假质量标示。又分为：①伪造或冒用质量标志。质量标志是指证明经营者的商品或服务达到一定质量水平的特定标志，包括认证标志、其他质量标志。质量标志是国家进行商品(服务)质量管理的手段，经营者不得随意使用质量标志进行产品标识，误导消费者。②伪造产地。产地表明商品的地理来源，如商品生产地、制造地、加工地等，它常常与商品质量有着关联，具有一定的竞争意义。因此，经营者应当按照法定原则和要求进行真实的产地标示，而不能为行销自己的商品伪造产地，作虚假标示。同时，有些产地（原产地）名称具有商业标识意义，如果伪造冒用，可以构成商业混淆行为，出现误导与混淆行为的竞合。③其他关于商品质量作引人误解的虚假表示。主要表现为经营者违反《产品质量法》有关产品标识义务要求的行为。

（2）虚假广告。指经营者采用广告的宣传方法对商品作引人误解的虚假宣传。广告是经营者最常用、最主要的宣传方式，它是经营者自己承担费用，通过一定的媒介或形式对其营业活动、商品进行自我宣传。其主要特点是利用宣传媒介，包括大众传播媒介（如报纸、杂志、电视、广播等）和自办形式或委托他人代办的媒介（如广告牌、霓虹灯、票证、宣传画册等）。依规定，作为广告主的经营者发布广告必须真实，不得违反《广告法》的禁止性规则。作为经营广告业务的广告经营者（即广告企业）和广告发布者也不得在明知或应知的情况下，代理、设计、制作、发布虚假广告。

（3）广告外的虚假宣传行为。例如，经营者为扩大产品销路通过举办展览会、展销会、博览会、订货会等，发表介绍文章或召开新闻发布会，在各种公共场合的负责人讲话等方式，作引人误解的宣传。

（4）价格欺诈。指的是经营者通过捏造、散布、标示虚假的或引人误解的价格信息，误导、欺骗消费者或交易相对人的行为。根据《价格法》第 14 条，价格欺诈行为包括：①捏造、散布涨价信息，哄抬价格，推动商品价格过高上涨。②利用虚假或使人误解的价格手段，诱骗消费者或其他经营者与其进行交易。这属于虚假价格标示，是人们常说的价格欺诈，实践中的表现有：虚假降价；低价引诱，高价结算；模糊标价，引人误解。③采取抬高等级或压低等级等手段收购、销售商品或提供服务，变相抬高或压低价格。

（5）带有欺骗、误导性的有奖销售行为。《反不正当竞争法》第 13 条规定了不正当有奖销售行为，其中有两种情形属于商业误导行为：①欺骗性有奖销售行为。这是经营者假借有奖销售的名义，误导、欺骗购买者，属于欺骗性的商业做法。又分四种情况：第一，谎称有奖销售或对所设奖的种类、中奖概率、最高奖金额、总金额、奖品种类、数量、质量、提供方法等作虚假不实的表示。第二，采取不正当的手段故意让内定人员中奖。第三，故意将设有中奖标志的商品、奖券不投放市场或不与商品、奖券同时投放市场；或者故意将带有不同奖金金额或奖品标志的商品、奖券按不同的时间投放市场。第四，其他应由省级以上工商行政管理机关认定的欺骗性有奖销售行为。②推销质次价高商品的有奖销售行为。其特点是名为有奖销售，实为变相涨价、推销质次商品，本质上属于误导、欺骗消费者。所谓“质次价高”，要由工商行政管理机关根据同期市场同类商品的价格、质量和购买者的投诉进行认定，必要时会同有关部门认定。

（三）商业诋毁行为

1. 商业诋毁行为的概念

商业诋毁行为（discrediting），又称商业诽谤行为、损害信誉行为、诋毁竞争对手行为，是指经营者捏造和散布虚伪或引人误解的事实，损害他人商业信誉和商品声誉的行为。理解时注意以下方面：

（1）诋毁行为是否针对竞争对手。诋毁通常是在具有竞争关系的当事人之间发生，大多数国家在立法上也是这样要求的。我国《反不正当竞争法》第 14 条规定，经营者不得捏造、散布虚伪事实，损害竞争对手的商业信誉、商品声誉。这较为明确地将诋毁行为限定在针对竞争对手而实施。对此，正如前面关于不正当竞争的理解一样，不必把具有（显性、直接的）竞争关系作为构成不正当竞争的要件。WIPO《示范法》的解释指出："被攻击的个人或公司通常是一个竞争者，或者至少所涉及的当事人之间存在某种竞争关系。但是，不但竞争者，而且像消费者团体或者新闻媒体，也可以实施违反公平竞争原则的行为。如果它们对一个企业商品、服务或者商业活动作虚假的或不合理的陈述，应当对其提起损害信誉的诉讼。"我国现阶段的做法是，对于非经营者或不具有竞争关系的经营者实施诋毁行为，不是按不正当竞争处理，而是以民事侵权性质的诽谤行为对待，适用民事法律规范。

（2）侵害的客体和诋毁的内容。诋毁行为侵害的客体是他人的商业信誉和商品声誉，有人概称为"商誉"或"商誉权"。商业信誉是指社会对特定经营者的评价，包括经营者的信用、资产、经营能力、经营作风等方面，商品声誉是社会对特定商品的评价，包括质量、性能、效用、价格等方面，商业信誉与商品声誉通常被联系在一起，两者并非截然分开，都表明经营者与产品的内在或外在联系，共同标示着特定经营者及其特定产品的社会吸引力和形象，成为经营者重要的无形财富。同时，商业信誉和商品声誉总是依附于特定经营者而存在，具有一定的人格性质。因此，诽谤他人商誉不仅致使他人的财产利益受损，而且侵害他人的人格权利。

（3）诋毁在客观上表现为经营者通过捏造、散布虚伪或引人误解的事实，攻击、贬低他人，造成一定的损害后果。

①捏造、散布虚伪事实或引人误解的事实。我国立法规定诋毁限于捏造、散布虚伪事实，这与《巴黎公约》要求的"虚假陈述"是一致的。《示范法》则指出："不仅虚假陈述，而且不合理的陈述，也可以产生损害信誉的后果。"对竞争者或其商品（服务）的虚假陈述是典型的诋毁，不合理的陈述也可以构成诋毁。实践中，就存在这样的情况：其一，以片面陈述真实的事实进行诋毁，如具有恶意的忠告性提示。其二，以未有定论的事实进行诋毁。

②损害后果，表现为竞争对手的销售额减少、商品积压、信誉下降、消费者要求退货等。诋毁的构成不以实际损害后果的发生为必须。

2. 诋毁行为与误导行为

诋毁行为和误导行为都是发布某种虚假信息，以影响顾客的决定。不同的是，误导行为是通过对自己及其商品或服务进行虚假、欺骗性的陈述而实施，陈述的内容在于褒扬自己；诋毁行为是通过对他人及其商品、服务或工商业活动传布虚假、不合理信息而实施，陈述的内容在于贬损对方。不过，在有些情况下（如，比较广告），诋毁行为与误导行为发生重合。

(四)侵犯商业秘密的行为

1. 商业秘密

商业秘密,又称"秘密信息"(secret information)、"未披露的信息"(unclosed information),按我国立法的解释,商业秘密是指不为公众所知悉、能为权利人带来经济利益、具有实用性并经权利人采取保密措施的技术信息和经营信息。

商业秘密具有三个基本特征:(1)秘密性,即不为公众所知悉。《示范法》解释为,它作为一个整体或作为其组成部分的确切构造或组合,未被通常从事该类信息工作的领域内的人普遍知悉或容易获得。(2)实用性和价值性,即可以用于工商业活动,具有商业价值(经济价值),能为权利人带来经济利益。《示范法》强调了价值性,包括许可价值和竞争价值。商业秘密对权利人来说,往往构成权利人现有财产的一部分,也是权利人市场竞争的法宝,其作用是权利人所拥有的有形财产和专利、商标等无形财产无以替代的。(3)保密性,即权利人为采取商业信息的秘密性而采取的客观措施。从内容上看,保密措施有软件措施和硬件措施。前者主要是制度上的保密措施,如签订保密合同、制定保密制度、加强保密教育等;后者主要是物理措施,如隔离机器设备、加强门卫、为资料上锁等。

2. 侵犯商业秘密行为的概念和具体表现

侵犯商业秘密行为是指经营者或相关人员不正当地获取、披露、使用或允许他人使用权利人的商业秘密,从而损害权利人利益的行为。侵犯商业秘密的行为既具有民事侵权性质,也具有不正当竞争性质。

根据我国《反不正当竞争法》第 10 条规定,侵犯商业秘密行为表现为以下情形:

(1)以盗窃、利诱、胁迫或其他不正当手段获取权利人的商业秘密。

(2)披露、使用或允许他人使用以不正当手段获取权利人的商业秘密。这是竞争经营者对权利人的商业秘密进行不正当披露和不正当使用。

(3)违反约定或违反权利人有关保守商业秘密的要求,披露、使用或者允许他人使用其所掌握的商业秘密。这是合法掌握商业秘密的相关人员对权利人的商业秘密进行不正当披露和不正当使用。这里,相关人员涉及有:权利人的职工(包括高级管理人员、技术人员和一般职工或雇员等)、权利人的业务关系单位和个人、有关政府主管部门及其工作人员等,他们分别基于与权利人的工作或劳动关系、与权利人存在合同或合同外的业务往来关系、对权利人的管理和执法活动,而掌握或可能获取权利人的商业秘密。依国家工商行政管理局于 1995 年 11 月发布的《关于禁止侵犯商业秘密行为的若干规定》,侵犯商业秘密只涉及前两类相关人员(即业务关系单位和个人、权利人的职工)的不正当披露、使用。

(4)视为侵犯商业秘密的行为,即指第三人明知或应知前三种违法行为,获取、使用或披露他人的商业秘密。比如,甲窃取乙的商业秘密,丙知道甲获取的商业秘密是非法的,来路不正,仍然使用该商业秘密。

(五)商业利诱行为

1. 商业利诱行为的概念

商业利诱行为是指经营者违反一般商业做法，通过给予交易相对人或相关人员一定经济利益或其他好处，获得交易机会或有利交易条件的行为。对于商业利诱行为，我国现行立法没有统一规定，主要涉及商业贿赂和巨奖销售两种行为。

(1)商业贿赂行为

商业贿赂行为是贿赂的一种形式，指的是经营者在市场交易活动中采用财物或其他手段暗中收买交易对象或有关人员而争取交易机会或有利交易条件的行为。《反不正当竞争法》第 8 条规定："经营者不得采用财物或者其他手段进行贿赂以销售或购买商品。"之后，国家工商行政管理总局在 1996 年 11 月发布《关于禁止商业贿赂行为的暂行规定》(以下简称《暂行规定》)，对商业贿赂行为的认定和处理做出更为具体的规定。

①从主体上看，商业贿赂行为涉及行贿经营者和受贿者两方面。其中，行贿经营者是基本主体，其职工采用贿赂手段为其销售或购买商品的行为，应当认定为经营者的行为。受贿者表现有三种情形：一是与行贿人发生交易关系并作为交易一方的对方单位或个人。二是交易对方单位的个人，包括法人的法定代表人、其他经济组织的负责人和法人或其他经济组织的代理人。三是有关单位或个人，指对促成交易关系具有影响作用的单位或个人，属于交易关系以外的第三方。

②从主观方面看，商业贿赂行为表现为(行贿)经营者是为交易目的(或是促销商品，或是竞购商品，或是获得交易上的便利或优惠条件)故意所为的行为。经营者被迫索贿的，或不为交易目的，则不构成商业贿赂。

③从客观方面看，商业贿赂行为表现为行贿经营者向受贿者支付或提供了一般商业惯例所不允许的财物款项或非财物利益，并且通常采取秘密的方式来进行。至于按照商业惯例提供小额优惠或赠品及礼仪性接待等，则不构成商业贿赂。商业贿赂的手段包括财物手段和其他手段(非财物手段)两类。依照《关于禁止商业贿赂行为的暂行规定》解释，财物是指现金和实物，包括经营者为销售或者购买商品，假借促销费、宣传费、赞助费、科研费、劳务费、咨询费、佣金等名义，或者以报销各种费用等方式，给付对方单位或者个人的财物。其他手段是指提供国内外各种名义的旅游、考察等给付财物以外的其他利益的手段。

(2)巨奖销售行为

在商品销售活动中，为招徕顾客、扩大销路，有奖销售成为经营者经常采用的一种促销手段。对于有奖销售，我国立法将其区别为正当有奖销售和不正当有奖销售，只有不正当的有奖销售才受到禁止。1993 年 12 月国家工商行政管理总局发布《关于禁止有奖销售活动中不正当竞争行为的若干规定》，对有奖销售及不正当有奖销售做出具体规定。

有奖销售是指经营者销售商品或提供服务，附带性地向购买者提供物品、金钱或其他经济上利益的行为。它包括两种形式：一是附赠式有奖销售，表现为经营者向所有的购买者赠送奖品；二是抽奖式有奖销售，表现为经营者以抽签、摇号或其他带有偶然性的方式确定购买者是否中奖，对中奖者赠予奖品。至于政府或政府有关部门依法批准的有奖募捐及其他彩票发售活动则不属于有奖销售行为。

2. 与商业利诱行为有关的几种商业做法——回扣、折扣、佣金、附赠（赠品）

在认定商业贿赂和不正当有奖销售时，我国立法上涉及回扣、折扣和佣金、附赠等几种商业做法，需注意区分它们的性质和界限。

（1）回扣

"回扣"一词在我国经济生活中曾经用得过滥，常将贿赂、佣金、折扣等都称之为"回扣"，甚至将经营者的营业推广费用、雇员的提成费、技术劳务报酬等也包含在内，人们理解上的分歧至今存在。根据《反不正当竞争法》第 8 条规定，经营者销售或者购买商品，"在账外暗中给予对方单位或者个人回扣的，以行贿论处；对方单位或者个人在账外暗中收受回扣的，以受贿论处"。可见，回扣在性质上属于商业贿赂，具有违法性。

依照《暂行规定》，回扣是指经营者销售商品时在账外暗中以现金、实物或者其他方式退给对方单位或者个人的一定比例的商品价款。包括三层含义：①回扣是发生在交易双方之间，并且主要是在经营者销售商品时。经营者对内部职员或中间人支付销售提成或佣金，不是回扣。②回扣的支付和收受具有秘密性，即是在账外暗中进行的。所谓账外暗中，是指未在依法设立的反映经营者生产经营活动或行政事业经费收支的财务账上按照财务会计制度规定明确如实记载，包括不记入财务账、转入其他财务账或做假账等。③回扣是经营者以现金、实物等方式退给对方单位或个人一定比例的商品价款。这表明回扣的款物来源是商品价款的一部分。

（2）折扣和佣金

《反不正当竞争法》第 8 条第 2 款规定："经营者销售或者购买商品，可以以明示方式给对方折扣，可以给中间人佣金。经营者给对方折扣、给中间人佣金的，必须如实入账。接受折扣、佣金的经营者必须如实入账。"这表明折扣、佣金属于合法范畴，不同于回扣。

折扣又称让利，是指经营者在销售商品时，以明示并如实入账的方式给予对方的价格优惠，包括两种形式：①支付价款时对价款总额按一定比例即时予以扣除；②支付价款总额后再按一定比例予以退还。折扣行为是一种促销手段或营业推广行为，通常公开进行，并要在合同或发票中注明，折扣的往来双方也都如实入账。

佣金又称酬金，是指经营者在市场交易中给予为其提供服务的具有合法经营资格的中间人的劳务报酬。佣金的给付也以明示方式进行，且双方须如实入账。

（3）附赠

附赠是指经营者在市场交易中向交易对方附带提供现金或物品。附赠分为面向一般消费者和面向相关经营者两种情形。面向消费者的附赠，这与附赠式有奖销售、折扣（让利）意义相同。面向经营者的附赠，我国与国外立法原则上给予禁止。《暂行规定》第 8 条规定，经营者在商品交易中不得向对方单位或者其个人附赠现金或者物品。但按照商业惯例赠送小额广告礼品的除外。违反前款规定的，视为商业贿赂行为。

三、关于不正当竞争行为的法律责任

(一)责任形式

1. 基本责任形式

不正当竞争行为的法律责任涉及民事责任、行政责任、刑事责任。

(1)民事责任。不正当竞争的民事责任主要有停止侵害、赔偿损失、消除影响、恢复名誉等具体形式。其中,就赔偿责任来说,《反不正当竞争法》第 20 条规定:“经营者违反本法规定,给被侵害的经营者造成损害的,应当承担损害赔偿责任,被侵害的经营者的损失难以计算的,赔偿额为侵权人在侵权期间因侵权所获得的利润,并应当承担被侵害的经营者因调查该经营者侵害其合法权益的不正当竞争行为所支付的合理费用。”可见,不正当竞争经营者承担民事损害赔偿责任,我国实行补偿性赔偿原则,赔偿范围包括物质利益损失、精神利益损失和合理的调查费用等方面,在赔偿方法上采取务实的做法:损失可计算时,按实际损失赔偿;损失难以计算时,可按经营者实施不正当竞争行为所获得的利润赔偿。

(2)行政责任。《反不正当竞争法》主要规定了不正当竞争的行政责任,包括有责令停止违法行为、罚款、没收违法所得、吊销营业执照等具体形式。

(3)刑事责任。根据《反不正当竞争法》和 1997 年《刑法》规定,只有情节严重,构成犯罪的不正当竞争行为,才追究行为人的刑事责任。其中,涉及的不正当竞争行为包括:假冒注册商标;仿冒知名商品特有的名称、包装、装潢而销售伪劣商品;虚假广告;商业诽谤;侵犯商业秘密行为;商业贿赂等。

2. 具体不正当竞争行为的法律责任

依《反不正当竞争法》规定,各不正当竞争行为所承担的具体法律责任主要如下:(1)经营者构成商业混淆行为和虚假表示行为,依照《商标法》、《产品质量法》的规定处罚。其中,仿冒知名商品特有的名称、包装、装潢,监督检查部门应当责令停止违法行为,没收违法所得,可以根据情节处以违法所得 1～3 倍的罚款;情节严重的可以吊销营业执照。(2)经营者构成商业贿赂行为,监督检查部门可以根据情节处以 1 万～20 万元的罚款,有违法所得的,予以没收。(3)经营者构成虚假宣传行为,监督检查部门应当责令其停止违法行为,消除影响,可以根据情节处以 1 万～20 万元的罚款。对广告的经营者,责令其停止违法行为,没收违法所得,并依法处以罚款。(4)侵犯商业秘密行为,监督检查部门应当责令其停止违法行为,可以根据情节处以 1 万～20 万元的罚款。(5)经营者构成不正当有奖销售行为,监督检查部门应当责令其停止违法行为,可以根据情节处以 1 万～10 万元的罚款。

(二)追责机制

如何查处不正当竞争行为,追究行为人的法律责任?我国立法肯定了行政执法和法院诉讼两种途径。

《反不正当竞争法》第 3 条规定,“各级人民政府应当采取措施,制止不正当竞争行为,为公平竞争创造良好的环境和条件”,“县级以上人民政府工商行政管理部门对不正当竞争行为进行监督检查;法律、行政法规规定由其他部门监督检查的,依照其规定”。可见,不正当竞争的监督检查机关包括工商行政管理部门和其他部门(如质量监督、物价、金融、电信、航空、医药、烟草等管理部门),其中工商行政管理部门承担反不正当竞争行政执法的主要任务。

工商行政管理机关等督查部门查处不正当竞争行为主要有以下职权:(1)调查权。具体包括:①按照规定程序询问被检查的经营者、利害关系人、证明人,并要求其提供证明材料或与不正当竞争行为有关的其他资料;②查询、复制与不正当竞争行为有关的协议、账册、单据、文件、记录、业务函电和其他资料;③检查涉及商业混淆行为、虚假表示行为有关的财物。(2)行政强制措施权。工商机关在查处违法行为过程中,可依法采取扣留、封存、暂停支付等强制措施。在查处涉及商业混淆行为、虚假表示行为时,若有必要,可责令被检查的经营者说明商品的来源和数量,暂停销售,听候检查,不得转移、隐匿、销毁有关财物。(3)行政处罚权。工商机关追究违法经营者的行政责任,可采取有关行为罚和财产罚。(4)行政裁决权。表现为工商机关对不正当竞争行为造成的与合同无关的损害赔偿纠纷,依照受害人申请,有权依法做出裁决,责令加害人赔偿损失。

《反不正当竞争法》第 20 条规定:“被侵害的经营者的合法权益受到不正当竞争行为损害的,可以向人民法院提起诉讼。”该条确立了诉讼救济方式。

第三节 反垄断法

一、垄断的概念和分类

垄断是指少数企业凭借雄厚的经济实力对生产和市场进行控制,并在一定的市场领域内从实质上限制竞争的一种市场状态。垄断由自由竞争发展而来,是竞争参与者在取得支配地位后向排斥和限制他人竞争转化而形成的。垄断与市场经济自由公平原则背道而驰,窒息了市场竞争的活力,阻碍了经济持久健康发展。

垄断可根据市场占有的情况,分为独占垄断、寡头垄断和联合垄断。独占垄断也称为完全垄断,是指一家企业对整个行业的生产、销售和价格有完全的排他性的控制能力,在该行业内不存在任何竞争。寡头垄断,是指市场上只有为数不多的企业生产、销售某种特定的产品或者服务,每个企业都占有一定的市场份额,对价格实施了排他性的控制,但它们相互之间又存在一定的竞争。联合垄断,是指多个相互间有竞争关系并有相当经济实力的企业,通过限制竞争协议等的形式,联合控制某一行业市场的状态。

垄断也可根据产生的原因,分为经济垄断、国家垄断、行政垄断和自然垄断。经济垄断又称市场垄断,是指市场主体通过自身的力量设置市场障碍而形成的垄断,这是一般的垄断。国家垄断，是指国家出于保护目的，对某一行业市场的生产、销售等进行直接控制，不允许其他市场主体进入该市场领域的情况。行政垄断，是指由政府行政机构违法设置市场障碍而形成的垄断，如在计划经济向市场经济转轨时期，一些地方和部门的保护主义就是典型的行政性垄断。自然垄断，是指由于市场的自然条件而产生的独占经营，即某些行业不适合竞争经营，否则将导致社会资源的浪费或市场秩序的混乱，如公用事业。

二、反垄断法的概念、调整对象和范围

《中华人民共和国反垄断法》(以下简称《反垄断法》)由中华人民共和国第十届全国人民代表大会常务委员会第二十九次会议于 2007 年 8 月 30 日通过，自 2008 年 8 月 1 日起施行。《反垄断法》是调整国家在制止市场主体以控制市场为目的的反竞争行为过程中所发生的经济关系的法律规范的总和。《反垄断法》是保障市场竞争公平、自由和秩序的重要部门法，被称为“经济宪法”。《反垄断法》调整的主要是具有竞争关系的经营者之间的法律关系。《反垄断法》是维护正当竞争的法，它所规范的重心在于反竞争的垄断行为而非垄断状态。

《反垄断法》所禁止的并不是所有的垄断行为，只是法律特定的垄断行为。只有当企业从获取超额垄断利润或者排挤竞争对手等目的出发，占有较高的市场份额，并滥用这种市场优势实施反竞争的行为时，才被视为垄断，才需要依反垄断法加以制止。对于农业生产者及农村经济组织在农产品生产、加工、销售、运输、储存等经营活动中实施的联合或者协同行为给予特别保护，免予反垄断法的规制，这不仅有利于疏导农业生产风险，促进我国农业的规模化经营，同时也是符合国际惯例的。此外，有些垄断如知识产权垄断，其市场进入障碍既非垄断者自身力量形成，也不是行政力量制造，而是由法律所赋予的权利。

三、反垄断法所规制的垄断行为

我国《反垄断法》将各种垄断行为分为垄断协议、滥用市场支配地位、经营者集中和滥用行政权力排除、限制竞争四类。

(一)垄断协议

1. 概述

垄断协议，也称联合限制竞争，是指两个或两个以上的经营者以协议、决议或其他联合方式实施的限制竞争行为。我国《反垄断法》第 13 条第 2 款规定:“本法所称垄断协议，是指排除、限制竞争的协议、决定或者其他协同行为。”垄断协议可以表现为企业间限制竞争的合同或协议、企业团体的决议及企业间的协同行为等形式。垄断协议行为的主体为经营者、行业协会。实践中，垄断协议主要表现为横向垄断协议，即处于产业链同一环节的两个或两个以上经营者所为的联合限制竞争行为(主要包括固定定价、划分市场、联合抵制、不当技术联合等)和纵向垄断协议，即处于同一产业链上下环节(即有交易关系或供求关系)的两个或两个以上经营者所为的联合限制竞争行为(主要包括固定转售价格、限

定转售最低价格等)。

将垄断协议分为横向垄断协议与纵向垄断协议是因为二者对竞争危害的程度不同,法律对它们也区别对待。横向垄断协议作为同业竞争者之间的联合行为,对竞争的危害既直接又严重,因而一直是反垄断法所规制的重点;纵向垄断协议由于主体之间处于不同的经营阶段,不具有直接的竞争关系,其联合行为对竞争的影响较横向垄断协议间接得多,程度也轻得多,法律对其管制的严厉程度也远远不及横向限制,处理的灵活性也较大。

我国《反垄断法》用了三条对垄断协议加以规范:第 13 条第 1 款是关于横向垄断协议的规定;第 14 条是关于纵向垄断协议的规定;第 16 条专门就行业协会组织本行业经营者从事垄断协议作出了禁止性规定。

2. 构成垄断协议的要件

构成垄断协议应具备的要件为:

(1)协议或者协同行为由多个独立主体构成

垄断协议必须发生在两个或两个以上的有竞争关系的经营者之间,具有“多个主体共同行为”的特征。同时,参加联合的主体应是在事实上具有独立性的主体,否则不能认定为限制竞争行为的联合主体。

(2)经营者之间存在通谋或协同一致的行为

这种通谋或协同一致的行为,可以表现在各方签署形成的协议、合同、备忘录中,也可以表现在企业团体的决定或决议中,还可以是行为人之间协同一致的行为。

3. 对垄断协议的规制

垄断协议直接损害了未参与协议的企业的利益,也侵害了消费者权益,妨碍竞争机制正常发挥其功能,应予以依法制止。

(1)横向垄断协议与纵向垄断协议

我国《反垄断法》禁止以下具有横向垄断性质的协议。该法第 13 条规定:禁止具有竞争关系的经营者达成下列垄断协议:① 固定或者变更商品价格;② 限制商品的生产数量或者销售数量;③ 分割销售市场或者原材料采购市场;④ 限制购买新技术、新设备或者限制开发新技术、新产品;⑤ 联合抵制交易;⑥ 国务院反垄断执法机构认定的其他垄断协议。

我国《反垄断法》禁止以下具有纵向垄断性质的协议。该法第 14 条规定:禁止经营者与交易相对人达成下列垄断协议:① 固定向第三人转售商品的价格;② 限定向第三人转售商品的最低价格;③ 国务院反垄断执法机构认定的其他垄断协议。

(2)行业协会限制竞争行为

行业协会种类繁多。典型的行业协会应该是由单一行业的经营者组成,具有非营利性和中介性,维护成员利益并代表本行业利益从事活动的社团法人。

我国《反垄断法》对行业协会在竞争法上的义务提出了要求,该第 11 条规定:“行业协会应当加强行业自律,引导本行业的经营者依法竞争,维护市场竞争秩序。”在“垄断协议”

一章又专条规定:“行业协会不得组织本行业的经营者从事本章禁止的垄断行为。”相信这些规定将有效抑制行业协会的反竞争倾向,也使得对行业协会的规范有了具体的依据。

(3)垄断协议的豁免

对于并非以限制竞争为目的或者为某种公共利益而达成的合意或者一致行动,反垄断法是允许的。这就是第15条有关垄断协议的豁免条款,即有下列情形之一的,不适用前述第13条和第14条的规定:① 为改进技术、研究开发新产品的;② 为提高产品质量、降低成本、增进效率,统一产品规格、标准或者实行专业化分工的;③ 为提高中小经营者经营效率,增强中小经营者竞争力的;④ 为实现节约能源、保护环境、救灾救助等社会公共利益的;⑤因经济不景气,为缓解销售量严重下降或者生产明显过剩的;⑥ 为保障对外贸易和对外经济合作中的正当利益的;⑦ 法律和国务院规定的其他情形。

但是对于第①项至第⑤项情形,经营者还应当证明“所达成的协议不会严重限制相关市场的竞争,并且能够使消费者分享由此产生的利益”,才可免除法律责任。

4. 法律责任

我国《反垄断法》明文规定垄断协议的法律责任包括民事责任、行政责任和刑事责任三种。

(1)民事责任

经营者实施垄断行为,给他人造成损失的,必须依法承担相应的法律后果。我国《反垄断法》第50条规定:“经营者实施垄断行为,给他人造成损失的,依法承担民事责任。”垄断协议作为垄断行为的表现形式之一,自然应该依其规定承担民事责任。但反垄断法未就民事责任所涉及的其他具体内容,如归责原则、责任形式、责任范围等作进一步规定,表明这里的“依法”是指依照我国现行的民事法律制度追究经营者实施垄断协议的民事责任。

(2)行政责任

《反垄断法》第46条从三个方面对垄断协议的行政责任作出规定:一是一般规定,“经营者违反本法规定,达成并实施垄断协议的。由反垄断执法机构责令停止违法行为,没收违法所得,并处上一年度销售额1%以上10%以下的罚款;尚未实施所达成的垄断协议的,可以处50万元以下的罚款”。二是宽容条款,“经营者主动向反垄断执法机构报告达成垄断协议的有关情况并提供重要证据的,反垄断执法机构可以酌情减轻或者免除对该经营者的处罚”。三是行业协会的责任,“行业协会违反本法规定,组织本行业的经营者达成垄断协议的,反垄断执法机构可以处50万元以下的罚款;情节严重的,社会团体登记管理机关可以依法撤销登记”。据此分析,垄断协议的行政责任主要有以下几种形式:

第一,责令停止违法行为。反垄断执法机构认定经营者达成的协议属于垄断协议的,有权责令经营者停止实施该垄断协议。

第二,没收违法所得。对于经营者因实施垄断协议而获得的违法收入,全部予以没收。这里的违法所得指的是经营者通过实施垄断协议获得的收益。

第三，罚款。在垄断协议认定中，经营者只要实施了达成协议的行为，即可认定构成违法，无需考虑结果要件。但达成垄断协议并予以实施与仅仅达成协议尚未实施对竞争所产生的危害以及对行为人收益的影响是不同的，需要在处罚时区别对待。因此，反垄断法就此两种情况规定了不同的罚款数额：对于经营者达成垄断协议但尚未实施的，可以处50万元以下的罚款；对达成并实施了垄断协议的，除没收违法所得外，处以上一年度销售额10%以下的罚款。

第四，撤销登记。这一责任方式是针对行业协会实施垄断协议而规定的。行业协会作为依法成立、实行行业服务和自律管理的非营利性社团法人，在整个运行过程中必须遵守国家的各类法律、法规，遵守社团法人的章程，忠实地履行职责。如果行业协会实施垄断协议行为，情节严重的，社会团体登记管理机关可依法撤销登记，以消灭其主体资格的方式排除其对竞争的危害。

(3)刑事责任

我国反垄断法没有与刑法衔接追究垄断行为的刑事责任的条款，自然也没有关于追究垄断协议的刑事责任的规定。但这并不等于我国所有的垄断协议行为都不会承担刑事责任。如串通招投标行为属于我国《反垄断法》规定的垄断协议行为，《刑法》第223条明确规定："投标人相互串通投标报价，损害招标人或者其他投标人利益，情节严重的，处三年以下有期徒刑或拘役，并处或者单处罚金。投标人与招标人串通投标，损害国家、集体、公民的合法利益的，依照前款的规定处罚。"这表明违反反垄断法的垄断协议行为同样有可能承担刑事责任。

(二)滥用市场支配地位

滥用市场支配地位是指具有一定的市场支配地位的企业滥用市场优势地位，对其他主体进行不公平的交易或者排除竞争对手的行为。认定滥用市场支配地位的行为需要考虑两个要素：一是取得特定市场的支配地位；二是滥用支配力量妨碍竞争。

1.关于相关市场的支配地位认定

相关市场，是指与经营者的产品和服务之间存在竞争关系的产品和服务市场。认定市场支配地位，首先要界定相关市场。相关市场的相关性，是指与经营者的产品和服务存在相互竞争关系的特性，具体表现为在产品和服务种类上的相关性、空间上的相关性和时间上的相关性。要界定相关市场，需要运用经济学的方法，需要有会计、审计人员协助进行市场调查。市场支配地位，是指经营者在相关市场内具有能够控制商品价格、数量或者其他交易条件，或者能够阻碍、影响其他经营者进入相关市场能力的市场地位。认定市场支配地位的依据，一般以市场份额为主，兼顾市场行为及其相关因素。依据市场份额标准时，可以根据被告的市场份额，依法推定其具有市场支配地位。被推定具有市场支配地位的经营者，有证据证明不具有市场支配地位的，不应当认定其具有市场支配地位。

2.滥用市场支配地位妨碍竞争的认定

通常的行为表现有以下几种：

(1)不正当地确定、维持、变更商品价格

这种行为既损害了消费者的权益、将消费者享有的部分福利转移到垄断厂商,也妨碍了其他竞争者的进入、对竞争构成实质性的限制。

(2)差别对待

处于支配地位的企业在向条件相同的交易对象提供商品时,没有正当理由却在价格或其他交易条件上给予明显的区别对待,从而限制了交易对象之间的竞争。

(3)强制交易

处于支配地位的企业采取利诱、胁迫或其他不正当的方法,迫使其他企业违背真实意愿与之交易或者促使其他企业从事限制竞争的行为。

(4)掠夺性定价

处于市场支配地位的企业以排挤竞争对手为目的,以低于成本的价格销售商品。

(5)独家交易

处于市场支配地位的企业要求经销商在特定市场内只经销自己的商品,不得经销其他企业的同种或同类商品。独家交易又称排他性交易行为。

我国《反垄断法》对常见的滥用市场支配地位行为采取列举方式加以规范,其第17条明确规定:禁止具有市场支配地位的经营者从事下列滥用市场支配地位的行为:以不公平的高价销售商品或者以不公平的低价购买商品;没有正当理由,以低于成本的价格销售商品;没有正当理由,拒绝与交易相对人进行交易;没有正当理由,限定交易相对人与其进行交易或者只能与其指定的经营者进行交易;没有正当理由搭售商品,或者在交易时附加其他不合理的交易条件;没有正当理由,对条件相同的交易相对人在交易价格等交易条件上实行差别待遇;国务院反垄断执法机构认定的其他滥用市场支配地位的行为。

对滥用市场支配地位的行为可以依法追究民事和行政责任。根据《反垄断法》第50条的规定,经营者实施垄断行为,给他人造成损失的,依法承担民事责任。同时,对经营者违反本法规定,滥用市场支配地位的,反垄断执法机构可以责令停止违法行为,没收违法所得,并处上一年度销售额1%以上10%以下的罚款。

(三)经营者集中

1. 概述

经营者集中,是指经营者通过合并、收购、委托经营、联营或其他方式,集合经营者经济力,提高市场地位的行为,包括经营者合并和经营者控制。经营者集中可以形成一定的规模经济,但经济力量过度集中又使市场竞争主体数量减少,市场结构发生变化,对市场竞争产生不利影响。在认定经营者集中时,应当考虑下列因素:

(1)参与集中的经营者在相关市场的市场份额及其对市场的控制力。

(2)相关市场的市场集中度。

(3)经营者集中对市场进入、技术进步的影响。

(4)经营者集中对消费者和其他有关经营者的影响。

(5)经营者集中对国民经济发展的影响。

经营者集中是市场中的常见行为,是市场资源重组的需要。导致垄断的经营者集中只是一些规模很大且妨碍市场竞争的行为。为抑制这类经营者集中,各国法律都采取了经营者集中审查申报制度。经营者集中是否是垄断,可以根据经营者集中前后的市场份额变化及对竞争的影响情况做出判断。当经营者集中行为违反法律规定,危及市场竞争、损害社会公共利益时,应予禁止。

2.应予禁止的经营者集中及其除外规定

(1)禁止"实质性减少竞争"的集中

在各国的反垄断法中,对经营者集中的控制有"支配地位"标准与"实质性减少竞争"标准之分。"支配地位"标准是指以获取或维持市场支配地位作为反垄断法禁止经营者集中的标准;"实质性减少竞争"标准是指以竞争效果明显降低作为反垄断法控制经营者集中的标准。

由于"支配地位标准"仅仅关注静态的市场结构,如企业规模、市场集中度等,对动态的企业行为重视不够,难以实现反垄断法的目标。因此,我国反垄断法采用了实质性减少竞争标准,其第28条明确规定:"经营者集中具有或者可能具有排除、限制竞争效果的,国务院反垄断执法机构应当作出禁止经营者集中的决定。"

(2)禁止经营者集中的除外规定

由于经营者集中存在着积极和消极两方面作用,即使被认定为对竞争有损害的经营者集中,只要其对经济的积极促进作用大于消极作用也有可能获得批准。这些积极作用主要表现为:优化资源配置、提高经济效益、增强企业的国际竞争力、促进产业发展与转型、贯彻国家产业政策、促进就业等整体经济利益及社会公共利益等。尤其在经济全球化背景下,"整体经济"、"公共利益"以及"国际竞争力"等成为许多国家在企业合并判例中对合并不予禁止的主要理由。借鉴国外经验,我国《反垄断法》第28条对禁止经营者集中的例外也作了明确规定,即:"经营者能够证明该集中对竞争产生的有利影响明显大于不利影响,或者符合社会公共利益的,国务院反垄断法执法机构可以作出对经营者集中不予禁止的决定。"为了有效预防这类集中可能带来的负面影响,我国《反垄断法》第29条还规定:"对不予禁止的经营者集中,国务院反垄断执法机构可以决定附加减少集中对竞争产生不利影响的限制性条件。"显示出立法者对经营者集中采取了较为灵活的态度,给予了反垄断执法机构相对宽松的执法裁量空间,以便在产业政策与竞争政策之间寻求到合理的平衡点,更好地发挥反垄断法作为一种政策工具的特点。

3.法律责任

(1)经营者集中过程中不同阶段的违法行为

① 未向国务院反垄断执法机构申报而实施集中的行为。《反垄断法》第21条规定:"经营者集中达到国务院规定的申报标准的,经营者应当事先向国务院反垄断执法机构申报,未申报的不得实施集中。"

② 违法实施集中的行为。这些行为主要有:第一,国务院反垄断执法机构初步审查的决定作出前,经营者实施的集中;第二,在国务院反垄断执法机构进一步审查期间实施集中的行为;第三,不按照国务院反垄断执法机构对经营者集中附加的限制性条件实施集中的行为;第四,在国务院反垄断执法机构作出禁止实施集中的决定后仍实施集中的行为。

(2)法律责任

① 由国务院反垄断执法机构责令停止实施集中。对于违法实施的经营者集中,责令停止实施,是阻止、避免违法行为产生不良后果的最直接、最有效的手段。这种措施是用于经营者已经开始实施集中但尚未完成的情况。

② 责令限期处置。责令限期处置是指由国务院反垄断执法机构责令违法的经营者限期处分股份或者资产、限期转让营业。针对已经完成的违法经营者集中,必须采取相应的措施。恢复到经营者集中前的状态,防止因经营者集中而产生或者加强市场支配地位,而不能仅仅处罚了事。具体手段可以有:停止实施集中,限期处分股份或者资产,限期转让营业,包括在必要时强制对经营者进行拆分。对于通过合同、技术控制、干部兼任等方式实施的经营者集中,应当责令其解除合同、撤回干部或者采取其他必要的措施。

③ 罚款。在采取有效措施使违法实施的经营者集中恢复到集中前状态的同时,国务院反垄断执法机构还可以根据情况,对违法实施集中的经营者处50万元以下的罚款,以彰显法律的威严,对违法者的惩罚及对可能效尤者的警示。

(四)滥用行政权力排除、限制竞争

1.概述

滥用行政权力排除、限制竞争也称行政垄断或行政性垄断,是指拥有行政权力的政府机关以及其他依法具有管理公共事务职能的组织滥用行政权力,违反法律规定实施的排除、限制市场竞争的行为。行政垄断是政府违背市场规律及行政规范,参与市场竞争、干涉市场主体行为、分享市场资源、破坏经济自由的不正常状况。

判断是否构成滥用行政权力排除、限制竞争,一般应考虑以下因素:从行为的实施者来看,必须是行政机关或者依照法律、法规授权具有管理公共事务职能的其他组织。这两类主体的特点是均拥有一定的行政权力;行为主体实施了"滥用行政权力"的行为;该行为产生了破坏市场机制、损害公平竞争秩序、排除或者限制竞争的严重后果。

2.反垄断法重点约束内容

滥用行政权力排除、限制竞争的行为方式多种多样,反垄断法重点约束的主要有以下几类:

(1)地区封锁

地方政府及其职能部门通过行政权力建立市场壁垒,禁止外地产品流入本地市场,禁止本地资源流出,对不同的地区经营者差别对待,实行地方保护主义。我国《反垄断法》第33条至第35条规定了地区封锁的三种表现形式:

第一，限制商品在地区间自由流通。包括行政机关和其他依法具有管理公共事务职能的组织实施的下列五类行为：一是对外地商品设定歧视性收费项目、实施歧视性收费标准，或者规定歧视性价格；二是对外地商品规定与本地同类商品不同的技术要求、检验标准，或者对外地商品采取重复检验、重复认证等歧视性技术措施，限制外地商品进入本地市场；三是采取专门针对外地商品的行政许可，限制外地商品进入本地市场；四是设置关卡或者采取其他手段，阻碍外地商品进入本地市场或者本地商品运出；五是妨碍商品在地区间自由流通的其他行为。

第二，排斥或限制招标投标行为。即行政机关和其他依法具有管理公共事务职能的组织滥用行政权力以设定歧视性资质要求、评审标准或者不依法发布信息等方式，排斥或者限制外地经营者参加本地的招标投标活动。

第三，排斥或者限制外地投资或设立分支机构。即行政机关和其他依法具有管理公共事务职能的组织滥用行政权力，采取与本地经营者不平等的待遇方式。排斥或者限制外地经营者在本地投资或设立分支机构。

(2)强制交易

强制交易，是指中央政府部门、地方政府及其他依法具有管理公共事务职能的组织，利用行政权力强制安排市场交易活动，限制和排斥竞争、妨碍公平交易的行为。我国《反垄断法》第 32 条规定："行政机关和法律、法规授权的具有管理公共事务职能的组织不得滥用行政权力，限定或者变相限定单位或者个人经营、购买、使用其指定的经营者提供的商品。"

(3)强制经营者实施危害竞争的垄断行为

强制经营者实施危害竞争的垄断行为，是指行政管理者为了本地区或本部门的利益，违背经营者的意愿，强制其从事有利于本地区、本部门的垄断行为。如强制联合(合并)限制竞争就是其中最典型的一种。

我国《反垄断法》第 36 条就行政机关以及其他具有管理公共事务职能的组织滥用行政权力强制经营者从事垄断行为作出了明确规定："行政机关和法律、法规授权的具有管理公共事务职能的组织不得滥用行政权力，强制经营者从事本法规定的垄断行为。"

(4)制定含有限制竞争内容的行政法规、行政命令

这是指行政机关利用行政权力，通过制定行政法规、规章或者发布具有普遍约束力的决定、命令，将其有限制竞争性质的条款或内容包含其中，要求相对人执行以达到限制竞争的目的。我国《反垄断法》第 37 条明确规定："行政机关不得滥用行政权力，制定含有排除、限制竞争内容的规定。"

综合上述行为的共性，判断是否构成滥用行政权力排除、限制竞争，一般应考虑：从行为的实施者来看，必须是行政机关或者依照法律、法规授权具有管理公共事务职能的其他组织。这两类主体的特点是均拥有一定的行政权力；上述主体实施了"滥用行政权力"的行为；该行为产生了破坏市场机制、损害公平竞争秩序，排除或者限制竞争的严重后果。

3. 法律责任

《反垄断法》第 51 条规定：行政机关和法律、法规授权的具有管理公共事务职能的组织滥用行政权力，实施排除，限制竞争行为的，由上级机关责令改正；对直接负责的主管人员和其他直接责任人员依法给予处分。反垄断执法机构可以向有关上级机关提出依法处理的建议。据此规定，滥用行政权力限制竞争的法律责任主要包括以下几方面内容：

（1）责令改正

责令改正是指对滥用行政权力限制竞争行为由上级机关责令改正。

（2）个人的行政责任

个人的行政责任是指对滥用行政权力限制竞争负有直接责任的主管人员和其他直接责任人员依法给予处分。

反垄断执法机构可以就滥用行政权力限制竞争行为，向有关上级机关提出处理建议，以便预防此类行为再次发生。从性质上看，这是法律赋予反垄断执法机构的权利，而并非违法者承担的责任。但是由于反垄断执法机构职能与地位的特殊性，其依据事实与法律提出的要求依法处理的建议，有关上级机关应该而且也会予以重视，从而使滥用行政权力者承担相应的法律后果。同时，为了使《反垄断法》中有关滥用行政权力限制竞争的处理规定能够与已有规定衔接、协调，该法第 51 条专门规定："法律、行政法规对行政机关和法律、法规授权的具有公共管理事务职能的组织滥用行政权力实施排除、限制竞争行为的处理另有规定的，依照其规定。"

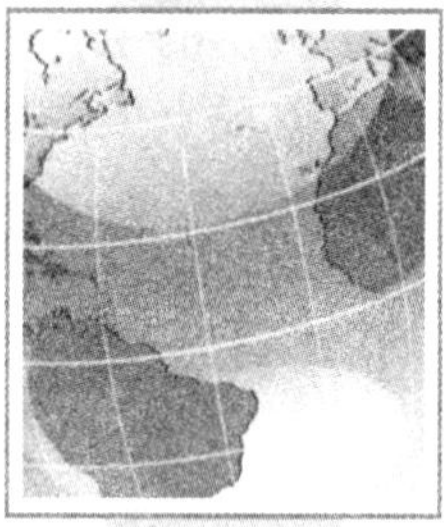

第六章 消费者权益保护法律制度

【要点提示】

- 消费者与消费者保护立法
- 消费者的权利和经营者的义务
- 对消费者合法权益的保护与救济

【案例】

2010年5月，王某出差来上海，入住甲宾馆，上午10时左右，经总台登记后，由服务员领到客房，下午5:30，被杀害于房内，财物被劫走，第二天早上发现尸体。事后查明是犯罪分子李某流窜作案所为，李某在作案时进入宾馆未要求办理登记，先后七次上下电梯未引起工作人员注意。

甲宾馆是四星级涉外宾馆，内部有管理制度，并在电梯口安装有安全监控设施。甲宾馆制定的《宾馆质量承诺细则》置于客房内，细则上规定有“24小时保安巡视，确保您的人身安全”。

王某遇害后，王某父母为办理丧事多次来沪，经济上受到损失，他们向法院起诉，除了主张宾馆在侵权和违约上的责任外，还主张宾馆承担消费者权益保护法上的责任，认为王某作为旅客住宿，是一种消费行为，据《消费者权益保护》法，案件应根据保护受害方的原则处理。宾馆辩称王某出公差不算生活消费。

问：宾馆应否承担《消费者权益保护法》上的责任？

第一节　消费者与消费者保护立法

一、消费者权益保护法的定义

消费是社会再生产的重要环节之一，是生产、交换、分配的最终目的，它包括生产性消费和生活性消费两方面。其中与基本人权密切关联的是生活性消费。生活性消费是在生产和再生产劳动力过程中发生的消费，是消费者权益保护法的调整领域；生产性消费则由其他法律、行政法规调整。

(一)消费者的含义

《中华人民共和国消费者权益保护法》(以下简称《消费者权益保护法》)第2条规定：“消费者为生活性消费需要购买、使用商品或者接受服务，其权益受本法保护；本法未作规定的，受其他有关法律、法规保护。”因此，如何界定本法中消费者这一概念至关重要。所谓消费者是指以满足生活需要为目的，购买、使用商品或接受服务的人。消费者具有下列法律特征：

1. 消费者的消费是指生活性消费，而不是生产性消费。生活性消费是指以满足生活需要为目的而消费物质产品或者耗费劳动服务的行为。比如，张某从超市购买粮食供自己或家人食用，他就是消费者，受我国《消费者权益保护法》的保护；反之，如果张某购买粮食作为食品原料，作生产资料之用，最终将其投入经营领域，那么，此种行为则属于生产性消费，不得适用《消费者权益保护法》。

2. 消费者的消费客体是商品和服务。前者包括满足个人生活需要的各种物质资料的消费，如李某购买、使用日常生活用品是消费者；后者是指劳务的消费，一般包括商业性劳务消费、信息劳务消费、卫生保健劳务消费、旅游劳务消费等，《消费者权益保护法》所指的服务以有偿性为特点，比如李某到某洗衣店要求干洗大衣，此时李某就是接受服务的消费者。

3. 消费者既可以是购买商品的人，也可以是使用商品的人，还可以是接受服务的人。现实生活中商品的购买者和使用者可以不是同一主体，而服务费用的承担者和实际享用者也可以不是同一个人。比如，黄先生为妻子赵女士购买了一张某美容院的美容卡，那么，赵女士属于消费者，如果赵女士在该美容店消费时，出现了诸如脸部红肿等不适症状，如系美容院的服务不当所致，赵女士当然可以要求该美容院承担相应的法律责任。

4. 消费者的主体范围是人，既可以是公民个人，也可以是单位。如果家庭以满足日常的物质和文化需要而购买、使用和接受服务，也是消费者。如果单位为了生活消费而购买、使用商品或接受服务，最终仍然是自然的个体通过消耗行为实现了消费。比如，单位购买商品作为福利品分给职工或者为犒劳本单位职工在饭店就餐，也属于消费者，但是如果单位购买、使用商品或接受服务是为了生产性消费就不属于消费者了。

5. 农民购买、使用直接用于农业生产的生产资料，也参照《消费者权益保护法》执行，这是对农民利益的一种特殊的保护。《消费者权益保护法》将“生活性消费”而非“生产性消费”作为立法保护的对象，是出于弱小者和无知者需要同情并予以保护的立法目的。农民如果以个人生活消费为直接终极目的而购买商品后接受服务，当然属于消费者，受《消费者权益保护法》的保护。但农民在购买诸如农药、化肥、种子等直接用于农业生产的生产性资料时，常常受到假冒伪劣的农药、化肥和种子的坑害，为保护农民的合法权益，我国《消费者权益保护法》第 54 条明确规定：“农民购买、使用直接用于农业生产的生产资料，参照本法执行。”

（二）消费者权益的含义

消费者权益是指消费者依法享有的权利以及该权利受到保护是给消费者带来的利益，其核心内容是消费者的权利。消费者权益的实现是消费者权利从实然状态转化为必然状态的前提和基础。消费者权益保护法对于消费者权利的实现提供了法律支持和制度保障。

二、消费者保护立法

消费者权益保护法是调整在保护消费者权益过程中发生的经济关系的法律规范的总称，是经济法的重要部门法。消费者权益保护法的最重要的主体是消费者，而保护的核心是消费者的权益。

(一)消费者权益保护法的历史沿革

经营者是消费者购买商品或者接受服务的提供者，为了追逐利益的最大化，经营者与消费者这两大市场主体之间的价值目标往往是相冲突的。更重要的是经营者与消费者之间存在着严重的“信息不对称”的问题，致使经营者向消费者提供商品或服务时，隐瞒商品或服务的质量、价格等侵害消费者权益的事件屡见不鲜。

当消费者的权益受到侵害而主张自己的权利时，往往因为处于经济生活的弱势地位，其主张难以顺利得以实现。在世界范围内，在声势浩大的消费者权益运动的影响下，1960年国际消费者组织联盟(简称 IOCU)成立。消费者渴望寻求立法上的支持来保护自己的合法权利，这种呼声在 20 世纪 60 年代日益高涨。在这一时期，伴随着西方国家爆发的“消费者权利运动”，对消费者权益保护的专门立法越来越受到世界各国的普遍关注。英、美、日等发达国家都相继制定了许多关于消费者保护方面的成文法。例如，早在 1907 年美国就颁布了《联邦食品和药品法》，日本于 1968 年实施了《保护消费者基本法》，英国则在 1987 年制定了专门的《消费者权益保护法》。消费者权益的法律保护成为现代市场经济的重要组成部分。

(二)消费者权益保护法专门立法的原因

尽管消费者权益问题与垄断、不正当竞争等有着密不可分的原因，但是由于传统的民商法无法解决日益复杂的消费者的问题，生产的社会化、专业化与消费者的广泛和分散形成了尖锐的对立，这使得消费者的权利受到侵害后迫使消费者积极寻求专门的立法上的支持，在西方国家进入垄断阶段以后，对消费者权益保护以专门立法的形式成为经济法的新的部门法。

在消费者权益保护法的立法上存在着专门立法，以及在其他立法中加入有关消费者保护方面的法律法规两种不同的立法体例。我国在消费者权益保护法的立法体例上采取的是专门立法的体例。

改革开放以来，伴随着经济生活的蓬勃发展，我国保护消费者权益的意识日益加强，消费者权益的问题日益得到重视，各地陆续出台了一些地方性法规。1993 年 10 月 31 日，第八届全国人民代表大会第四次会议通过了《中华人民共和国消费者权益保护法》(以下简称《消费者权益保护法》)，这是我国制定的第一部保护消费者权益的专门法律，也是我国消费者权益保护立法方面的核心法、骨干法。事实上，我国现行的许多部门法都从不同角度起到了保护消费者合法权益的功用，这也涉及《消费者权益保护法》同其他部门法协调的问题。但是，相比较《反不正当竞争法》等法律，《消费者权益保护法》更强调直接从消费者的角度保护这一特殊的市场主体。

同时我们也应当认识到消费者保护是一个系统的长期过程，在错综复杂的经济生活中，需要发挥其他部门法来综合调整，以切实保障消费者合法的权利。因此，在我国维护消费者权益的法律、法规和规章中，除了《消费者权益保护法》以外，还包括《刑法》、《民法通则》、《民事诉讼法》、《刑事诉讼法》、《产品质量法》、《计量法》、《反不正当竞争法》、《商标法》、《药品管理法》、《食品卫生法》、《广告法》、《价格法》、《商业银行法》、《铁路法》、《邮政法》、《民用航空法》、《制止牟取暴利的规定》、《标准化实施条例》、《部分商品修理更换退货责任规定》、《广告管理条例》、《价格管理条例》、《化妆品卫生监督条例》、《零售商品称重计量监督规定》、《关于商品和服务实行明码标价的规定》、《欺诈消费者行为处罚办法》、《工商行政管理机关受理消费者申诉暂行办法》、《储蓄管理条例》、《铁路运输安全管理条例》、《铁路旅客运输损害赔偿规定》、《国内航空运输旅客身体损害赔偿暂行规定》以及中国消费者协会于1988年5月制定的《中国消费者协会受理消费者投诉规定》等。上述法律、法规从不同的角度实现着保障消费者权益的功能。

（三）消费者权益保护法的立法宗旨和基本原则

《消费者权益保护法》的立法宗旨与经济法的宗旨在根本上是一致的，同时它也有着更具体的立法宗旨。该法第1条明确提出，《消费者权益保护法》的立法宗旨是保护消费者的合法权益，维护社会经济秩序，以促进社会主义市场经济的健康发展。

为了实现以上立法宗旨，我国《消费者权益保护法》规定了该法的四项基本原则：一是经营者应当依法提供商品或者服务的原则；二是经营者与消费者进行交易应当遵循自愿、平等、公平、诚实信用原则；三是改进保护消费者合法权益不受侵犯的原则；四是一切组织和个人对损害消费者合法权益的行为进行社会监督的原则。

第二节　消费者权利与经营者义务

一、消费者权利

消费者的权利作为一种基本人权，是消费者权益保护法的核心。世界上最早提出消费者权利的是美国总统约翰·肯尼迪。他在1962年3月15日向国会提出的“关于保护消费者利益的特别国情咨文”中，提出了消费者应享有的四项权利。我国《消费者权益保护法》专章规定了消费者的九项权利。

（一）安全保障权

安全保障权是指消费者在购买、使用商品和接受服务时享有人身、财产安全不受损害的权利，是消费者最基本的权利。实践中，商品和服务是否符合保障人身、财产安全的要求，是消费者最为关心的问题。消费者取得某种商品或服务，目的在于生活消费，因此，商品和服务必须安全可靠。消费者有权要求经营者提供的商品和服务，符合保障人身、财产安全的要求。

安全保障权包括两方面内容：一是人身安全权，它又包括：(1)消费者的生命安全权，即消费者的生命不受危害的权利；(2)消费者的健康安全权，即消费者的身体健康状况不受损害的权利。二是财产安全权，即消费者的财产不受损害的权利。需要注意的是，本条所称的财产安全，并不仅仅是指消费者购买、使用的商品或接受的服务本身的安全，还包括除购买、使用的商品或接受的服务之外的其他财产的安全。

此外，该法还对消费者有权要求经营者提供的商品和服务符合保障人身、财产安全的要求作出了规定，它指的是商品和服务有国家标准、行业标准的，必须符合该标准；没有国家标准的，必须符合社会普遍公认的安全、卫生要求。这既是安全权的内在反映和具体表现，又是安全权得以实现的保障。

(二)知悉真情权

知悉真情权，或称知情权、了解权，是指消费者在购买、使用商品或接受服务时，了解和掌握商品和服务有关的真实情况的权利。依据该法规定，消费者有权根据商品或者服务的不同情况，要求经营者提供商品的价格、产地、生产者、用途、性能、规格、等级、主要成分、生产日期、有效期限、检验合格证明、使用方法说明书、售后服务，或者服务的内容、规格、费用等有关情况。

(三)自主选择权

自主选择权是指消费者根据自己的意愿自主地选择其购买的商品及服务的权利。该权利主要包括以下几个方面：(1)有权自主决定购买或者不购买任何一种商品、接受或者不接受任何一项服务，即买与不买是消费者的自由；(2)有权自主选择提供商品或者服务的经营者，消费者既可以选择这个经营者，也可以选择那个经营者，任何经营者不得强制消费者购买其提供的商品或服务；(3)有权自主选择商品品种或者服务方式，即消费者可以选择这个商品品种，也可以选择那个商品品种；(4)在自主选择商品或服务时，有权进行比较、鉴别和挑选。此外，消费者还有权选择购买商品或者接受服务的场所；有权根据商品或者服务的不同情况，选择商品的商标、产地、价格等事项。

(四)公平交易权

消费者的公平交易权是指消费者在与经营者之间的消费交易中所享有的获得公平交易条件的权利。它包括以下内容：(1)有权获得质量保障、价格合理、计量正确等公平交易条件。质量保障则要求商品或者服务必须符合国家规定的标准，没有标准的应符合社会普遍公认的要求；价格合理则要求商品或者服务的价格与其价值相符，对有国家定价的必须按照定价执行，对国家没有定价的由交易双方按价值规律合理确定；计量是否正确，直接关系到消费者的经济利益，计量误差不得超过法律规定的范围。(2)有权拒绝经营者的强制交易行为。强制交易行为的特征是违背消费者的意愿，其表现形式是多种多样的，特别是一些公用企业利用自身的经济优势限定消费者购买其指定的商品。对消费者而言，强制交易行为不仅侵犯了其自主选择权，而且还侵犯了其公平交易权，因而消费者有权予以拒绝。

（五）依法求偿权

消费者的依法求偿权是指消费者对其在购买、使用商品或接受服务的过程中受到人身或财产损害时所享有的获得赔偿的权利。享有索赔权的主体是因购买、使用商品或者接受服务而受到人身、财产损害的消费者。依法求偿权是弥补消费者所受损害必不可少的救济权利。

（六）依法结社权

消费者的依法结社权是指消费者为了维护自身的合法权益而依法组织社会团体的权利。消费者依法行使结社权可以从分散、弱小的个体发展成为集中、强大的社会团体，从而通过集团的力量来改变自己的弱势地位，进而能够与实力雄厚的经营者相抗衡，从而更好地保护消费者的权利。消费者依法成立维护自身合法权益的社会团体，属于公民结社权的组成部分，也是《宪法》的规定在本法中的具体化。行使结社权应当注意以下问题：(1)由于社会团体及组织涉及面广、影响范围大，直接与社会的政治、经济生活发生联系。因此，任何公民在行使结社自由权、成立社会团体时，都必须依法向国家有关主管部门进行申请登记，以利于国家对社团的指导和管理。(2)消费者组织社团应当遵守《宪法》和其他法律、法规，不得从事损害国家、社会集体的利益及其他公民合法的自由和权利。

（七）知识获取权

消费者的知识获取权是指消费者享有获得有关消费和消费者权益保护方面的知识的权利。保障这一权利的目的，是使消费者更好地掌握所需商品和服务的知识和使用技能，提高自我保护意识，使其能正确地使用商品。消费者的知识获取权包括以下两方面的内容：(1)获得有关消费方面的知识。主要是有关消费观的知识、有关商品和服务的基本知识以及有关市场的基本知识，这是保障正确、适宜的消费所不可缺少的。(2)获得有关消费者权益保护方面的知识。主要是有关消费者权益保护的法律、法规和政策，以及保护机构和争议解决途径等方面的知识。

（八）人格尊严权

消费者的人格尊严权是指消费者在购买、使用商品或接受服务时享有的人格尊严、民族风俗习惯得到尊重的权利。这一权利包括以下两方面的内容：(1)人格尊严受尊重权。人格尊严是消费者的人身权的重要组成部分，包括姓名权、名誉权、荣誉权、肖像权等。消费者的人格尊严受到尊重，是消费者最起码的权利之一。在实践中，侵犯消费者人格尊严权表现为侮辱消费者即侵犯消费者名誉权的行为，此外还有搜查消费者的身体及其携带的物品，甚至限制消费者人身自由的行为。(2)民族风俗习惯受尊重权。我国是统一的多民族的国家，在历史长期的发展过程中，各民族在饮食、服饰、居住、节庆、娱乐、礼节、禁忌等方面，都有不同的风俗习惯，与消费密切相关。因此，尊重少数民族的风俗习惯对于贯彻党和国家的民族政策有着极其重要的意义。

(九)监督批评权

依据《消费者权益保护法》的规定,消费者享有对商品和服务以及保护消费者权益工作进行监督的权利。此外,消费者有权检举、控告侵害消费者权益的行为和国家机关及其工作人员在保护消费者权益工作中的违法失职行为,有权对保护消费者权益工作提出批评、建议。需要指出的是,消费者监督权的行使,可以是与购买、使用商品或接受服务行为有关系,同时即使没有进行某种消费也可以提出批评、建议或进行检举、控告。另外,消费者行使监督批评权应当是善意的,它和无理取闹、恶意诽谤有严格区别。

二、经营者义务

为了保障消费者权利的实现,经营者应当承担相应的义务。我国《消费者权益保护法》明确规定了经营者的以下九项义务。

(一)严格履行法定和约定的义务

经营者向消费者提供商品或者服务,应当依照《中华人民共和国产品质量法》(以下简称《产品质量法》)和其他有关法律、法规的规定履行义务;经营者和消费者有约定的,应当按照约定履行义务,但双方的约定不得违背法律、法规的规定。

(二)听取意见和接受监督的义务

经营者应当听取消费者对其提供的商品或者服务的意见,接受消费者的监督。对于消费者有关商品质量、服务态度、计量标准、质量标志、售后服务、价格状况等各方面的意见和监督,经营者应虚心听取和接受。为此,经营者除了直接接受消费者的监督外,还应该认真对待和接受消费者组织、技术监督部门和工商行政部门以及物价监督部门等方面的监督,这是法律和法规所规定的经营者义务。

(三)保障人身和财产安全的义务

经营者应当保证其提供的商品或者服务符合保障人身、财产安全的要求。对可能危及人身、财产安全的商品和服务,应当向消费者作出真实的说明和明确的警示,并说明和标明正确使用商品或者接受服务的方法以及防止危害发生的方法。

经营者发现其提供的商品或者服务存在严重缺陷,即使正确使用商品或者接受服务仍然可能对人身、财产安全造成危害的,应当立即向有关行政部门报告和告知消费者,并采取防止危害发生的措施。它包括以下内容:(1)经营者提供的商品或服务应该达到有关的产品和服务质量标准,即经营者提供的商品或服务必须符合保障人身、财产安全的国家标准、行业标准,没有国家标准和行业标准的,必须符合社会普遍公认的安全要求。(2)对可能危及人身、财产安全的商品和服务,如剧毒、易燃、易爆、易碎的商品,其应当向消费者作出真实的说明和明确的警示;并说明和标明正确使用商品或者接受服务的方法以及防止危害发生的方法;对此,经营者应当根据有关的法律、法规要求,在商品及其包装上作出准确的说明或者标注上警示标志,或者以口头说明,以提醒消费者在使用商品和接受服务时引起注意。(3)经营者如果发现其提供的商品或者服务存在严重缺陷,即使正确使用商品或者接受服务仍可能对人身、财产安全造成危害的，应当立即向有关部门报告和告知消费者，并采取防止危害发生的措施。

(四)不作虚假宣传的义务

经营者应当向消费者提供有关商品或者服务的真实信息，不得作引人误解的虚假宣传。经营者对消费者就其提供的商品或者服务的质量和使用方法等问题提出的询问，应当作出真实、明确的答复。商店提供商品应当明码标价。根据《消费者权益保护法》的规定，经营者提供商品和服务真实信息的义务包括以下内容：

(1)经营者应当向消费者提供有关商品或者服务的真实信息，不得作引人误解的虚假宣传。经营者在向消费者提供商品或者服务时，应当向消费者提供商品的名称，生产厂厂名和厂址，产品规格、等级、所含主要成分，安全使用期或失效日期；产品说明以及正确使用方法和注意事项等；服务的内容、方式、时间、地点等。提供的信息必须真实，不能为了推销其产品或服务作引人误解的虚假宣传。

(2)经营者对消费者就其提供的商品或者服务的质量和使用方法等问题提出的询问，应当作真实明确的答复。在消费者购买商品或接受服务前，应当了解有关商品和服务质量的真实情况，以便消费者作出合适的消费选择。而在消费者购买了商品之后，真实、明确地答复其提出的有关商品使用方法的询问，可以有利于消费者达到其消费的目的。如果在交易过程中，经营者对消费者的询问置之不理，或作不明确的答复和虚假的说明，就没有尽到经营者应尽的义务。对由此所造成的后果，应该承担相应的法律责任。

(3)商店提供商品应当按规定明码标价。商店所提供的商品价格，是消费者选择购物的重要依据，必须明码标出。这样可以防止经营者随时、随意抬高价格，牟取暴利。

(五)出具凭证和单据的义务

经营者提供商品或者服务，应当按照国家有关规定或者商业惯例向消费者出具购货凭证或者服务单据；消费者索要购货凭证或者服务单据的，经营者必须出具，不得拒绝。购货凭证和服务单据是指在购买商品或接受服务后，商品的销售者和服务的提供者向商品的购买者和服务的接受者出具的证明购销、服务活动存在或合同履行的书面凭证，它对于界定消费者和经营者的权利与义务具有十分重要的证据作用。

(六)提供符合要求的商品或服务的义务

经营者应当保证在正常使用商品或者接受服务的情况下其提供的商品或者服务应当具有的质量、性能、用途和有效期限；但消费者在购买该商品或者接受该服务前已经知道其存在瑕疵的除外。这里所说的正常情况，是指商品的使用者和服务的接受者是符合使用该商品和接受该服务的条件的；而且，其使用和接受的方式也是符合要求和规定的。如果使用者不符合要求或者使用方法不符合规定，那么，所造成的损失，就应由使用者自己负责，与经营者无关。反之，在正常条件下使用商品和接受服务而出现的质量问题，经营者就应该承担责任。对于经营者已标明不具有应当具有的质量要求的商品或服务，而消费者仍然购买或接受的，则经营者对该商品或服务的质量状况不承担责任和义务。

此外，经营者以广告、产品说明、实物样品或者其他方式表明商品或者服务的质量状况的，应当保证其提供的商品或者服务的实际质量与表明的质量状况相符。经营者以虚假广告和虚假产品说明招揽生意，给消费者造成财产和经济损失的，依法应当承担责任。该商品或服务的质量状况不承担责任和义务。

(七)承担售后责任的义务

经营者提供的商品或者服务，按照国家规定或者消费者的约定，承担包修、包换、包退或者其他责任的，应当按照国家规定或者约定履行，不得故意拖延或者无理拒绝。

(八)遵守公平交易的义务

为了保障消费者的公平交易权，经营者不得以格式合同、通知、声明、店堂告示等方式作出对消费者不公平、不合理的规定，或者减轻、免除其损害消费者合法权益应当承担的民事责任。

如果格式合同、通知、声明、店堂告示等含有对消费者作出的不公平、不合理的规定或者减轻、免除经营者的民事损害赔偿责任的，其内容无效。

(九)不得侵犯消费者人身权的义务

消费者的人身权是其基本人权，受国家法律保护。经营者不得对消费者进行侮辱、诽谤，不得搜查消费者的身体及其携带的物品，不得侵犯消费者的人身自由。

该义务包括以下内容：(1)经营者不得对消费者进行侮辱、诽谤，对于侮辱、诽谤消费者的经营者，造成损害的，应依法追究责任。(2)不得搜查消费者的身体及其携带的物品。根据我国法律规定，除国家有关机关(如，公安机关、国家安全部门、司法部门和行政执法部门)依照法定程序有权对消费者的人身及其携带的物品进行必要的搜查、检查外，其他任何单位和个人都无权进行。对于经营者以种种理由为借口，搜查消费者的身体和其携带物品的行为，是法律所禁止的。(3)经营者不得侵犯消费者的人身自由。经营者没有任何权利限制和侵犯消费者的人身自由，也不得以任何理由限制和侵犯消费者的人身自由。对于限制消费者的人身自由，甚至扣留、殴打消费者的经营者，将根据法律规定受到严厉制裁。

第三节　消费者权利的保护与救济

一、国家和社会对消费者权益的保护

在消费者政策和消费者立法方面，国家和社会应保护消费者的合法权益免受侵害，并应采取具体措施，保障消费者能够依法行使各项权利，维护消费者的合法权利。为此，我国《消费者权益保护法》对于国家和社会在保护消费者权益方面的义务都作出了相应的规定。

(一)国家对消费者权益的保护

依据我国《消费者权益保护法》第四章的规定,国家对消费者合法权益的保护主要体现在以下几方面:

1. 在立法方面的保护

国家在制定有关消费者权益的法律、法规时,应当听取消费者的意见和要求。此外,立法机关在把消费者政策上升为法律时,也应听取消费者的意见和要求。

2. 在行政管理方面的保护

各级人民政府应当加强领导,组织、协调、督促有关行政部门做好保护消费者合法权益的工作。各级人民政府应当加强监督,预防、制止危害消费者人身、财产安全行为的发生。

各级人民政府工商管理部门和其他有关行政部门应当依照法律、法规的规定,在各自的职责范围内,采取措施,保护消费者的合法权益。有关行政部门应当听取消费者及其社团对经营者交易行为、商品和服务质量问题的意见,及时调整处理。

3. 在惩处违法犯罪行为方面的保护

有权惩处违法犯罪行为的有关国家机关应当依照法律、法规的规定,惩处经营者在提供商品和服务中侵害消费者合法权益的违法犯罪行为。

人民法院应当采取措施,方便消费者提起诉讼。对符合《中华人民共和国民事诉讼法》起诉条件的消费者权益争议,人民法院必须受理,并应及时审理。

(二)社会对消费者权益的保护

保护消费者的合法权益是全社会的责任,国家鼓励、支持一切组织和个人对损害消费者合法权益的行为进行社会监督。大众传播媒介尤其应当做好维护消费者合法权益的宣传工作,对损害消费者合法权益的行为进行舆论监督。

在保护消费者合法权益方面,消费者协会和其他消费者组织在对商品和服务进行社会监督、保护消费者合法权益方面起着重要作用。消费者组织不得从事商品经营和营利性服务,不得以牟利为目的向社会推荐商品和服务。对此,我国《消费者权益保护法》第五章对其作出了专门的规定。

在各种消费者组织中,消费者协会是最普遍、最重要的。消费者协会应履行以下几方面职能:

(1)向消费者提供消费信息和咨询服务。

(2)参与有关行政部门对商品和服务的监督、检查。

(3)就有关消费者合法权益的问题,向有关行政部门反映、查询,提出建议。

(4)受理消费者的投诉,并对投诉事项进行调查、调解。

(5)投诉事项涉及商品和服务质量问题的,可以提请鉴定部门鉴定,鉴定部门应当告知鉴定结论。

(6)就损害消费者合法权益的行为,支持受损害的消费者提起诉讼。

(7)对损害消费者合法权益的行为,通过大众传媒予以揭露、批评。

二、消费者权利的救济

(一)争议的解决途径

根据《消费者权益保护法》规定,消费者和经营者发生消费者权益争议的,可以通过下列途径解决:(1)与经营者协商和解;(2)请求消费者协会调解;(3)向有关行政部门申诉;(4)根据与经营者达成的仲裁协议提请仲裁机构仲裁;(5)向人民法院提起诉讼。

(二)经营者赔偿责任的承担

1. 由生产者、销售者承担

消费者在购买、使用商品时,其合法权益受到损害的,可以向销售者要求赔偿。销售者赔偿后,属于生产者的责任或者属于向销售者提供商品的其他销售者的责任的,销售者有权向生产者或者其他销售者追偿。

消费者或者其他受害人因商品缺陷造成人身、财产损害的,可以向销售者要求赔偿,也可以向生产者要求赔偿。属于生产者责任的,销售者赔偿后,有权向生产者追偿。属于销售者责任的,生产者赔偿后,有权向销售者追偿。

2. 由服务者承担

消费者在接受服务时,其合法权益受到损害的,可以向服务者要求赔偿。

3. 由租赁柜台的出租者、展销会的举办者承担

消费者在展销会、租赁柜台购买商品或者接受服务,其合法权益受到损害的,消费者可以向销售者或者服务者要求赔偿。展销会结束或者柜台租赁期满后,也可以向展销会的举办者、柜台的出租者要求赔偿。展销会的举办者、柜台的出租者赔偿后,有权向销售者或者服务者追偿。

4. 由变更后的企业承担

消费者在购买、使用商品或者接受服务时,其合法权益受到损害,原企业分立、合并的,可以向变更后承受其权利义务的企业要求赔偿。

5. 由营业执照的使用人或持有人承担

经营者使用他人营业执照违法经营所提供的商品或者服务,损害消费者合法权益的,消费者可以向其要求赔偿,也可以向营业执照的持有人要求赔偿。

6. 由从事虚假广告行为的经营者和广告的经营者承担

消费者因经营者利用虚假广告提供商品或服务,其合法权益受到损害的,可以向经营者要求赔偿。广告的经营者发布虚假广告的,消费者可以请求行政主管部门予以惩处。广告的经营者不能提供经营者的真实名称、地址的,应当承担赔偿责任。

(三)侵犯消费者合法权益的法律责任

1. 民事责任

(1)一般规定

经营者提供商品或者服务有下列情形之一的，除本法另有规定外，应当依照产品质量法和其他有关法律、法规的规定，承担民事责任：

①商品存在缺陷的。

②不具备商品应当具备的使用性能而出售时未作说明的。

③不符合在商品或者其包装上注明采用的商品标准的。

④不符合商品说明、实物样品等方式表明的质量状况的。

⑤生产国家明令淘汰的商品或者销售失效、变质的商品的。

⑥销售的商品数量不足的。

⑦服务的内容和费用违反约定的。

⑧对消费者提出的修理、重做、更换、退货、补足商品数量、退还货款和服务费用或者赔偿损失的要求，故意拖延或者无理拒绝的。

⑨法律、法规规定的其他损害消费者权益的情形。

当侵犯消费者权益的行为同时符合消费者权益保护法和民法通则、合同法等普通民事法律的民事责任要件时，消费者有权选择适用消费者权益保护法请求保护。

（2）特殊规定

①“三包”责任。《消费者权益保护法》第45条规定，对国家规定或者经营者与消费者约定包修、包换、包退的商品，经营者应当负责修理、更换或者退货。在保修期内两次修理仍不能正常使用的，经营者应当负责更换或者退货。对于“三包”的大件商品，消费者要求经营者修理、更换、退货的，经营者应当承担运输等合理费用。

②邮购商品的民事责任。以邮购方式买卖商品是现代社会商品销售的一种手段。由于买卖双方并不直接见面，作为购买方的消费者又无力调查经营方的资信和实力，往往货款寄出，却得不到满意的商品，甚至根本得不到商品。为此，《消费者权益保护法》规定，经营者以邮购方式提供商品的，应当按照约定提供。未按照约定提供的，应当按照消费者的要求履行约定或者退回货款，并应当承担消费者必须支付的合理费用。

③预收款方式提供商品或服务的责任。在某些情况下，经营者先预收部分款项，提供商品或服务后再与消费者进行结算。《消费者权益保护法》第47条规定，经营者以预收款方式提供商品或服务的，应当按照约定提供。未按照约定提供的，应依照消费者的要求履行约定或者退回预付款，并应当承担预付款的利息，消费者必须支付的合理费用。

④退货责任。消费者购买的商品，依法经有关行政部门认定为不合格的，消费者可以要求退货，经营者应当负责退货，而不得无理拒绝。

根据这一规定，一般商品发现问题后应经过修理、更换，仍无法使用的再予以退货；对不合格商品，只要消费者要求退货，经营者即应负责办理，不得以修理、更换或者其他借口延迟或者拒绝消费者的退货要求。

（3）因提供商品或服务造成人身伤害、人格受损、财产损失的民事责任及赔偿范围

①人身伤害的民事责任。经营者提供商品或服务造成消费者或其他人受伤、残疾、死

亡的，应承担下列责任：造成消费者或者其他受害人人身伤害的，应当支付医疗费、治疗期间的护理费、因误工减少的收入等费用；造成残疾的，除上述费用外，还应支付残疾者生活自助费、生活补助费、残疾赔偿金以及由其扶养的人所必需的生活费等费用；造成消费者或其他受害人死亡的，应当支付丧葬费、死亡赔偿金以及由死者生前扶养的人所必需的生活费用。

②侵犯消费者人格尊严、人身自由的民事责任。《消费者权益保护法》第 14 条规定消费者享有人格尊严，第 25 条规定经营者不得对消费者侮辱、诽谤，不得侵犯消费者的人身自由。违反上述规定的，经营者应当停止侵害、恢复名誉、消除影响、赔礼道歉，并赔偿损失。

③财产损害的民事责任。经营者提供商品或者服务。造成消费者财产损害的，应当以修理、重做、更换、退货、补足商品数量、退还货款和服务费用或者赔偿损失等方式承担民事责任。同时，消费者权益保护法承认并尊重消费者与经营者的自由订约权。当双方对财产损害的补偿有约定的，可按照约定履行。

(4)对欺诈行为的惩罚性规定

《消费者权益保护法》第 49 条规定：经营者提供商品或者服务有欺诈行为的，应当按照消费者的要求增加赔偿其受到的损失，增加赔偿的金额为消费者购买商品的价格或者接受服务的费用的一倍。这是我国第一个适用惩罚性赔偿的立法例。这一立法例得到了 1999 年颁布的《合同法》第 113 条第 2 款的进一步肯定。

《消费者权益保护法》第 49 条规定的惩罚性赔偿，属于特别法上的责任规则。设定这一规则的目的，一是惩罚性地制止损害消费者权益的欺诈行为人，特别是制造、销售假货的经营者；二是鼓励消费者同欺诈行为和假货作斗争。

① 欺诈消费者行为的概念及判断标准。欺诈行为，是指经营者故意在提供的商品或服务中，以虚假陈述或者其他不正当手段欺骗、误导消费者，致使消费者权益受到损害的行为。实践中，对“欺诈行为”应当以客观的方法检验和认定，即根据经营者在出售商品或提供服务时所采用的手段来加以判断。所以，只要证明下列事实存在，即可认定经营者构成欺诈行为：第一，经营者对其商品或服务的说明行为是虚假的，足以使一般消费者受到欺骗或误导；第二，消费者因受误导而接受了经营者的商品或服务，即经营者的虚假说明与消费者的消费行为之间存在因果关系。国家工商行政管理局 1996 年 3 月发布的《欺诈消费者行为处罚办法》第 3、4 条列举了一些典型的欺诈行为，例如，销售掺杂、掺假，以假充真，以次充好的商品；以虚假的“清仓价”、“甩卖价”、“最低价”、“优惠价”或者其他欺骗性价格表示销售商品；以虚假的商品说明、商品标准、实物样品等方式销售商品；不以自己的真实名称和标记销售商品；采取雇佣他人等方式进行欺骗性的销售诱导；利用广播、电视、电影、报刊等大众传播媒介对商品作虚假宣传；销售假冒商品和失效、变质商品；等等。在实践中，所有这些行为都可以根据客观的事实(或者说，经营行为的外观)加以确定。

② 赔偿数额。对经营者的欺诈行为，消费者不仅可以获得补偿性的赔付，还可要求增加赔偿额。增加赔偿的金额为消费者购买商品的价款或者接受服务的费用的一倍。

2. 行政责任

根据《消费者权益保护法》的规定，经营者有下列情形之一的，《产品质量法》和其他法律、法规对处罚机关和处罚方式有规定的，依照法律、法规的规定执行；法律、法规未作规定的，由工商行政管理部门责令改正，可以根据情节单处或者并处警告、没收违法所得，处以违法所得1倍以上、5倍以下的罚款；没收违法所得，处1万元以下的罚款；情节严重的，责令停业整顿、吊销营业执照。

(1)生产、销售的商品不符合保障人身、财产安全要求的。

(2)在商品中掺杂、掺假，以假充真，以次充好，或者以不合格商品冒充合格商品的。

(3)生产国家明令淘汰的商品或者销售失效、变质的商品的。

(4)伪造商品的产地，伪造或者冒用他人的厂名、厂址，伪造或者冒用认证标志、名优标志等质量标志的。

(5)销售的商品应当检验、检疫而未检验、检疫或者伪造检验、检疫结果的。

(6)对商品或者服务作引人误解的虚假宣传的。

(7)对消费者提出的修理、重做、更换、退货、补足商品数量、退还货款和服务费用或者赔偿损失的要求，故意拖延或者无理拒绝的。

(8)侵害消费者人格尊严或者侵犯消费者人身自由的。

(9)法律、法规规定的对损害消费者权益应当予以处罚的其他情形。

经营者对上述行政处罚决定不服的，可以自收到处罚决定之日起15日内向上一级机关申请复议，对复议决定不服的，可以自收到复议决定书之日起15日内向人民法院提起诉讼；也可以直接向人民法院提起诉讼。

3. 刑事责任

根据《消费者权益保护法》的规定，追究刑事责任的情形主要有以下几种：

(1)经营者提供商品或者服务，造成消费者或者其他受害人人身伤害或死亡的，构成犯罪的，依法追究刑事责任。

(2)以暴力、威胁等方法阻碍有关行政部门工作人员依法执行职务的，依法追究刑事责任；未使用暴力、威胁方法的，由公安机关依照《中华人民共和国治安管理处罚条例》的规定处罚。

(3)国家机关工作人员玩忽职守或者包庇经营者侵犯消费者合法权益的行为的，由其所在单位或者上级机关给予行政处分；情节严重，构成犯罪的，依法追究刑事责任。

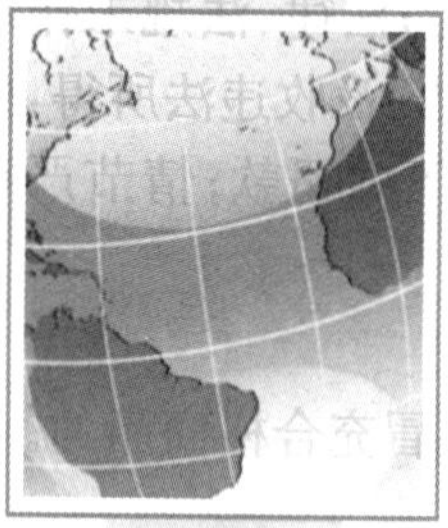

第七章 产品质量法律制度

【要点提示】

- 产品与产品质量概念及特征
- 产品质量法的概念和基本原则
- 我国的产品质量监督管理制度
- 产品质量责任的构成及免责条件
- 经营者的产品质量义务和产品质量责任

【案例】

某商店售出一批皮鞋，其中几双有质量问题，属于生产厂家的责任，商店负责给消费者退换后，即向生产厂家追偿，厂家称，在订立该批货物购销合同时，已明确规定由生产厂家多付10%的货物，生产厂家不再承担产品瑕疵担保责任。

问：生产厂家的理由是否合理？为什么？

第一节　产品与产品质量立法

一、产品与产品质量

（一）产品的概念

根据我国《产品质量法》的规定，产品是指经过加工、制作，用于销售的产品。建筑工程不适用于本法；但是建设工程使用的建筑材料、建筑物配件和设备，属于本法规定产品范围的，适用本法规定。我国《产品质量法》第73条规定：军工产品质量监督管理办法由国务院、中央军事委员会另行制定。因此，我国产品质量法律上所指“产品”，排除了初级农产品，未经加工的天然形成的物品，有建筑工程形成的房屋、桥梁、其他建筑物等不动产以及军工产品。

（二）产品质量的概念

产品质量是指产品满足社会需求所具备的质量特性的总和。产品的质量特性包括内部特性、外观特性、技术特性、可靠特性等。不同的产品质量要求也就不同。一般而言，社会需要对产品质量的要求主要有以下三个方面：

1. 使用性要求

产品具有实现其规定的用途的能力。如保温瓶能够保温，空气净化器能够净化空气。

2. 可靠性要求

产品在规定的条件下，具有完成其功能的能力。如保温瓶的保温效果规定为 24 小时。

3. 安全性要求

产品在运输、使用和储存的过程中，具有保证人身和环境不受危害的能力。如在规定的条件下正常使用，保温瓶不会自行爆裂，空气净化器不会漏电伤人等。

二、产品质量法的立法现状和立法宗旨

（一）产品质量法的立法现状

在激烈的市场竞争中，产品质量的地位日渐突出，它不仅是产品的生命，也是市场竞争、优胜劣汰的一个重要依据。美国提出“质量要革命”的口号，中国提出“质量兴国”方针，并把提出质量作为一项基本国策。产品质量与企业效益直接联系，从根本上决定着企业的生存和发展。不仅如此，产品质量更关系到广大公众的生产、生活和生命健康，关系到社会经济秩序的健康发展。所以，产品质量是我国经济发展中的一个关键问题，已经成为我国经济的命脉。1993 年 2 月 22 日，第七届全国人大常委会第三十次会议通过《中华人民共和国产品质量法》，并于同年 9 月 1 日起施行。2000 年 7 月 8 日，第九届全国人民代表大会常务委员会第十六次会议通过了《关于修改〈中华人民共和国产品质量法〉的决定》，同年 9 月 1 日起施行。

此外，为推进农业标准化，提高农产品质量安全水平，我国在已经具有产品质量法、食品安全法等相关法律的前提下，又出台了《中华人民共和国农产品质量安全法》（以下简称《农产品质量法》）。该法经中华人民共和国第十届全国人民代表大会常务委员会第二十一次会议于 2006 年 4 月 29 日通过，自 2006 年 11 月 1 日起施行。

（二）产品质量法的立法宗旨

产品质量法的立法宗旨体现在以下几个方面：

1. 加强国家对产品质量的监督管理

改革开放以来，经济建设取得了举世瞩目的成就，人民群众的物质生活水平有了很大的提高。但是，假冒伪劣产品在我国市场上的不时出现，不仅扰乱社会经济秩序，更严重侵害了社会公众的合法权益。然而，现阶段，广大消费者自我保护和维权的意识还比较淡薄，因此，由国家采取法律的手段对产品质量进行监督管理保护消费者的合法权益是十分必要的。

2. 提高产品质量水平

加入世界贸易组织后，我国企业已进入国际市场，在更广泛的领域参与国际竞争，产品质量已经成为我国经济的命脉，成为企业提高竞争能力的关键之所在。贯彻落实《产品质量法》，可以促使企业从根本上改变观念，牢固树立质量意识，从而有效提高产品质量水平。

3. 保护消费者的合法权益

国家通过制定《产品质量法》，加强产品质量监督管理，可以有效提高产品质量，从而减少因产品质量问题而造成对消费者的损害。通过贯彻实施《产品质量法》，可以有效提高消费者的自我保护意识和维权意识。

4. 维护社会经济秩序

制定和施行《产品质量法》的最终目的是通过对生产者、销售者的不正当行为的限制，保护消费者合法权益，维护社会正常的经济秩序。只有在正常的经济秩序下，我国的社会主义市场经济才能健康有序地发展。

三、产品质量法的概念和基本原则

（一）产品质量法的概念

产品质量法是指调整在生产、流通和消费过程中因产品质量所发生的经济关系的法律规范的总称，包括关于产品质量责任、产品质量监督管理、产品质量损害赔偿及争议处理等法律规定。

产品质量法的调整范围主要包括以下两个方面：

1. 国家与生产者、销售者之间的关系

国家与生产者、销售者之间的关系，即管理与被管理的关系。在这方面，《产品质量法》主要规定了产品质量监督管理的体制，以及生产者和销售者关于产品质量的义务和责任。

2. 生产者、销售者与消费者之间的关系

生产者、销售者与消费者之间的关系是一种权利与义务关系，《产品质量法》主要规定了经营者的产品质量义务和责任。

（二）产品质量法的基本原则

产品质量法的基本原则是产品质量法在发挥作用调整相关产品质量关系时必须遵循的基本准则。具体表现在以下几个方面：

1. “质量第一”的原则

严格保证产品质量，保证产品的安全性、可靠性和使用性。国家采取各种措施贯彻这一原则：其一，加强对产品质量的监督管理；其二，推行先进的企业质量体系认证制度和产品质量认证制度；其三，全面具体地规定生产者、销售者在保证产品质量方面所承担的义务；其四，对不履行产品质量义务的责任人员予以法律制裁。

2. 保护消费者合法权益原则

在我国，生产的目的是最大限度地满足人们日益增长的物质和文化生活的需要。要实现这一目的，就必须保障产品的质量，抑制损害消费者合法权益行为的发生。保护消费者的合法权益，维护社会的经济秩序，是《产品质量法》立法的最重要的目标。

3. 过错责任与严格责任并行原则

我国《产品质量法》对生产者采用严格责任原则，即无过错责任的归责原则，它是指缺陷产品如果造成了他人人身、财产损害，生产者即使没有过错，也要承担民事侵权赔偿责任。而对销售者，则采用过错责任原则和严格责任原则，销售者的过错责任原则是指由于销售者的过错使产品存在缺陷，造成他人人身、财产损害的，销售者应当承担赔偿责任；严格责任原则是指销售者售出的产品由于存在缺陷，以致造成他人人身、财产损害，而销售者不能指明缺陷产品的生产者也不能指明缺陷产品的供货者的，销售者应当承担赔偿责任。

第二节　产品质量监督管理制度

一、产品质量监督管理体制

健全的产品质量监督管理体制是落实《产品质量法》对产品生产者、销售者规定的义务的重要手段，是全面、有效地管理和监督产品质量的重要保证。我国《产品质量法》对产品质量的监督管理体制作了明确规定。

（1）国务院产品质量监督部门及县级以上地方产品质量监督部门分别主管全国或地方本行政区域内的产品质量监督工作。"国务院产品质量监督部门"，按照现行的国务院机构设置，是指国家质量技术监督局。"县级以上地方产品质量监督部门"，是指各省、自治区、直辖市人民政府的产品质量监督部门，以及按照国务院 1999 年 2 月批转的关于质量技术监督机构管理体制改革方案的规定，在实行省以下质量技术监督系统垂直管理后，作为省级人民政府产品质量监督部门直属机构的设在市、县一级的产品质量监督部门。依照《产品质量法》规定，产品质量监督部门"主管"产品质量监督工作的主要职责包括：统一规划和组织对产品质量的监督抽查，发布产品质量监督抽查结果的公告；责令监督抽查质量不合格的企业限期改正；负责对企业质量体系认证机构和产品质量认证机构的认可；对违反《产品质量法》规定的行为进行调查并可在法定范围内采取必要的强制措施；对违反《产品质量法》规定的行为依法实施行政处罚等。

（2）国务院有关主管部门及县级以上地方政府有关主管部门在各自的职责范围内负责产品质量监督工作。"国务院有关主管部门"，包括国家经贸委、农业部、信息产业部、国家工商行政管理局等按照国务院的规定，在各自的职责范围内负有对产品质量监督职责的有关部门。"县级以上地方人民政府有关主管部门"，是指按照有关地方人民政府的规定，对本行政区域内的有关产品质量工作负有监督职责的政府主管部门。国务院和县级以上地方政府的其他有关部门在产品质量监督方面的职责应依照法律、行政法规规定的职责执行。

（3）法律对产品质量的监督部门另有规定的，依照其规定。例如，按照《食品卫生法》的规定，主管食品卫生监督的是卫生行政主管部门；《药品管理法》也对主管药品质量监督的部门做了规定。因此，对食品卫生和药品的质量监督，应分别按《食品卫生法》和《药品管理法》的规定执行。

二、产品质量监督的主要制度

（一）产品质量检验制度

产品质量检验是指按照特定的标准，对产品质量进行检测，以判明产品是否合格的活动。这里的"标准"，可以是国家标准、行业标准或企业标准，但有强制性标准的产品，须按强制性标准检验。产品质量检验按检验主体，可以分为第三方检验和生产经营者检验；根据检验的方式，可以分为全数检验和抽样；根据检验的环节，可以分为出厂检验和入库检验。《产品质量法》对产品质量检验的规定，主要包括以下两个方面的内容：

（1）关于生产经营者自行检验。按照规定，产品质量应当检验合格，不得以不合格产品冒充合格产品。

（2）关于第三方检验。第三方检验是指由生产方和购买方以外的产品质量检验机构对产品质量进行的检验。与上述第一种检验不同，这种检验通常只是在特定的情况下，针对特定的产品适用；并且其直接的目的，主要不在于建立生产经营者的质量保证体系，而在于获取特定的质量信息，以便为产品质量纠纷处理和产品质量监督活动提供决策依据。

（二）标准化管理制度

标准是对重复性事务和概念所做的统一规定。它以科学技术和实践经验的综合成果为基础，经有关方面协商一致，由主管机关批准，及与产品质量有关的其他标准的制定、实施活动的总称。它是实现产品质量管理专业化、社会化和现代化的前提，也是促进技术进步、改进产品质量、提高社会化经济效益的基本保障。

1. 产品质量标准的制定

按照我国标准化的规定，凡工业产品的品种、规格、质量、等级或者生产、储存、运输中的安全、卫生要求，工业生产的技术术语、符号、代号和制图方法等，需要统一的技术要求和标准。制定产品质量标准应遵循以下原则：(1)既要考虑使用要求和需要，又要保证生命、财产安全和人身健康。(2)既要结合我国实际(如自然条件、技术水平、协调配套等)，又要参照国际标准和国外先进标准。产品质量标准按其制定的部门或者单位以及适用范围的不同，分为国家标准、行业标准、地方标准和企业标准。国家标准是指由国务院标准化行政主管部门制定的标准。对没有国家标准而又需要在全国某个行业统一范围内统一的技术要求，应制定行业标准。行业标准应报国务院标准化行政主管部门备案。地方标准是由省级标准化行政主管部门制定，并在本省、市、自治区范围内统一实施的标准。对于没有国家标准和行业标准的工业产品安全、卫生要求，可以制定地方标准。地方标准应报国务院标准化行政主管部门备案。企业标准是指由企业制定并报当地政府标准化主管部门备案，在企业内部适用的标准。企业生产的产品没有国家标准和行业标准的，应当制定企业标准。已有国家标准和行业标准的，国家鼓励企业制定严于国家标准和行业标准的企业标准，在检验内部适用。制定标准应当有利于产品质量的全面提高，并做到有关标准的协调、配套。

2.产品质量标准的实施

我国《标准化法》将标准按性质的不同，分为强制性标准和推荐性标准。

强制性标准是指法律、法规规定的有关生产者和销售者必须执行的标准。我国《产品质量法》规定，凡是可能危及人体健康和人身、财产安全的工业品，必须符合保障人体健康，人身、财产安全的国家标准、行业标准。

推荐性标准是指国家鼓励企业自愿采用的标准。我国《产品质量法》规定，国家推行科学的质量管理标准，鼓励企业采用先进的科学技术，使产品质量达到并超过国家标准、行业标准和国际标准。对产品质量管理先进和产品质量达到国际先进水平、成绩显著的单位和个人，给予奖励。

（三）企业质量体系认证制度

企业质量体系认证，是由国家标准化组织（ISO）提出的，并为国际社会所普遍接受的质量管理措施，它是根据国家质量管理和质量保证系列标准（GB/T1900-ISO9000），经过认证机构对企业质量体系进行审核，通过颁发认证证书的形式，证明企业质量保证能力符合相应要求的活动。产品质量是企业的生命，产品质量又是企业多方面活动的综合反映。在质量形成过程中影响质量的因素很多，企业要确保产品质量，必须建立相应的质量体系。质量体系认证则是促进企业建立质量体系的重要措施。为使企业质量体系认证制度化、法制化，《产品质量法》规定，国家根据国际通用的质量管理标准，推行企业质量体系认证制度；企业根据自愿原则，可以向国务院产品质量监督部门认可的，或者国务院产品质量监督部门授权的部门认可的认证机构申请企业质量体系认证，经认证合格的，由认证机构颁发企业质量体系认证证书。

（四）产品质量认证制度

产品质量认证，是依据产品标准和相应的技术要求，经认证机构确认，并通过颁发认证证书和认证标志证明某一产品符合相应标准和技术要求的活动。

产品质量认证制度是商品经济发展的产物。在产品质量认证制度产生以前，供方为了推销产品，往往采用合格声明的方式博取买方的信任，但这种声明缺乏权威性和公正性，鉴于此，由第三方证实产品质量的产品质量认证，便应运而生。1903 年，英国出现了世界上第一个认证标志——风筝（BS）标志，并于 1922 年按英国商标法注册。继英国之后，产品质量认证得到了广泛的发展。为了消除认证制度不统一所形成的国际贸易技术壁垒，协调各国认证制度，1971 年，国际标准化组织成立了认证委员会（1985 年改名为“合格评审委员会”）。随后，国际电工委员会（IEC）、国际电器设备鉴定规程委员会（CEE）等机构，先后分别建立了电子元器件认证组织（IECQ）、电子产品安全认证组织（IECEE），并颁布了各种规程，一个以国际标准为基础的国际产品质量认证制度已经形成。

我国自1981年开始产品质量认证试点，并建立了我国第一个认证委员会——中国电子元器件认证委员会。此后，又成立了电工产品、水泥、橡胶避孕套、汽车安全玻璃、卫星地面接收设备、方圆标志等认证委员会。1991年5月7日，国务院发布了《产品质量认证管理条例》，1992年，国家技术监督局又发布了《产品质量认证管理条例实施办法》、《产品质量认证委员会管理办法》、《产品质量认证体系检查员和检验机构评审员管理办法》、《产品质量认证证书和认证标志管理办法》等规范，《产品质量法》也对产品质量认证做了规定。

我国产品质量认证制度从性质上讲，属于自愿认证制，其基本内容是：

1. 认证对象

按照规定，凡是经过加工、制作，用于销售的产品，有国家标准和行业标准的，除建设工程、军工产品（不含军工企业生产的民用产品）外，均属产品质量认证的对象。我国目前开展产品质量认证的对象主要包括电子产品、电动工具、电线电缆、低压电器、电子元器件、水泥、橡胶避孕套、汽车安全玻璃等产品。具体哪些产品可以申请认证，由国家质量技术监督局根据实际需要和认证机构的组建情况，适时向社会公布可以开展认证的产品目录予以确认。

2. 认证依据

《产品质量法》规定，国家参照国际先进的产品标准和技术要求，推行产品质量认证制度。这就表明，我国产品质量认证，是根据国家认可的标准进行的。根据我国标准化法、《产品质量认证管理条例》及其实施办法等规定，产品质量认证依据的标准，应当是具有国际水平的国家标准或行业标准，内容除包括产品性能指标外，还应包括产品检验方法和综合判定准则；若现行国家标准或行业标准内容不能满足认证需要的，还应由认证委员会组织制定补充技术要求。凡经国务院标准化行政主管部门批准加入相应国际认证组织的认证委员会，其认证依据的标准，应当采用该组织公布的并已转化为我国国家标准或行业标准的标准。现行国家标准、行业标准与国际标准有差异的，按国家有关规定办理。

3. 认证方式

我国产品质量认证方式采用国际上通用的第三方认证制度。即由认证机构作为独立于生产方和购买方之外的第三方机构，公正地证明某一产品的质量符合规定的标准。按照《产品质量法》的规定，产品质量认证由国务院产品质量监督部门认可的或国务院产品质量监督部门授权的部门认可的认证机构来承担。

4. 认证种类

按照规定，我国产品质量认证分为合格认证和安全认证两种。实行安全认证的产品，必须符合标准化中有关强制性标准的要求。实行合格认证的产品，必须符合标准化法规规定的国家标准或行业标准的要求。

5. 认证原则

我国产品质量认证实行自愿认证制，即产品质量认证由企业自愿申请。自愿认证的主要目的在于，提高认证的自觉性，发挥市场机制的调节作用，同时为公正认证创造客观基础。

6. 认证的条件、程序

按照规定，中国企业、外国企业均可以提出认证申请。提出申请的企业应具备以下条件：(1)产品符合国家标准或者行业标准的要求；(2)产品质量稳定，能正常批量生产；(3)生产企业的质量体系符合国家质量管理和质量保证标准及补充要求。办理认证的程序是：(1)申请。中国企业向认证委员会提出书面申请，外国企业或代销商向国务院标准化行政主管部门或其指定的认证委员会提出书面申请。(2)产品审查。即认证委员会通知担任检验任务的检验机构对产品进行检验。(3)企业质量体系审查。即认证委员会对申请认证的生产企业的质量体系审查。(4)批准。认证委员会对认证合格的产品，颁发认证证书，并准许使用认证标志。认证证书是证明产品质量符合认证要求和许可产品使用认证标志的法定文件。认证标志是由认证机构设计并发布的证明产品符合特定标准或技术规范的专用标志。我国目前批准使用的认证标志专用有方圆标志、长城标志和 PRC 标志。方圆标志包括合格认证标志和安全认证标志，分别由获得合格认证的产品和安全认证的产品使用；长城标志为电工产品专用认证标志；PRC 标志为电子元器件专用认证标志。

7. 认证的法律后果

按照规定，获准认证的产品，准许企业在产品或其保证上使用产品质量认证标志；除接受国家法律和行政法规规定的检查外，免于其他检查，并享有优质优价、优先推荐参加国优产品评定等优惠条件。

(五)以抽查为主要方式的产品质量监督检查制度

《产品质量法》规定，国家对产品质量实行以抽查为主要方式的监督检查制度。监督抽查制度是推动企业保证和提高产品质量的重要措施。其主要内容是：

(1)可能危及人体健康和人身财产安全的产品；关系国计民生的重要工业产品；消费者及有关组织反应强烈的产品。

(2)监督抽查工作由国务院产品质量监督部门规划和组织；县级以上地方产品质量监督部门在本行政区域内也可以组织监督抽查。但是，国家监督抽查的产品，地方不得另行重复抽查；上级监督抽查的产品，下级不得另行重复抽查。

(3)监督抽查应具有突然性。即不得事先通知被查企业；样品应当在市场或者企业成品仓库内的代销产品中随机抽取。对依法进行的产品质量监督，产品生产者、销售者不得拒绝。

(4)根据监督抽查的要求，可以对产品进行检验。生产者、销售者对抽查检验的结果有异议的，可以自收到检验结果之日起 15 日内向实施监督抽查的产品质量监督部门或者其上级产品质量监督部门申请复验，由受理复验的产品质量监督部门作出复验结论。为防止借抽查之名加重被检查人的负担，《产品质量法》规定，检验抽取样品的数量不得超过检验的合理需要，并不得向被检查人收取检验费用，监督抽查所需检验费用按照国务院规定列支。

(5)依法进行监督抽查的产品质量不合格的，由实施监督抽查的产品质量监督部门责令其生产者、销售者限期改正。逾期不改正的，由省级以上人民政府产品质量监督部门予以公告；公告后经复查仍不合格的，责令停业，限期整顿，整顿期满后经复查，产品质量仍不合格的，吊销营业执照。监督抽查的产品有质量问题的，依照《产品质量法》的规定处罚。此外，为了使社会及时了解产品质量状况，充分发挥质量抽查的督促作用，《产品质量法》还规定，国家、省、自治区、直辖市人民政府的产品质量监督部门应当定期发布其监督抽查产品的质量状况公告。

(六)产品质量的社会监督制度

产品质量的社会监督是指用户、消费者、保护消费者权益的社会组织和新闻媒介等对产品质量实施的监督。如何实施产品质量的监督、管理，保护产品质量，维护正常的社会经济秩序，是一个复杂的问题，需要从全社会综合管理的角度去考虑。为此，《产品质量法》既明确了技术监督部门履行产品质量监督的职责，也规定了有关行业、企业主管部门和综合经济管理部门履行产品质量监督的职责，同时还明确了产品质量的社会监督问题。按照规定，消费者有关产品质量问题，向生产者、销售者查询；有权向产品质量监督管理部门、工商行政管理部门及有关部门申诉，接受申诉的部门应当负责处理。保护消费者权益组织可以就消费者反映的产品质量问题建议有关部门负责处理，支持消费者因产品质量造成的损害向人民法院起诉。

第三节　经营者的产品质量义务和产品质量责任

一、生产者产品质量义务

(一)产品内在质量符合法定要求

(1)不存在危及人体健康、人身财产安全的不合理危险，符合保障人体健康、人身财产安全的国家标准、行业标准。

“缺陷”产品是具有“不合理危险”或不符合保障安全的国家标准或行业标准的产品。比如，电视机发生爆炸，热水器漏电，保温瓶自行爆裂，这些都是“缺陷”产品。

(2)具备产品应当具备的使用性能。但是，对产品存在使用性能的瑕疵做出说明的除外。比如，家具油漆有不均匀之处，衣服纽扣有脱落，这些都是“瑕疵”产品，对这些“瑕疵”做出说明后，产品仍可销售。

(3)符合产品要求或包装上注明采用的产品标准，符合以产品说明、实物样品等方式表明的质量状况。如空调器制冷速度与说明书内容不符合，即使达到国家标准也须承担违约责任。

(二)产品包装标记符合法定要求

(1)有产品质量检验合格证明。

(2)有中文标明产品名称、生产厂名和厂址。如进口商品要有中文说明。

(3)根据产品的特点和使用要求,需要标明产品规格、等级,所含主要成分的名称和含量的,相应予以标明。

(4)限期使用的产品,标明生产日期和安全生效的日期。

(5)使用不当容易造成产品本身损坏或可能危及人身财产安全的产品,有警示标志或中文警示说明。

此条是对所有产品的包装标志的要求,违者可能构成瑕疵产品,也可能是缺陷产品。并非所有的产品的包装均需同时符合以上五项要求。裸装食品和难以附加标志的裸装产品可不附加产品标志。

(三)特殊产品包装符合要求

特殊产品是指《产品质量法》第16条所列举的剧毒、危险、易碎、储运中不能倒置以及有其他特殊要求的产品。这些特殊产品的包装必须符合相应要求,有警示标志或中文警示说明,标明储运注意事项。

(四)不得违反《产品质量法》的禁止性规定

生产者违反这些禁止性规定,就要对用户消费者承担违约责任。这些禁止性规定包括:

(1)生产者不得生产国家明令淘汰的产品(《产品质量法》第17条)。国家明令淘汰的产品,有的危害社会整体利益的,如浪费资源、能源、污染环境的产品;有的是威胁或危及社会个体人身健康和财产安全的产品,如一些具有潜在威胁的药品。

(2)生产者不得伪造或冒用他人的厂名、厂址。厂名是企业名称或商号,是区别不同企业生产经营活动的标志。由于厂名、厂址、产地均与某种产品的质量、声誉有密切的关系,因此,《产品质量法》为防止假冒他人厂名、厂址、产地以次充好,明文规定生产者负有不得伪造或冒充他人厂名、厂址、产地的义务。

(3)生产者不得伪造或冒用认证标志、名优标志等质量标志。伪造或冒用认证标志、名优标志等质量标志,是指非法制作产品质量认证标志,优质产品标志或国家、国际荣誉标志,生产许可证标志等质量标志的行为;或未获准认证,未取得优质产品、国家奖等荣誉,未取得生产许可证等,而擅自使用相应质量标志的行为。

(4)生产者生产产品,不得掺杂、掺假,不得以假充真、以次充好,不得用不合格产品冒充合格产品。所谓掺杂、掺假是指行为人在产品中掺入杂质或造假,致使产品有关物质的成分或含量不符合国家有关法律、法规、标准规定要求的欺骗行为。如在羊毛中掺入石粉,在鲜奶中掺入水等。所谓以假充真,是指以别的产品冒充本来意义上的产品,进行欺骗性商业活动的违法活动。以次充好是指以低级、低档次的产品冒充高级、高档次产品的欺骗行为。

二、销售者产品质量义务

（一）执行进货检查验收制度

执行进货检查验收制度是销售者对国家的义务和对用户消费者的潜在义务。检查、验收货物是消费者基于自身利益而必须做的行为。

《产品质量法》将销售者本来应为的行为上升为义务性规范，以加强销售者的“注意义务”，减少纠纷，明确责任。

（二）采取措施，保持产品质量

此条是销售者从本身利益考虑所应采取的措施，是为了加重消费者的注意义务和行为义务，保护用户和消费者的利益。比如药品存放在阴凉干燥处，不能放在潮湿的地方；如须密封保存的食品，应注意不要破坏密封包装。

（三）销售产品标识符合法定要求

《产品质量法》第 24 条要求销售者的标志应当符合该法第 15 条的规定，即与生产者有同样的义务。但销售者还应“严把产品标识关”，应向生产者索要合法齐全的标志说明，不可接受其不合格的产品标志。销售者不可搞假冒产品标识。销售者对用户、消费者有告知产品警示标志和说明的义务。

（四）不得违反《产品质量法》的禁止性规定

1. 销售者不得销售失效、变质的产品。失效是指超过产品质量保证期或安全试用期。它可能导致产品变质，但也可能只是使产品质量下降。变质则是指产品不再具有使用价值。

2. 销售者不得伪造产地，不得伪造或者冒用他人的厂名、厂址；销售者不得伪造或者冒用认证标志、名优标志等质量标志；销售者销售产品不得掺杂、掺假，不得以假充真、以次充好、以不合格产品冒充合格产品。

三、经营者的产品质量责任

产品质量责任即违反产品质量义务的法律责任，是指生产者、销售者违反产品质量义务应承担的法律后果。产品质量责任包括民事责任、行政责任和刑事责任。

（一）民事责任

违反产品质量义务的民事责任包括违约责任和侵权责任两种。

1. 违约责任

违反产品质量义务的违约责任是指产品的生产者、销售者违反其所担保的产品质量要求而应承担的瑕疵担保责任。《产品质量法》第 28 条规定，销售者售出的产品有下列情形之一的，应当承担违约责任：

（1）不具有产品应当具备的使用性能而事先未作说明的。

（2）不符合在产品或其包装上注明采用的产品标准的。

(3)不符合以产品说明、实物样品等方式表明的质量状况的。

《产品质量法》规定对违反产品瑕疵担保责任,无论是否造成损害后果,都应当承担责任。需要说明的是,承担产品质量违约责任的主体必须是与消费者或用户之间存在合同关系。由于消费者或用户与生产厂家没有直接的合同关系,因此,承担违约责任的主体一般是销售者。但是,销售者与生产厂家之间存在合同关系,因此,销售者承担了产品质量违约责任后,属于生产者的责任或属于向销售者提供了产品的其他销售者的责任的,销售者有权向生产者、供货者追偿。承担产品质量违约责任的方式有:负责修理、更换、退货,如卖给购买产品的用户、消费者造成损失的,销售者应当赔偿损失。

2.侵权责任

产品质量侵权责任是指生产者、销售者因存在缺陷而造成他人人身损害应当承担的赔偿责任。

产品质量侵权责任的构成要件包括以下几点:

(1)产品质量侵权行为主体,产品质量侵权行为主体具有特定性,即只能是产品的生产者、销售者以及相关的责任主体。

(2)产品存在缺陷,即产品不符合《产品质量法》对产品质量的要求。《产品质量法》所称的缺陷产品是指存在危及他人人身、财产安全的不合理危险的产品。

(3)有损害事实存在,即“缺陷”产品已经给他人造成人身或财产损害。

(4)产品缺陷与损害事实之间存在因果关系。

关于产品质量侵权责任的归责原则问题,目前世界上大多数国家普遍采用无过错侵权责任原则,又称严格责任原则,即不论生产者在主观上有没有过错,只要产品存在缺陷并造成他人人身、财产损害,受害人即可请求赔偿,不要求受害人举证证明侵权人有过错。

我国《产品质量法》关于侵权的归责原则针对生产者和销售者作了不同规定:

第一,对生产者的产品质量侵权责任实行严格责任原则。但是,生产者因缺陷产品损害的赔偿责任,可因下列条件而免责:未将产品投入流通的;产品流通时引起损害的缺陷尚不存在的;将产品投入流通时的科学技术水平尚不能发现缺陷存在的。这是实行严格责任原则前提下生产者的法定免责条件。但是,生产者必须提供证据证明有上述情形。

第二,对销售者承担侵权责任实行过错责任原则。由于销售者的过错使产品存在缺陷,造成他人人身、财产损害的,销售者应当承担赔偿责任。销售者不能指明缺陷产品的生产者的,也不能指明缺陷产品的供货者的,销售者应当承担赔偿责任。

关于受害的赔偿请求权与生产者、销售者之间的追偿权,我国《产品质量法》是这样规定的:因产品存在缺陷造成他人人身、财产损害的受害人可以向产品的生产者要求赔偿,也可以向产品的销售者要求赔偿。属于产品的生产者的责任,而由产品的销售者赔偿的,产品的销售者有权向产品的生产者追偿。属于产品的销售者的责任,产品的生产者赔偿的,产品的生产者有权向产品的销售者追偿。

3.损害赔偿的范围

因产品存在缺陷造成受害人人身伤害的(包括人的肢体、残疾、疾病等),侵权人应当赔偿医疗费、因误工减少的收入、残疾者的生产补助费等费用;造成受害人死亡的,应当承担丧葬费、抚恤费、死者生前抚养人的必要的生活费等费用。

因产品存在缺陷造成受害人财产损失的侵害人应当将该财产恢复原状或折价赔偿。受害人因此遭受其他重大损失的,侵害人应当赔偿损失。

4. 损害赔偿请求权的期间与诉讼时效

产品质量纠纷的解决途径有:协商或调解解决、仲裁解决、诉讼解决,当事人可以自由选择。

由于产品质量发生纠纷时,当事人可以通过协商或调解解决;当事人不愿意通过协商、调解解决或协商调解不成的,可以根据当事人之间的协议向仲裁机构申请仲裁;当事人没有达成仲裁协议或者仲裁协议无效的,可以直接向人民法院提起诉讼。

根据我国《民法通则》和《产品质量法》的规定,因产品存在缺陷造成损害要求赔偿的诉讼时效为 2 年,在当事人知道或应当知道其权益受损害之日起计算。因产品存在缺陷造成损害要求赔偿的请求权,在造成损害的缺陷产品交付最初消费者满 10 年后丧失,但未超过明示的安全使用期的除外。

(二)行政责任

根据《产品质量法》第五章"罚则"的规定,行政处罚具体包括:(1)警告;(2)罚款;(3)没收违法生产销售的产品和没收违法所得;(4)责令停止生产、销售;(5)吊销营业执照。

产品的生产者和销售者是承担行政责任的主体。工商行政管理部门和负责管理产品质量监督工作的部门,是做出行政处罚决定的行政机构。

《产品质量法》规定,下列行为应当追究行政责任:

(1)生产、销售不符合保障人体健康,人身、财产安全的国家标准、行业标准的产品。

(2)在产品中掺杂、掺假,以假充真、以次充好,或者以不合格产品冒充合格产品。

(3)生产国家明令淘汰的产品,销售国家明令淘汰并停止销售的产品。

(4)销售失效、变质产品。

(5)伪造产品的产地,伪造或冒用他人的厂名、厂址,伪造或者冒用认证标志等质量标志。

(6)商品或服务作引人误解的虚假宣传。

(7)侵犯消费者人格尊严或人身自由。

(8)法律、法规规定的对损害消费者合法权益应当给予处罚的其他情形。

(三)刑事责任

根据《产品质量法》的规定,违反本法,情节严重,构成犯罪的,应当承担刑事责任。承担刑事责任的主体是个人,如果生产者或销售者是单位,则追究直接责任人员的刑事责任。同时,各级人民政府工作人员和国家机关工作人员违反本法规定的,情节严重,构成犯罪的,依法追究其刑事责任。

生产者、销售者有下列情形之一的，依法追究其刑事责任：

(1)经营者提供的商品或者服务，造成消费者或其他受害人人身伤害，构成犯罪的，依法追究刑事责任。

(2)经营者提供的商品或者服务，造成消费者或其他受害人死亡，构成犯罪的，依法追究刑事责任。

(3)经营者以暴力、威胁等方法阻碍有关行政工作部门依法执行公务的，依法追究相关人员的刑事责任。

各级人民政府工作人员和国家机关工作人员有下列情形之一的，情节严重、构成犯罪的，依法追究其刑事责任：

(1)包庇 、放纵产品生产、销售中违反《产品质量法》规定的行为的。

(2)向从事违反《产品质量法》规定的生产、销售活动的当事人通风报信，帮助其逃避查处，造成严重后果的。

(3)产品质量监督部门或者工商行政管理部门的工作人员滥用职权、玩忽职守、徇私舞弊的。

(4)产品质量监督机构、认证机构伪造检验结果或者出具虚假证明的。

第四节 农产品质量安全法

农产品质量问题近年来成为影响食品安全、工业品质量，引发社会不稳定事件的重要原因。2006 年 4 月 29 日，出台了《中华人民共和国农产品质量安全法》(以下简称《农产品质量法》)，同时，设立了一系列的监管制度，包括各级政府及其农业部门以及其他相关职能部门配合的管理体制、农产品质量安全信息发布制度、农产品生产记录制度、农产品包装与标识制度、农产品质量安全市场准入制度、农产品质量安全监测和监督检查制度、农产品质量安全事故报告制度和农产品质量安全责任追究制度。

一、农产品质量安全的一般规定

《农产品质量法》的立法目的是保障农产品质量安全，维护公众健康，进而促进农业和农村经济持续、健康发展。

(一)调整范围

《农产品质量法》对农产品的含义有明确的界定，它是指来源于农业的初级产品，即在农业活动中获得的植物、动物、微生物及其产品。但是应该注意，这些农业初级产品在形成过程中，其质量取决于许多因素；因此对可能危及农产品质量安全的农药、兽药、饲料和饲料添加剂、肥料等农业投入品，该法也有涉及；对其他环境因素，如土地、水的保护和污染防治则由环境法律制度予以保障。但是，有关生猪屠宰的管理按照国家有关规定执行。

《农产品质量法》调整的行为主体，既包括农产品的生产者和销售者，如农产品生产企业、农民专业合作经济组织以及从事农产品收购的单位或者个人，以及从事农产品销售、运输、保管、储藏的单位和个人，提供场所的组织如农产品批发市场；也包括农产品质量安全管理者和相应的检测技术机构和人员等。

关于调整的管理环节，既包括产地环境，农业投入品的科学合理使用、农产品生产和产后处理的标准化管理，也包括农产品的包装、标识、标志和市场准入管理，以满足农产品从农田回到市场全程质量安全控制的需要。

（二）主管机构

农产品质量主管机构为各级农业行政主管部门。县级以上人民政府农业行政主管部门，负责当地农产品质量安全的日常监督管理工作；包括制定并组织实施农产品质量安全监测计划，对生产中或者市场上销售的农产品进行监督抽查；对发现的问题进行处理和上报。

国家农业行政主管部门在国务院领导下，负责农产品质量安全法在全国的实施，以及相关的工作。如建立农产品质量安全监测制度；组织对农产品的监督抽查；设立农产品质量安全风险评估专家委员会，对可能影响农产品质量安全的潜在危害进行风险分析和评估；根据风险评估结果采取相应的管理措施，并将农产品质量安全风险评估结果及时通报国务院有关部门等。

有关农产品质量安全状况的信息，由国务院农业行政主管部门和省、自治区、直辖市人民政府农业行政主管部门收集分析，并按照职责权限进行发布。

二、农产品质量安全保障

（一）农产品质量安全标准

《农产品质量法》中所称农产品质量安全，是指农产品质量符合保障人的健康、安全的要求。

农产品质量安全标准体系是由农业行政主管部门商有关部门建立和组织实施的。根据科学技术发展水平的提升，该标准可以并应该及时修订。农产品质量安全标准是强制性的技术规范。

（二）农产品生产产地的规定

1. 基本要求

《农产品质量法》要求县级以上人民政府加强农产品基地建设，改善农产品的生产条件。具体而言，是由县级以上人民政府农业行政主管部门采取措施，推进保障农产品质量安全的标准化生产综合示范区、示范农场、养殖小区和无规定动植物疫病区的建设。

2. 生产环节的禁止性规定

（1）《农产品质量法》要求县级以上人民政府农业行政主管部门根据农产品品种特性和生产区域大气、土壤、水体中有毒有害物质状况等因素，认为不适宜特定农产品生产的，提出禁止生产的区域，报本级人民政府批准后公布。具体办法由国务院农业行政主管部门商国务院环境保护行政主管部门制定。农产品禁止生产区域的调整，依照前款规定的程序办理。

(2)禁止在有毒有害物质超过规定标准的区域生产、捕捞、采集食用农产品和建立农产品生产基地。

(3)禁止违反法律、法规的规定向农产品产地排放或者倾倒废水、废气、固体废物或者其他有毒有害物质。农业生产用水和用作肥料的固体废物，应当符合国家规定的标准。

(4)农产品生产者应当合理使用化肥、农药、兽药、农用薄膜等化工产品，防止对农产品产地造成污染。

(三)农产品生产过程中的质量控制的规定

1.政府职责

(1)政府指导。国务院农业行政主管部门和省、自治区、直辖市人民政府农业行政主管部门应当制定保障农产品质量安全的生产技术要求和操作规程。县级以上人民政府农业行政主管部门应当加强对农产品生产的指导。

(2)许可制度。对可能影响农产品质量安全的农药、兽药、饲料和饲料添加剂、肥料、兽医器械，依照有关法律、行政法规的规定实行许可制度。

(3)对农业投入品的抽查。国务院农业行政主管部门和省、自治区、直辖市人民政府农业行政主管部门应当定期对可能危及农产品质量安全的农药、兽药、饲料和饲料添加剂、肥料等农业投入品进行监督抽查，并公布结果。县级以上人民政府农业行政主管部门负责农业投入品使用的管理和指导，建立健全农业投入品的安全使用制度。

(4)培训。农业科研教育机构和农业技术推广机构应当加强对农产品生产者质量安全知识和技能的培训。

2.生产者义务

(1)建立农产品生产记录。农产品生产企业和农民专业合作经济组织应当建立农产品生产记录，如实记载下列事项：①使用农业投入品的名称、来源、用法、用量和使用、停用的日期；②动物疫病、植物病虫草害的发生和防治情况；③收获、屠宰或者捕捞的日期。农产品生产记录应当保存2年。农产品生产记录不得伪造。对其他农产品生产者是否建立农产品生产记录，国家采取鼓励其建立的态度，而没有硬性规定。

(2)合理使用农业投入品。农产品生产者应当按照法律、行政法规和国务院农业行政主管部门的规定，合理使用农业投入品，严格执行农业投入品使用安全间隔期或者休药期的规定，防止危及农产品质量安全。禁止在农产品生产过程中使用国家明令禁止使用的农业投入品。

(3)依法检测和销售。农产品生产企业和农民专业合作经济组织，应当自行或者委托检测机构对农产品质量安全状况进行检测；经检测不符合农产品质量安全标准的农产品，不得销售。

(4)加强自律管理。农民专业合作经济和农产品行业协会对其成员应当及时提供生产技术服务，建立农产品质量安全管理制度，健全农产品质量安全控制体系，加强自律管理。

(四)农产品包装、标识的规定

1. 按照规定进行包装或者附加标识

(1)农产品生产企业、农民专业合作经济组织以及从事农产品收购的单位或者个人销售的农产品，按照规定应当包装或者附加标识的，须经包装或者附加标识后方可销售。包装物或者标识上应当按照规定标明产品的品名、产地、生产者、生产日期、保质期、产品质量等级等内容；使用添加剂的，还应当按照规定标明添加剂的名称。

(2)遵守国家有关强制性的技术规范。农产品在包装、保鲜、贮存、运输中所使用的保鲜剂、防腐剂、添加剂等材料，应当符合国家有关强制性的技术规范。

(3)农业转基因生物的农产品，应当按照农业转基因生物安全管理的有关规定进行标识。

2. 依法需要实施检疫的动植物及其产品，应当附具检疫合格标志、检疫合格证明

3. 有关质量标志的使用

生产者销售的农产品必须符合农产品质量安全标准。符合条件的，生产者可以申请使用无公害农产品标志，以及相应的农产品质量标志。

(五)农产品检测制度

1. 检测机构

从事农产品质量安全检测的机构，必须具备相应的检测条件和能力，由省级以上人民政府农业行政主管部门或者其授权的部门考核合格。目前，通过农业部授权认可和国家计量认证的农产品质量安全检验检测中心已达 238 家，全国省、市、县农业部门已经建立检测机构1 100多家，检测内容基本涵盖了主要农产品、农业投入品和农业环境等相关领域，拥有各类检测技术人员近 2 万名。

2. 抽查检测规则

(1)抽查检测应当遵循的规则

委托符合该法规定条件的农产品质量安全检测机构进行，不得向被抽查人收取费用，抽取的样品不得超过国务院农业行政主管部门规定的数量。上级农业行政主管部门监督抽查的农产品，下级农业行政主管部门不得另行重复抽查。

(2)复检的程序

农产品生产者、销售者对监督抽查检测结果有异议的，可以自收到检测结果之日起 5 日内，向组织实施农产品质量安全监督抽查的农业行政主管部门或者其上级农业行政主管部门申请复检。采用国务院农业行政主管部门会同有关部门认定的快速检测方法进行农产品安全监督抽查检测，被抽查人对检测结果有异议的，可以自收到检测结果时起 4 小时内申请复检。复检不得采用快速检测方法。

农产品批发市场应当设立或者委托农产品质量安全检测机构，对进场销售的农产品

质量安全状况进行抽查检测；发现不符合农产品质量安全标准的，应当要求销售者立即停止销售，并向农业行政主管部门报告。农产品批发市场应当建立进货检查验收制度。

三、监督检查及处罚制度

(一)监督检查的主要事项

(1) 根据《农产品质量法》第33条的规定，有下列情形之一的农产品，不得销售：

①含有国家禁止使用的农药、兽药或者其他化学物质的；

②农药、兽药等化学物质残留或者含有的重金属等有毒有害物质不符合农产品质量安全标准的；

③含有的致病性寄生虫、微生物或者生物毒素不符合农产品质量安全标准的；

④使用的保鲜剂、防腐剂、添加剂等材料不符合国家有关强制性的技术规范的；

⑤其他不符合农产品质量安全标准的。

(2)农产品销售企业对其销售的农产品，应当建立健全进货检查验收制度；经查验不符合农产品安全标准的，不得销售。

(3)进口的农产品必须按照国家规定的农产品质量安全标准进行检验，尚未制定有关农产品质量安全标准的，应当依法及时制定，未制定之前，可以参照国家有关部门指定的国外有关标准进行检验。

(二)监督检查的手段

(1)询问，查阅、复制相关资料。县级以上人民政府农业行政主管部门在农产品质量安全监督检查中，可以对生产、销售的农产品进行现场检查、调查了解农产品质量安全的有关情况，查阅、复制与农产品质量安全有关的记录和其他资料。

(2)对经检测不符合农产品质量安全标准的农产品，有权查封、扣押。

(三)农产品质量安全事故的应对措施

发生农产品质量安全事故时，有关单位和个人应当采取控制措施，并及时向所在地乡级人民政府和县级人民政府农业行政主管部门报告；收到报告的机关应当及时处理并报上一级人民政府和有关部门。

发生重大农产品质量安全事故时，农业行政主管部门应当及时通报同级食品药品监督管理部门。

(四)处理方式及处罚权限

根据农产品质量法的相关规定，国家农业行政主管部门对违反该法的情形和责任人，可以采取责令改正，责令停止销售，没收违法所得，罚款，撤销检测资格；追回已经销售的农产品，对被污染的农产品进行无害化处理，对不能进行无害化处理的予以监督销毁等手段进行矫正。

(五)社会监督

国家鼓励单位和个人对农产品质量安全进行社会监督。任何单位和个人都有权对违反本法的行为进行检举、揭发和控告。有关部门收到相关的检举、揭发和控告后，应当及时处理。

四、法律责任

为了与相关法律很好的衔接，农产品质量法规定，对违法行为进行处罚时，其他法律对行政处罚及处罚机关已有规定的，从其规定。但是，对同一违法行为不得重复处罚。依照农产品质量法实施的处罚，由县级以上人民政府农业行政主管部门决定；但是，对农产品销售企业及农产品批发市场违反该法第 33 条进行处罚时，由工商行政管理部门决定。违反农产品质量法规定，构成犯罪的，依法追究刑事责任。

（一）监督管理人员的责任

农产品安全监督管理人员不依法履行监督职责，或者滥用职权的，依法给予行政处分。

（二）检测机构的责任

（1）农产品质量安全检测机构伪造检测结果的，责令改正，没收违法所得，并处 5 万元以上 10 万元以下罚款，对直接负责的主管人员和其他直接责任人员处 1 万元以上 5 万元以下罚款；情节严重的，撤销其检测资格；造成损害的，依法承担赔偿责任。

（2）农产品质量安全检测机构出具检测结果不实，造成损害的，依法承担赔偿责任；造成重大损害的，并撤销其检测资格。

（3）因检测结果错误给当事人造成损害的，依法承担赔偿责任。

（三）污染者责任

违反法律、法规规定，向农产品产地排放或者倾倒废水、废气、固体废物或者其他有毒有害物质的，依照有关环境保护法律、法规的规定处罚；造成损害的，依法承担赔偿责任。

（四）农产品生产者、销售者的责任

（1）使用农业投入品违反法律、行政法规和国务院农业行政主管部门的规定的，依照有关法律、行政法规的规定处罚。

（2）农产品生产企业、农民专业合作经济组织未建立或者未按照规定保存农产品生产记录的，或者伪造农产品生产记录的，责令限期改正；逾期不改正的，可以处2 000元以下罚款。

（3）销售的农产品未按照规定进行包装、标识的，责令限期改正；逾期不改正的，可以处2 000元以下罚款。

（4）有本法第 33 条第 4 项规定情形，使用的保鲜剂、防腐剂、添加剂等材料不符合国家有关强制性的技术规范的，责令停止销售，对被污染的农产品进行无害化处理，对不能进行无害化处理的予以监督销毁；没收违法所得，并处2 000元以上 2 万元以下罚款。

（5）农产品生产企业、农民专业合作经济组织销售的农产品有《农产品质量法》第 33 条第 1～3 项或者第 5 项所列情形之一的，责令停止销售，追回已经销售的农产品，对违法

销售的农产品进行无害化处理或者予以监督销毁；没收违法所得，并处2 000元以上 2 万元以下的罚款。

农产品销售企业销售的农产品有前款所列情形的，依照前款规定处理、处罚。生产、销售《农产品质量法》第 33 条所列农产品，给消费者造成损害的，还应承担赔偿责任。

(6)冒用农产品质量标志的，责令改正，没收违法所得，并处2 000元以上 2 万元以下的罚款。

(五)农产品批发市场的责任

农产品批发市场是由国家投资的公益性事业，一方面，农产品批发市场作为提供农产品交易场所的独立法人单位，应当承担进入市场的农产品的质量安全责任，并有义务保证市场上农产品的质量安全；另一方面，目前我国大中城市的农产品主要通过批发市场流通，农产品批发市场是联系农产品生产、运输、消费等链条的关键环节，批发市场承担起相关的把关责任，意味着向前可以追溯生产者的责任，向后可以保护消费者的消费安全。

(1)农产品批发市场中销售的农产品属于《农产品质量法》第 33 条所列不得销售的产品的，对违法销售的农产品依照第 50 条第 1 款规定处理，即责令停止销售，追回已经销售的农产品，对违法销售的农产品进行无害化处理或者予以监督销毁；对违法销售者没收违法所得，并处2 000元以上 2 万元以下的罚款。

(2)农产品批发市场违反《农产品质量法》第 37 条第 1 款规定，即没有对进场销售的农产品质量安全状况进行抽查检测；或者发现不符合农产品质量安全标准的，没有要求销售者立即停止销售，并向农业行政主管部门报告的，责令改正，处2 000元以上 2 万元以下的罚款。

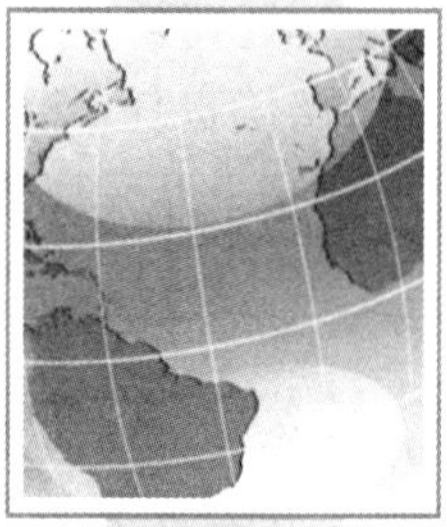

第八章 财政法律制度

【要点提示】

- 财政
- 财政活动形式
- 财政法
- 预算法
- 财政收支划分法
- 国债法
- 政府采购法

【案例】

2009 年 12 月 5 日至 7 日，中央经济工作会议提出，2010 年要保持宏观经济政策的连续性和稳定性，继续实施积极的财政政策和适度宽松的货币政策。2010 年 12 月 3 日，中共中央政治局召开会议提出，2011 年我国将实施积极的财政政策和稳健的货币政策。2011 年上半年，我国 9.6%的经济增速仍处在平稳较快区间，没有出现大幅下滑，属于稳中趋缓。针对我国经济发展的实际状况，下半年宏观政策取向仍将保持政策的连续性和稳定性，实施好积极的财政政策和稳健的货币政策，把稳定物价总水平作为宏观调控的首要任务。

问：一国的财政政策经常会发生调整变化，那么国家财政到底发挥着怎样的作用？

第一节　财政宏观调控职能概述

一、财政的概念与特征

（一）国家职能与财政的一般含义

财政是和国家相联系的一个分配范畴，是伴随着国家的产生而产生的。国家的特征是拥有“公共权力”，这种公共权力在每一个国家里存在，构成这种权力的，不仅有武装的人，而且还有物质的附属物，如监狱和各种强制机关等。为了维护这种公共权力，就需要公民缴纳费用——捐税。捐税是以前的氏族社会完全没有的。因此，从一般意义而言，所谓财政，就是国家为了实现其职能，采取一定形式，通过收支活动参与社会产品的分配，所形成的以国家为主体的分配活动。

财政的一般概念，给出了财政的分配目的、分配主体、分配客体、分配形式。财政是以国家为主体进行的分配，因而它不同于其他社会分配（如价格、工资分配）；财政分配的对象（或客体）只能是社会产品或以货币表现的社会产品价值，而其主要分配对象是纯收入；财政分配采取一定的形式，如采取实物、货币、劳役等形式参与社会产品分配，这与经济条件有关；财政分配具有特殊的目的，即为了为国民提供完备的公共产品和运用财政资金对经济进行调控。总之，财政就是国家为实现其职能的需要而直接参与社会产品的分配和再分配的活动。

（二）市场经济条件下国家职能与财政的含义

财政是为实现国家职能的需要而产生，并随国家职能的变化而发展。国家的职能是多方面的，包括政治的、经济的、社会的职能等。在现时的"经济的时代"，国家的经济职能无疑是最重要的，也是与市民社会联系最密切的。而在市场经济条件下，国家的经济职能主要体现为国家进行宏观调控的职能。

在市场经济体制下，市场是一种资源配置方式，财政也是一种资源配置方式，而且两者明确分开，各自具有本身的特点和功能。市场通过均衡价格实现资源的配置，而财政是一种政府的经济行为，根据政府的政策通过财政收支即通过收入分配实现资源配置。市场与政府作为同一社会下的两种不同的资源配置方式，它的目的和目标是共同的，即都是满足社会需要；不过，由于机制和作用的不同，又有所分工，相互配合，共同实现兼顾效率与公平的目标。社会最终需要无非是两种：一是个人需要，二是社会公共需要，简言之，通过市场满足个人需要，通过财政满足社会公共需要。

综上所述，关于市场经济条件下财政的含义，我们可以概括为，财政是政府集中一部分国民收入用于满足社会公共需要的分配活动。

（三）财政及财政分配的基本特征

不同类型的国家财政都具有财政的一般基本特征，而与价格分配、信贷分配、工资分配等社会其他分配方式区别开来。财政分配的基本特征表现在以下几个方面：

1. 国家主体性

在财政分配过程中，国家居于支配地位，分配的目的、方向、范围、结构、数量等服从于国家的意志和需要，围绕着实现国家的职能来进行，从而形成以国家为主体的分配关系。这是财政分配区别于其他分配形式的根本特征。

2. 强制性

不同社会制度下的国家财政都是以一定的统治阶级专政国家为主体的强制性分配。国家为了实现其职能，借助于立法或行政权力规定的条例、制度等政治强制手段参与一部分社会产品的分配。所以，人们常把财政看成是国家财权的集中表现，是一种特殊的经济权力。

3. 集中性

财政分配是有计划地进行的，财政的集中性资金收支要纳入统一管理。财政分配的财权是相对集中的，财政分配的权力也具有集中性。例如，我国财政集中性资金，即国家预算资金，每年相当于国民收入的 20%以上。国家财政筹集运用的社会纯收入数额较大，是其他分配手段不能比拟的。如工资分配、企业财务分配都涉及千家万户的企业、职工，是分散进行的，其分配权力是相对下放的。

4. 无偿性

在财政分配活动中，财政资金的筹集和供应都是按无偿原则进行的，国家无偿地占有一部分社会产品，进行统一的再分配，不再直接返还缴纳收入的单位或个人。它既区别于有偿分配，又与国家强制性征收相联系。财政分配的这种无偿性与其他分配手段有区别，如银行信贷分配是有偿的，其存贷业务都有个利息问题，存款有息，贷款不仅付息，还得按期还本。

当然，我们并不排除财政分配运用国家信用形式筹集资金、供应资金，如发行国库券、利用外债。但这种有限度的国家财政信用，与财政分配特征之一的无偿性相比，有明显的主次之分。

二、市场经济条件下财政的宏观调控

我们建立的社会主义市场经济体制，就是要使市场在社会主义国家宏观调控下对资源配置起基础性作用的一种经济体制。而财政作为宏观调控的手段，将在社会主义市场经济体制的建立和完善的过程中居于主要地位，发挥越来越重要的作用。

在市场经济体制下，市场是一种重要的资源配置方式，财政也是一种资源配置方式，市场是通过均衡价格等手段实现资源配置，财政则是通过财政收支即通过收入分配来实现资源配置。但两者所处的地位和作用是不同的，在市场经济体制中，市场对资源的配置居于基础地位，而财政则是在市场配置的基础上发挥作用，弥补市场配置的缺陷和克服市场固有的弱点，也就是说，在市场对资源配置起基础性作用的前提下，财政发挥其宏观调控的作用。

财政在政府宏观调控体系中居于核心地位。一般而言，现代国家经常运用的宏观调控手段就是货币政策和财政政策。市场经济的正常运行，需要一系列良好的外在条件。要使市场健康发展，一个重要的条件就是国家在宏观上保证控制社会总需求与总供给的平衡。而社会总需求与总供给是否平衡，是由国民收入分配和再分配的使用状况决定的。而国家财政活动处于国民收入分配的核心地位，它对国民收入的分配的其他方面都有着直接的制约作用。这就决定了财政在宏观调控体系中居于举足轻重的地位。这可以从财政在市场经济中的职能和作用得到说明。

（一）财政的资源配置作用

资源配置，就其本来的意义，是指社会的各种资源，包括自然资源和经济资源，在国民经济和社会发展中的各个部门之间的分配。就资源配置的决策主体看，有些资源是通过国家财政来配置的，有些资源是市场主体——企业或个人通过经济活动来配置的。市场经济条件下，财政在资源配置方面的作用主要是提供公共产品以满足社会需求：第一，在国防、外交、国家行政管理等方面，国家财政从社会资源中抽出一部分满足其需要，这些都是纯公共产品，市场机制在这里失灵，一般的市场主体不能也不愿提供公共产品，这就需要国家予以提供；第二，文化、教育、卫生等具有半公共产品性质，国家财政也有必要参加和调整；第三，在物质生产领域，国家财政主要承担一些基础设施建设和关系国计民生的重点项目建设。总之，在市场经济条件下，财政将为克服市场缺陷，对公共产品的生产和配置起重要作用。

（二）财政收入分配的公平和效率作用

所谓财政的收入分配职能，是指通过财政收支过程，在国民收入和社会财富的初级分配基础上，进行再分配，并使之符合社会认可的公平或合理标准。在市场经济条件下，人们的收入状况是通过两个层次形成的，第一层次是人的天然禀赋和后天继承；第二层次是要素在市场中的交换。由于人的天然禀赋不同或继受财富的差别，特别是人力要素和资本要素占有的差别，在市场交换中必然形成收入或财富的不平衡，这种不平衡在一定程度内或许是可以接受的，但差异过度扩大就会引起社会动荡。因此，财政通过收支分配，改变社会成员原有财富占有状况，使之尽可能符合社会公认的公平标准。在财政实践中，收入分配职能是通过税收转移支付程序完成的，并在收支中强调纵向公平和横向公平，即纵向实行能力原则，横向实行同等原则。

（三）财政的经济稳定——增长作用

财政的经济稳定和增长职能，是指通过财政分配，促使经济发展处于一种良性的状况——经济稳定和增长之中，从社会供求角度分析，经济稳定的基本条件是社会总需求与社会总供给相等。在市场经济条件下，总供给与总需求之间很难自动实现平衡，换句话说，市场机制并不能保证有一个适当的需求水平等于供给，以实现充分就业和物价稳定。在这种情况下，必须要求国家财政参与社会经济生活，通过财政收支活动，影响供给和需求，实现经济稳定。在经济增长方面，市场决定经济增长率不一定与社会需求相符合，因此，政府必须通过包括财政政策在内的宏观经济政策施加影响，即企业、个人的需求主要通过市场形成，财政通过支出活动也形成社会总需求的一部分，并通过收支政策影响社会总供给，最后实现两者的均衡。

总之，财政的宏观调控职能是市场经济国家所不可或缺的，因此如何在法治的轨道中行使和运用财政宏观调控职能就是每一个市场体制国家都至为关注的问题。

第二节　财政宏观调控的法律规制

由于财政是以国家为主体的分配关系，而国家的公权力有着天然的扩张性。因此，要运用法律规范和规制国家行使财政的权力，划清市场主体财产权与国家财政权之间的界限。对于财政宏观调控职能的行使主要是依靠财政法予以规范和调整的。

一、财政法的概念

财政法是个综合性的概念，它是一系列财政法律法规及其规范性文件的总称。当前，许多有关财政法、经济法的教材、专著和文章对财政法的概念表述不尽相同。主要有以下几种：

（1）财政法是调整国家资金的筹集、供应、使用、管理、监督等财政关系的法律规范的总称。

（2）财政法是体现统治阶级意志的，在调整和确认国家参与社会产品和国民收入的分配和再分配的财政活动中形成的社会关系的规范的总称。

（3）财政法就是国家为调整财政关系而制定的法律规范。

（4）财政法是国家制定、调整和确认国家在参与社会产品和国民收入的分配和再分配的财政活动中形成的财政关系的法律规范的总称。

根据上述几种对财政法概念的不同表述，我们可以看出，在同一社会制度条件下，它们之间不存在根本区别。就财政法的本质而言，财政法是国家按照统治阶级的意志和利益制定或认可，并由国家强制力保证实施的财政法律规范的总称；就财政法的调整对象即社会关系而言，财政法律关系是以国家为主体，围绕国家的职能，从而形成的以国家参与社会产品或国民收入的分配与再分配关系；就国家职能而言，如前所述，在市场经济条件下，国家的经济职能主要是体现为国家进行宏观调控的职能，因此，财政法便可以理解为是国家为了对市场经济进行宏观调控而介入国民收入的分配领域的法。

综上所述，我们可以把财政法的概念表述为：财政法是国家为实现对市场经济进行宏观调控，满足社会公共需要的职能而参与社会总产品和国民收入的分配和再分配活动中所形成的各种财政关系的法律规范的总称。

二、财政法的调整对象

财政法是经济法重要的组成部分，其根本任务是调整和规范国家在参与收入分配的过程中与其他主体之间形成的关系。因此，财政关系就成为财政法特定的调整对象。

财政关系是一种特定的社会关系，既涉及国民经济的生产、分配、交换、消费和社会事业发展的各个领域，又涉及中央和地方之间的财政分配关系，以及国家、企业（集体）、个人三者之间的经济利益分配关系，因此，财政关系是一种关于社会经济利益的分配关系。在我国，主要包括以下几方面的关系：

（1）财政收支划分关系。财政收支划分关系是划分中央与地方之间有关财政管理权限而发生的关系，主要有财政立法权限的划分、财政收支权限的划分等。

（2）预算管理关系。预算管理关系是国家各级机关在管理和进行预算管理过程中所发生的财政关系。包括国家立法机关和预算执行机关、中央与地方之间、总预算与单位预算之间的收支分配关系。包含权责关系、收支分配关系和预算活动分配关系。

(3)税收关系。税收关系是财政关系重要的组成部分,它是指国家在进行税收立法和税收征管过程中所发生的财政关系。包括税收管理权限关系、税收征纳关系和税收程序关系。

(4)财政管理、监督关系。即指国家财政机关根据财政管理体制的规定,通过组织财政收支活动和对国家有关主管部门、企业和行政事业单位的财务,在进行组织、管理、调节、监督检查过程中形成的各种财政职责权限等方面的管理监督关系。这种关系一经财政管理法律规范确认和调整,就成为财政管理和监督的法律关系,使财政管理与监督纳入法律轨道。

(5)国家信用关系。即指因国家发行国债而在国家与国债购买者和持有者之间形成的国家信用关系。国债又称公债,是国家举借的债,包括内债和外债。国家通过公债立法,调整国家与公债购买者之间的信用关系,就能保障我国财政收支平衡,并满足国家重点建设所需要的资金。

总之,上述各种财政关系都是在国家财政活动中发生或形成的,均为财政法的调整对象,协调好上述各种财政关系也是财政法的任务。这些财政关系经过财政法律规范的确认和调整,则形成具体而不同的财政法律关系。

三、财政法的法律地位

财政法的法律地位,也就是财政法在法律体系中的地位,是指在整个法律体系中,财政法是不是一个独立的法律部门,其重要性如何。

(1)财政法是一个独立的法律部门。研究财政法在社会主义法律体系中的地位问题,首先要解决财政法是不是一个独立的法律部门这个问题。

我们认为财政法是一个独立的法律部门。财政法是不是一个独立的法律部门,并不是由人们的主观意志所决定的,而是有其客观依据和条件的。财政法之所以是一个独立的法律部门,是因为它具备一个独立的法律部门所应有的客观依据和条件,财政法有独立的调整对象,有特殊的调整原则和调整方法,并有独立的规范体系。不仅如此,当前在建立和完善市场经济过程中确立财政法的独立地位,对完善适应市场经济要求的法律体系,强化财政法的宏观调控功能,具有重要的意义。

(2)财政法在社会主义市场经济法律体系中的地位。社会主义市场经济法律体系,是由多个子系统构成的有机整体,它主要包括市场主体法、市场行为法、宏观调控法和社会保障法。其中财政法是宏观调控法的重要组成部分,在宏观调控法中居于重要地位。

经济活动与财政活动、财政政策密不可分。国家在财政活动中,借助于财政法的保障来实现其对市场经济活动进行宏观调控的政策目标,已成为世界各国通行的做法,它们的成功经验说明,财政法作为国家进行宏观调控的重要法律部门,不仅具有调控范围的广泛性,而且具有鲜明的导向性,特别是在保障经济问题平衡、协调经济运行方面,财政法更是具有决定性的意义。

在我国，市场经济体制的建立和完善将是一个长期的过程，在市场体制完善的过程中，政府的宏观调控是不可或缺的。宏观调控最为重要的手段之一就是财政手段。财政对国民经济和社会发展进行宏观调控，一是靠资金分配，二是靠财政政策。这些都需要通过财政立法来实现。例如，我们通过制定预算法和严格执行各级权力机关批准的具有法律效力的预算，加强预算管理和监督，保证在资金的分配上确保重点，兼顾一般；通过修订个人所得税法，缓解社会分配不公；等等。

综上所述，财政法是国家进行宏观调控的重要法律部门，在社会主义市场经济法律体系中居于重要地位，对市场经济的持续、稳定、协调发展发挥着重要作用。

第三节　财政预算法

一、预算法的概念

（一）预算的概念和作用

所谓预算又称为国家预算，是指一国政府编制的每一年度内财政收支及其平衡的计划，是国家的基本财政计划。国家预算由中央预算和地方预算构成。从形式上看，国家预算是一个兼有技术性和法律性的计划，是一种所在预算年度内的预期收入和支出的一览表，反映政府在该年度内进行财政收支活动所应达到的各项收支指标和收支总额之间的平衡关系。从内容上看，国家预算的具体分配项目和数量反映了国家参与一部分社会产品或国民收入分配所形成的分配关系。因此，国家预算是一种反映国家参与一部分社会产品或国民收入分配所形成的分配关系，以收支形成表现出来的具有法律约束力的计划文件。

预算是具有法律约束力的国家基本财政计划，对于一个国家的社会和经济的发展有着很重要的促进作用。

1. 预算是反映一个国家经济与社会发展状况的工具

任何一个国家的预算都是在一个财政年度内经济与社会发展状况的基础上编制的。每个国家在编制本国的预算时，都要坚持“量入而出”的原则，“量入”本身就意味着国家在组织财政收入时，必须以社会与经济发展的客观实际为依据，不可能超实际地编制国家预算和制定社会与经济发展的规划，因此，从某种意义上来说，预算是对一个年度经济与社会发展状况的概括，对下一年度经济与社会发展的展望或规划。

2. 预算是实现国家社会与经济发展政策的重要方式

国家参与一部分社会产品或国民收入的分配和再分配活动，主要是通过国家预算来进行的。国家预算是国家的基本财政计划，是国民经济和社会发展计划的重要组成部分，是国家一个时期内社会与经济发展政策的具体化，是国家实现其政治、经济和社会职能的财力基础。在组成实现国家社会和经济发展政策的综合财政资金计划中，国家预算占据核心和主导地位。因此,科学地编制国家预算,切实组织并执行具有法律约束力的国家预算,将是国家社会与发展政策能够得以实现的重要保障。

3. 预算是促进社会与国民经济协调发展的重要手段

编制国家预算的一个基本要求就是要坚持科学严谨的态度,预算所包含的内容是否全面,所设科目是否详细、具体、科学,直接关系到社会与经济是否能得以协调发展。联邦德国的《预算法》规定,政府在编制预算时,必须做到:(1)预算必须对收支项目进行详细的分项估计;(2)预算必须尽可能的精确;(3)预算中的各项表述和说明必须尽可能的清楚。为使预算更加具体、科学、全面地反映收支情况,便于议会监督,联邦德国的预算中对收支的反映特别详细,共有1 000多个收入科目,7 000多个支出科目,每个收支科目都要详细地说明和计算,每个科目的数字不同,可以反映出该科目的重要程度和对社会、经济发展的影响力。我国各级政府在组织力量编制本级总预算的时候,如果能抱以科学严谨的态度,把收支科目设置得全面、科学,资金安排合理、恰当,无疑对国家和地方的社会、经济的协调发展会起到重要的促进作用。

(二)预算法的概念和作用

所谓预算法是由国家制定的,并由国家强制力保证其实施的,明确预算管理主体及其财权和事权的划分,规定预算编制、审核批准、执行、调整、决算等程序和确定国家预算的体系、预算收支范围的法律规范的总称。从预算法所包含的内容以及有效时间的不同来看,预算法体系主要由基本预算法、特别预算法和年度预算法构成。

基本预算法是指规定预算管理级次及权限、预算编制、执行和决定等活动过程中应当遵循的基本原则等基本问题的法律规范的总和,一般由国家最高立法机关制定,效力等级高、有效时间长、相对稳定,是制定其他预算法规的依据,其表现形式主要为《宪法》、《财政法》、《预算法》等。

特别预算法是指为了保证国家某种特殊预算需要,如战争特别预算、公债偿还特别预算、重大自然灾害特别预算等而制定的法律规范。

年度预算法是指为了编制计划年度的国家预算而制定的法律,或者是由国会批准的年度预算法案,如前苏联、东欧等国为执行国家预算法,每年都颁布年度预算法,其有效时间只限于计划年度。

从各个国家的预算法形式来看,大陆法系国家和前苏联、东欧国家,一般都采取成文的预算法典的形式,其名称或为《财政法》,或为《预算法》等;而英美法系国家,一般并不制定专门的成文预算法典,有关预算的基本法律规定散见于《宪法》或其他法律、法规中,有的则干脆以每个年度通过的预算法案作为预算法的基本表现形式。

预算制度是一个历史的范畴。预算制度发展到现代,尽管各国的预算制度的具体内容和规定各有不同,但都是以法律形式来规范、确定并划分国家预算管理权限,尤其强调立法机关以法律形式对国家预算活动予以授权和监督,强调政府机关必须依法执行国家预算,而经过立法机关批准的国家预算本身也具有法律约束力。国家预算从诞生开始一直发展到现代，与法律结下了不解之缘。加强和完善我国的预算立法，对于我国社会与经济的发展，有着十分重要的积极意义，其作用主要表现在以下几个方面：

（1）可以强化预算的分配和监督职能。预算活动的基本内容就是安排国家财政的收支以及确保收与支的平衡，即将国家利用国家强制力参与部分产品或国民收入的分配与再分配的活动以预算的形式表述出来，以便满足国家在政治、社会、经济等方面的要求。为达到这一目的，就必须以立法的形式明确规定预算收支的范围。预算草案一经立法机关批准，就具有法律约束力，就必须认真组织实施，非经法定程序，不得擅自改变预算，从而切实改变预算执行中随意开口子、批条子，使预算约束日趋软化的状况。

（2）可以健全国家对预算的管理。预算法通过确认各级预算管理机关的职责权限和规定各级预算管理机关预算活动必须遵循的原则和必经的程序，可以使得预算活动有章可循，预算管理机关职责分明。其中，尤其是有关加强国家各级权力机关对预算活动的管理和监督的规定，更会增强预算的约束力，这就可以克服过去我国预算管理活动中存在的那种权责不清、管理和监督不力的现象。

（3）可以加强国家的宏观调控。过去，由于预算法制不健全，导致预算执行不力的现象十分严重。各地方、各部门为了谋取本地区、本部门的利益，任意改变预算，“乱批条子、乱开口子、乱上项目”的现象十分普遍，以至于国家财政连年赤字，通货膨胀，经济波动已成为举国担忧的一个突出问题，国家宏观调控的能力受到了严重的侵蚀。要加强国家宏观调控，在预算管理方面，必须坚决贯彻“有法可依，有法必依，执法必严，违法必究”的法治原则。

（4）可以保障经济和社会的健康发展。经济和社会的健康发展，实际上就是两者的协调发展。预算法的作用就在于通过明确规定财政收支的范围，科学地划分预算科目，合理地安排每一科目的资金数额，使得经济和社会的协调发展有必要的财力作保障。

二、预算法的调整对象

简单地说，预算法的调整对象就是预算管理关系，具体表现为以下几个方面：

（1）各级政府在预算中的地位和权限。各级政府作为整个国家机器的组成部分，它们都参与着国家预算的活动，对其在预算活动中职责权限与财力的划分和规定，构成了预算管理体制的主要内容，上级政府不得在预算之外调用下级政府的预算资金，下级政府也不得挤占或截留应上解上级政府的预算资金。这种以法律形式确认和规定预算管理体制的做法，对于克服我国预算管理体制形式的长期不稳定，各级财政间财力的平调和挤占等弊病，将起到一定的积极作用。

（2）各级权力机关对各级政府机关在国家预算活动中的管理与监督关系。这类关系的基本内容是以审批权、监督权等形式表现出来的。

（3）上级政府对下级政府在国家预算活动中产生的管理与监督关系。这类关系的内容主要表现为指令权、审核权、撤销权和监督权等。

(4)各级政府对本级各部门、各单位在预算活动中产生的预算管理关系。

(5)各级政府财政部门对本级其他部门和单位在预算活动中产生的预算监督关系。

(6)各级政府的各部门和各下属单位之间在预算活动中产生的职责、权利、义务关系。

三、预算法的实体规定

(一)预算管理体制的概念和特征

预算管理体制是指有关预算管理的文体和级次、预算管理权限划分、预算收支范围的划分原则和方法等规定的法律制度,是确定中央和地方以及地方各级政府之间的分配关系的根本财政制度。

预算管理体制的基本类型大致有三类,即统收统支预算管理体制;统一领导、分组管理预算管理体制和分税分级预算管理体制。依据我国《预算法》的规定,我国现在实行的是分税分级预算管理体制。

《预算法》第 2 条规定,国家实行一级政府一级预算,设立中央预算,省、自治区、直辖市预算(以下简称省级预算),设区的市、自治州预算(以下简称高级预算),县、自治县、不设区的市、市辖区预算和乡、民族乡、镇预算(以下简称乡级预算),共计五级。其中不具备条件的乡级预算,经省级人民政府批准,可以暂不设立预算。

(二)《预算法》规定各级各类预算组织的职责权限

1. 全国人民代表大会的预算管理权限

(1)审查中央和地方预算草案及中央和地方预算执行情况的报告。

(2)批准中央预算和中央预算执行情况的报告。

(3)改变或撤销全国人民代表大会常务委员会关于预算、决算的不适当的决议。

2. 全国人民代表大会常务委员会的预算管理权限

(1)监督中央和地方预算的执行情况。

(2)审查和批准中央决算。

(3)撤销国务院制定的与《宪法》、其他法律相抵触的关于预算、决算的行政法规、决定和命令。

(4)撤销省级人民代表大会及其常务委员会制定的与宪法、法律和行政法规相抵触的关于预算、决算的地方性法规和决议。

3. 县级以上地方各级人民代表大会的预算管理权限

(1)审查本级总预算草案和本级总预算执行情况的报告。

(2)批准本级预算和本级预算的执行情况的报告。

(3)改变或撤销本级人大常委会关于预算、决算的不适当的决议。

(4)撤销本级政府关于预算、决算的不适当的决定和命令。

4. 县级以上地方各级人大常委会的预算管理权限

(1)监督本级总预算的执行。

(2)审查和批准本级预算的调整方案。

(3)审查和批准本级决算。

(4)撤销本级政府和下一级人民代表大会及其常务委员会关于预算、决算的不适当的决定、命令和决议。

5. 乡级人民代表大会的预算管理权限

(1)审查和批准本级预算和本级预算执行情况的报告。

(2)监督本级预算的执行。

(3)审查和批准本级预算的调整方案。

(4)审查和批准本级预算。

(5)撤销本级政府关于预算、决算的不适当的决定和命令。

6. 国务院的预算管理权限

(1)编制中央预算、决算草案。

(2)向全国人民代表大会作关于中央和地方预算草案的报告。

(3)将省级人民政府报送备案的省级总预算汇总后,报全国人大常委会备案。

(4)组织中央和地方预算的执行。

(5)决定中央预算预备费的动用。

(6)编制中央预算调整方案。

(7)监督中央各部门和地方政府的预算执行。

(8)改变或撤销中央各部门和地方政府关于预算、决算的不适当的决定、命令。

(9)向全国人民代表大会及其常委会报告中央和地方预算的执行情况。

(10)其他由国务院行使的预算管理职权。

7. 县级以上地方各级政府的预算管理权限

(1)编制本级预算、决算草案。

(2)向本级人大作关于本级总预算草案的报告。

(3)汇总下一级总预算并报本级人大常委会备案。

(4)组织本级总预算的执行。

(5)决定本级预算预备费的动用。

(6)编制本级预算的调整方案。

(7)监督本级各部门和下级政府的预算执行。

(8)改变或撤销本级各部门和下级政府关于预算、决算的不适当的决定、命令。

(9)向本级人大及其常委会报告本级预算的执行情况。

8. 乡级政府的预算管理权限

(1)编制本级预算、决算草案。

(2)向本级人大作关于本级总预算草案的报告。

(3)组织本级总预算的执行。

(4)决定本级预算预备费的动用。

(5)编制本级预算的调整方案。

(6)向本级人大报告预算的执行情况。

9. 国家财政部的预算管理权限

(1)具体编制中央预算、决算草案。

(2)具体组织中央和地方预算的执行。

(3)提出中央预算预备费动用方案。

(4)具体编制中央预算的调整方案。

(5)定期向国务院报告中央和地方预算的执行情况。

10. 地方各级财政部门的预算管理权限

(1)具体编制中央预算、决算草案。

(2)具体组织中央和地方预算的执行。

(3)提出中央预算预备费动用方案。

(4)具体编制中央预算的调整方案。

(5)定期向上级政府和上级政府的财政部门报告本级总预算的执行情况。

11. 各部门的预算管理职责权限

(1)编制本部门预算、决算草案。

(2)组织和监督本部门预算的执行。

(3)定期向本级政府财政部门报告预算的执行情况。

12. 各单位的预算管理的职责权限

(1)编制本单位预算、决算草案。

(2)按照国家规定上缴预算收入,安排预算支出,并接受国家有关部门的监督。

(三)预算收入和支出

预算收入是国家预算的重要组成部分,是国家利用国家强制力参与部分社会产品或国民收入的分配而筹集的,以保证国家政治、社会、经济职能得以实现所必需的财政资金。依照《预算法》第19条第2款的规定,其范围包括:(1)税收收入;(2)依照规定应当上缴的国有资产收益;(3)专项收益,如国家土地使用权的转让收入等;(4)其他应当纳入预算范围的收入。

预算收入依其性质的不同,可以分为中央预算收入、地方预算收入和中央与地方预算共享收入。需要说明的是,中央预算收入、地方预算收入和中央与地方预算共享收入并不完全等同于中央税、地方税和中央与地方共享税。

预算支出是预算的另一方面的重要组成部分,是国家为了实现其政治、社会和经济的职能,依照国家的社会和经济发展政策的要求,对所筹集的预算收入在具体使用方向和数额等方面做出的实际安排。

依照《预算法》第19条第3款的规定,预算支出范围包括:(1)经济建设支出;(2)教育、科学、文化、卫生、体育等事业的发展支出；(3)国家管理费用支出；(4)各项补贴支出；(5)其他支出。

按照支出主体及其具体职能的不同，预算支出分为中央预算支出和各级地方预算支出。

各级预算应当统筹安排使用预算收入；确需设立专用基金项目的，必须按一定方式报国务院批准。

四、预算法的程序规定

(一)预算管理程序概述

预算管理程序是指国家在管理预算活动中必经的工作环节和过程。依照我国《预算法》的规定，我国国家预算的实现，必须经过预算的编制、预算的审核和批准、预算的执行、预算的调整和决算五个环节。在这五个环节中，前一个环节往往是后一个环节的出发点，而后一个环节往往又是前一个环节的必然延续。每一个环节的完成以在一定期限内必须完成具有固定内容和形式的一定的工作为标准。这些固定的内容和形式又成为实现每个环节必须经过的过程。

从预算管理程序与预算管理体制之间的关系来看，各预算管理机关的职责权限只有经过法定的预算管理程序，才有可能得以实现，各种具有固定形式和内容的预算活动也必须严格符合预算管理体制的规定。另外，预算管理程序相对较为稳定，而预算管理体制则必然要随着政治、经济形势的变化而有所改变。

在预算管理程序中，一个比较重要的因素是预算管理程序经过的期限，即预算管理年度。根据《预算法》第10条的规定，我国的预算年度为公历1月1日到12月31日。

(二)预算的编制

1. 预算编制的概念

预算的编制既是一种程序，又是一种活动，是指国家根据一定的要求，制定年度预算资金集中和分配计划的、具有固定内容和形式的活动。

2. 编制国家预算的基本要求

根据《预算法》的规定，各预算编制机关在编制预算时，应当按以下要求进行：

(1)各级政府、各个部门、各个单位应当按照国务院规定的时间编制预算草案。

(2)中央和地方各级政府预算，应当参照上一年预算执行情况和本年度的收支预测编制预算草案。

(3)中央和地方各级政府预算必须采取复式预算的组织形式。

(4)中央政府预算中的公共预算不列赤字，建设投资的举债规模和结构必须合理。

(5)地方各级预算不列赤字，非依法律规定，地方政府不得发行地方政府债券。

(6)各级预算收入的安排，应与国民生产总值的增长率相适应。

(7)各级预算支出应当在贯彻厉行节约、勤俭建国方针的基础上，统筹兼顾，确保重点的妥善安排。

(8)各级政府预算应根据本级政府预算支出额的1%～3%设置预备费，并按国务院的规定设置预算周转金。

(9)中央及地方各级财政部门应当在一级人民代表大会会议举行的一个月前，完成本级政府预算草案的编制工作。

(三)预算的审核和批准

各级预算应当经过以下审批程序：

(1)提请初步审查。县级以上各级人民政府的财政部门应当在本级人大会议举行的一个月前，将本级预算草案的主要内容提交给本级人大常委会或其财经委员会或有关工作委员会进行初步审查。

(2)各级政府在本级人民代表大会举行会议期间，作关于本级总预算或本级政府预算草案的报告。

(3)审查。各级人民代表大会在举行会议期间，对本级政府提交的本级总预算或本级预算进行讨论审核。

(4)批准。各级人民代表大会经过审查，认为本级政府提交的预算草案的收支安排合理的，予以批准。

(5)批复。各级政府预算经本级人民代表大会批准后，本级政府财政部门应及时向本级各部门批复预算，各部门应当及时向所属各单位批复预算。

(6)备案。各级总预算经本级人民代表大会批准后，本级政府应及时报上一级政府备案，上一级政府汇总后，报本级人大常委会备案。

(7)撤销。国务院和县级以上人民政府对下一级政府报送备案的预算，认为有同法律、行政法规相抵触或有其他不适当的，提请本级人大常委会审议决定撤销。

(四)预算的执行

预算的执行是指各级政府、各级财政部门、各部门、各单位在实现组织预算收入和划拨预算支出中的实践活动。

根据《预算法》的规定，各级预算由本级政府组织执行，具体工作由本级政府财政部门负责，本级预算草案在批准以前，本级政府先按上一年度同期的预算支出数额安排支出，待预算草案批准后，按照批准的预算执行；预算收入征收部门，必须严格依照法律规定及时、足额地征收，不得擅自减征、免征、缓征，不得任意截留、占用或挪用预算收入；已上缴的预算收入必须及时、足额地解缴国库，不得截留、占用、挪用或拖欠；各级财政部门必须严格依法及时、足额地划拨预算支出资金，加强对预算支出的管理和监督；各级政府、各部门、各单位的支出必须严格按照预算执行；预算预备费的动用，由各级政府决定；预算周转金由各财政部门管理，用于预算执行中的资金周转，不得挪作他用。

(五)预算的调整

预算的调整是指在预算执行过程中由于发生了事先没有预料到的情况，需要对原预算的收支从范围和数额上进行局部的修改、补充的活动。

各级政府对于必须进行的预算调整要编制调整方案，并报本级人大或人大常委会审查和批准，未经批准，不得调整预算。擅自调整预算的，本级人民代表大会、本级人民代表大会常务委员会和上一级政府有权责令改变或直接予以撤销。

地方各级政府的预算调整方案获得批准的，由本级政府报上一级政府备案。

（六）决算

决算是指国家对预算执行情况予以总结的活动，决算草案反映年度预算收支的最终结果，也是国家各项活动在财政上的集中反映。

编制决算草案的基本要求就是，必须符合法律、行政法规的规定，必须做到收支数额准确、内容完整、报送及时。

决算由中央决算、省级决算、市级决算、县级决算和乡级决算五级组成。

决算活动必须依照法定程序进行：

(1)部署。对每一年度的决算工作，由财政部具体部署。

(2)编制决算草案。各级政府、各部门、各单位在每一预算年度终了后按国务院规定的时间编制本级、本部门和本单位的决算草案。

(3)审核。各单位的决算草案应及时上报上级主管部门审核，各部门经审核后，汇总编制本部门的决算草案，在规定期限内报本级政府财政部门审核。

(4)审定。各级政府财政部门编制本级决算草案，报本级政府审定。

(5)审查和批准。各级政府审定本级决算后，要将本级决算草案提请本级人大常委会或人民代表大会审查和批准。

(6)批复。各级政府决算获得批准后，本级财政部门应当向本级各部门批复决算。

(7)备案。各级地方政府应将已获批准的决算报上一级政府备案。

(8)撤销。县级以上各级政府对下一级政府报送备案的决算，认为有同法律和行政法规相抵触或有其他不适当之处，应提请本级人大常委会审议决定撤销，经审议决定撤销的，该下级人大常委会应当责成本级政府重新编制决策草案，再由该下级人大常委会审查和批准。

第四节　财政收支划分法

一、财政收支划分法概述

财政收支划分法是一种权力分配法，是国家处理中央与地方之间、地方各级政府之间的有关财政权力的分配关系，确立各级政府财政收支范围和管理权限的法律规范的总称。

相当长的一段时间里，大多数财政法的教材都是沿用“财政管理体制”一词来概括财政收支划分法。应该说，“财政管理体制”带有非常浓烈的经济学色彩，对于财政收支划分关系的法律色彩体现不够。故从20世纪末开始，法学界就开始采用财政收支划分法这个概念来界定有关财政权力分配的法律规范。

二、财政收支划分法的主要内容

（一）财政级次的设立

国家的财政级次一般是《宪法》所规定的内容，在宪法有关条文的指导下，《预算法》和《财政法》把财政级次具体化。国家财政级次与国家政权结构密切相关，国体政体的不同，财政级次也有所不同。按照我国的政权结构模式，我国《预算法》规定，我国设五级财政，即中央级、省级、市级、县级和乡级。这是与我国政体、国体相一致的财政级次模式，其他国家则和我国的情形有很大的不同。

（二）划分财政支出职责

国家财政最主要的功能就是提供公共产品，不同的财政级次所承担的提供公共产品的范围有所差别。根据公共产品本身的特征和受益范围的差异以及各级政府事权的内在要求，可以把公共产品分为区域性公共产品和全国性公共产品。区域性公共产品因为带有局域性色彩，故由地方政府负责生产；全国性公共产品则由中央政府出面提供。一般而言，受益范围局限于某一特定区域内的公共产品就属于区域性公共产品，或称地方性公共产品，如山区的公路建设；如果其受益范围是跨区域的，甚至于国内每一个人都有机会享用，如国防，就是全国性公共产品。

一般而言，中央政府需要提供的公共产品有：(1)提供国防安全和全国性的维持社会秩序服务。如立法资源的提供、国防军队的建设等。(2)实现全国范围内资源的有效合理配置，以弥补市场缺陷。如提供基础设施，资助基础性科学研究；对过度竞争的行业进行适当的限制或调节；对外溢性作用较大的产品的供给进行调节；反垄断，促使经济充满活力；制定和实施国家产业政策，保证社会资源的配置符合国家的发展战略等。(3)调节收入的分配，以达到公平合理的目标。如消除或者缩小地区间收入的差距。(4)实现宏观经济的稳定增长。宏观经济的稳定增长非地方政府所能为，只能由中央政府通过全局性的调节才能完成。

相对于全国性公共产品而言的区域性公共产品是由地方各级政府提供的，并且可以为本区域内每位成员所享用。地方政府的职责主要在于：(1)维持本地区范围内的社会秩序，如建立地方立法机关、司法、行政机关、仲裁机关等。(2)实现区域内资源的有效合理配置。如提供公共基础设施、资助基础性研究和公共教育、医疗等事业。(3)通过进行二级调控，达到地方经济社会的协调有序发展。即在落实中央政府的宏观调控政策的同时，也在本区域内实施区域性宏观调控，如优化经济结构、规范区域内各经济主体的行为、发展地方经济和协调区际关系等。

（三）划分财政收入权

财政收入权是一级政府事权的物质基础。中央和各级地方政府的财政支出职责确定之后，根据事权与财权相统一的原则，就必须依据科学合理的标准划分财政收入，以确保各级政府有足够的财力履行职责。对于财政收入权的划分的规则的确定，由于涉及重大利益调整，各国在设定财政收入权时都是采取法定的方式，在一些宪政国家，对于财政收入的设定的规则基本都是在宪法中予以制定。在设定财政收入划分的规则以后，就是赋予各级政府的财政收入征收权和财政收入享用权，通过法律或者法规保证各级政府财政收入能及时准确地征收，并完全享有财政收入的使用权，上一级政府不得利用行政权力剥夺下一级政府的财政权利。

（四）规范政府间财政联系

即使在分权很彻底的国家，中央政府和地方政府的联系依然频繁。原因主要有以下三点：一是，无论是发达国家还是发展中国家，国家各地区间的不平衡的现象非常普遍，只是程度不同而已。对于一些财政极其困难的地区，如果没有中央政府的补助，是很难维持政府机构的正常运转的，从而危及政权的稳定。在这种情形下，中央政府就会与地方政府发生密切的联系，这种联系不是随意的，它必须遵循某种规则，这就是财政收支划分法的主要内容和主要任务之一。二是，中央政府的经济宏观调控也会使中央政府和地方政府发生密切的联系。中央政府的经济法律和经济政策在不同的阶段针对不同的情形而有所变化。一般而言，中央政府会采取鼓励或者限制的政策，对地方政府实行转移支付，这些政策的实施都会对地方政府政治经济文化的发展产生深远的影响，故需要加以规范。三是，在公共产品收益范围的划分上，中央政府和地方政府也会发生财政联系，因为随着社会经济的发展，公共产品的受益范围可能会有所变化，这也需要在中央政府和地方政府之间、各级地方政府之间由法律重新进行框定，这也是财政收支划分法的主要内容。

三、财政收支划分法的主要类型

综观世界各国财政收支划分法立法例，从各国在财政分配上集权与分权的程度的角度来衡量，可以将财政收支划分模式划分为集中型、分散型和结合型三类。

（一）集中型财政收支划分模式

这是一种高度集权的体制，国家的财力、财权主要集中于中央，地方财权很小，机动财力也很小。我国1950年实行的“统收统支”体制就是一种典型的集中型体制。这种财政管理体制的优点在于便于中央集中使用财务，利于财政收支平衡和国民经济的恢复和稳定。但由于财权、财务过度集中，在地区差异大且经济发展不平衡的背景下，容易造成中央包揽一切，不利于地方因地制宜，过分依赖中央，吃中央的“大锅饭”，地方各级理财的积极性也难以调动和发挥。

（二）分散型财政收支划分模式

这是一种高度分权的体制，中央与地方均有各自的收入渠道，地方的财力、财权基本是各自独立，甚至地方还拥有制定税法等权限。这种体制的优点在于可以最大限度地调动地方当家理财的积极性，便于统筹发展地方的各项事业。但容易造成地区之间的分配不平衡，形成地区封锁，造成“诸侯经济”格局。特别是在出现一些意外事件和经济不稳定时，由于财权财力过度分散，中央财力有限，即使国家希望从宏观上协调一些分配关系或作一些财务调整，但苦于无法集中资金和收回财权，其目标也难以实现。对于地区众多、经济发展不平衡的国家而言，这种做法是不利于国民经济全局协调发展的，也有碍于社会政治、经济局势的稳定。

（三）结合型财政收支划分模式

这是一种中央统一领导下的分级管理体制，即国家财政分配是在中央统一领导下和统一计划下，划分中央与地方的各自职责，确定中央与地方的收支范围以及比例，使地方财政具有相对独立性和稳定性的体制。这种财政收支划分，既能保证中央财政统筹安排，又能照顾地方财政因地制宜，可以调动中央与地方两方面的积极性。

可以说，财政收支划分的模式有多种多样，社会性质不同的国家有着不同的财政管理体制模式，社会性质相同的国家其管理体制也是千差万别，即使同一国家在不同的历史时期也会采取不同的体制模式。这就表明，在选择一国财政收支划分的模式时，不能离开一国的历史、制度、经济状况、政治状况等客观情况去挑选，而应结合本国的实际情况和今后一段时期内国家的经济发展战略，来设计其财政收支划分模式。

我国是一个人口众多、各地区发展不平衡的大国，在选择财政收支划分模式时应借鉴国外成功的经验和做法，同时，结合我国的实际情况来确立具有中国特色的财政收支划分模式。

四、我国财政收支划分法的沿革

综观我国收支划分法特别是财政收支划分制度构建的40多年的历程，为适应不同历史时期政治经济形势需要，进行过多次改进和改革，其总的趋势是，由高度集中的管理体制逐步演变为多种形式的分权管理体制。虽然如此，但是每次变革，财权、财力的集中和分散程度，还是有着很大的不同。因此，探索我国财政收支划分法律制度变化的发展规律，确立起适合我国国情的财政收支划分制度的基本原则及其模式，对进一步深化财政体制改革，开展财税法学研究与实践有着极其重要的现实意义。

（一）1978年以前我国财政收支划分制度

自建国以来到1978年，我国财政收支划分制度从形式上来说，大体经历了以下发展过程：

1. 建国初期，实行“统收统支，高度集权”的财政收支划分制度

为了扭转财政经济的困难局面，稳定物价，平衡财政收支，保证抗美援朝战争的胜利，中央先后作出了《关于统一国家财政经济工作的决定》、《关于统一管理1950年财政收支的决定》，把财政管理权限以及财务集中在中央，各项财政收支除地方附加收入外，一律纳入国家预算。由于财权、财力主要集中在中央，收与支之间不发生直接联系，地方收入统一上缴，地方支出由中央审批拨付，在较短时间内改变了过去长期分散管理的局面，恢复

了被破坏的国民经济，稳定了市场物价，平衡了财政收支，保证了军事上的需要，促进了财政经济的好转。

2.“一五”时期，实行划分收支，分类分成，分组管理的财政收支划分制度

1951 年，全国财政情况开始好转后，为了顺应国民经济发展的需要，调动地方的积极性，于该年 3 月国家规定实行“划分收支，分级管理”的财政管理体制，即将国家财政分为中央级、大行政区级和省(市)级三级财政，财政支出按企、事业和行政单位的隶属关系和业务范围，分为中央财政支出和地方财政支出；财政收入划分为中央财政收入、地方财政收入和中央与地方的比例分成收入。实行这种体制，地方财政支出与收入挂钩，地方增收可以按比例多得一些分成收入，这在一定程度上发挥了地方财政增收的积极性，但是，财政管理权限基本上仍集中在中央，地方财政仍然很小。1953 年，我国进入了第一个五年计划时期，财政状况已基本好转，为了保证经济建设对资金的需要，国家于 1954 年对财政管理体制又作了改进，实行分类分成的办法。即财政支出按行政机关、事业和企业隶属关系划分，而财政收入的划分，则按“分类分成”的办法，将国家财政收入划分为固定收入、固定比例分成收入和调剂分成收入三种。固定收入分为中央固定收入和地方固定收入，互相之间不参与分成。固定比例分成收入是由中央根据各地区每年的收支情况分别核定分成比例，此比例固定不变。调剂分成收入是由中央根据各地区每年的收支情况分别核定分成比例，此比例一年一变。1953 年大区行政机构撤销，取消了大区一级预算，同时成立县(市)一级预算。由收支分离到收支挂钩，地方有了固定的收入来源和某些机动财力，有利于调动地方的积极性。

3.“大跃进”时期，实行“以收定支，五年不变”的财政收支划分制度

1958 年，我国生产资料私有制的社会主义改造已经基本完成，开始进入第二个五年计划时期，为适应大规模经济建设的需要，国家决定实行新的财政管理体制，主要内容是在收入方面实行分类分成办法，将地方财政收入分为固定收入、企业分成收入、调剂分成收入；在支出方面，将地方财政支出分为地方正常支出和中央考察拨款支出两种。收入项目和分成比例确定后，原则上五年不变。与以前的体制比较，以收定支，五年不变的办法，地方多收入可多支、少收可少支，扩大了地方财政管理权限和资金的使用范围，发挥了地方组织财政收入和节约支出的积极性，为地方财政自求平衡创造了条件。新的财政管理体制实行后虽取得了一定的成效，但受当时“左”的思想的影响，过多地扩大了地方和单位的财权，过分地分散了国家财力，造成财政收支不平衡，违背了原定的体制改革精神，使这次改革没有达到预期的目的。针对 1958 年财政管理体制执行中存在的问题，从 1959 年起，实行了“收支下放，计划包干，地区调剂，总额分成，一年一变”的财政管理体制。同 1958 年体制比较，主要区别是将“以支定支，五年不变”改为“总额分成，一年一变”，国家通过一年一变，适当集中了财力，同时，把基建支出由中央专案拨款改为列入地方预算支出。

4. 20 世纪 60 年代调整时期，实行了较为集中的财政管理体制

由于三年"大跃进"带来的"冒进",以及连续几年严重的自然灾害,给国民经济造成极大的损害。自1961年起,中央决定对国民经济实行"调整、巩固、充实、提高"的方针,坚决纠正财力分散和宏观失控的现象,强调了财政管理的统一领导,继续实行"总额分成,一年一变"的办法;中央收回一部分重点企业事业单位的收入,作为中央的固定收入;将基本建设拨款改为中央专案拨款,严格控制基本建设投资规模;与此同时,对预算外资金也进行了严格的整顿,加强了对预算外资金的管理等。这一时期的体制虽然较为集中,但较之"一五"时期要松紧适宜些,因而,对于恢复国民经济,渡过艰难时期,起到了积极作用。

5."文革"时期,实行多种财政管理办法,变动频繁

"文革"时期生产停滞,国民经济遭到严重破坏,为了满足地方正常支出的需要,实行收支两条线的办法,即收入全部上缴中央,支出全部由中央供给。1971～1973年,实行"收支包干,财政下放"的财政管理体制,下放了财权,扩大了地方财政收支范围。1974～1975年,实行固定比例留成,超收另定分成比例的财政管理体制,保证了地方财政正常支出的资金需要,但地方财政收入完成的多少与支出的包干指标脱钩,不利于地方积极关心财政的增收。自1976年起又实行"收支挂钩,总额分成,增收分成"的财政管理体制,这种财政管理体制除了扩大了地方财政收支范围,保留了地方固定比例分成的既得利益外,基本上是1959～1970年财政管理体制的翻版。1978年,又开始在全国10个省、自治区、直辖市试行"增收分成,收支挂钩"的财政管理体制,确定地方财政收支挂钩,实行总额分成,分成比例仍一年一变。在此期间,特别是1976年以前的财政管理体制,基本上只起维持应付的作用,这种临时应急式的体制,是无法从整个国家长远经济发展战略出发理顺财政关系的。

(二)1978年以来的财政收支划分制度改革

1978年以来,随着我国经济体制改革的展开,财政收支划分制度改革也提上议事日程,这一时期的财政体制改革涉及面广,主要的有企业财务管理体制改革、税收制度改革、预算管理体制改革和行政事业单位财务法制改革。需要解决的主要是三个问题:一是正确处理国家与企业的分配关系;二是正确处理国家与行政事业单位的分配关系;三是正确处理中央和地方的分配关系。总体来看,就是改革传统体制中"高度集中,统收统支"的弊端。

1.1978年有关"增收分成,收支挂钩"的财政收支划分制度改革和规定

由于十年动乱的破坏,我国国民经济各方面的重大比例严重失调,整个国民经济濒于崩溃边缘,财政状况十分困难。1976年,国家出现29亿元的财政赤字。为了克服困难稳定财政,恢复和发展国民经济,1977年,国家开始了以财政体制改革为先导的经济改革。首先,是在工农业经济基础比较好的江苏省试行"固定比例包干"的财政管理体制。1978年,在总结上述经济改革经验的基础上,发布了《关于试行"增收分成,收支挂钩"的财政体制的通知》,规定:为了更好地发挥中央和地方的积极性,实行"增收分成,收支挂钩"的办法,各地方的财政支出,同地方负责组织的收入挂钩,实行总额分成,地方收支指标及中央

与地方收支分成比例，一年一定，地方机动财力的提取，按当年实际收入与上年增长部分和确定的增收分成比例加收计算，比例确定后，三年不变。这一阶段的财政体制改革，打破了以往高度集中的“统收统支”的格局，在一定程度上调动了地方的积极性，为以后财政体制改革做好了准备，起到了有益的作用。

2. 1980 年关于“划分收支，分级包干”财政收支划分制度的改革和规定

为继续以财政体制改革为突破口，带动整个经济体制的改革，国务院于 1980 年2 月1 日发布了《关于实行“划分收支，分级包干”财政管理体制的暂行规定》。基本原则是：在巩固中央统一领导和统一计划，确保中央必不可少的开支的前提下，明确各级财政的权限和责任，做到权责结合，各行其职，各负其责，充分发挥中央和地方的积极性。具体办法是：按照经济体制规定的隶属关系，明确划分中央和地方的收支范围，收入分为中央固定收入、地方固定收入，以及中央地方调剂收入；支出根据资金用途和事权划归各级政府，对一部分不宜包干的开支，年初由中央掌握，在执行过程中，按国家计划和具体情况，通过追回预算，向地方专项拨款；地方财政收支基金确定后，对其支出，首先由地方固定收入和固定比例分成收入抵补，如有结余，上缴中央，如有不足，则由调剂收入弥补；对于民族自治区，在保留原有某些特殊照顾的基础上，又规定将补助数额每年递增 10%，并将其收入增长部分全部留给地方。

1980 年财政收支划分制度的改革，将过去全国“一灶吃饭”改为“分灶吃饭”，将财政分配中的条条为主改为块块为主，调动了各级政府组织收入、当家理财的积极性。

3. 1985 年关于“划分税种，核定收支，分级包干”财政收支划分制度的改革和规定

1985 年，在其他经济体制改革的推动下，财政收支划分制度的改革又向前迈进了一大步。1985 年 3 月，国务院发布了《关于实行“划分税种，核定收支，分级包干”财政管理体制的规定》。其主要内容是：按当时税种的设置，划分中央和地方收入，将国有企业所得税、调节税、中央包干企业收入、烧油特殊税等划分为中央固定收入；地方国营企业所得税、调节税和承包费、集体企业所得税、农牧业税等定为地方固定收入；产品税、营业税、增值税、资源税、建筑税等定为中央和地方共享收入。并按隶属关系划分中央和地方支出。但由于税制改革的实践与原来的设想存在较大差距，同时在经济体制转轨过程中，国家宏观调控机制还不健全，完全按照税种划分收支还存在一些问题，因此，国务院决定，在全国暂时实行“划分税种基础上的总额分成”办法，按地方固定收入和中央地方共享收入加在一起，同地方收支挂钩，分地区确定一个比例，实行总额分成。

4. 1988 年关于地方实行财政包干的财政收支划分制度的改革和规定

1988 年 7 月，国务院又在 1985 年体制的基础上进行了一些改动，发布了《关于地方实行财政包干办法的规定》，规定从 1988～1990 年期间，在原定财政体制的基础上对包干办法进行一些改革。全国 39 个省、自治区、直辖市和计划单列市，除广州、西安两市财政关系仍分别与广东、陕西两省联合外，对其余 37 个地区分别实行收入递增包干、总额分成加增长分成、上解额递增包干、定额上解、定额补助等不同形式的包干办法。

五、我国现行财政收支划分制度——“分税制”的法律规定

根据中国共产党第十四届三中全会的决定，为了进一步理顺中央与地方的财政分配关系，更好地发挥国家财政的职能作用，增强中央的宏观调控能力，促进社会主义市场经济体制的建立和国民经济持续、快速、健康的发展，1993 年 12 月 12 日国务院颁布了《关于实行分税制财政管理体制的决定》，规定从 1994 年 1 月 1 日起改革现行地方财政包干体制，对各省、自治区、直辖市实行分税制财政管理体制。这是我国财政收支划分法的主要法律文件。《预算法》中关于预算级次的划分、预算收支的范围以及预算管理权限的划分都是属于财政收支划分法的重要内容。1995 年开始，中央从收入增量中拿出 20 亿元实行新的无条件转移支付办法，并发布了一个行政规章——《过渡转移支付办法》，这也是我国财政收支法的主要部分。

（一）“分税制”的含义、特征和类型

所谓分税制，是指在国家各级政府之间明确划分事权及支出范围的基础上，按照事权与财权相统一的原则，结合税种的特征，如税源状况、对经济影响程度及征管效应等方面划分中央与地方的税收管理权限和税收收入，并以此为主，辅之以补助制的财政收支划分的一种制度。

一般认为，分税制就是中央政府与地方政府之间划分财政收入的一种制度。这种就“收入”论“分税制”的认识是片面的。实际上，它是一种表现为以“分税”为主要特征，以划分中央与地方政府的事权与财权为实质的财政收支划分制度，是一种比较规范的分级财政收入划分体制，因此，分税制的“分”，不仅仅是分收入、分财务，而且更重要的是分财权、分事权。具体地说，分税制所要“分”的内容包括：

（1）分财力。主要通过分税来实现，其次也可通过分税率（就某些共享税而言）或分成制（就某些非税收入而言）来实现。

（2）分财权。主要包括划分税收的立法权、征管权与减免权，还包括划分公债的举债权及非税收入的立法权、征管权与减免权等。其中的征管权划分意味着税务机构的分立和征管范围的划分。

（3）分事权。分事权是指划分各级政府基于不同职能而具有的办事权、主要公共投资权、特殊企业投资权、公共事业权和国有资产存量的调整权等。

显然，完整的分税制绝不仅限于税种的划分，而应在不同程度上包括上述三个方面的基本内容。其中，根本依据是事权，核心问题是财权，主要表现是财力。

从上述三个方面内容来看，分税制包含着丰富的内涵，与传统的“地方财政包干”财政管理体制的实质性区别和自身特征，主要表现在：

（1）它是一种重塑多种财政要素、重新规范多种财政行为的综合性体制。它不仅意味着税收收入管理体制和财政收入体制的改革，也包含了财政支出体制与公债管理体制的改革。

(2)它是一种事权、财权与财力三者相统一,各级政府自主行使财权、自求财政平衡,在各自的领域与层次上自觉开拓财源的规范化的财政管理体制,也是一种真正意义上的分级财政。

(3)它又是一种在一定程度上带有分权特征的政治体制与经济体制的集中体现。税收收入立法权、税收征管权、公共投资权以及部分企业的投资权的划分,均与政府行政管理体制和经济体制具有很大的相关性。因此,分税制的具体方案选择受制于一定的政治体制与经济体制,同时又反过来影响政治体制与经济体制。

世界上实行分税制的国家,既有发达国家,也有发展中国家;既有联邦制国家,也有非联邦制国家。在财力、财权与事权的划分程度和方法上,在财力、财权与事权三者的组合方式上,世界各国差异很大,概括起来,大体可以分为两种基本模式:彻底分税制与适度分税制。

彻底分税制,又称完全分税制。其内容上的特征表现为:税种的彻底划分,即所有税种分别划归中央税或地方税,不设共享税;划分税种归属后,各级财政自求平衡,中央财政对地方财政基本上不予补助(即基本不依赖转移支付);既分财力又分财权,尤其是划分财政权的立法权,从而使各级政府不仅具有满足当前事权所需要的现实财力,更具有满足长远事业发展所需要的财权与潜在财力。

相应地,适度分税制,又称不完全分税制。其内容上的特征表现为:在税种上除划分中央税和地方税外,还设中央地方共享税(共享税范围的大小意味着分税的程度),中央财政对地方财政给予转移支付,转移支付的多少意味着中央政府对财权与财力集中的程度以控制对地方的调控力度;只分财力不分财权或仅仅划分财力和部分财权(如只分征管权而不分立法权)。

根据我国的国情,我们现行的分税制是一种"适度分税制"。《国务院关于实行分税制财政管理体制的决定》规定:"分税制改革的原则和主要内容是:按照中央与地方政府的事权划分,合理确定各级财政的支出范围;根据事权与财权相结合的原则,将税种统一划分为中央税、地方税和中央地方共享税,并建立中央税收入和地方税体系,分设中央与地方两套税务机构分别征管;科学核定地方收支数额,逐步实行比较规范的中央财政对地方的税收返还和转移支付制度;建立、健全分级预算制度,硬化各级预算约束。"

(二)现行分级分税制财政收支划分制度的基本内容

1. 划分财政级次

《预算法》第2条规定,国家实行一级政府一级预算,设立五级预算,分别为:(1)中央;(2)省、自治区、直辖市;(3)设区的市、自治州;(4)县、自治县、不设区的市、市辖区;(5)乡、民族乡、镇。不具备设立预算条件的乡、民族乡、镇,经省、自治区、直辖市政府决定,可以暂不设立预算。但《预算法》并未对上下级地方政府之间的财政收支范围如何划分作出规定,而国务院《关于实行分税制财政管理体制的决定》也只限于笼统地分割中央和地方之间的财政权力。因此，我国目前地方财政法治建设亟待加强。

2. 中央与地方事权和支出的划分

根据现在中央政府与地方政府事权的划分，中央财政主要承担国家安全、外交和中央国家机关所需经费，调整国民经济结构、协调地区发展、实施宏观调控所必需的支出以及由中央直接管理的事业发展支出。具体包括：国防费、武警经费、外交和援外支出、中央级行政管理费、中央统管的基本建设投资、中央直属企业的技术改造和新产品试制费、地质勘探费、由中央财政安排的支农支出、由中央负担的国内外债务的还本付息支出，以及中央本级负担的公检法支出和文化、教育、卫生、科学等各项事业费支出。

地方财政主要承担本地区政权机关运转所需支出以及本地区经济、事业发展所需支出。具体包括：地方行政管理费，公检法支出，部分武警经费，民兵事业费，地方统筹的基本建设投资，地方企业的技术改革和新产品试制经费，支农支出，城市维护和建设经费，地方文化、教育、卫生等各项事业费，价格补贴支出以及其他支出。

3. 中央与地方收入的划分

根据事权与财政相结合的原则，按税种划分中央与地方的收入，将维护国家权益、实施宏观调控所必需的税种划分为中央税；将同经济发展直接相关的主要税种划分为中央与地方共享税；将适合地方征管的税种划分为地方税，并充实地方税税种，增加地方税收入。具体划分如下：

中央固定收入包括：关税、海关代征消费税和增值税、消费税、中央企业所得税、地方银行和外资银行及非银行金融企业所得税，铁道部门、各银行总行、各保险总公司集中缴纳的收入（包括营业税、所得税、利润和城市维护建设税），中央企业上缴利润等。除外贸企业的中央基数外，以后发生的出口退税金全部由中央财政负担。

地方固定收入包括：营业税（不含铁道部、各银行总行、各保险总公司集中缴纳的营业税），地方企业所得税（不含上述地方银行和外资银行及非银行金融企业所得税），地方企业上缴利润，个人所得税，城镇土地使用税，城市维护建设税（不含铁道部门、各银行总行、各保险总公司集中缴纳的部分），房产税，车船使用税，印花税，屠宰税，耕地占用税，契税，遗产和赠与税，国有土地有偿使用收入等。

中央与地方共享收入包括：增值税、资源税、证券交易税。增值税中央分享 75%，地方分享 25%。资源税按不同的资源品种划分，大部分资源税作为地方收入，海洋石油资源税作为中央收入。证券交易税，中央与地方各分享 50%。

4. 中央和地方之间的财政转移支付

财政转移支付是指上下级预算主体之间基于区域公平和均衡发展的目标，按照法定的标准而进行的财政资金的相互转移。从理论上说，转移支付既包括中央政府对地方政府、上级地方政府对下级地方政府的财政拨款，又包括地方政府对中央政府、下级地方政府对上级地方政府的财政缴款，但在世界各国的财政收支划分体制下，由于中央财政集中全国大部分财力，而地方政府承担了全国大部分消耗性财政支出，因此，地方财政必须有相当部分依靠中央财政拨款，所以转移支付一般只表现为上级政府将其财政收入转移给下级政府，以增加下级政府的财政供给力。

我国现行转移支付制度已经由行政法规形成全国统一规定的、只限于中央和地方政府之间的资金往来关系，省级以下地方政府相互之间的转移支付制度仍然是由各地方自行制定的，未能实现规范和统一。与众不同的是，我国转移支付制度存在双向的资金往来关系，不仅包括上级政府对下级政府的拨款，而且包括下级政府向上级政府的缴款，这是较具中国特色的一种制度设计。

我国转移支付制度由以下几项内容组成：(1)体制补助或上解。从1995年起，财政上解地区，实行每年定额上解。(2)税收返还。中央财政对地方财政的税收返还额以1993年为工期年进行核定。按照1993年地方实际收入以及税制改革和中央地方收入划分情况，核定1993年中央从地方上划的净收入数额。1993年中央从地方上划的净收入全额返还地方，并以此作为以后中央对地方的税收返还基数。1994年以后，税收返还额在1993年基数上逐年递增，递增率按增值税和消费税的平均增长率的1∶0.3系数确定，即上述两税全国平均增长1%，中央财政对地方财政的税收返还增长0.3%。如若1994年以后中央上划净收入达不到1993年基数，则相应扣减税收返还额。(3)专项拨款。主要是指中央财政对地方财政安排的支援农业生产支出、价格补贴、抚恤金和社会救济费等几项拨款。

1995年，我国开始实行《过渡期转移支付办法》，其基本特征是：(1)体现1994年分税制改革中“存量不动、增量调节”原则，仍维持“税收返还”，只是从中央增量收入中拿出一部分用于转移支付，重点是缓解地方财政运行中的突出矛盾，体现对民族地区适度倾斜的政策精神，因而拨款金额以及调节范围和力度都是有限的。(2)由于继续维持既得利益，在设计制度上不可能全面放弃“基数法”转入按影响因素计算的“标准收支法”，同时也存在统计数据不完整和计算方法不完善的问题，因而规范化程度也是有限的。

《过渡期转移支付办法》的主要内容包括以下六部分：第一，中央从收入增量中拿出一定数额实施新的税收返还办法。第二，核定各省、自治区、直辖市的标准支出数，然后和1994年实有财力进行比较，凡财力不能满足标准支出、出现收支差额的，列入转移支付对象。第三，对转移支付对象进行收入能力分析，考核组织收入的努力程度。如果收支差额是由于不努力造成的，要予以扣除。第四，对转移支付对象进行困难程度分析，考核人员经费和公用经费占财力的比重。凡两项经费比重高于80%的，作为财政困难的省，列入转移支付对象；两项经费比重低于80%的暂不作为转移支付对象。第五，按系数和客观因素确定转移支付额。通过收入能力分析和困难程度分析后，最后确定的转移支付对象，其收支差额作为过渡期转移支付的依据。考虑到各地方既得利益无法调整，只能从中央财政分得的收入总量中拿出一部分作为转移支付资金。这部分资金有限，不可能全部弥补差额，只能根据中央的财力可能，解决一部分，即按“系数”确定转移支付额。第六，对民族地区，另加政策性转移支付。

《过渡期转移支付办法》是我国财政转移支付制度改革的一个重大突破，对我国财政体制改革将产生深远的影响。它的突破在于以“因素法”代替传统的“基数法”来确定拨款数额，为财政体制的制度化管理、克服人为因素的干扰提供了一个良好的条件。虽然该办法在拨款数量上十分有限，第一年只有20亿元，在对标准支出和标准收入的确定上也存在着某些不合理因素，在因素的选择和权数分配上也有待进一步完善和调整，但不管怎样，这种既考虑标准收入能力，又考虑标准支出需要，以客观因素作为分配拨款数额的办法，是对长期采用的“基数法”的一次革命，较之传统的体制补助和税收返还的确定在规范性、公平性、科学性等方面都有突破性的进展。

第五节　国债法

一、国债及国债法概述

(一)国债的概念

国债，又称“金边债券”，是国家以其信用为基础，按照债的一般原则，通过向社会筹集资金所形成的债权债务关系。在这种债权债务关系中，国家作为债务人，根据还本付息的信用原则，通过在国内发行债券或向外国政府、金融机构借款的方式筹集财政资金，取得财政收入。国债是现代国家财政收入的一种。

(二)国债的特点

1. 国债与一般债权债务关系相比所具有的特点

(1)从法律关系的性质来看，国债的债权人既可以是国内外的公民、法人或其他组织，也可以是某一国家或地区的政府以及国际金融组织，而债务人一般只能是国家。

(2)从法律关系的性质来看，国债法律关系的发生、变更和消灭较多地体现了国家单方面的意志，尽管与其他财政法律关系相比，国债法律关系属于平等型法律关系，但与一般债权债务关系相比，则又体现出一定的隶属性和国家政策性，这在国家内债法律关系中表现得更加明显。

(3)从法律关系实现来看，国债属于风险性最小的债权债务关系。国债以国家信用和国家财力作为担保，一般不需要其他特别担保，债权债务关系容易实现。一般来说，国债到期，国家财政会足额偿还本息，因此，国债风险很小甚至可以说没有风险。

2. 国债作为财政范畴的特点

(1)国债是一种财政收入；(2)国债的认购具有自愿性，这与税收有区别；(3)国债具有弥补财政赤字、筹建建设资金和调节经济的功能。

(三)国债的分类

按照不同的标准，国债可作如下分类：

1. 按举借债务方式不同，国债可分为国家债券和国家借款国家债券，是通过发生债券形成国债法律关系。国家债券是国家内债的主要形式，我国发行的国家债券主要有国库券、财政债券、国家经济建设债券、国家重点建设债券等。

国家借款，是按照一定的程序和形式，由借贷双方共同协商，签订协议或合同，形成国债法律关系。国家借款是国家外债的主要形式，包括外国政府贷款、国家金融组织贷款和国家商业组织贷款等。

2. 按偿还期限不同，国债可分为定期国债和不定期国债

定期国债是指国家发行的严格规定有还本付息期限的国债。定期国债按还债期长短又可分为短期国债、中期国债和长期国债。短期国债通常是指发行期限在 1 年以内的国债；中期国债是指发行期限在 1 年以上、10 年以下的国债；长期国债是指发行期限在 10 年以上的国债。

不定期国债是指国家发行的不规定还本付息期限的国债。这类国债的持有人可按期获得利息，但没有要求清偿债务的权利。如英国曾发行的永久性国债即属此类。

3. 按发行地域不同，国债可分为国家内债和国家外债

国家内债是指在国内发行的国债，其债权人多为本国公民、法人或其他组织，还本付息均以本国货币支付。

国家外债是指国家在国外举借的债，包括在国际市场上发行的国债和向外国政府、国际组织及其他非政府性组织的借款等。国家外债可经双方约定，以债权国、债务国或第三国货币筹集并还本付息。

4. 按发行性质不同，国债可分为自由国债和强制国债

自由国债，又称任意国债，是指由国家发行的由公民、法人或其他组织自愿认购的国债。它是当代各国发行国债普遍采用的形式，易于为购买者接受。

强制国债，是国家凭借其政治权力，按照规定的标准，强制公民、法人或其他组织购买的国债。这类国债一般是在战争时期或财政经济出现异常困难或为推行特定的政策、实现特定目标时采用。

5. 按使用用途不同，国债可分为赤字国债、建设国债和特种国债

赤字国债是指用于弥补财政赤字的国债。在实行复式预算制度的国家，纳入经济预算的国债属于赤字国债。由于经济性预算缺乏还本付息的资金来源，且不会产生任何直接的收益，因此，一般各国预算法都禁止发行赤字国债。

建设国债是指用于增加国家对经济领域投资的国债。在实行复式预算制度的国家，纳入资本（投资）预算的国债属于建设国债。

特种国债是指为实施某种特殊政策在特定范围内或为特定用途而发行的国债。

6. 按是否可以流通，国债可分为上市国债和不上市国债

上市国债，也称可出售国债，是指可在证券交易场所自由买卖的国债。

不上市国债，也称不可出售国债，是指不能自由买卖的国债。这类国债一般期限较长，利率较高，多采取记名方式发行。

(四)国债的功能

在现代市场经济条件下,国债的运用规模和程度都达到了前所未有的状态,对经济活动产生着十分重大的影响。市场经济体制下的国债功能主要表现在以下几个方面:

1. 弥补财政赤字

弥补财政赤字是国债的最基本功能。从起源来看,国债本身就是同财政赤字紧密相连的经济范畴,是作为弥补公共收支差额的来源而产生的。可以说,弥补财政赤字是国债最原始和最基本的功能。

政府活动需要消耗一定量的资源,政府通过税收、收费以及其他方式筹集财政资金形成财政收入,同时政府又通过各项支出形成财政支出,当某一年度出现财政收入不足以满足财政支出时,即形成财政赤字。利用国债,政府可以有效地弥补财政支出大于财政收入即财政赤字的数额。

对政府财政赤字进行弥补的方式主要有三种措施,即增加税收、增发通货和举借国债。用第一种方式不仅不能迅速筹集大量资金,而且会影响生产者的生产积极性,进而会使国民经济趋于收缩,税基减少,赤字有可能会更大,同时,也会招致纳税人的反抗;第二种方式则会大幅增加社会的货币供应量,因而会导致无度的通货膨胀并打乱整个国民经济的运行秩序;第三种方式则是最可行的办法,因为发行国债筹资仅是社会资金使用权的暂时转移,在正常情况下,一般不会招致无度的通货膨胀,同时还可灵活和有效地弥补财政赤字,所以举借国债是当今世界各国政府作为弥补财政赤字的一种最基本也是最通行的方式。

2. 对财政预算的调剂

利用国债,政府还要以灵活调剂财政收入过程中所发生的季节性资金余缺。就一国政府财政收支预算来看,即使某个财政年度里财政收支平衡甚至有盈余,政府的财政收支也会发生季节性的不平衡,出现季节性赤字。这是因为,政府财政收入在一年中往往不是以均衡的速率注入国库的,而财政支出则往往以较为均衡的速率进行。不同税种所形成的税收收入会受到不同因素的影响,如农业税就有着明显的季节性特征,流转税则会受到商品销售季节的影响,如西方国家一般在圣诞节前后商品销售明显多于其他时间,我国在春节期间商品销售也会大增,这些都会影响到政府财政收入的变动。这就意味着即使从全年来说政府财政预算是平衡的,在个别月份也会发生相当的赤字。为保证政府职能的履行,许多国家都会把发行期限在一年之内(一般几个月,最长不超过52周)的短期国债,作为一种季节性的资金调剂手段,以求解决暂时的资金不平衡。即在财政收入"淡季"出现季节性赤字时,发行短期国债,使政府筹集到或"预收"一部分资金,到财政收入"旺季"时再以盈余资金作为这种政府短期债务的偿还,从而达到收入淡季不淡,以使财政收入和财政赤字相匹配,满足政府财政支出的需要。

3. 对国民经济运行进行宏观调控

一国的经济运行不可能都永远处在稳定和不断增长的状态之下。相反,由于各种因素的影响如宏观政策的失误、国际经济的影响等，经济运行常常会偏离人们期望的理想轨道，从而出现经济过度膨胀（通货膨胀严重）和经济萎缩（通货紧缩）现象，这时候，政府必须采取相应的政策措施进行经济干预，以使经济运行重新回到较理想或预期的轨道。自凯恩斯宏观经济理论建立以来，运用经济政策对宏观经济运行进行调控已成为普遍现象。其中国债扮演着十分重要的角色。这也使得国债的宏观调控功能逐渐成为国债主要的功能。

国债宏观调控功能主要体现在国债被中央银行所利用成为贯彻货币政策的载体，使得中央银行的货币政策得以顺利实施，这主要是通过中央银行的公开市场操作来实现的。公开市场操作是指中央银行在公开市场上买卖政府债券或以政府债券为抵押物而进行的国债回购交易。众所周知，中央银行是国家的发行银行，从中央银行进出的货币都是基础货币，是一种高能货币，它通过商业银行制造派生存款过程可以产生数倍于自身数量的货币效应。中央银行在公开市场买进国债，无论交易对象是谁，都有等额的基础货币从中央银行流出，社会的货币供应量会成倍增加；相反，如果中央银行在公开市场抛出国债，则有等量的基础货币注入中央银行，则货币供应量会成倍减少。

国债乘数效应能发挥作用的程度取决于社会资源利用的程度。当一国经济处于高速发展、社会资源得到充分利用时，国债对国民收入所具有的乘数效应则大打折扣，因为此时政府支出的扩大会对私人投资产生挤出效应；而当社会资源没有充分利用时，则政府举债扩大公共支出以提高资源利用率可以大大促进国民经济的增长。

二、国债法概述

（一）国债法的概念

国债法是指由国家制定的调整国债在发行、流通、转让、使用、偿还和管理等过程中所发生的社会关系的法律规范的总称。它主要规范国家（政府）国债中介机构和国债投资者涉及国债时的行为，调整国债主体在国债行为过程中所发生的各种国债关系。

（二）国债立法概况

1. 国外的国债立法

美国早在 1917 年就有了《自由公债法》，到 1942 年又发布了《公共债法》。

美国现行的有关公共债的法律是根据《美国法典》第 31 条制定的 1986 年《政府债券法》，1993 年曾对该法作了进一步的修改。该法对借债的权限作了明确规定，授予财政部发行国债的权力，诸如国债的发行规则、发行条件和发行方式等都由财政部全权决定，但发行债券的总量不得超过《美国法典》规定的规模。

韩国《宪法》第 58 条关于国债发行的基本法则规定，政府发行国债必须取得国民议会的批准。韩国在 1979 年制定并颁布了《政府债券法》，并于 1994 年进行了修订。

日本根据不同的法律规定发行各种不同用途的国债，如根据《财政法》第 7 条、《外汇资金特别会计法》、《粮食管理特别会计法》等发行用于补充一般会计和特别会计暂时不足的政府短期证券;根据《国债整理基金特别会计法》,为了清理或者偿还国债,政府可以发行短期国债,称为借换债;根据《财政法》第 4 条的规定,可以发行建设国债,若发行赤字国债,则要依据国会通过的《特例公债法》来进行。

2. 我国的国债立法

现行的国债法是 1992 年 3 月 18 日由国务院颁布的《中华人民共和国国库券条例》(以下简称《国库券条例》),该条例共 14 条,对国库券的发行对象、计算单位、发行国债条件的确定、发行方式、偿还本息、流通、转让、抵押、筹集资金的使用、国债法律责任等都作了原则规定。但是,该条例作为国债法已不能适应社会主义市场经济发展的需要,一是它的适用范围仅限于国库券而不能对所有的国债种类予以规范,二是它主要规定的是国库券发行方面的有关事项,对国债流通、国债的使用等未作规定,三是没有规范有关发行的审批程序等。因此,有关部门正在积极起草《国债法》,以期对国债行为和国债关系予以明确规范。

三、内债法律制度

(一)国债发行的对象

目前,中国国债的持有者主要是个人投资者。个人投资者的特点是他们主要适合购买不上市的储蓄债券和投资基金等,另有一部分资金雄厚或具有投资意识和市场操作能力的人则适合在一级市场或二级市场上购买可上市的债券。

(二)国债发行的价格与利率

国债发行的价格是指国债发行时的出售价格或购买价格。国债发行的价格不一定就是国债的票面值,它一般是低于票面值发行,少数情况下也可以是高于票面值发行。按照国债发行价格与其票面值的关系,可以分为平价发行、减价发行和增价发行三种发行价格。

1. 平价发行

平价发行就是国债按票面值出售。认购者按国债面值支付,政府则按票面值取得收入,到期也按票面值还本。国债按平价发行,必须具备两个前提条件:一是市场利率要与公债发行利率大体一致,国债既能顺利发售出去,又不至于增加国库负担;二是政府信用必须良好。唯有在政府信用良好的条件下,投资者才会乐于按票面值认购,公债发行任务的完成才能获得足够的保障。

2. 减价发行

减价发行,亦称折扣发行,是指国债券以低于票面值的价格出售,即认购者按低于票面值的价格支付价金,政府按这一折价取得收入,到期仍按票面值还本。国债的发行价格低于票面值,其原因是多种多样的。由于市场利息率上升,政府必须降低发行价格,债券才能找到认购者或承购者是一个原因;压低发行价格比提高公债的利息率,更便于掩盖财政拮据的实际状况,不至于引起市场利率随之上升而影响经济的正常发展,也是一个原因;此外,在发行任务比较重的情况下,为了鼓励投资者踊跃认购而用减价的方式给予额外利益,则是一个更重要的原因。

3. 增价发行

增价发行,亦称溢价发行,是指国债券以超过票面值的价格出售。认购者按高于票面值的价格支付价金,政府按这一增价取得收入,到期则按票面价值还本。国债能按高于票面值的价格出售,只有在两种情况下才能出现:一是国债利息率较高,高于市场利息率,以至于认购者有利可图;二是国债利率与市场利率大体相当,但当债券出售时,市场利率出现下降,以致政府有可能提高国债发行价格。

比较上述三种发行价格,从财政的角度看,平价发行是最为有利的。首先,采取这种价格发行国债,政府按事先规定的票面值取得预期收入,又按此偿还本金。除需按正常的利息率支付一定的债息外,不会给政府财政带来额外负担,有利于财政收入的管理和预算的顺利执行。其次,按照票面值出售债券,不会对市场利率带来上涨或下降的压力,如果不考虑政府宏观调控的因素,这是有利于经济的稳定的。而且,国债登记面额与发行价格一致,还有助于避免债券的投机之弊。

国债的利率就是政府由于举债所应支付的利息额与借入本金额之间的比率。利率的确定,主要参照以下三种因素:

(1)金融市场利率水平。金融市场利率高,国债利率必须相应提高;金融市场利率低,国债利率也可相应降低。否则,如果两者相距甚远,就会出现因国债利率过低而致使国债发售不出去,或因国债利率过高而致使政府蒙受不必要损失的状况。

(2)政府信用状况。政府作用良好,国债利率可相应降低;政府信用不佳,国债利率只能较高。

(3)社会资金供给量。社会资金供给充裕时,国债利率可相应下调;社会资金供给匮乏时,国债利息率就必须上调。

由于我国目前国债市场规模狭小,相互隔绝,国债流动性低,此外,国债发行还没有完全市场化,国债一级市场和二级市场的利率不接轨,再加之由于金融改革远未到位,目前银行的偿付能力仍由国家保证,因此银行存款的安全性也不低于国债,所以我国国债的利率并不能在融资市场上起到基准利率的作用,相反,却不得不随时与银行存款利率相比,以银行存款利率的高低来决定国债的同期利息率。自1981年起,中国发行的国债均为固定利率国债,其票面利率与银行存款利率直接挂钩,通常比银行同期存款利率高0.5～2.0个百分点。即使在2000年已经开始发行记账式浮动利率国债,其浮动的基准仍然离不开银行存款利率。随着银行商业化、银行存款利率市场化改革的深入,随着国债市场的放大和统一,以及国债流通性的日益增强,由于国债的偿付安全度远比银行要高,风险要小,因此,国债发行的利率最终会调到银行存款利率以下,这样既可以减轻财政的筹资成本和还息负担,又可以促进资本市场根据价格规律相互补充。

(三)国债发行的承购包销方式

国债承购包销方式通常由发行人和承销商签订合同确定双方在国债发行中的权利和义务,它具有以下两个特点:一是发行人和承销人之间的权利义务关系是通过承销合同确定的,因此,和分配派购的发行方式不同,在确定发行条件方面,发行人和承销人之间具有平等的关系。二是承销人向投资者分销不出去的部分,由承销人自己认购。由于承销商多是大证券公司或银行,他们对市场情况非常了解。为了分销国债,他们要求较低的价格和较高的利率,而发行人也总是要求较高的价格和较低的利率,因此,两者之间的讨价还价常常能确定一个接近由市场供求决定的价格或利率水平。

承购包销的方式发行国债以德国为典型,日本很多年来也采取这种方式。近年来,日本和德国都引进了招标方式发行政府债券,特别是短期政府债券。但是承购包销方式仍然是政府债券发行的基本方式之一。

承购包销政府债券的承销商一般组成承销团。承销团由一家主干事、若干家副主干事和几十家一般干事组成,其成员一般是大银行和证券公司。通常主干事和一般干事之间有承销协议,两者之间的关系由协议规定。主干事可以承担无限责任,也可以承担有限责任。我国自1991年实行承购包销办法发行国债以来,干事团内部实行有限责任。承销团的份额可以采取固定的方法,也可以采取变动的方法,前者如日本,后者如我国。这是因为日本的金融体制比较稳定,它使得承销人对自己应承担的份额心中有数,有利于及早安排资金。而我国的发行方式和金融体制变动比较大,不宜采取固定份额的方法,只能采取相对灵活的变动份额的方法。

(四)国债的偿还方式

1. 直接偿还法

直接偿还法是指由政府或其委托的金融机构按照发行国债时所规定的偿还条件进行偿还,可以是一次全部偿还,也可以是分期分批偿还。分期按比例偿还也称为比例偿还法。我国发行的国库券到期后,债权人可直接到国库券中介机构兑付。

2. 买销偿还法

买销偿还法又称收买偿还法或市场偿还法,是指在国债的最终偿还期以前,政府在证券市场上收购国债,当国债到期时,已全部为政府所持有,以此方法偿还国债,一般偿还成本较低,并能体现国家的经济政策。

3. 抽签偿还法

抽签偿还法是指政府通过定期抽签以确定应偿还的国债的方法。一般以国债的号码为抽签依据,一旦公开抽签确定应偿还国债的号码后,所有相同号码的国债都同时予以偿还。

4. 轮次偿还法

轮次偿还法是指政府按照债券号码的一定顺序分次偿还的方法,通常是在政府发行国债时即规定各种号码国债的偿还期限,供认购者自由选择。

四、国家外债法律制度

(一)国家外债概述

国家外债就是国家在国外举借的各种债务,包括借自外国政府、金融组织、个人的借款,在国外发行的国债等。世界银行和国际货币基金组织认为,外债是对非居民用本国或外国货币承担的契约性偿还义务的全部债务。所谓居民,通常是指居住在本国境内并受本国法律管理的公民和法人。我国国家外汇管理局将外债定义为:我国外债是指中国境内的机关、团体、企业、事业单位、金融机构或其他机构用外国货币承担的具有契约性偿还义务的全部债务。具体包括国际金融机构贷款、外国政府贷款、外国银行和金融机构贷款、买方信贷、外国企业贷款(主要是卖方信贷)、发行外币债券、国际租赁、延期付款、用现汇偿还的补偿贸易、向境内外合资银行借入的外汇资金和其他形式的债务。我们认为,国家外债就是政府外债,是一国政府或政府授权的部门、单位在国外举借并承担具有契约性偿还义务的全部债务,一般由政府借款和在国外发行外币债券两部分组成。我国政府对外借债又分为统借统还外债和统借自还外债。统借统还外债,是指由国家财政、政府部门以及政府指定的金融机构统一借入,用于国家计划内重点项目建设,最终由国家财政负责对外还款的债务。统借自还外债,是指由政府部门或政府指定的金融机构对外借入,根据重点建设规划转贷给用款单位使用的,到期后由用款单位负责偿付本息的债务。

我国向国外举债,主要有三种途径:一是根据与国外政府间的协议取得的政府贷款,二是国际金融组织的贷款,三是在国外发行债券。政府贷款是政府间根据双边协议发生的贷款行为,这种贷款带有援助性质,利率一般较低,有的是无息贷款,期限也比较长。国际金融机构贷款主要是国际金融组织对其成员国发放的贷款,贷款条件一般比较优惠,但根据各金融机构设立的不同目的和具体规定,贷款的数量和使用方向受到严格的限制。在国外发行债券是由政府部门代表中央政府到国外证券市场上直接发行国债,由外国政府、企业及个人自愿认购。运用这种方式举借外债,具有期限长、利率低等优点。

(二)国家外债管理体制

我国现行的外债管理体制,属于统一管理、分工负责的外债管理体制,即在国务院统一领导下,由国家发改委、财政部、中国人民银行三个部门共同实施分工管理。国家发改委负责制定全国年度及中长期利用外债计划,会同有关部门共同审批外债的立项;财政部负责对纳入国家预算的国外借款的监督管理,建立全国统一的利用外债财务会计制度;中国人民银行通过国家外汇管理局负责对利用国外商业贷款的审批,并对全国外债进行统计监测。按照现行管理体制,国家统借外债有5个贷款“窗口”,即财政部负责的世界银行项目贷款,商务部负责的政府双边贷款,中国人民银行负责的国际货币基金组织贷款,中国银行负责的日本输出入银行能源贷款等,除财政部可以直接到国际资本市场上发行外币债券外,其他“窗口”均是以政府名义向外国政府、国际金融机构和日本输出入银行借款。

我国现行外债管理体制是在多借外债、方便借债、加速发展本国经济的指导思想下建立起来的，存在的主要问题是管理体制过于分散，导致外债规模和结构管理的失控。我国外债管理体制改革的核心是统一政府外债管理，建立集中的外债管理体制。

统一管理政府外债，包括统一管理政府外债的收入、转贷和偿还，逐步统一对外举借政府外债的窗口，使政府外债的管理由分散转向集中，健全政府外债项目的立项和审批，逐步将政府外债纳入国家预算管理。

（三）发行国家外债的原则

1. 国家主权原则

发行国家外债，要以国家根本利益为重，在平等的国家主权地位上自主进行，严禁有损国家主权借入外债。在举借国家外债时，要争取最有利的条件，借入外债的形式要灵活多样，相互补充，灵活调剂；争取尽可能长的借款期限和尽可能低的利息及费用，尽量增加政府外债和国际金融组织的贷款，减少商业贷款；减少外汇风险。

2. 国家外债管理包括外债的举借、使用和偿还

举借是为了使用，只有充分利用所借入的外债，形成良好的生产能力，取得利润和外汇，才能保证还本付息。所以国家外债管理的核心是合理地使用外债，提高外债的使用效益。要合理安排借入资金的使用方向和结构，较多地用于加强农业、能源、交通、原材料、教育等薄弱环节的建设，发展出口创汇率高的项目；利用外资要与引进先进技术结合起来，并做到内外结合，充分发挥国家外债资金的作用，加强对使用外债的监督管理，提高外债的使用效率。

3. 量力而行原则

发行国家外债的预算规模应同我国的国力相适应，要符合经济发展计划和国家产业政策，不得盲目大量借入不必要的外债。同时，国家用于清偿债务的外汇资金主要来自出口商品的创汇收入，举债规模应与出口创汇数量相适应。

（四）国家外债的管理

1. 国家外债的结构管理

国家外债的结构通常包括债权者结构、期限结构、利率结构和币种结构，其中债权者结构是指国家外债总额中外国政府贷款、国际金融组织贷款和外国商业银行贷款等之间的比例关系。一般来说，外国政府贷款期限较长、利率较低、条件比较优惠；外国商业银行贷款的条件较高；国际金融组织贷款介于两者之间。因此，比较合理的债权者结构应是外国政府贷款和国际金融组织贷款所占比重较高，外债期限结构直接影响外债的使用和偿还，合理的外债期限结构有利于外债的使用和偿还，应尽量扩大长期债务，减少短期债务。外债的币种结构应当是固定利率计算的债务额占绝大多数。外债的币种结构是指以不同外币表示的债务占全部债务的比例。合理的币种结构应是能够避免因不同币种汇率变化而导致实际债务上升的币种结构。

2. 国家外债的统计监测管理

1987 年，国家外汇管理局发布《外债统计监测暂行规定》，规定国家对外债实行登记管理制度。1989 年，国家外汇管理局又发布《关于外债登记实施细则》。1996 年2 月国家外汇管理局发布《关于进一步加强外债统计监测的通知》，根据有关规定，国家外汇管理部门是国家外债管理登记部门，外债登记分为定期登记和逐期登记，定期登记外债包括国内银行和非银行金融机构借入的外债，财政部、经贸部、中国人民银行、农业部、中国银行分别负责的外国政府贷款和国际金融组织贷款。逐期登记外债是指除定期登记以外的国内其他部门、企业（包括外商投资企业）借用的外债。

3. 国家外债的偿还管理

国家外债的偿还管理，包括币种选择、利息计算、偿还方式、资金安排等方面，偿还外债所使用的货币，主要取决于借款协议的规定，可以是债权国、债务国或第三国的通货。外债利息的计算与国家内债的计算方法不同，一般采用复利方法，即经过一定期间（通常为 1 年），将所生利息加入本金再计算利息，逐期滚动计算。

外债的偿还方式多种多样，包括到期一次清偿本金和利息，本金一次清偿、逐年支付利息，分期偿还等。偿还外债的资金来源因外债的种类不同而不同。统借统还外债的偿还由国家财政统一安排，列入国家预决算；统借自还外债的偿还，到期后由用款单位负责偿还。

国家外债的筹集和运用属于财政资金再分配范畴，国家外债的借入、使用直到偿还，都与国家财政有着密切联系，并对国家财政和国家的债务信誉产生重要影响。因此，必须按照建立社会主义市场经济体制的要求，由国家财政代表政府对国家外债进行统一管理。统一管理国家外债，包括统一管理国家外债的借入、转贷、使用和偿还，统一对外举借国家外债的窗口，使国家外债的“借、用、还”由分散转向集中，将国家外债纳入国家预算管理轨道。

第六节　政府采购法

一、政府采购法概述

政府采购制度是规范政府采购行为的一项公共管理制度，政府采购也称公共采购，是指各级政府及其所属机构为了开展日常政务活动或为社会公众提供公共服务的需要，在财政部门和其他有关政府部门以及社会公众的监督下，以法定方式、方法和程序采购货物、工程和服务的行为。

政府采购主要有如下特点：(1)政府采购的资金来源为财政资金，具有明显的公共性；(2)政府采购的主体是依靠国家财政资金运转的政府机关、事业单位和社会团体以及公用企业；(3)政府采购的目的是为了给政府部门提供消费品或向社会提供公共产品，不具有营利性，故政府采购成为一种政策性调控手段也不足为奇；(4)政府采购具有严格的规范性，并通过专门立法，规范这种行为。

政府采购法是调整政府采购当事人在向市场进行政府采购的活动过程中所发生的社会关系的法律规范总称。也就是对于政府及其所属机构为了实现政府职能和向公众提供公共产品的需要而向市场供应商进行购置活动的政府行为的法律调整。

二、政府采购法的立法背景和立法意义

政府采购制度是公共财政的重要组成部分。有国家就有政府采购，但真正形成政府采购制度是源于财政支出管理的需要。有资料显示，政府采购制度在市场经济国家一般占本国 GDP 的 10%～15%，为了加强和规范庞大的政府采购行为，世界上一些市场经济国家一般都是通过法律和制度来进行的，这些法律制度就形成了政府采购制度。国外采购制度最突出的特点就是以立法形式确定的，目的就是为了建立科学完善的政府采购制度和运行机制，规范采购行为，实现加强公共资金管理制度，提高采购活动的透明度，发挥政府采购政策导向等目标。

改革开放以来，我国将推行政府采购制度作为财政支出三大改革内容之一列入议事日程。自 1996 年起就开始进行试点，政府采购法在我国的立法启动主要基于以下三方面的考虑：

(1)完善财政支出的宏观调控功能，加强财政支出管理。政府采购制度可以通过以下形式对实现社会和经济政策目标发挥重大导向作用：一是通过采购规模的增减调节经济运行，促进产业结构调整。二是通过优先购买本国产品，保护国内产品，支持国内企业的发展。如澳大利亚的悉尼市为举办 2000 年奥运会建设了大量的体育场馆，根据澳大利亚政府规定，所有的场馆都由本国企业承建。三是扶持中小企业的发展。总之，就是要通过政府采购，发挥财政支出的政策功能，既要约束支出使用行为，又要把支出的效益最大化。

(2)提高透明度，促进廉政建设。政府采购被誉为“阳光下的交易”，其核心是将公开的竞争机制引入财政支出的管理中，按照公平、公开和公正的原则开展采购活动，才能有效地对政府采购从事前、事中和事后活动进行全方位的监督。因此，建立政府采购制度，提高政府采购活动的透明度，是我国新时期从源头预防和治理腐败的必然要求。

(3)适应国际经济全球化对采购法制的要求。世界贸易组织经过多年的谈判，于 1994 年形成了《政府采购协议》，我国在“入世”谈判期间，就面临着就签署《政府采购协议》作出承诺的巨大压力。加入世贸组织以后，我国充分利用政府采购市场开放前的有限时机，按照国际通行规则建立政府采购制度，发挥政府对国内企业的支持和保护作用，同时也让供应商逐步适应和掌握获取政府合同的国际规则，为将来参与国际竞争做好各项准备。

基于上述考虑，第九届全国人大常委会第二十八次会议于 2002 年 6 月 29 日通过了《中华人民共和国政府采购法》(以下简称《政府采购法》)，自 2003 年 1 月 1 日起施行。该法分总则、政府当事人、政府采购方式、政府采购程序、政府采购合同、质疑与投诉、监督检

查、法律责任、附则等九章88条。

三、政府采购法的基本原则

(1)公开透明原则。政府采购的信息应向全社会公开,政府采购的所有程序应置于公众的监督之下。

(2)公平竞争原则。公平竞争原则有以下三个含义:一是普遍竞争,凡是符合条件的供应商都可参与竞争;二是规则统一,没有特权阶层存在;三是充分竞争。在制度设计时,要有利于竞争的彻底性和充分性的发挥。

(3)公正原则。这主要是基于供应商相对于政府部门的弱势地位而言,主要有以下含义:

①对所有供应商一视同仁。

②政府采购必须按照事先约定的条件和程序进行。

③管理机构与执行机构分设的机制,让财政部门与执行部门各司其职。

④要事先公开评标规则,要赋予供应商质疑和投诉的权利。

(4)诚实信用原则。本着诚实、守信的态度履行各自的权利和义务,讲究信誉,实现承诺。

(5)社会公共利益原则。要充分发挥政府采购的宏观调控作用,以利于社会公共利益的实现。

四、《政府采购法》的具体内容

(一)《政府采购法》的适用范围

我国《政府采购法》第2条明确规定了本法的适用范围,即在中华人民共和国境内进行的政府采购适用本法。

本法所称的政府采购,是指各级国家机关、事业单位和团体组织,使用财政性资金采购依法制定的集中采购目录以内的或者采购限额标准以上的货物、工程和服务的行为。

1. 采购人

政府采购的采购人为各级国家机关(国家权力机关、国家行政机关、国家审判机关、国家检察机关、军事机关等),事业单位,社会团体,不包括国有企业。但是承办政府采购工程的企业也纳入适用《政府采购法》的行列,因为政府采购工程原来都是由有关部门自行采购,自规定工程项目实行项目法人制度以来,大多数政府工程项目改由法人承办。这类法人基本上均为临时机构,但它的采购也纳入到采购法的规范层面上来。政府工程的采购不能因为实行法人制改变实施主体从而改变政府采购的性质。还有些项目如,课题研究,采购主体是政府机构,但由企业承办,也应受本法规范。

2. 采购资金

采购资金为财政性资金,包括预算资金和预算外资金。有以下几种情况要予以鉴别:

（1）部分为财政性资金的采购项目。

实践中，全额财政性资金很容易把握，但有相当部分的采购项目的资金来源于配套资金，其中财政资金占很少的比重，应都适用本法。

（2）全部为非财政性资金的采购项目。如借款或贷款，不受本法约束。

（3）以非财政性资金采购最终用财政性资金支付的项目，先贷款或借款采购后以财政性资金偿还。也应严格适用《政府采购法》。

3. 采购项目范围

（1）纳入集中采购目录以内的采购项目。

属于中央预算的政府采购项目，其集中采购目录由国务院确定并公布。

属于地方预算的政府采购项目，由省、自治区及直辖市人民政府及其授权的机构确定并公布。

（2）集中采购目录以外在限额标准以上的采购项目，属于本部门、本系统有特殊要求的项目，应当实行部门集中采购；属于本单位有特殊要求的，经省级以上人民政府批准，可以自行采购。

《政府采购法》适用例外：①军事采购。②采购人使用国际组织和外国政府贷款进行的政府采购。贷款方、资金提供方与中方达成的协议对采购的具体条件另有规定的，可以优先适用其规定。③对应对严重自然灾害和其他不可抗力事件所实施的紧急采购和涉及国家安全和机密的采购，不适用本法。④我国香港、澳门两个特别行政区的政府采购不适用本法。

（二）政府采购方式

1. 公开招标方式

这是政府采购的主要方式。公开招标要求招标人公开发布招标公告，所有符合条件的供应商公平参与竞争。

招标的主要方式：按《政府采购法》规定，政府采购项目以标准数额为标准，分为招标数额标准以上的采购项目和招标数额标准以下的采购项目。招标数额以上的，一律采用公开招标采购方式，这是强制性的规定。

2. 邀请招标采购方式

邀请招标采购方式是指采购人从符合资格条件的供应商中，以随机方式选择三家以上供应商，并向其发出投标邀请。

适用情形：一是采购的货物或服务项目，因为其具有特殊性，只能从有限的供应商处采购。如生产、制造或者提供货物或直接提供服务的供应商虽然在三家以上，但仍然非常有限，对履约供应商有特定资质、能力要求，需要进行资格预审。二是采用公开招标方式的费用占政府采购项目总价值的比重过大。

3. 竞争性谈判采购方式

这种采购方式要求采购人可就有关采购事项，如价格、技术规格、设计方案、服务要求等，与不少于三家供应商进行谈判，选择最符合预先规定的成交标准的，确定其为成交供应商。其适用条件有以下几点：

(1)招标后没有供应商投标或者没有合格的供应商或者重新招标未能成立的；

(2)技术复杂或者性质特殊，不能确定详细规格或者具体要求不明确，难以编写招标文件；

(3)采用招标所需时间不能满足用户紧急需要的(招标时间一般为自招标文件发出之日起至投标人提交投标文件截止之日，不得少于 20 天；与单一来源区别)；

(4)不能事先计算出价格总额的，如废标。

4. 单一来源采购方式(即采购人向唯一供应商进行采购的采购方式)

适用的情形：一是只能从唯一供应商处采购。这类情况通常是指与专利产品、新型产品、定制产品、独家提供的服务等。二是发生了不可预见的紧急情况不能从其他供应商处采购，或者考虑到必须与原采购的项目保持一致或者服务配套要求需从原供应商处添购。

5. 询价采购方式

这种采购方式仅考虑价格因素，要求采购人向三家以上供应商发出询价单，以最符合采购需求、质量与服务相等且报价最低的原则，确定成交供应商。这类采购项目因货源规格、标准统一、现货货源充足，且价格幅度变化小，使价格成为唯一考虑的因素。

(三)政府采购程序

政府采购的基本程序：

1. 采购项目批准阶段

2. 采购合同形成阶段

(1)确定采购模式。

(2)选择采购方式。

(3)执行采购方式。

(4)确定中标、成交供应商。

(5)订立采购合同。要在中标或者成交通知书发出之日起 30 天内，按照采购文件确定的事项签订政府采购合同。采购合同的必备条款是当事人的名称或姓名，住所，标的，数量、质量、价款或者报酬，履行期限、地点、方式，解决争议的方法，违约责任。

3. 采购合同管理阶段

(1)执行合同规定。

(2)验收。

(3)付款。有两种付款方式：一是纳入政府采购资金，财政直接拨付的项目，由采购人向财政部门申请拨款，由财政部门直接将采购资金拨付给履约供应商；二是其他采购项目由采购人直接向履约供应商付款。

4. 妥善保存采购文件

《政府采购法》第 42 条规定，采购人、采购代理机构对政府采购项目每项采购活动的采购文件应当妥善保存，不得伪造、变造、隐匿或者销毁。采购文件的保存期限为从采购结束之日起至少保存 15 年。采购文件包括活动记录、采购预算、招标文件、投标文件、评估标准、评估报告、定标文件、合同文本、验收证明、质疑答复、投诉处理决定及其他有关文件资料。

(四)政府采购方式的程序

1. 公开招标采购方式的程序

2. 邀请招标方式的程序

邀请招标虽然也是招标和政府采购方式之一，但由于邀请招标带有限制性，不利于充分竞争，而且一旦操作不当，容易出现舞弊行为等缺陷。因此，限制邀请招标的使用，同时严格规定其适应条件，只有采购复杂的采购项目时才允许使用。限制使用邀请招标还有一个原因是，邀请招标比公开招标的操作要复杂，对专业人员的要求更高。

国际上邀请招标的程序原则上要经过两个阶段：第一阶段是通过公开招标的方式招标；第二阶段邀请通过资格预审的所有供应商前来投标。

3. 竞争性谈判方式的程序

按照《政府采购法》第 38 条的规定，采用竞争性谈判方式采购，要按照下列五个步骤执行：

(1)成立谈判小组。

(2)制定谈判文件。

(3)确定邀请参加谈判的供应商。

(4)开展谈判。

(5)确定成交供应商。

4. 单一来源采购方式的程序

单一来源采购方式虽然由于其特殊性和缺乏竞争性，但仍然要求遵循竞争原则。要公开透明，要按照物有所值的原则与供应商进行协商，本着互利原则，合理确定价格。

5. 询价采购方式的程序

按照《政府采购法》的规定，采取询价采购方式的，必须按照下列程序执行：

(1)成立询价小组。

(2)确定被询价供应商名单。

(3)询价。

(4)确定成交供应商。

(五)政府采购质疑与投放、监督与检查的规定

1. 政府采购质疑与投诉

供应商对政府采购活动事项有疑问的，可以向采购人提出询问，采购人应当及时作出答复，但答复的内容不得涉及商业秘密。

质疑供应商对采购人、采购代理机构的答复不满意或者采购人、采购代理机构未在规定的时间内作出答复的，可以在答复期满后15个工作日内向同级政府采购监督管理部门投诉。

投诉人对政府采购监督管理部门的投诉处理决定不服或者政府采购监督管理部门逾期未作处理的，可以依法申请行政复议或者向人民法院提起行政诉讼。

2. 政府采购监督与检查

政府采购监督管理部门应当加强对政府采购活动集中采购机构的监督检查。监督检查的主要内容是：(1)有关政府采购的法律、行政法规和规章的执行情况；(2)采购范围、采购方式和采购程序的执行情况；(3)政府采购人员的职业素质和专业技能。政府采购监督管理部门不得设置集中采购机构，不得参与政府采购项目的采购活动。采购代理机构与行政机关不得存在隶属关系或者其他利益关系。

政府采购监督管理部门应当对政府采购项目的采购活动进行检查，政府采购当事人应当如实反映情况，提供有关材料。审计机关应当对政府采购进行审计监督。监察机关应当加强对参与政府采购活动的国家机关、国家公务员和国家行政机关任命的其他人员实施监察。任何单位和个人对政府采购活动中的违法行为，有权控告和检举，有关部门、机关应当依照各自职责及时处理。

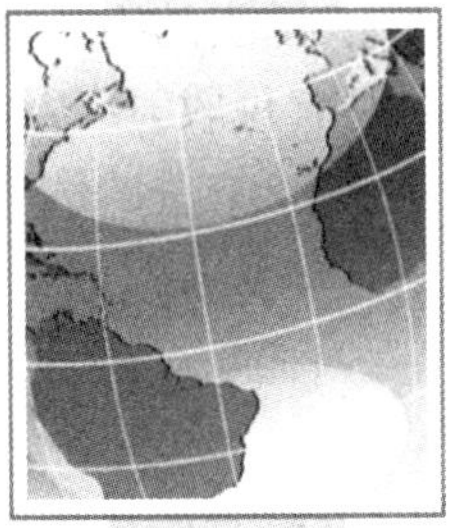

第九章 税收法律制度

【要点提示】

- 税收
- 税法
- 税法构成要素
- 税收实体法
- 税收程序法

【案例】

甲公司员工张某10月份收入如下:(1)工资收入7 000元(含"三险一金"共1 600元);(2)稿酬所得3 000元;(3)借给同事刘某借款的月利息收入2 000元。

请根据我国现行《个人所得税》的相关规定,计算张某10月份应缴纳的个人所得税总额。

第一节　税收法律制度概述

一、税收与税法

(一)税收及其特征

税收是国家为了实现其公共职能而凭借政治权力,依法强制、无偿地取得财政收入的一种活动或手段。税收不仅是国家取得财政收入的一种主要手段,而且是国家实行宏观调控的重要经济杠杆之一。

税收在形式上具有以下特征:

(1)强制性。是指国家对征税以法律、法规的形式加以规定,并按照法律强制课征。法律的强制性构成了税收的强制性。税收的这种强制性,同自愿平等的其他分配方式有明显的区别。

(2)无偿性。是指国家征税后,税款即成为国家财政收入,不再归还给纳税人,也不支付任何报酬,税收是一种无偿征收。税收的这种无偿性,同必须按期归还的债务收入和其他等价有偿的分配方式有根本的区别。

(3)固定性。是指在征税之前,以法的形式预先规定了征税对象以及对征税对象的征收比例或征收数额,按照预定标准征收。

(二)税法

税法是国家制定的调整税收关系的法律规范的总称,它在经济法的宏观调控法中居于非常重要的地位。税法和税收之间的联系表现在,税收活动必须严格依税法的有关规定进行,税法是税收的法律依据和法律保障,有税收必有税法,有税法亦必有税收,所以税法与税收的关系密不可分,任何一种税收都是以一定的法律形式表现并借助于法的约束力来保证其实现。

二、税法构成要素

税法构成要素,是税法必不可少的内容,是分析税法的结构和具体制度要素构成的重要工具,它一般包括以下几项:

(一)税法主体

税法主体是在税收法律关系中享有权利和承担义务的当事人,包括征税主体和纳税主体两类。

从理论上讲,征税主体是国家,但在具体的征税活动中,国家授权有关的行政机关行使征税权。在我国,各级财政机关、税务机关和海关具体负责税收的征收管理工作,其中,税务机关是最重要的、专门的税收征收机关。

纳税主体又称纳税义务人,是指依照税法规定直接负有纳税义务的自然人、法人和非法人组织。

(二)征税客体

征税客体,也称征税对象或课税对象,是指征税的直接对象或标的,即对什么征税。

征税客体在税法构成要素中居于十分重要的地位,它是各个税种之间相互区别的主要标志,也是税收分类和税法分类的重要标准。

根据征税客体性质的不同,可以将其分为商品、所得和财产三大类。当然,在具体的税法中,往往还需要通过税目和计税依据将它具体化,以使其更加具体和确定。

(三)税目和计税依据

税目是指税法规定的征税的具体项目,它是征税对象在质的方面的具体化,反映了征税的广度。

计税依据,也称计税标准或税基,是指根据税法规定所确定的用以计算应纳税额的依据。它是征税对象在量的方面的具体化,计税依据的确定非常关键,因为它直接影响到纳税人的税负。

(四)税率

税率是应纳税额与计税基数之间的数量关系或比率。它是衡量税负高低的重要指标,是税法的核心。税率可分为以下三种:

(1)比例税率是指对同一征税对象,不论其数额大小,均按照同一比例计算应纳税额的税率。它的优点是便于税款的计算和缴纳,有利于提高效率,但它不利于保障公平。商品税普遍采用比例税率。

(2)累进税率,又称等级税率,即按征税对象数额的大小规定不同等级的税率,征税对象数额越大,税率越高。它一般适用于对收益额之类的对象的征税。累进税率又分为全额累进税率与超额累进税率、超率累进税率与超倍累进税率。

(3)固定税率(固定税额),即按征税对象的单位直接规定固定的税额,而不采用百分比的形式。我国的城镇土地使用税、耕地占用税等采用这种税率。

(五)纳税时间

纳税时间是指在纳税义务发生后纳税人依法缴纳税款的期限,因而也称纳税期限。纳税期限可分为纳税计算期和税款缴库期两类。纳税计算期又可分为按次计算和按期计算,按次计算是以纳税人从事应税行为的次数作为应纳税额的计算期限,一般较少适用。按期计算是以纳税人发生纳税义务的一定期限作为纳税计算期,通常可以日、月、季、年为第一个期限。按期计算适用较广。税款缴库期说明应在多长期限内将税款缴入国库,是纳税人实际缴纳税款的期限。

(六)纳税地点

纳税地点是指纳税人依据税法规定向征税机关申报纳税的具体地点。它的种类主要有:机构所在地、经济活动发生地、财产所在地、报关地等。

(七)税收减免

减税是对应纳税额减征一部分。免税是对应纳税额全部免征。税收减免包括:

(1)起征点。即对征税对象开始征税所规定的数额,未达到这个数额的不征税;达到这个数额的,对征税对象全额征税(包括起征点以下的部分)。

(2)免征额。即在征税对象中免予征税的数额。它是按照一定标准从征税对象中预先减除的部分。对减除部分(即免征额)不征税,其余部分按规定的税率征税。

(3)减征额。即从征税对象中减少征收的数额。

(八)违法处理

违法处理,是指对纳税人违反税法的行为采取的惩罚措施,也包括对征税人违反税法的行为采取的惩罚措施,是国家税收制度的强制性的突出表现。对纳税人的违法处理的主要措施,有限期纳税、加收滞纳金、处以罚款、送交司法机关依法惩处等。

三、税法的分类

从法学的角度,税法可以作如下分类:

(一)按照税法内容不同所作的分类

按照税法内容的不同,可以将税法分为税收实体法、税收程序法、税收处罚法、税收争讼法以及税务行政法。

税收实体法是规定国家和纳税人的实体权利、义务的法律规范的总称。按照征税对象的性质的不同,还可将实体税法进一步分为流转税法(或称商品与劳务课税法)、收益税法(或称所得税法)、资源税法、财产税法及行为税法。

税收程序法是指以国家税收活动中所发生的程序关系为调整对象的税法,是规定国家征税权行使程序和纳税人纳税义务履行程序以及税务争议解决程序的法律规范的总称。

税收处罚法是指对税收活动中违法与犯罪行为进行处罚的法律规范的总称。我国税收处罚法由五部分构成:一是《刑法》中对税收犯罪行为的刑事罚则,二是对税收犯罪的有关立法解释、司法解释和相关规定,三是《税收征管法》中对税收违法行为的有关处罚规定,四是《行政处罚法》中的相关规定,五是有关单行税法和其他法规对税收违法行为的处罚性规定。

税务行政法是指规定国家税务行政组织的规范性法律文件的总称。其内容一般包括税务机关的机构设置、职责范围、人员编制、经费来源,各级各类税务机关设立、变更和撤销的程序以及它们之间的相互关系、它们与其他国家机关的关系等。

税收争讼法指的就是《行政复议法》、《行政诉讼法》以及《税务行政复议规则》。

(二)按照税法地位不同所作的分类

按照在税法体系中的不同法律地位,可以将税法分为税收通则法和税收单行法。

税收通则法(或称税收基本法),是指对税法中的共同性问题加以规范,对具体税法具有普遍约束力,在税法体系中具有最高法律地位和最高法律效力的税法。其内容主要包括通用条款、税收机构、税权划分、基本税收权利与义务、征收程序、执行规则、行政协助、行政处罚、税收争讼等方面的原则性规定。

(三)按照税收管辖权不同所作的分类

按照税收管辖权的不同,可以将税法分为国内税法与国际税法。

国内税法是指一国在其税收管辖权范围内就调整税收分配所形成的权利义务关系的法律规范的总称,包括由国家立法机关制定的税收法律和经由授权或依法律规定的国家行政机关制定的税收法规和规章等。

国际税法是指调整国家与国家之间关于税收权益法律规范的总称。包括政府间双边或多边税收协定、关税互惠公约、《经济合作与发展组织关于避免所得税和财产税双重征税的协定范本》(经合范本)、《关于发达国家与发展中国家避免双重征税协定范本》(联合范本)以及国际税收惯例等,其内容涉及税收管辖权的确定、税收抵免、税收饶让以及无差别待遇、最惠国待遇等。国际税法是国际公法的特殊组成部分。

(四)按照税收立法权不同所作的分类

按照税收立法权的不同,可以将税法分为中央税法与地方税法。

中央税法是指由国家立法机关或授权中央政府行使立法权设立的税法的总称。

地方税法是指由地方立法机关或政府依法行使立法权设立的税法的总称。

中央税法与地方税法的划分,与国体、政体及各级政府的财政职能有很大关系。目前我国尚无严格意义上的地方税法,这对于完善税法体系、实行彻底的分税制是极为不利的。因此,完善我国税法的重要目标之一就是建立适合我国国情的地方税法体系。

四、税法的基本原则

(一)税收法定性原则

税收法定性原则也称税收法律主义,或称税收法定主义,是指所有税收活动必须依照法律的规定进行。税收法律主义最典型的表述是"无代表则无税",这在许多国家的宪法中都有直接或间接的表述,成为一项宪法性基本原则。税收法律主义的内容包括:

(1)税制要素法定。税制要素应是广义的理解,不仅包括税种、纳税人、征税对象、税率等,而且还应包括征税程序和税务争议的解决办法。这里的"法",是指由国家立法机关制定的正式法律。以行政立法形式通过的税收法规、规章,如果没有正式的税收法律作为依据或者是违反正式税收法律的规定都是无效的。

(2)税制要素明确。在税法体系中,有关税制要素、税款征收等方面的规定,必须尽量地明确而不出现歧义。要求税制要素必须明确,实际上是对税务执法机关自由裁量权的限制。税制要素的规定必须明确,更多的是从立法技术上保证税制要素的法定性,从而体现税收法律主义精神。

(3)税制要素合法。是指税制要素的调整必须经过正式的法律程序,不能由税务执法机关自行决定。

(4)税法程序保障。税收的课征必须遵循适当的程序,对税务纠纷也必须依法定程序予以解决。这就要求税收课征各环节都应有严格、明确的程序保障。加强程序性税法,既是税收法律主义的要求,也是完善税法建设的需要。

(二)税法公平原则

税法公平原则也称税收公平主义,它是近代法的基本原理即平等性原则在课税思想上的具体体现。税法公平原则,是指纳税人的法律地位是平等的,其核心内容是税收负担的公平,即纳税人之间的税收负担必须根据纳税人的经济负担能力或纳税能力分配,负担能力相等,税负相同,即横向公平;负担能力不等,税负不同,即纵向公平。衡量负担能力大小有收入、财产、消费三个标准,但这三个衡量标准各有其局限性,因此,体现税收公平原则的纳税能力衡量尺度只能是相对的。

(三)税法效率原则

税法效率原则是指以最小的费用获取最大的税收收入,并利用税收的经济调控作用最大限度地促进经济的发展,或者最大限度地减轻税收对经济发展的妨碍。它包括税收行政效率和税收经济效率。

税收的行政效率具体包括:

(1)征税费用。是指税务部门在征税过程中所发生的各种费用。例如,税务机关的房屋、建筑、设备购置和日常办公所需要的费用,税务人员的工薪支出等。这些费用占所征税额的比重即为征税效率。

(2)纳税费用。是指纳税人依法办理纳税事务所发生的费用。例如,纳税人完成纳税申报所花费的时间和交通费用,纳税人雇用税务顾问、会计师所花费的费用等。提高税收的行政税率,就必须提高征管水平,节约费用,严厉打击偷税、骗税行为;另一方面,也应尽量简化税制,使纳税手续便利透明,降低纳税费用。

税收的经济效率的主旨在于通过优化税制,尽可能地减少税收对经济的不良影响,或者最大限度地促进经济良性发展。如果说市场经济国家税收经济效率所要求的是应当尽可能减少税收的负面效应,使市场更大限度地发挥其对资源配置的作用,那么非市场经济国家的税收效率则被认为是如何利用税收固有的职能最大可能地使经济朝着预定的目标发展。

第二节 税收实体法

税收实体法分为流转税法、所得税法和财产行为税法,每一类税法都有各自所属的子税种法。每一个税种实体法都详尽地规定了征纳双方的权利与义务,特别是纳税人的权利与义务都规定得十分明确,以便于纳税人确定自己的纳税义务。

一、流转税法

流转税法包括增值税法、消费税法、营业税法和关税法。下面分别阐述。

(一)增值税法

1.增值税的概念

增值税(value-added tax,简写 VAT),是以商品在流转过程中产生的增值额为计税依据而征收的一种商品税。其中的增值额,是指生产者或经营者在一定期间的生产经营过程中新创造的价值,并且增值额一般是指法定增值额。

增值税法是指调整征税机关与纳税人之间在征收与缴纳增值税过程中形成的征纳、分配关系及管理关系的法律规范的总称。

增值税的历史并不久远,1954 年增值税制度才在法国确立,但它的发展非常迅速。目前世界上已有 120 多个国家开征了增值税,增值税在短短的几十年间成长为一个国际性的大税种。我国现行的增值税征收依据是 2008 年 11 月 5 日国务院修订的《中华人民共和国增值税暂行条例》。

2.增值税的纳税人

增值税的纳税人是指在中国境内销售货物或者提供加工、修理、修配劳务以及从事进口货物的单位和个人。

增值税的纳税人从税法地位和税款计算的角度可以分为两大类,即一般纳税人和小规模纳税人。区分一般纳税人和小规模纳税人的意义在于:一般纳税人可以使用增值税专用发票,采用抵扣法缴纳增值税款;而小规模纳税人则不得使用增值税专用发票,也不能进行税款抵扣，只能采用简易计税方法。

3.增值税的征税范围

增值税的征税范围包括销售货物、提供应税劳务和进口货物三个方面。

4.增值税的税率

(1)基本税率为17%。纳税人销售货物或进口货物大多适用17%的税率，纳税人提供加工、修理和修配劳务均适用17%的税率。

(2)低税率为13%。适用于以下货物的销售和进口：①粮食、食用植物油；②自来水、暖气、冷气、热水、煤气、石油液化气、天然气、沼气、居民用煤炭制品；③图书、报纸、杂志；④饲料、化肥、农药、农机、农膜；⑤国务院规定的其他货物。

(3)零税率。适用于法律规定的出口货物，以及输往海关管理的保税工厂、保税仓库和保税区的货物。但国务院另有规定的某些货物，不适用零税率。

5.增值税应纳税额的计算

(1)一般纳税人应纳税额的计算

一般纳税人应纳税额的计算采用抵扣法，其计算公式为：

应纳税额＝当期销项税额－当期进项税额

当期销项税额，是指当期销售货物或者提供应税劳务按照销售额和规定的税率计算并向购买方收取的增值税额，其计算公式为：

当期销项税额＝当期销售额×税率

当期进项税额，是指纳税人购进货物或者接受应税劳务已缴纳的增值税税额。准予抵扣的进项税额主要有：①从销售方取得的增值税专用发票上注明的增值税额。②从海关取得的完税凭证上注明的增值税额。③购进免税农产品准予抵扣的进项税额，其计算公式为：进项税额＝买价×扣除率，其中，扣除率为13%。④外购货物所支付的运费准予抵扣的进项税额，按定额发票的票面金额和7%的扣除率计算。

不得抵扣的进项税额主要有：①用于非增值税应税项目、免征增值税项目、集体福利或者个人消费的购进货物或者应税劳务；②非正常损失的购进货物及相关的应税劳务；③非正常损失的在产品、产成品所耗用的购进货物或者应税劳务；④国务院财政税务主管部门规定的纳税人自用消费品；⑤前四项规定的货物的运输费用和销售免税货物的运输费用。

(2)小规模纳税人应纳税额的计算

小规模纳税人销售货物或者应税劳务，实行简易办法计算应纳税额，不得抵扣进项税额，也不得使用增值税专用发票，其计算公式为：

应纳税额＝销售额×征收率

上述公式中的征收率为3%。

(3)进口货物应纳税额的计算

进口货物应按组成计税价格和规定的税率计算应纳税额，不得抵扣进项税额，其计算公式为：

应纳税额＝组成计税价格×税率

如果对进口货物是不征消费税的，则其组成计税价格的公式为：

组成计税价格＝关税完税价格＋关税

如果对进口货物征收消费税，则其组成计税价格的公式为：

组成计税价格＝关税完税价格＋关税＋消费税

6. 增值税的减免

根据《增值税暂行条例》第 16 条的规定，下列项目免征增值税：

(1)农业生产者销售的自产农业产品。

(2)避孕药品和用具。

(3)古旧图书。

(4)直接用于科学研究、科学试验和教学的进口仪器、设备。

(5)外国政府、国际组织无偿援助的进口物资和设备。

(6)来料加工、来件装配和补偿贸易所需进口的设备(此项自 1996 年 4 月 1 日起已取消进口免税)。

(7)个人销售自己使用过的物品。

(8)由残疾人组织、直接进口、供残疾人专用的物品。

(9)国务院确定的其他免税项目。

如果纳税人为个人，其销售额未达到规定起征点的，免征增值税；达到或超过起征点的，则应就其销售额全额纳税，增值税起征点的幅度规定如下：

(1)销售货物的起征点为月销售额 2 000～5 000 元。

(2)提供应税劳务的起征点为月销售额 1 500～3 000 元。

(3)按次征税的起征点为每次(日)销售额 150～200 元。

7. 增值税的征收管理

(1)增值税纳税义务发生的时间和纳税期限

增值税的纳税时间为：①销售货物或者提供应税劳务的，其纳税义务的发生时间为收讫销售款或者取得销售款凭据的当天；②进口货物的，其纳税义务的发生时间为报关进口的当天。

增值税的纳税期限分别为 1 日、3 日、5 日、10 日、15 日或者 1 个月，纳税人具体的纳税期限，由主管税务机关根据纳税人应纳税额的大小分别核定；不能按照固定期限纳税的，可以按次纳税。

(2)增值税的纳税地点和征收机关

固定业户的纳税地点：固定业户应当向其机构所在地主管税务机关申报纳税，总机构和分支机构不在同一县(市)的，应当分别向各自所在地主管税务机关申报纳税；经国家税务总局或其授权的税务机关批准，可以由总机构汇总向总机构所在地主管税务机关申报纳税。固定业户到外县(市)销售货物的,应当向其机构所在地主管税务机关申请开具外出经营活动税收管理证明,向其机构所在地主管税务机关申报纳税。若未持有上述证明,则应向销售地主管税务机关申报纳税,否则,由其机构所在地主管税务机关补征税款。

非固定业户的纳税地点:非固定业户销售货物或者提供应税劳务,应当向销售地主管税务机关申报纳税。非固定业户到外县(市)销售货物或者提供应税劳务,未向销售地主管税务机关申报纳税的,则由其机构所在地或者居住地主管税务机关补征税款。

进口货物的纳税地点:进口货物,应当由进口人或其代理人向报关地海关申报纳税。

(二)消费税法

1. 消费税的概念

消费税(excise duty),也称货物税,是以特定的消费品的流转额为计税依据而征收的一种商品税。我国现行的消费税征税依据是 2008 年 11 月 5 日国务院修订的《中华人民共和国消费税暂行条例》。

2. 消费税的纳税人

消费税的纳税人是指在中华人民共和国境内从事生产、委托加工和进口应税消费品的单位和个人。"中国境内",是指应税消费品的起运地或者所在地在中国境内。

3. 消费税的征税范围和税率

财政部、国家税务总局 2006 年 3 月 21 日联合下发通知,从 4 月 1 日起对我国现行消费税的税目、税率及相关政策进行调整,调整后的消费税的应税品目和税率为:

(1)成品油。除原有的汽油、柴油以外,新增加航空煤油、石脑油、溶剂油、润滑油、燃料油。石脑油、溶剂油、润滑油比照汽油,税额为每升 0.2 元;航空煤油和燃料油比照柴油,税额为每升 0.1 元。经国务院批准,为适当缓冲对价格的影响,政策出台时先按应纳税额的 30%征收,对航空煤油暂缓征收消费税。

(2)木制一次性筷子。税率为 5%。

(3)实木地板。实木地板是指天然木材经烘干、加工后形成的具有天然原木纹理色彩图案的地面装饰材料。税率为 5%。

(4)游艇。税率为 10%。

(5)高尔夫球等球类。税率为 10%。

(6)高档手表。税率为 20%。

(7)小汽车。气缸容量(排气量)在 1.0 升(含 1.0 升)以下的乘用车税率为 1%;气缸容量在 1.0 升以上至 1.5 升(含 1.5 升)的乘用车税率为 3%;气缸容量在 1.5 升以上至 2.0 升的乘用车税率为 5%;2.0 升以上至 2.5 升的税率为 9%;2.5 升至 3.0 升的税率为 2%,3.0 升以上至 4.0 升的税率为 25%;4.0 升以上的税率为 40%;中轻型商用客车税率为 5%。

(8)摩托车。对摩托车按排量划分为两档税率,对排量 250 毫升(含 250 毫升)以下的摩托车,按 3%的税率征收消费税;对排量超过 250 毫升的摩托车,仍维持 10%税率不变。

(9)汽车轮胎。税率为3%。

(10)白酒。税率为20%加0.5元/500克(或者500毫升)。

(11)烟、鞭炮和烟火。甲类烟税率为45%加0.003元/支,乙类烟税率为30%加0.003元/支,鞭炮和烟火税率为15%。

4.消费税的减免

可以减免的项目主要有:

(1)纳税人销售的应税消费品,除国家限制出口的以外,免征消费税。

(2)纳税人自产自用的应税消费品,用于连续生产应税消费品的,不纳税。

5.消费税的纳税环节

消费税实行单一环节课税,由生产者在从事销售行为或视同销售的行为时缴纳,具体规定如下:

(1)纳税人生产的应税消费品,在销售时纳税。

(2)纳税人自产自用的应税消费品,在移送使用时纳税。

(3)委托加工的应税消费品,在向委托方交货时,由受托方代收代缴税款。

(4)进口应税消费品的,在报关进口时纳税。

6.消费税的纳税地点

(1)纳税人销售的应税消费品,以及自产自用的应税消费品,除国家另有规定的以外,应当向纳税人核算地主管税务机关申报纳税。

(2)委托加工的应税消费品,由受托方向所在地税务机关解缴消费税税款。

(3)进口的应税消费品,由进口人或者其代理人向报关地海关申报纳税。

(三)营业税法

1.营业税的概念

营业税是以应税商品或应税劳务的营业额为计税依据的一种税。

营业税是古老的税种之一。新中国成立之初,营业税被作为工商税的一个组成部分进行征收。1958年工商税制改革时,将其与其他税种合并为工商统一税。1994年税制改革时,营业税作为流转税中的一个重要的税种保留了下来。

2.营业税的纳税人

营业税的纳税人是指在中华人民共和国境内提供应税劳务、转让无形资产或者销售不动产的单位和个人。所谓单位,是指国有企业、集体企业、私营企业、股份制企业、外商投资企业、外国企业、其他企业和行政单位、事业单位、军事单位和社会团体及其他单位;所谓个人,是指个体经营者及其他个人,包括中国公民和外国公民。

3.营业税的征税范围

营业税的征税范围是在我国境内有偿提供应税劳务、转让无形资产和销售不动产。

应税劳务,是指交通运输业、建筑业、金融保险业、邮电通信业、文化体育业、娱乐业、服务业税目征收范围的劳务。单位和个体经营者聘用的员工为本单位或雇主提供劳务,也不属于此处所称的应税劳务。

转让无形资产，是指有偿转让土地使用权、专利权、非专利技术、商标权、著作权、商誉等无形资产的行为。

销售不动产，是指有偿转让不动产所有权的行为。转让不动产有限产权或永久使用权，以及单位将不动产无偿赠与他人，视同销售不动产。

4.营业税的税目和税率

(1)营业税的税目

营业税按行业的不同设置了9个税目，即交通运输业、建筑业、金融保险业、邮电通信业、文化体育业、娱乐业、服务业、转让无形资产、销售不动产。

(2)营业税的税率

营业税的税率分别为：交通运输业、建筑业、文化体育业、邮电通信业四个税目适用的税率为3%，服务业、转让无形资产、销售不动产三个税目适用的税率为5%，金融保险业这一税目适用的税率为5%，娱乐业这一税目适用的税率为5%～20%。

按规定，营业税税目、税率的调整由国务院决定。此外，纳税人兼有不同营业税税目的应税收入，应当分别核算不同税目的营业额、转让额、销售额；未分别核算的，从高适用税率。

5.营业税的起征点与减免

(1)营业税的起征点

营业税的起征点：纳税人营业额未达到起征点的，一律免征营业税；达到或者超过起征点的，应就其营业额的全额征税。营业税的起征点的具体规定如下：

①按期纳税的，起征点为月营业额1 000～5 000元。

②按次纳税的，起征点为每次(日)营业额100元。

各省、自治区、直辖市人民政府所属的税务机关应在规定的幅度内，根据实际情况确定本地区适用的起征点，并报国家税务总局备案。

(2)营业税的减免

营业税的减免适用下述事项：

①托儿所、幼儿园、养老院、残疾人福利机构提供的育养服务、婚姻介绍、殡葬服务。

②残疾人员个人提供的劳务。

③医院、诊所和其他医疗机构提供的医疗服务。

④学校和其他教育机构提供的教育劳务，学生勤工俭学提供的劳务。

⑤农业机耕、排灌、病虫害防治、植保、农牧保险以及相关技术培训业务，家禽、牲畜、水生动物的配种和疾病防治。

⑥纪念馆、博物馆、文化馆、美术馆、展览馆、书画院、图书馆、文物保护单位举办文化活动的门票收入，宗教场所举办宗教、文化活动的门票收入。

⑦境内保险机构为出口货物提供的保险产品。

6. 营业税的征纳管理

营业税的纳税地点是：

（1）纳税人提供应税劳务，应当向应税劳务发生地主管税务机关申报纳税。但纳税人从事运输业务，应当向其他机构所在地主管税务机关申报纳税。

（2）纳税人转让土地使用权，应当向土地所在地主管税务机关申报纳税；纳税人转让其他无形资产，应当向其机构所在地主管税务机关申报纳税。

（3）纳税人销售不动产，应当向不动产所在地主管税务机关申报纳税。

此外，纳税人提供的应税劳务发生在外县（市），应向劳务发生地主管税务机关申报纳税而未申报纳税的，由其机构所在地或者居住地主管税务机关补征税款。纳税人承包的工程跨省、自治区、直辖市的，向其机构所在地主管税务机关申报纳税。

纳税人在本省、自治区、直辖市范围内发生应税行为，其纳税地点需要调整的，由省、自治区、直辖市人民政府所属税务机关确定。

（四）关税法

1. 关税的概念

关税是国家对进出关境的货物和物品的流转额征收的一种流转税。关税法是调整关税的征税机关与纳税人之间的征纳关系及其管理关系的法律关系的总称。

2. 关税的纳税义务人

根据《中华人民共和国海关法》的规定，进口货物的收货人、出口货物的发货人、进出境物品的所有人，是关税的纳税义务人。

3. 关税的征税范围

我国关税的征税范围包括准许进出我国国境的各类货物和物品。其中，“货物”是指贸易性的进出口商品。另外，根据《中华人民共和国进出口关税条例》第 2 条规定，从境外采购进口的原产于中国境内的货物也要征收进口关税。

根据《中华人民共和国海关关于入境旅客行李物品和个人邮递物品征收进口税办法》，“物品”包括非贸易性的下列物品：（1）入境旅客随身携带的行李物品；（2）个人邮递物品；（3）各种运输工具上的服务人员携带进口的自用物品；（4）馈赠物品以及以其他方式入境的个人物品。

4. 关税的税目和税率

我国进出口货物的税目和税率，由海关进出口税则规定。关税的税率分为：

（1）进口关税税率。在我国加入 WTO 之前，我国进口税则设有两栏税率，即普通税率和优惠税率，加入 WTO 以后，为履行我国在加入 WTO 关税减让谈判中承诺的有关义务，从 2002 年 1 月起，进口税则为最惠国税率、协定税率、特惠税率、普通税率、关税配额税率共五档税率。进口关税税率的适用与货物的原产地密切相关，海关总署对进口货物的原产地的认定有明确规定。

（2）出口关税税率。我国对出口货物一般免征关税，只对盈利特别高的大宗出口商品

（国际市场容量有限，盲目出口会在国外形成削价竞销的商品），国内紧俏、需大量进口的商品以及为保护国内资源需要控制出口的商品，才征收出口关税。

按照税则的规定，从2002年开始我国只对36种商品计征出口关税，但我国目前真正征收出口关税的商品只有20种，且税率也较低。对我国出口货物原产地的确认，国务院也颁布了《中华人民共和国出口货物原产地规则》。

对非贸易性物品，根据税法规定，对应税个人自用物品征收进口税的税率分为三个档次：10%、20%和50%。

5. 关税的减免

关税的减免分以下三种情形：

（1）法定减免

法定减免适用以下情形：①无商业价值的广告品和货样；②外国政府、国际组织无偿赠送的物资；③在海关放行前遭受损坏或者损失的货物；④规定数额以内的物品，指关税税额在人民币50元以下的一票货物；⑤法律规定减征、免征关税的其他货物、物品；⑥中华人民共和国缔结或者参加的国际条约规定减征、免征关税的货物、物品。此外，《中华人民共和国海关进出口税则》中也规定了法定减免关税的情形。

（2）特定减免

按照税法规定，特定地区、特定企业或者有特定用途的进出口货物，可以减征或者免征关税，特定减税或者免税的范围和办法由国务院规定。

（3）临时减免和暂时免纳关税

临时减免实行“一案一批”，临时减征或者免征关税，由国务院决定。经海关批准暂时进口或者暂时出口的货物，以及特准进口的保税货物，在货物收发货人向海关缴纳相当于税款的保证金或者提供担保后，准予暂时免纳关税。

6. 关税的征收与管理

（1）进出口货物缴纳关税税款的程序

①进口货物的纳税义务人，应当在规定的报关期限内向货物进出境地海关申报。

②海关根据税则归类和完税价格计算应缴纳的关税和进口环节代征税，并填发税款缴纳书。

③纳税人应当自海关填发税款缴款书之日起15日内向指定银行缴纳税款；逾期缴纳的，除依法追缴外，还由海关征收滞纳金。

（2）关税的缴纳方式

我国关税的缴纳方式分为集中缴纳和分散缴纳两种。

（3）关税税款的退补

《海关法》规定，进出口货物、进出境物品放行后，海关发现少征或者漏征税款，应当自缴纳税款或者货物、物品放行之日起1年内，向纳税义务人补征。因纳税义务人违反规定而造成的少征或者漏征，海关在3年以内可以追征。

同时,《海关法》也规定,海关多征的税款,海关发现后应当立即退还;纳税义务人自缴纳税款之日起1年内,可以要求海关退还。

二、所得税法

我国的所得税法包括企业所得税法、外商投资企业和外国企业所得税法和个人所得税法。

(一)企业所得税法

1. 企业所得税的概念

企业所得税是以企业在一定期间内的纯所得为征税对象所征收的一种税。2007年3月以前,我国企业所得税采取的是内资企业所得税与外商投资企业和外国企业所得税分立的模式,即内资企业适用《中华人民共和国企业所得税暂行条例》,外商投资企业和外国企业适用《中华人民共和国外商投资企业和外国企业所得税法》。采用这种内外有别的两套税制,有悖于国民待遇原则和公平原则,故两税统一的呼声日益高涨。经过理论界和实务界充分的论证和试点,2007年3月16日第十届全国人民代表大会第五次会议审议通过了《中华人民共和国企业所得税法》,该法自2008年1月1日施行。至此,我国内外资企业所得税的征收适用统一的所得税法。

2. 企业所得税的纳税人

企业所得税的纳税人分为居民企业和非居民企业两类。居民企业是指依法在中国境内成立,或者依照外国(地区)法律成立但实际管理机构在中国境内的企业。居民企业应当就来源于中国境内与境外的所得缴纳企业所得税,即负全面的纳税义务。非居民企业是指依照外国(地区)法律成立且实际管理机构不在中国境内,但在中国境内设立机构、场所的,或者在中国境内未设立机构、场所,但有来源于中国境内所得的企业。非居民企业纳税人负有限的纳税义务,即应当就其所设机构、场所取得的来源于中国境内的所得,以及发生在中国境外但与其所设机构、场所有实际联系的所得纳税。

个人独资企业和合伙企业不适用《中华人民共和国企业所得税法》。

3. 企业所得税的征税对象

企业所得税的征税对象为企业每一纳税年度的收入总额,减除不征税收入、免税收入、各项扣除以及允许弥补的以前年度亏损后的余额,也就是应纳税所得额。

4. 企业所得税的应纳税额的计算

企业所得税的计算公式为:

应纳税额=应纳税所得额×税率

根据《企业所得税法》第4条的规定,企业所得税的税率为25%。其中,应纳税所得额是指纳税人每一纳税年度的收入总额减去准予扣除项目的余额。

根据《企业所得税法》的规定,企业以货币形式和非货币形式从各种来源取得的收入,包括:

(1)销售货物收入。

(2)提供劳务收入。

(3)财产转让收入,是指纳税人有偿转让各类财产取得的收入。

(4)股息、红利等权益性投资。

(5)利息收入,是指纳税人购买各种债券等有价证券的利息、外单位欠款付给的利息以及其他利息收入。

(6)租金收入,是指纳税人出租固定资产、包装物以及其他财产而取得的租金收入。

(7)特许权使用费收入,是指纳税人提供或者转让专利权、非专利技术、商标权、著作权以及其他特许权的使用权而取得的收入。

(8)接受捐赠收入。

(9)其他收入,是指除上述各项收入之外的一切收入。

按照《企业所得税法》第8条的规定,确定应纳税所得额时,企业实际发生的与取得收入有关的、合理的支出,包括成本、费用、税金、损失和其他收入,准予在计算应纳税所得额时扣除,企业发生的公益性捐赠支出,在年度利润总额12%以内的部分,准予扣除。

5. 企业所得税的税率

企业所得税的税率分为四档:一是基准税率,大多数居民企业和非居民企业都适用25%的税率;二是非居民企业在中国境内未设立机构、场所的,或者虽设立机构、场所但取得的所得与其所设的机构、场所没有实际联系的所得,按20%计征所得税;三是符合法律规定的小型微利企业,也适用20%的税率;四是国家需要重点扶持的高新技术企业减按15%的税率计征所得税。

6. 企业所得税的税收优惠

新《企业所得税法》最大的变化是税收优惠由区域优惠转化为行业优惠。符合下列条件的企业,可享受以下减税或免税优惠:

(1)从事农、林、牧、渔业的项目的所得。

(2)从事国家重点扶持的公共基础设施项目投资经营的所得。

(3)从事符合条件的环境保护、节能节水项目的所得。

(4)符合条件的技术转让所得。

7. 企业所得税的征收管理

(1)企业所得税的纳税地点

居民企业以企业登记注册地为纳税地点,但登记注册地在境外的,以实际管理机构所在地为纳税地点;非居民企业获得与其设立的机构和场所有关的所得,纳税地点为机构场所所在地,如果非居民企业在中国境内设立两个或者两个以上的机构、场所的,经税务机关审核批准,可以择其主要机构、场所汇总缴纳所得税。非居民企业获得与其设立的机构和场所无关的所得,以扣缴义务人所在地为纳税地点。

(2)企业所得税的纳税期限

缴纳企业所得税，应当按年计算，分月或者分季预缴。纳税人在纳税年度内无论盈利或亏损，应当按照规定的期限，向当地主管税务机关报送所得税申报表和年度会计报表。年度终了后15日内，向其所在地主管税务机关报送会计决算报表和所得税申报表，并在一个纳税年度终了后5个月内汇算清缴，多退少补。企业在年度中间终止经营活动的，应当在自实际经营终了之日起60日内，向税务机关办理当期所得税汇算清缴。

(3)企业所得税特别纳税调整

这项制度的设计主要是为了防范关联企业之间的避税行为。按照《企业所得税法》的规定，企业与其关联方之间的业务往来，不符合独立交易原则而减少企业或者其关联方应纳税收入或者所得额的，税务机关有权按照合理方法调整。企业与其关联企业共同开发、受让无形资产，或者共同提供接受劳务发生的成本，在计算应纳税所得额时应当按照独立交易原则分摊。企业可以向税务机关提出与其关联方之间业务往来的定价原则和计算方法，税务机关与企业协商、确认后，达成预约定价安排。企业不提供与其关联方之间的业务往来资料，或者提供虚假、不完整的资料，未能真实地反映其关联业务往来情况的，税务机关有权依法核定其应纳税所得。

(二)个人所得税法

1. 个人所得税法的概念

个人所得税，是对个人(自然人)在一定期间取得的应税所得征收的一种税。

个人所得税法，是调整征税机关与自然人之间在个人所得税的征纳与管理过程中发生的社会关系的法律规范的总称。

个人所得税是世界各国普遍开征的一个税种。在西方发达国家，所得税在国家税收体系中占有主要地位。在我国，目前个人所得税占整个税收收入的比例在逐渐上升，已经成为我国第四大税种。2011年6月30日第十一届全国人大常委会第二十一次会议对《中华人民共和国个人所得税法》重新作了修改，2011年7月1日起施行。

2. 个人所得税的纳税人

我国《个人所得税法》采用住所和居住时间两个标准，将纳税人区分为居民和非居民。

居民纳税人是指凡在中国境内有住所，或者无住所而在境内居住满1年的个人，即为居民纳税人，应就其来源于中国境内、境外的所得，依法缴纳个人所得税。

非居民纳税人是指凡在中国境内无住所又不居住或者无住所而在境内居住不满1年的个人，承担有限纳税义务，仅就其从中国境内取得的所得，缴纳个人所得税。

3. 个人所得税的征税对象

我国个人所得税法将所得分为境内所得和境外所得。下列个人所得为应税所得：

(1)工资、薪金所得。

(2)个体工商户的生产、经营所得。

(3)对企事业单位的承包经营、承租经营所得。

(4)劳务报酬所得。

(5)稿酬所得。

(6)特许权使用费所得。

(7)利息、股息、红利所得。

(8)财产租赁所得。

(9)财产转让所得。

(10)偶然所得。

(11)经国务院财政部门确定征税的其他所得。

4.个人所得税的税率

我国税法根据不同的征收项目,分别规定了以下几种税率:

(1)7级超额累进税率。工资、薪金所得,适用7级超额累进税率,按月计征,最低一级税率为3%,最高一级税率为45%。每月所得超过3 500元以上的部分征税。

(2)5级超额累进税率。个体工商户的生产、经营所得和对企事业单位的承包经营、承租经营所得,适用5级超额累进税率,按年计算,分月预缴,最低税率是5%,最高一级税率是35%。

(3)20%比例税率。个人的劳务报酬所得,稿酬所得,特许权使用费所得,利息、股息、红利所得,财产租赁所得,财产转让所得,偶然所得和其他所得,按次征税,适用20%比例税率。但有以下特殊情况:①稿酬所得,适用比例税率,税率为20%,并按应纳税额减征30%。②劳务报酬所得,一次收入畸高的,可以实行加成征收。

5.个人所得税应纳税额的计算

我国实行分类所得税制,纳税人按不同的所得项目,分别扣除费用计算应纳税的所得额,进而按不同项目的应纳税所得额,适用相应的税率计算应纳的所得税额。

(1)工资、薪金所得的应纳税额的计算

应纳税额=应纳税所得额×适用税率-速算扣除数

对在境内没有住所的居民在中国境内取得的工资、薪金,在中国境内有住所而在境外取得的工资、薪金所得的纳税人,根据其平均收入水平、生活水平以及汇率情况确定附加减除费用。

(2)个体工商户的生产、经营所得的应纳税额的计算

应纳税所得额=每一纳税年度的收入总额-成本、费用、损失

应纳税额=应纳税所得额×适用税率-速算扣除数

(3)对企事业单位承包经营、承租经营所得的应纳税额的计算

应纳税所得额=每一纳税年度的收入总额-(800×12)

应纳税额=应纳税所得额×适用税率-速算扣除数

(4)劳务报酬所得的应纳税额的计算

①对劳务报酬所得每次收入4 000元以下的

应纳税额=(每次收入额-800)×20%

②对劳务报酬所得每次收入4 000元以上的

应纳税额＝每次收入额×(1－20％)×20％

③对劳务报酬所得一次收入畸高的，可以实行加成征收。

(5)稿酬所得的应纳税额的计算

①对稿酬所得每次收入4 000元以下的

应纳税额＝(每次收入额－800)×20％×(1－30％)

②对稿酬所得每次收入4 000元以上的

应纳税额＝每次收入额×(1－20％)×20％×(1－30％)

(6)特许权使用费所得、财产租赁所得的应纳税额的计算

①对特许权使用费所得、财产租赁所得每次收入4 000元以下的

应纳税额＝(每次收入额－800)×20％

②对特许权使用费所得、财产租赁所得每次收入4 000元以上的

应纳税额＝每次收入额×(1－20％)×20％

(7)利息、股息、红利所得，财产转让所得，偶然所得和其他所得的应纳税额的计算

应纳税额＝每次收入×20％

6. 个人所得税的税收优惠

下列所得免征个人所得税：

(1)省级人民政府、国务院部委和中国人民解放军军以上单位，以及外国组织、国际组织颁发的科学、教育、技术、文化、卫生、体育、环境保护等方面的奖金。

(2)国债和国家发行的金融债券利息。

(3)依照国家统一规定发给的补贴、津贴。

(4)福利费、抚恤金、救济金。

(5)保险赔款。

(6)军人的转业费、复员费。

(7)按照国家统一规定发给干部、职工的安家费、退职费、退休工资、离休工资、离休生活补助费。

(8)依照《中华人民共和国外交特权与豁免条例》和《中华人民共和国领事特权与豁免条例》的规定应予免税的各国驻华使馆、领事馆的外交代表、领事官员和其他人员的所得。

(9)中国政府参加的国际公约、签订的协议中规定免税的所得。

(10)经国务院财政部门批准免税的所得。

有下列情形之一的，经批准可以减征个人所得税：

(1)残疾、孤老人员和烈属的所得。

(2)因严重自然灾害造成重大损失的。

(3)其他经国务院财政部门批准减税的。

7. 个人所得税的征收管理

个人所得税的缴纳方式有两种：

(1)代扣代缴。个人所得税一般以扣缴义务人代扣代缴为主。根据税法规定，凡支付个人应纳税所得的企业(公司)事业单位、机关、社团组织、军队、驻华机构、个体户等单位或者个人，为个人所得税的扣缴义务人。

(2)自行申报。符合税法规定的纳税义务人，根据税法规定必须自行向税务机关申报所得并缴纳税款。按照我国的法律法规，有下列五种情形应自行申报：第一是年所得在12万元以上的；第二是从中国境内两处以上取得工资薪金所得的；第三是从中国境外取得所得的；第四是取得应税所得，没有扣缴义务人的；第五是国务院规定的其他情形的。

扣缴义务人每月所扣的税款，自行申报纳税人每月应纳的税款，都应当在次月7日内缴入国库，并向税务机关报送纳税申报表。

实行代扣代缴方式纳税的，纳税地点为扣缴义务人所在地。

实行自行申报方式纳税的，纳税申报地点一般为收入来源地的主管税务机关。在中国境内两处或两处以上取得所得的，可以由纳税义务人在其中选择一地申报纳税；纳税义务人变更申报纳税地点的，应当经原主管税务机关批准。从中国境外取得所得的，应向境内户籍所在地或经常居住地税务机关申报。

三、财产税和行为税法律制度

财产税是指以国家规定的纳税人的某些特定财产数量或价值额为征税对象的一类税。财产税法是调整财产关系的法律规范的总称。现行财产税的税种较少，征税面也较窄。随着我国经济的快速发展，遗产税和赠与税的适时出台，物业税取代房产税，将使我国的财产税法体系有较大的改观。

(一)资源税法

1.资源税的概念

资源税是对在中国境内开采应税矿产品以及生产盐的单位和个人，因自然资源和开采条件差异而形成的级差收入征收的一种税。资源税法是调整资源税征收与缴纳关系的法律规范的总称。

2.资源税的纳税人

资源税的纳税人为在中华人民共和国境内开采应税矿产品或者生产盐(以下简称开采或者生产应税产品)的单位和个人。

中外合作开采石油、天然气按照现行规定只征收矿区使用费，暂不征收资源税。

进口矿产品和盐以及经营已税矿产品和盐的单位和个人，不属于资源税的纳税人。

3.资源税的征税范围

资源税的征税范围具体规定如下：

(1)矿产品：包括原油、天然气、煤炭、其他非金属矿原矿、黑色金属矿原矿、有色金属矿原矿六类。

(2)盐:包括固体盐和液体盐。

4. 资源税的税率

资源税实行定额税率,按应税资源产品的课税单位直接规定固定的税额幅度,实行从量定额征收,并实行"普遍征收,级差调节"的原则。

纳税人具体适用的税额,由财政部会同国务院有关部门,根据纳税人所开采或者生产应税产品的资源状况在税额幅度内确定。

5. 资源税的减免

(1)开采原油过程中用于加热、修井的原油免税。

(2)纳税人开采或者生产应税产品的过程中,因意外事故或者自然灾害等原因遭受重大损失的,由省、自治区、直辖市人民政府酌情决定减税或者免税。

(3)国务院规定的其他减税、免税项目。

(二)耕地占用税法

1. 耕地占用税的概念

耕地占用税是对我国境内占用耕地建房或者从事其他非农业建设的单位和个人,按其实际占用的耕地面积征收的一种税。现行耕地占用税的征收依据是2008年1月1日起施行的《中华人民共和国耕地占用税暂行条例》。

2. 耕地占用税的纳税人和征收范围

耕地占用税的纳税人是在我国境内占用耕地建房或者从事其他非农业建设的单位和个人,包括机关、团体、部队、企事业单位和个人。此外,承包集体土地的农户和个体农民在其承包的耕地上进行非农业建设的,也是耕地占用税的纳税人;外商投资企业经批准征用的土地,免征耕地占用税。

耕地占用税的征收范围是被占用建房或者从事其他非农业建设的耕地,包括国家和集体所有的耕地。

3. 耕地占用税的税率

耕地占用税的税率为地区差别定额税率,各地区适用的具体税额为:

(1)人均耕地在1亩以下(含1亩)的地区,每平方米为10~50元。

(2)人均耕地在1~2亩(含2亩)的地区,每平方米为8~40元。

(3)人均耕地在2~3亩(含3亩)的地区,每平方米为6~30元。

(4)人均耕地在3亩以上的地区,每平方米为5~25元。

各地区适用的税额,由各省、自治区、直辖市人民政府在上述规定的幅度内,依据本地区的具体情况加以确定。

此外,农村居民(包括渔民和牧民)占用耕地建设自用住宅,税额按照上述规定减半征收;经济特区、经济技术开发区和经济发达、人均耕地特别少的地区,适用的税额可以适当提高,但是最高不得超过上述规定税额的50%。

4. 耕地占用税的税收优惠

下列经批准占用的耕地免税：

(1)部队军用设施用地。

(2)学校、幼儿园、养老院、医院用地。

(3)直接为农业生产服务的农田水利设施用地。

此外，农村革命烈士家属、革命残废军人、鳏寡孤独以及老、少、边、穷地区生活困难的农户，在规定用地标准内新建住宅确有困难的，由纳税人提出申请，经所在地乡(镇)人民政府审核，报县人民政府批准，可以给予减税或者免税。

(三)城镇土地使用税法

1.城镇土地使用税的概念

城镇土地使用税是对我国城市、县城、建制镇和工矿区使用土地的单位和个人，以其实际占用的土地面积为征税对象征收的一种税。城镇土地使用税的征收依据是2006年12月31日修订的《中华人民共和国城镇土地使用税暂行条例》。

2.城镇土地使用税的纳税人

城镇土地使用税的纳税人是指在城市、县城、建制镇和工矿区使用土地的单位和个人，但是不包括外商投资企业、外国企业和外国人。

城镇土地使用税一般由土地使用权拥有者缴纳。如果拥有土地使用权的单位和个人不在土地所在地，则以土地的实际使用人或代管人为纳税人；如果土地使用权未确定或权属纠纷未解决，则以实际使用人为纳税人；如果土地使用权为共有，则由共有各方按其实际使用的土地面积分别纳税。

3.城镇土地使用税的税率和应纳税额的计算

城镇土地使用税采用定额税率，不同地区每平方米土地的年税额分别为：

(1)大城市1.5～30元。

(2)中等城市1.2～24元。

(3)小城市0.9～18元。

(4)县城、建制镇、工矿区0.6～12元。

省、自治区、直辖市人民政府，应当在上述税额幅度内，根据市政建设状况、经济繁荣程度等条件，确定所辖地区的适用税额幅度。此外，经省、自治区、直辖市人民政府批准，经济落后地区土地使用税的适用税额标准可以适当降低，但降低额不得超过规定最低税额的30%；经济发达地区土地使用税的适用税额标准可以适当提高，但须报经财政部批准。

城镇土地使用税的计税依据是纳税人实际占用的土地面积，应纳税额的计算公式为：

应纳税额=实际占用的土地面积×适用税额

4.城镇土地使用税的减免

按照规定，下列土地免缴城镇土地使用税：

(1)国家机关、人民团体、军队自用的土地。

(2)国家财政部门拨付事业经费的单位自用的土地。

(3)宗教寺庙、公园、名胜古迹自用的土地。

(4)市政街道、广场、绿化地带等公共用地。

(5)直接用于农、林、牧、渔业的生产土地。

(6)经批准开山填海整治的土地和改造的废弃土地,从使用的月份起免缴土地使用税5~10年。

(7)财政部另行规定免税的能源、交通、水利设施用地和其他用地。

除上述规定外,纳税人缴纳土地使用税确有困难需要定期减免的,由省、自治区、直辖市税务机关审核后,报国家税务局批准。

(四)房产税法

1. 房产税的概念

房产税是以房产为征收对象,以房产的价值或租金收入为计税依据向房产所有人或经营人征收的一种税。现行房产税的征收依据是1986年10月1日起施行的《中华人民共和国房产税暂行条例》。

2. 房产税的纳税人

房产税的纳税人主体为在我国拥有房屋产权的单位和个人。产权属于全民所有的,由经营管理的单位缴纳。产权属于集体和个人所有的,集体单位和个人为纳税义务人。

此外,产权出典的,由承典人纳税;产权所有人、承典人不在房产所在地的,或者产权未确定及租典纠纷未解决的,由房产代管人或者使用人纳税。

3. 房产税应纳税额的计算

(1)从价计征。根据我国《房产税暂行条例》的规定,房产税依照房产原值一次减除10%~30%的余值计算缴纳。具体减除幅度,由省、自治区、直辖市人民政府规定。其计算公式为:

应纳税额=应税房产原值×(1-扣除比例)×1.2%

(2)从租计征。房产出租的,以房产租金收入为房产税的计税依据,其计算公式为:

应纳税额=租金收入×12%

4. 房产税的减免

下列房产免征房产税:

(1)国家机关、人民团体、军队自用的房产。

(2)由国家财政部门拨付事业经费的单位自用的房产。

(3)宗教寺庙、公园、名胜古迹自用的房产。

(4)个人所有、非营业用的房产。

(5)经财政部批准免税的其他房产。

(五)契税法

1. 契税的概念

契税是指以所有权发生转移变动的不动产为征税对象，向产权承受人征收的一种税。现行契税的征收依据是 1997 年 10 月 1 日起施行的《中华人民共和国契税暂行条例》。

2. 契税的纳税人

契税的纳税人是指在中国境内转让土地、房屋权属时，承受土地使用权、房屋所有权的单位和个人。“单位”，是指企业单位、事业单位、国家机关、军事单位和社会团体以及其他组织；“个人”是指个体经营者及其他个人。另外，契税的纳税人还包括外商投资企业和外国企业与外国人。

3. 契税的税率

契税采用 3%～5%的幅度比例税率，具体适用的税率，由省、自治区、直辖市人民政府在此幅度内根据本地区的实际情况确定，并报财政部和国家税务总局备案。

契税的应纳税额计算公式为：

应纳税额＝计税依据×税率

4. 契税的减免

依据税法的规定，下列情况可以免征契税：

(1)国家机关、事业单位、社会团体、军事单位承受土地、房屋直接用于办公、教学、医疗、科研和军事设施的，免征契税。

(2)城镇职工按规定第一次购买公有住房的，免征契税。

(3)因不可抗力灭失住房而重新购买住房的，酌情准予减征或者免征契税。

(4)财政部门规定的其他减征、免征契税的项目。

(六)车船使用税法

1. 车船使用税的概念

车船使用税是对在中国境内拥有并使用车船的单位和个人征收的一种税。现行车船使用税的征收依据是 2011 年 2 月 25 日通过的《中华人民共和国车船税法》。

2. 车船使用税的纳税人

车船使用税的纳税人是在中国境内拥有并且使用车辆的单位和个人。如果存在租赁关系，拥有人与使用人不一致的，应由租赁双方协商确定何方为纳税人；租赁双方未商定的，使用人为纳税人。

3. 车船使用税的税收优惠

下列车船免税：

(1)捕捞、养殖渔船。

(2)军队、武装警察部队专用的车船。

(3)警用车船。

(4)依照法律规定应当予以免税的外国驻华使领馆、国际组织驻华代表机构及其有关人员的车船。

(七)印花税法

1. 印花税的概念

印花税是对经济活动和经济交往中书立、领受应税凭证的单位和个人征收的一种税。现行印花税的征收依据是 1988 年 8 月国务院发布的《中华人民共和国印花税暂行条例》。

2. 印花税的纳税人

印花税的纳税人是指在中国境内书立、使用、领受应税凭证的单位和个人。

根据书立、使用、领受应税凭证的不同,印花税的纳税人可以分为立合同人、立据人、立账簿人、领受人和使用人。

如果同一应税凭证由两方或者两方以上的当事人签订并各执一份的,当事人各方均为纳税人,应当由各方就所执的一份各自全额贴花。

3. 印花税的征收范围

印花税的征收范围分为以下几类:合同或者具有合同性质的凭证,产权转移书据,营业账簿,权利、许可证照和经财政部确定征税的其他凭证。

4. 印花税的税率

印花税采用比例税率和定额税率两种形式。各类合同及具有合同性质的凭证、产权转移书据、记载资金的账簿等适用比例税率,其他营业账簿和权利许可证照等适用定额税率。对同一凭证,因载有两个或两个以上经济事项而适用不同的税率。如果分别记载金额的,应分别计算,相加后按合计税额贴花;如果未分别记载金额的,按税率高的计税贴花。

5. 印花税的减免

下列凭证免税:

(1)已缴纳印花税的凭证的副本或抄本。

(2)财产所有人将财产赠给政府、抚养孤老伤残的社会福利单位、学校所立的书据。

(3)国家指定的收购部门与村民委员会、农民个人书立的农副产品收购合同。

(4)无息、贴息贷款合同。

(5)外国住房或者金融组织向我国政府及国家金融机关提供优惠贷款所书立的合同。

(6)经财政部批准免税的其他凭证。

第三节　税收程序法律制度

税收征管法,是调整在税收征管过程中发生的社会关系的法律规范的总称。1992 年 9 月 4 日,全国人大常委会通过了《中华人民共和国税收征收管理法》,这是我国第一部税收征管法律,也是我国税收走向法制化的一个重要标志。1995 年 2 月 28 日,八届人大常委会第十二次会议对《税收征收管理法》进行了修订,2001 年 4 月 28 日,九届人大常委会第二十一次会议对《税收征收管理法》又重新作了修订。2002 年 9 月 7 日,新《税收征收管理法》的实施细则又经国务院审议通过，并于 2002 年 10 月 15 日开始施行，这标志着我国税收征管法制及税收征管工作又进入了新的阶段。

一、税务管理法律制度

（一）税务登记

税务登记，又称纳税登记，是指纳税人、扣缴义务人在开业、歇业前以及生产经营期间发生有关变动时，在法定期限内就其涉税情况向主管税务机关办理书面登记的一项制度。税务登记是税务机关与纳税人之间建立法定的税收征纳关系的基本点。税务登记分开业登记、变更登记、注销登记三种。

（二）账簿、凭证管理

账簿和凭证管理，是纳税人的经济活动的性质和结果的记载，是征管工作的关键。按照国家有关规定，从事生产、经营的纳税人应当自领取营业执照或者发生纳税义务之日起 15 日内设置账簿。扣缴义务人应当自税收法律、行政法规规定的扣缴义务发生之日起 10 日内，按照所代扣、代收的税种，分别设置代扣代缴、代收代缴税款账簿。纳税人应当按照规定安装、使用税控装置，并按照税务机关的规定报送有关数据和资料，不得损毁或者擅自改动税控装置。

从事生产、经营的纳税人应当自领取税务登记证件之日起 15 日内，将其财务、会计制度或者财务、会计处理办法报送主管税务机关备案。纳税人使用计算机记账的，应当在使用前将会计电算化系统的会计核算软件、使用说明书及有关资料报送主管税务机关备案。

从事生产、经营的纳税人、扣缴义务人必须按照国务院财政、税务主管部门规定的保管期限保管账簿、记账凭证、完税凭证及其他有关资料，不得伪造、变造或者擅自损毁上述资料。除了法律、行政法规另有规定的外，账簿、记账凭证、报表、完税凭证、发票、出口凭证以及其他有关涉税资料应当保存 10 年。

（三）发票管理

发票是记载经济活动的基础性商事凭证，是一切经济业务活动过程中收付款项时开具和取得的一种合法凭证。国务院于 1993 年 12 月 12 日批准、1993 年 12 月 23 日财政部发布了《中华人民共和国发票管理办法》。

发票必须由省、自治区、直辖市人民政府税务主管部门指定的企业印刷；未经省、自治区、直辖市人民政府税务主管部门指定，不得印制发票。禁止私自印制、伪造、变造发票。省、自治区、直辖市税务机关对发票印制实行属地管理原则。

依法办理税务登记的单位和个人，在领取税务登记证件后，向主管税务机关申请领购发票。税务机关对申请和证明进行严格审核后，认为合格的，向申请领购发票者发给发票的领购簿。

税务机关在发票管理中有权进行检查。税务机关进行发票检查时，税务人员应当主动向被检查的单位和个人出示税务检查证。

(四)纳税申报

纳税申报是指纳税人、扣缴义务人根据税法的规定,向税务机关提交涉税事项的书面报告的法定行为。

纳税申报主要有直接申报、邮寄申报、数据电文申报三种方式。

纳税申报的主要内容包括:税种、税目,应纳税项目或者应代扣代缴、代收代缴税款项目,计税依据,扣除项目及标准,适用税率或者单位税额,应退税项目及税额、应减免税项目及税额,应纳税额或者应代扣代缴、代收代缴税额,税款所属期限,延期缴纳税款、欠税、滞纳金等。

在如实填写纳税申报表和代扣代缴、代收代缴税款报告的同时,纳税人和扣缴义务人也要根据不同的情况相应报送有关证件、资料。

二、税款征收法律制度

税款征收是指税务机关依法征收税款,纳税人、扣缴义务人依法缴纳或者解缴税款的一项法定手续,是征管工作的重点。

(一)税款征收方式

(1)查账征收。是指纳税人依法向税务机关申报应税收入或应税所得及应纳税额,并报送有关账册和资料,税务机关依法进行审核,填开纳税缴款书,由纳税人自行到指定银行缴纳税款的一种征收方式。它适用于财会制度健全、能正确计税的纳税人。

(2)查定征收。是指税务机关对纳税人的生产经营情况进行查实,进而核定其应纳税额的一种征收方式。它适用于生产规模小、财会制度不健全的小企业和个体工商户。

(3)查验征收。是指税务机关到纳税人的生产经营场所进行实地查验,进而确定其应纳税额的一种征收方式。它适用于财务制度不健全、生产经营不固定的纳税人。

(4)定期定额征收。是指税务机关根据纳税人的生产经营情况,按期核定应纳税额,分期征收税款的一种征收方式。它适用于账册不健全的个体工商户。

(5)代扣代缴、代收代缴。是指根据税法规定负有代扣代缴、代收代缴税款义务的扣缴义务人,按照税法规定对纳税人应纳税款进行扣缴或收缴的征收方式。

(6)委托征收。是指税务机关根据国家有关规定,委托有关单位和人员代征少数零星分散和异地缴纳的税收的一种征收方式。

(二)税款延期征收

若纳税人有特殊困难不能按期缴纳税款的,应当在缴纳税款期限届满前提出申请,并报送有关材料。税务机关应当自收到申请延期缴纳税款报告之日起 20 日内作出批准或者不予批准的决定。只有经省、自治区、直辖市国家税务局、地方税务局批准后,纳税人方可延期缴纳税款,但最长不得超过 3 个月。

纳税人未按照规定期限缴纳税款的,扣缴义务人未按照规定期限解缴税款的,或者申请延期缴纳税款报告未被批准的,税务机关除责令其限期缴纳外,从滞纳税款之日起,按日加收滞纳税款万分之五的滞纳金。

(三)对关联企业的税款征收

按照《税收征收管理法》及其实施细则的规定,企业或者外国企业在中国境内设立的从事生产、经营的机构、场所与其关联企业之间的业务往来,应当按照独立企业之间的业务往来收取价款或费用;不按照独立企业之间的业务往来收取或者支付价款、费用,从而减少其应纳税的收入或者所得额的,税务机关有权进行合理调整。

1. 税务机关可以调整其应纳税额的情形

(1)购销业务未按照独立企业之间的业务往来作价。

(2)融通资金所支付或者收取的利息超过或者低于没有关联关系的企业之间所能同意的数额,或者利率超过或者低于同类业务的正常利率。

(3)提供劳务,未按照独立企业之间的业务往来收取或者支付劳务费用。

(4)转让财产、提供财产使用权等业务往来,未按照独立企业之间的业务往来作价或者收取、支付费用。

(5)未按照独立企业之间的业务往来作价的其他情形。

2. 税务机关调整计税收入额或者所得额的方法

(1)按照独立企业之间进行的相同或者类似业务活动的价格。

(2)按照再销售给无关联关系的第三者的价格所应取得的收入和利润水平。

(3)按照成本加合理的费用和利润。

(4)按照其他合理的方法。

(四)税款的补缴、追征制度

《税收征收管理法》第52条规定,因税务机关的责任,致使纳税人、扣缴义务人未缴或少缴税款的,税务机关在3年内可以要求纳税人、扣缴义务人补缴税款,但不得加收滞纳金。

因纳税人、扣缴义务人计算错误等失误,未缴或少缴税款的,税务机关在3年内可以追征税款和滞纳金;有特殊情况的,追征期可以延长到5年。

对偷税、抗税、骗税的,税务机关追征其未缴或少缴的税款、滞纳金,或所骗取的税款,不受前述期限的限制。

三、税款征收保障制度

(一)税收保全制度

税务机关有根据认为从事生产、经营的纳税人有逃避纳税义务行为的,可以在规定的纳税期之前,责令限期缴纳应纳税款。在限期内发现纳税人有明显转移、隐匿其应纳税的商品、货物以及其他财产或者应纳税的收入的迹象的,税务机关可以责成纳税人提供纳税担保。

如果纳税人不能提供纳税担保,经县以上税务局(分局)局长批准,税务机关可以采取下列税收保全措施：

(1)书面通知纳税人开户银行或者其他金融机构冻结纳税人的金额相当于应纳税款的存款。

(2)扣押、查封纳税人的价值相当于应纳税款的商品、货物或者其他财产(包括纳税人的房地产、现金、有价证券等不动产和动产)。

纳税人在税务机关采取税收保全措施后，按照税务机关规定的期限缴纳税款的，税务机关应当自收到税款或者银行转回的完税凭证之日起 1 日内解除税收保全。

(二)税收强制执行制度

从事生产、经营的纳税人、扣缴义务人未按照规定的期限缴纳或者解缴税款，纳税担保人未按照规定的期限缴纳所担保的税款，由税务机关责令限期缴纳，发出限期缴纳税款通知书，责令缴纳或者解缴税款的最长期限不得超过 15 日。逾期仍未缴纳的，经县以上税务局(分局)局长批准，税务机关可以采取下列强制执行措施：

(1)书面通知其开户银行或者其他金融机构从其存款中扣缴税款。

(2)扣押、查封、依法拍卖或者变卖其价值相当于应纳税款的商品、货物或者其他财产(包括纳税人的房地产、现金、有价证券等不动产和动产)，以拍卖或者变卖所得抵缴税款。

(三)税收优先权制度

当税收债权和其他债权同时存在时，税收征收原则上应优先于其他债权，此为税收债权的一般优先权。《税收征收管理法》第 45 条第 1 款、第 2 款规定了税收优先权的内容。

(1)税收优先于无担保债权，法律另有规定的除外。

(2)纳税人欠缴的税款，发生在纳税人以其财产设定抵押、质押或者纳税人的财产被留置之前的，税收应优先于抵押权、质权、留置权。

(3)纳税人欠缴税款，同时又被行政机关处以罚款，没收违法所得的，税收优先于罚款、没收违法所得。

(四)税收代位权和撤销权制度

根据《税收征收管理法》第 50 条的规定，税务机关可以依照《合同法》第 73 条的规定行使代位权。所谓税收代位权，是指欠缴税款的纳税人因怠于行使其到期债权，而对国家税收即税收债权造成损害时，由税务机关以自己的名义代替纳税人行使其债权的权力。

税收撤销权，是指税务机关对欠缴税款的纳税人滥用财产处分权而对国家税收造成损害的行为，请求法院予以撤销的权力。

(五)欠税公告制度

税法规定，税务机关应当对纳税人欠缴税款的情况定期予以公告。县级以上各级税务机关应当将纳税人的欠税情况，在办税场所或者广播、电视、报纸、期刊、网络等新闻媒体上定期公告。对纳税人欠缴税款的情况，实行定期公告的办法，由国家税务总局制定。

(六)离境清税制度

根据《税收征收管理法》第 44 条和《税收征收管理法实施细则》第 74 条的规定，欠缴税款的纳税人或者其法定代表人需要出境的，应当在出境前向税务机关结清应纳税款、滞纳金或者提供担保。未结清税款、滞纳金，又不能提供担保的，税务机关可以通知出境管理机关阻止其出境。阻止出境的具体办法，由国家税务总局会同公安部制定。

四、税务检查和稽查制度

（一）税务检查制度

税务检查是指税务机关根据税收法律法规以及其他相关规定，对纳税主体履行纳税义务、扣缴税款义务进行的检验、核查活动。

（1）根据《税收征收管理法》及其实施细则的有关规定，税务机关在税务检查中具有：①查账权；②场地、经营情况检查权；③责成提供资料权；④询问权；⑤单证检查权；⑥存款账户、储蓄存款查询权；⑦取证权；⑧采取税收保全措施和税收强制执行措施权。

（2）在税务检查过程中，税务机关应依法履行的义务主要有：①检查义务；②资料退还义务；③保密义务；④回避义务。

（二）税务稽查制度

税务稽查是指税务机关依法对纳税人、扣缴义务人履行纳税义务和扣缴义务情况所进行的税务检查和处理工作的总称。

税务稽查的方法一般包括：

（1）室内检查和实地检查。

（2）全面检查和重点检查。

（3）顺查法和逆查法。

（4）联系查法和侧面查法。

（5）比较分析法和控制计算法。

（6）观察法、查询法和外调法。

（7）盘存法。

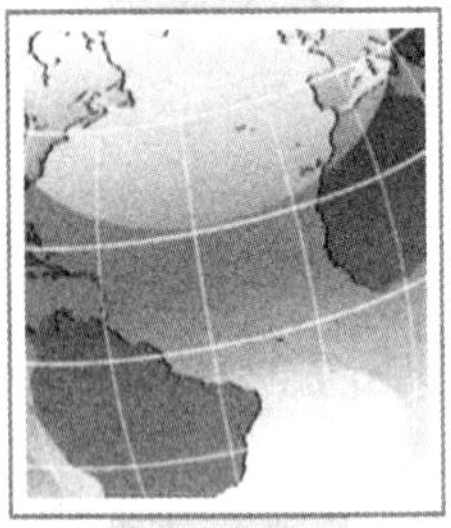

第十章 银行法律制度

【要点提示】

- 银行法概述
- 中央银行法
- 银行业监督管理法
- 商业银行法
- 政策性银行法

【案例】

某市商业银行决定在该市A区设立A区分行，经考察研究后，决定了A区分行的办公地点，并落实了主要管理人员及营运资金。然后，市商业银行依法向国务院银行业监督管理机构报送了申请书、近两年财务会计报告、经营方针计划等材料。国务院银行业监督管理机构批准后，颁发了经营许可证，市商业银行凭该许可证向工商行政管理部门办理登记并领取了营业执照。然而领取营业执照后不久，A区分行的经营前准备发生意外：一是原拟订作为A区分行营业地的写字楼因开发商资金链断裂，无法按期交付使用，A区分行所在地只好另寻新址；二是不久后，A区分行行长李某携A区分行巨额营运资金潜逃，经查，李某一年前投资失败欠下巨额债务，于是挪用A区分行银行营运资金抵债。由于受以上变故的影响，A区分行迟迟无法开业经营，国务院银行业监督管理机构以A区分行设立过程中存在严重违法事项，且超过6个月未开业为由吊销了A区分行的营业许可证。

问：(1)A区分行的设立过程中有哪些违法事项？(2)国务院银行业监督管理机构吊销A区分行营业许可证是否符合法律规定？

第一节 银行法概述

一、银行的功能

银行是专门经营存款、贷款和汇兑等货币信用业务，充当信用中介和支付中介的金融机构。它是商品经济的产物，也是商品经济快速、稳健发展不可或缺的前提条件之一。银行的主要功能有以下几个方面：(1)信用中介。银行一方面以存款的形式吸收社会大量闲置资金，另一方面以贷款的形式将集中的货币资金提供给生产和流通等部门使用，从而充当货币资金供给者与使用者的信用中介。(2)支付中介。银行保管着存款人的存款资金和贷款人的转存款，为客户办理收付、转账结算等金融服务业务，充当社会支付的中介。

(3)信用创造。银行可以创造代替金融铸币流通的信用工具,如银行券、支票、汇票等。银行发行各种信用流通工具,不仅大大节约了金属铸币所需花费的非生产性流通费用,而且更能满足流通过程对流通手段和支付手段的需要。(4)金融服务。银行利用其方便的条件和设施为客户提供多种金融服务。(5)国家调控经济。各类银行配合政府的宏观经济政策,直接参与对社会经济的调控。中央银行的货币政策是国家调控经济、达到社会经济总量增长和结构平衡的最有效的政策措施。

二、金融机构体系

(一)含义

金融机构体系是指一个国家银行与非银行金融机构的有机结合形成的金融机构体系。由银行与非银行金融机构组成的金融机构体系是一个国家的金融体制的重要组成部分。银行是最早产生和发展起来的金融机构,是一国金融机构体系的核心部分。银行,特别是商业银行能够经营综合性的银行与非银行金融业务,非银行金融业务和机构多是从商业银行的业务和机构中派生发展而来。故金融机构体系有广义和狭义之分。狭义的金融机构体系仅指银行机构体系。广义的金融机构体系除银行机构外,还包括非银行金融机构。本章采用广义的金融机构体系。

(二)金融机构体系的分类

依不同标准,金融机构体系有不同的分类。

(1)以能否吸收经营存款业务为标准,可以将金融机构分为银行性金融机构和非银行性金融机构。银行性金融机构是吸收存款的或专门发行以贷款形式为主的间接金融机构,包括商业银行和专业银行两类。商业银行是以经营存、贷款业务为主的金融机构,它有创造和收缩存款货币的机能,且能经营综合性金融业务,故有“金融百货公司”之称。专业银行是指经营指定范围内的业务或为特定对象提供专门性的金融服务的机构,如储蓄银行、信托银行、投资银行、开发银行、农业银行、进出口银行等。非银行性金融机构是指不吸收存款,而以契约方式为客户提供金融服务的机构,如财务公司、金融公司、租赁公司、信托公司、投资公司、基金公司、保险公司等。

(2)以设立宗旨为标准,可以将金融机构分为商业性金融机构和政策性金融机构。凡以营利为目的的金融机构,均为商业性金融机构,包括商业银行和部分专业银行以及非银行金融机构。凡不以营利为目的而服从于国家经营政策需要的金融机构称为政策性金融机构,如开发银行、农业银行、进出口银行、住宅银行、金融资产管理公司等。

三、中国现行金融机构体系

我国现行的金融机构体系是中国人民银行作为中央银行居于核心地位,以商业银行、政策性银行和证券机构、保险机构、信托机构等非银行金融机构为主体,以信用合作机构为补充的金融组织体系,亦即广义的金融机构体系。

(一)中央银行——中国人民银行

中国人民银行是中华人民共和国的中央银行。中国人民银行在我国金融体系中居于领导地位,在国务院领导下,制定和实施货币政策,对金融市场进行宏观调控。

(二)商业银行

我国的商业银行是银行体系中的主体,它由国有独资商业银行、股份制商业银行、专业性商业银行和合作制商业银行及外资银行组成。

(三)政策性银行

政策性银行是指由政府创办的、不以营利为目的的、专门配合政府经济政策而设立的从事政策融资业务的金融机构。1994 年,我国组建了三家政策性银行,即国家开发银行、中国进出口银行和中国农业发展银行。

(四)非银行金融机构

我国目前的非银行金融机构有证券公司、保险公司、信托公司、财务公司、租赁公司、金融资产管理公司、汽车金融公司等。其中规模较大的有中国国际信托投资公司、中国人民保险公司和华夏、国泰君安、大鹏、光大等证券公司以及华融、长城、信达、东方四家金融资产管理公司。

四、中国现行银行立法

银行法是调整银行组织机构、业务经营和监督管理过程中发生的各种社会关系的法律规范的总称。就其调整对象而言,可以说,银行法是银行体制的法制化,即国家通过立法对各类银行及非银行金融机构的种类、性质、地位、职能、作用、组织、业务及其相互关系予以规定或确认,并严格依法规范和管理的一种制度体系。银行体制是一国金融体制的核心,没有银行体制,也就无所谓金融体制。就功能而言,金融活动主要是通过各类银行和非银行金融机构来进行的。因而,银行法也就成为金融法律的核心与基础。

我国现行银行法源自改革开放,随着银行业改革的发展与深化,我国法制化进程的加速,为适应社会主义市场经济需要,我国不断加快银行立法的步伐,制定了大量银行法规与规章。至 2003 年 4 月,全国人大常委会决定成立中国银行业监督管理委员会(以下简称银监会),履行原由中国人民银行履行的审批、监管银行业的职责。中国人民银行专司央行职能,维护金融稳定。为适应该重大变革,既有的银行法必须做出相应修改。因此,国务院即组织中国人民银行与银监会起草《中华人民共和国银行业监督管理法》(以下简称《银监法》),同时修订《中国人民银行法》和《商业银行法》,这三部法律于 2003 年 12 月通过,并从 2004 年 2 月起施行。可以说,这三部银行基本法的颁布奠定了我国银行业的基本框架,使我国银行业真正步入了法制化轨道,意义重大。与此同时,国务院和中国人民银行、银监会制定、颁布了大量涉及银行组织和银行业务的行政法规和规章,构成了一个相对完整的银行法体系。

第二节　中央银行法

中央银行法，在我国即为中国人民银行法，是确认和规定中国人民银行地位、组织、货币政策、金融监管等的法律。中央银行制度中的“中央”二字，主要的含义是“体现国家权威，垄断货币发行，独立制定和执行货币政策”；当“中央”和“银行”结合称为“中央银行”时，其必表现出区别于一般商业银行的特质。在一国的银行体系中，中央银行（我国为中国人民银行）处于核心地位，它是发行的银行、政府的银行和银行的银行；它制定和执行货币政策，并通过各种货币政策工具实现经济宏观调控。

一、中国人民银行的性质与法律地位

（一）中国人民银行的性质

中国人民银行的性质是指中国人民银行区别于其他金融机构的根本属性，具体指中国人民银行是属于国家行政机关，还是属于企业或其他市场主体，或者两者兼而有之。一般来说，各国中央银行既是特殊的金融机构，又是特殊的国家行政机关。说其是特殊的金融机构，是因为它多数是由国家出资设立，属于国家所有的金融机构，同时它为政府办理金融业务，接受国家最高权力机关和行政机关的双重领导。之所以说其是特殊的国家行政机关，是因为它不同于其他普通的国家行政机关，是办理金融业务的具有特殊地位的国家行政机关；中央银行履行职能主要靠经济手段，通过调节和控制货币信用活动来实现。中央银行在履行职能时有自己的收入，并实行资产负债管理等。依照我国《中国人民银行法》的规定，中国人民银行的性质体现在以下几个方面：

1. 中国人民银行是政府的银行

中国人民银行是政府的银行是指中国人民银行是国务院的职能部门，负责发布与履行与其职责有关的命令和规章；依法制定和执行货币政策；监督与管理银行间同业拆借市场和银行间债券市场；实施外汇管理，监督与管理银行间外汇市场；监督与管理黄金市场；持有、管理、经营国家外汇储备、黄金储备；经理国库；维护支付、清算系统的正常运行；指导、部署金融业反洗钱工作，负责反洗钱的资金监测；负责金融业的统计、调查、分析和预测；作为国家的中央银行，从事有关的国际金融活动。

中国人民银行虽然是政府的职能部门，但它与一般行政机关又有所区别，主要表现在：中国人民银行作为一个银行，要办理金融业务，提供金融服务，例如，办理对其他银行和金融机构及政府的存贷款业务、清算业务、发行业务等，并且有大量的经营收益。这与完全依靠国家财政拨付经费的政府机关不同。中国人民银行的金融管理主要是经济手段，这与主要依靠行政手段进行管理的一般行政机关也是不同的。

2. 中国人民银行是发行的银行

中国人民银行是发行的银行，是全国的货币发行机关。中国人民银行根据国家的授权，统一印制和掌管人民币的发行工作，建立统一的发行机构。

3. 中国人民银行是银行的银行

中国人民银行是银行的银行是指中央银行同商业银行之间的特殊业务关系，中国人民银行在我国银行体系中居于主导地位。中央银行的业务关系对象不是一般的企业和个人，而是商业银行。中国人民银行作为中央银行与其他银行是有所区别的。主要表现在：中国人民银行不经营商业银行的对企业存、放款业务，而以政府和银行为开展业务活动的对象；中国人民银行不以营利为目的，不与商业银行争利；商业银行是服务性企业，但中国人民银行是金融监督管理机关，主要任务是监督与管理金融。

依照法律规定，各商业银行不得将其存款全部贷出，而要向中国人民银行缴纳存款准备金，中国人民银行是商业银行存款准备金的最终保管者。存款准备金的比率由中国人民银行规定。

当商业银行遇到资金周转上的困难，在同业银行间也难拆借融通时，可以向中国人民银行申请短期贷款的再贴现。中国人民银行是商业银行的最后贷款人。

中国人民银行是唯一代表国家进行金融机构控制和金融管理的特殊金融机构，它不仅经营对商业银行的存款、贷款、清算业务，而且要监督与管理金融。中国人民银行统一检查、监督、执行有关存款准备金管理规定的行为，执行与中国人民银行特种贷款有关的行为，执行有关人民币管理规定的行为，执行有关银行间同业拆借市场、银行间债券市场管理规定的行为，执行有关外汇管理规定的行为，执行有关黄金管理规定的行为，执行有关清算管理规定的行为等。

（二）中国人民银行的法律地位

中国人民银行的法律地位是指通过法律形式规定中国人民银行在国家机构体系中的地位，即其与政府、其他职能部门的关系，实质便是中国人民银行的独立性问题。一般而言，我们所说的中央银行的法律地位是指其在国家权力体系中的地位问题，主要考察其与立法机关、中央政府以及财政部之间的关系以及它对外部压力的反应程度。赞成提高中央银行法律地位的观点认为：首先，政府有通货膨胀偏好。偏好是由动机决定的，与智力或道德品质没什么关系。一个研究小组通过对 17 个工业化国家在 1951～1985 年的国民经济统计数据发现，中央银行的独立性与该国通货膨胀的风险是存在一定关系的。其次，货币政策与币值是非常重要而且复杂的问题，以致不能交给政治集团去操纵。政治过程是短期化的“政治交易周期”，由于过分关心下届选举，它会过于关注短期利益的重要性，因而不愿做出较为困难而失人心的决策，一个感受到选举压力的机构保护自己免受批评的常见办法就是以短浅的眼光行事。反对者则认为：不能委托由选举产生的政府官员去评判货币政策的说法是不民主的。应当看到，货币政策固然涉及需要有长远观点的困难决策，但在外交政策和国防政策中也存在同样的问题。

中央银行的独立性是指中央银行独立于政府，不受政府干预，具有执行法定职责的充分自主权。强调中央银行独立于政府的根本原因是政府为了达到经济增长的目的，可能不顾通货膨胀的风险而采取货币扩张政策，所以中央银行制定和实施货币政策的权力必须免受政府的左右和影响。但是，中央银行的独立性不是绝对的，法律必须建立中央银行的问责机制，也就是中央银行必须对其他机构负责，以限制其自由裁量权的无限扩张。

二、中国人民银行的职责

中国人民银行的职责是其性质与职能的具体化。新《中国人民银行法》第 4 条对中国人民银行的职责作了明确的规定，包括：(1)发布与履行其职责有关的命令和规章；(2)依法制定和执行货币政策；(3)发行人民币，管理人民币流通；(4)监督与管理银行间同业拆借市场和银行间债券市场；(5)实施外汇管理，监督与管理银行间外汇市场；(6)监督与管理黄金市场；(7)持有、管理、经营国家外汇储备、黄金储备；(8)经理国库；(9)维护支付、清算系统的正常运行；(10)指导、部署金融业反洗钱工作，负责反洗钱的资金监测；(11)负责金融业的统计、调查、分析和预测；(12)作为国家的中央银行，从事有关的国际金融活动；(13)国务院规定的其他职责。

由上可知，《中国人民银行法》将中国人民银行的职责由原来的 11 项增加为 13 项，并对中国人民银行的职责作了较大的修改。由于金融监管职能被分离，所以旧法关于“发布有关金融监督管理和业务的命令和规章”修改为“发布与履行与其职责有关的命令和规章”，同时取消了“按照规定审批、监督管理金融机构”的规定。新法还取消了旧法第 4 条第 4 项关于“按照规定监督管理金融市场”的规定，把它具体分为三个职责，即监督与管理银行间同业拆借市场和银行间债券市场；实施外汇管理，监督与管理银行间外汇市场；监督与管理黄金市场。新的《中国人民银行法》还赋予了中国人民银行一项新的职责，即指导、部署金融业反洗钱工作，负责反洗钱的资金监测。2003 年 10 月，中国人民银行组建了反洗钱局，全面履行反洗钱职责。除了上述职责外，中国人民银行还有一项职责未被新法明确规定(当然，可以视为包括在第 4 条第 13 项的兜底条款中)，即对信贷征信业的管理。国务院批准的中国人民银行“三定”方案明确规定中国人民银行设立征信管理局，承担下列征信管理工作：承办信贷征信管理工作，拟订信贷征信业发展规划、管理办法和有关风险评价准则，承办有关金融知识的宣传与普及工作。

三、中国人民银行的货币政策工具与业务

(一)货币政策的目标

所谓货币政策，是指中央银行为实现其特定的目标而采取的各种控制和调节货币供应量或信用总量的方针和措施的总称，这里“特定的目的”就是货币政策的目标。通常认为，各国对货币政策的目标有不同的选择，既有单一的目标，又有多重目标。但是，考察一下多数国家的中央银行法，就可以发现如果一国中央银行法规定的是货币政策目标，则多为单一目标，即主要目标为货币(或物价)稳定，并以此为手段促进经济增长。

在我们看来，虽然立法可以把中央银行的目标限定在货币政策目标，但是，货币政策

的目标和中央银行的目标是两个不同的概念，货币政策尽管是中央银行的主要职责，但毕竟不是中央银行的全部职责，因而，中央银行的目标显然要比货币政策的目标多得多。但如果中央银行的各种目标都在立法上加以规定，对中央银行而言，要实现全部立法规定的目标可能是不现实的，而一旦中央银行不能实现法定的目标，不但会降低中央银行的权威性，也会损害中央银行法的严肃性。而货币政策实质上是一个单一的工具，所以赋予其单一目标比赋予其多重目标更加切实可行；如果货币政策被赋予两个或两个以上的目标，有可能一个目标都不能达到。所以，中央银行法把货币政策目标限定为保持货币（或价格）稳定，并把它作为促进经济增长的手段也许是最佳选择。《中国人民银行法》第 3 条规定了货币政策的目标是“保持货币币值的稳定，并以此促进经济增长”。这就意味着，中国人民银行货币政策的首要目标是保持货币币值稳定，同时以此作为促进经济增长的手段。

（二）货币政策工具

货币政策工具是中央银行为达到货币政策目标所采取的手段。如果把货币政策的目标界定为保持币值稳定，那么，货币政策工具实际上就是那些能够保证币值稳定的调节货币供应的措施。通常，货币政策工具包括法定存款准备金、再贴现和公开市场操作。《中国人民银行法》第 23 条规定，中国人民银行为执行货币政策，可以运用下列货币政策工具：(1)要求银行业金融机构按照规定的比例交存存款准备金；(2)确定中央银行基准利率；(3)为在中国人民银行开立账户的银行业金融机构办理再贴现；(4)向商业银行提供贷款；(5)在公开市场上买卖国债、其他政府债券和金融债券及外汇；(6)国务院确定的其他货币政策工具。

1. 存款准备金

存款准备金是金融机构为应付客户提取存款和资金清偿而准备的货币资金，它包括三个部分：一是库存现金；二是按一般存款的一定比例向中央银行缴存的存款，即法定存款准备金；三是在中央银行存款中超过法定存款准备金的部分，成为超额准备金。作为货币政策工具的存款准备金是指法定存款准备金，中央银行通过规定缴存准备金的范围、存款准备金率以及惩罚方法来影响投放市场的货币供应量。要求缴存存款准备金的存款范围越大，或者存款准备金率越高，商业银行可以用于创造信用的货币和创造的派生存款就越少，从而减少了货币供应量；反之，则增加了货币供应量。我国新的中央银行法把缴存存款准备金的对象限定为“银行业金融机构”，而不是旧中央银行法的“金融机构”。根据《中国人民银行法》第 52 条的解释，“银行业金融机构”是指商业银行、城市信用合作社、农村信用合作社等吸收公众存款的金融机构以及政策性银行，不包括证券公司和保险公司，所以其范围要小于“金融机构”。也就是说，只有存款类的金融机构具有缴存存款准备金的法定义务。中国人民银行根据调控货币供应量的需要，不时对法定存款准备金的存款范围、存款准备金率做出调整。如 1998 年 3 月中国人民银行曾对我国存款准备金制度做出了较大的改革，将金融机构（随着新《中国人民银行法》的施行，这里的金融机构应该相应地修改为银行业金融机构）代理人民银行财政性存款中的机关团体存款、财政预算外存款，划为金融机构的一般存款，金融机构按规定比例将一般存款的一部分作为法定存款准备金存入中国人民银行；法定存款准备金率从13%下调到8%。

2. 中央银行基准利率

基准利率是中央银行对金融机构的存、贷款利率，它通常是整个社会利率体系中处于最低水平同时也是核心地位的利率，它的变动会引起其他利率（如，商业银行利率、市场利率）的变化。中央银行在确定存、贷款的基准利率时，一般要遵循两个原则：一是贷款利率要高于金融机构向社会筹集资金的成本，以利于抑制向中央银行借款；二是存款利率要高于金融机构吸收存款的平均利率，低于其向中央银行借款的平均利率，使金融机构在中央银行的存款利率处于盈亏临界点的水平上。

中央银行基准利率作为货币政策工具对货币供应量的调节机理是，当中央银行提高基准利率时，就会增加金融机构筹措资金（无论是向中央银行还是在资金市场）的成本，这样其对外贷款的利率也要相应提高，结果借款人的贷款数额就会减少，从而整个社会的货币供应量下降。反之，如果中央银行降低基准利率，就会减少金融机构的筹资成本和借款人的贷款成本，进而增加整个社会的货币总量。

3. 再贴现

在对再贴现做出界定之前，首先要解释贴现的定义。贴现，英语是 discount，意即折扣，准确地说是扣除利息。所以，贴现是票据持有人以未到期票据，向银行融通资金，银行扣除从贴现日到票据到期日的利息后，以票面余额付给持票人资金的行为。再贴现，就是在中央银行开立账户的银行业金融机构，以未到期票据，向中央银行融通资金，中央银行扣除从贴现日到票据到期日的利息后，以票面余额付给申请贴现的金融机构资金的行为。我国新的中央银行法把办理再贴现的对象限定为“银行业金融机构”，而不是旧中央银行法的“金融机构”，从而减少了可以申请再贴现的机构范围。

作为货币政策的工具，再贴现主要是通过中央银行调整再贴现率（有时也包括调整贴现票据的种类）来调节社会货币供应量。如果中央银行调低再贴现率，意味着商业银行被中央银行扣除的利息少，而可以获得较多数额的资金，同时也刺激商业银行向中央银行申请再贴现，从而增加了整个货币供应量；反之，如果中央银行提高再贴现率，商业银行从中央银行通过票据贴现获得资金的成本就增加，从而抑制其信贷需要，减少货币供给。

4. 再贷款

再贷款是中央银行对商业银行提供的贷款。作为货币政策的工具，它对社会货币供应量的调节机理与再贴现相同，即中央银行通过对再贷款的数额、期限、利率和方式的规定，调整基础货币的投放量。

中央银行的再贷款与一般商业银行的贷款不同，根据我国中央银行法的规定，中国人民银行的再贷款，只能对商业银行发放，而不能对其他银行业金融机构或企业、个人发放，贷款的期限分为20日、3个月、6个月、1年期，但最长不得超过1年。对中央银行再贷款，各国中央银行法的规定也不尽相同，有的允许向银行以外的金融机构发放贷款，有的规定期限不得超过 3 个月等等，不一而足。

5. 公开市场操作

公开市场操作是中央银行在金融市场上公开买卖证券和外汇的活动。中央银行买入证券和外汇，意味着向市场注入基础货币，增加了市场的货币供应；而卖出证券或外汇，则意味着基础货币从市场回到了中央银行，减少了市场中的货币总量。我国旧中央银行法规定的公开市场操作的工具是国债、其他政府债券和外汇；新中央银行法又增加了金融债券，作为中国人民银行在公开市场可以买卖的工具。金融债券是金融机构发行的债务凭证，具有信用等级高、交易活跃的特点，把它作为公开市场操作的工具之一，可以增加中国人民银行通过公开市场操作实现货币政策目标的途径。

(三)货币政策委员会

《中国人民银行法》第 12 条规定，中国人民银行设立货币政策委员会。1997 年，国务院根据 1995 年《中国人民银行法》发布了《中国人民银行货币政策委员会条例》(以下简称《条例》)。该《条例》第 2 条明确规定，货币政策委员会是中国人民银行制定货币政策的咨询议事机构，换言之，货币政策委员会没有权力制定货币政策。根据《中国人民银行法》第 2 条的规定，货币政策的制定权由中国人民银行行使。而货币政策委员会的职责根据《条例》的规定只是在综合分析宏观经济形势的基础上，依据国家的宏观经济调控目标，讨论下列货币政策事项，并提出建议：(1)货币政策的制定、调整；(2)一定时期内的货币政策控制目标；(3)货币政策工具的运用；(4)有关货币政策的重要措施；(5)货币政策与其他宏观经济政策的协调。然而，在现代中央银行制度中，货币政策委员会往往被中央银行法赋予制定货币政策的权力，以保证货币政策制定的独立性、权威性和稳定性。新的《中国人民银行法》似乎为了缓和货币政策委员会作为非决策机构的尴尬，采取了一个折中的规定(第 12 条第 2 款)：中国人民银行货币政策委员会应当在国家宏观调控、货币政策制定和调整中，发挥重要作用。这里，“发挥重要作用”是十分含糊的，与赋予货币政策委员会独立制定货币政策的权力相去甚远。

四、中国人民银行的金融监管

(一)金融监管模式及其比较

金融监管是中央银行的一项重要职能。中央银行由于垄断了货币发行权而具备了维护金融稳定的能力和实施金融监管的便利。各国由于其历史、文化、政治、经济和金融情况的不同，因而形成了各自不同的金融监管模式。主要的金融监管模式有三种：统一监管模式、分头监管模式、不完全统一监管模式。统一监管模式是指对不同的金融行业、金融机构和金融业务均由一个统一的监管机构负责监管，这个监管机构是中央银行或其他机构。瑞典、挪威、英国、日本、韩国、奥地利等国家均采用此种模式。此种模式的优势在于，有利于改善监管环境，统一监管水平和监管强度，避免重复监管或出现监管真空，降低监管成本，责任明确，适应性强。其不足是监管权限过于集中，缺乏监管制约，易导致官僚主义。分头监管模式是指将金融机构和金融市场按照银行、证券、保险划分为三个领域，在每个领域分别设立一个专业的监管机构，负责全面监管，既包括审慎监管，也包括业务监管。此种模式是典型的分业监管模式。德国、美国、波兰等国家采用此种模式。此种模式的优势在于，有利于实现监管的专业化；缺陷是监管机构分设，机构庞大，监管成本高，各监管机构之间协调性差，易出现监管真空。1999 年 11 月通过的《美国金融服务现代化法》，结束了美国商业银行、证券公司和保险公司分业经营的历史，进入了混业经营的时代。混业经营体制下的分业监管，则易导致重复监管。不完全统一监管模式是在金融业混业经营体制下，通过对完全统一监管和完全分业监管模式的改进而发展起来的一种模式。该模式根据监管机构的不完全统一和监管目标的不完全统一，又分为牵头监管模式和双峰式监管模式。牵头监管模式是在多重监管主体之间建立及时磋商和协调机制，特指定一个牵头监管机构负责不同监管主体之间的协调工作。采用此种模式的国家，例如，巴西。双峰式监管模式是根据监管目标设立两类监管机构：一类机构负责对所有的金融机构进行审慎监管，以控制金融业的系统性风险；另一类机构负责对不同金融业务的经营进行监管，以控制金融业的系统性风险。此种模式是对审慎监管和业务监管分别实行监管。采用此种模式的国家，例如，澳大利亚。不完全统一监管模式有利于发挥统一监管模式和分头监管模式的优势，使两者优势互补。

我国实行的是分业监管模式。1992 年 12 月，国务院证券委员会和中国证券监督管理委员会成立，与中国人民银行共同管理证券业。1997 年 11 月，原来由中国人民银行监管的证券经营机构划归中国证监会统一监管。1998 年 11 月，中国保险业监督管理委员会成立，负责全面监管商业保险市场。2003 年初，中国银行业监督管理委员会成立，统一监管银行、金融资产管理公司、信托投资公司等金融机构。银监会与证监会、保监会共同构成了中国金融业分业监管的组织架构。银监会与证监会、保监会在同一层次上分别监管银行、证券和保险业格局的形成，宣告了中国人民银行自新中国成立以来集货币政策制定与银行监管于一身的时代的结束。

(二)中国人民银行的金融监管

中国人民银行专门行使中央银行职能二十年来，金融监管体制经历了几次重大调整。按照新《中国人民银行法》的规定，中国人民银行的主要职能转变为制定和执行货币政策，不断完善有关金融机构的运行规则，更好地发挥作为中央银行在宏观调控和防范与化解金融风险中的作用。为了适应中国人民银行职能的转变和金融监管体制的一系列改革，中国人民银行金融监管的角色也发生了转换，即由过去主要通过对银行业金融机构的设立审批、业务审批和高级管理人员任职资格审查以及日常监督管理等直接监管的职责转换为履行对金融业宏观调控和防范与化解系统性风险的职责，即维护金融稳定职责。因此，为了强化金融宏观调控、维护金融稳定、提高银行业监管水平，2003 年 12 月 27 日，全国人大常委会第六次会议通过了《中国人民银行法》和《商业银行法》的修改决定，通过了《银行业监督管理法》，对金融监管体制做出了调整。于 2003 年初成立的中国银行业监督管理委员会，负责统一监管银行、金融资产管理公司、信托投资公司、财务公司、金融租赁公司等银行业金融机构。人民银行不再履行监管银行业、证券业、保险业的职责，但同时考虑到中国人民银行制定和执行货币政策、防范和化解金融风险、维护金融稳定的需要，保留中国人民银行为履行央行职能所必需的部分、必要的监管职责。这些职责是：

（1）监督管理银行间同业拆借市场、银行间债券市场、银行间外汇市场和黄金市场。

（2）中国人民银行有权对金融机构以及其他单位和个人的以下行为进行检查监督：①执行有关存款准备金管理规定的行为；②与中国人民银行特种贷款有关的行为；③执行有关人民币管理规定的行为；④执行有关银行间同业拆借市场、银行间债券市场管理规定的行为；⑤执行有关外汇管理规定的行为；⑥执行有关黄金管理规定的行为；⑦代理中国人民银行经理国库的行为；⑧执行有关清算管理规定的行为；⑨执行有关反洗钱规定的行为。

（3）中国人民银行根据执行货币政策和维护金融稳定的需要，可以建议国务院银行业监督管理机构对银行业金融机构进行检查监督。国务院银行业监督管理机构应当自收到建议之日起 30 日内予以回复。

（4）当银行业金融机构出现支付困难，可能引发金融风险时，为了维护金融稳定，中国人民银行经国务院批准，有权对银行业金融机构进行检查监督。中国人民银行应当建立、健全本系统的稽核、检查制度，加强内部的监督管理。

（5）中国人民银行根据履行职责的需要，有权要求银行业金融机构报送必要的资产负债表、利润表以及其他财务会计、统计报表和资料。中国人民银行应当和国务院银行业监督管理机构、国务院其他金融监督管理机构建立监督管理信息共享机制。中国人民银行负责统一编制全国金融统计数据、报表，并按照国家有关规定予以公布。

（6）中国人民银行应当组织或者协助组织银行业金融机构相互之间的清算系统，协调银行业金融机构相互之间的清算事项，提供清算服务。具体办法由人民银行制定。中国人民银行会同国务院银行业监督管理机构制定支付结算规则。

第三节　银行业监督管理法

银行业监管，是指一国金融当局或银行专门监管机构对商业银行及其他金融机构的组织主体和业务经营行为进行的监督和管理。具体而言，监督是对银行业金融机构合法经营情况和风险状况的监测、评估和控制；管理是通过制定相关的监管法规来规范银行业金融机构及其行为，并决定银行业金融机构的市场准入与退出。作为一种补救市场失灵和维护银行业体系稳健、有效运行的制度安排，国家金融监管机构站在维护社会公共利益的高度，以防范和化解系统性风险为重点，并与中央银行和证券、保险监管机构协调配合，对银行业金融机构实施全面监管。因此，银行业监督管理法是一国银行法律制度的重要组成部分。

一、银行业监督管理法概述

第十届全国人大常委会第六次会议于 2003 年 12 月 27 日通过的《中华人民共和国银行业监督管理法》(以下简称《银监法》)，是第一部专以监督管理银行业为内容的法律。其中的一些内容来源于 1995 年 3 月 18 日颁布的《中国人民银行法》，并在此基础上结合我国银行业监督管理的实际，借鉴国外的经验，形成银行业监督管理法律规则。为加强银监会的监管职能，该法已于 2006 年 10 月 31 日再次修订。

(一)银行业监督管理法的宗旨

《银监法》第 1 条规定："为了加强对银行业的监督管理，规范监督管理行为，防范和化解银行业风险，保护存款人和其他客户的合法权益，促进银行业健康发展，制定本法。"这是这部法律的目的、宗旨。

银行业监督管理法在什么背景下得以制定？简言之，是为了加强银行业监管，确保银行业金融机构的合法、安全、稳健运行。第十届全国人民代表大会第一次会议于 2003 年 3 月审议通过了国务院机构改革方案，决定成立中国银行业监督管理委员会。4 月 26 日，全国人大常委会第十届委员会第二次会议通过《全国人民代表大会常务委员会关于由中国银监会履行原由中国人民银行履行的监督管理职责的决定》，要求有关部门抓紧修改中国人民银行法、商业银行法，以及提出其他有关的法律议案。显然，我国改革开放以来的实践已表明，银行业监督管理的法律规范不可能以 1995 年 3 月 18 日的中国人民银行法中"金融监督管理"部分的规范为指向。因此，在修改中国人民银行法的同时，有关银行业监管的基本法律规定，需要在原中国人民银行法的"金融监督管理"规范基础上进一步充实，形成一部新的法律，规定银行业监督管理委员会的地位、职责，以使中国银行业监管具有独立性、专业性和权威性，提高我国银行业监督管理的效率。当然，监督管理不是最终目的，目的是防范和化解银行风险，保护存款人和其他客户的合法权益，促进银行业健康发展。因此，需要进一步完善银行业监督管理的法律制度，银行业监督管理法便应运而生。

(二)银行业监督管理法的特点

银行业监督管理法作为我国现代银行法律制度的重要组成部分，有以下特点：

1. 吸收和借鉴了国外银行监管的先进经验和理念

银行业监督管理法在条文中大量借鉴了巴塞尔银行监管委员会有效银行监管的核心原则所提出的银行监管的最佳做法，吸收了许多国家或地区银行业监督管理的经验。如明确监管者的目标和原则；保证监管者的独立性；为监管者提供法律保护；建立监管机构的内部和外部监督机制；加强对股东资格的审查；通过制定和实施银行业金融机构的审慎经营规则，实现监管方式从合规监管向风险监管的转变；加强现场和非现场监管手段；建立与银行业金融机构的董事、高级管理人员的监管会谈制度；提高监管能力；建立监管评级体系和风险预警机制；加强信息披露，强化市场约束；在法律中明确规定银行监管机构有权区别不同情况，对未遵守审慎经营规则的银行业金融机构采取监管强制措施；加强银行监管当局与中央银行和境内其他金融监管机构的协调与合作；加强银行监管当局与境外银行业监管当局的合作，共同实施有效的跨境监管等。这些做法，将为提高我国银行监管的有效性奠定良好的法律基础。

2. 强化银行业监督管理与规范和约束监管权力相结合

银行业监督管理法对监管机构使用监管手段和措施给予了必要的授权，为实施对银行业的有效监管提供了法律保障。根据银行业监督管理法的规定，监管机构有权要求银行业金融机构报送各类报表和资料；有权采取必要的措施，实施现场检查；有权要求银行业金融机构按照规定进行信息披露；有权区别不同情况，对未遵守审慎经营规则的银行业金融机构采取递进的监管强制措施；有权对有问题的银行业金融机构进行接管、重组或撤销，并对其直接负责的董事、高级管理人员和其他直接责任人员采取必要的限制措施；有权查询涉嫌金融违法的行为人的存款或申请司法机关冻结违法资金等。同时，"法律责任"一章还授权监管机构对违反法律、法规的银行业金融机构直接负责的董事、高级管理人员和其他责任人员采取纪律处分、罚款、取消任职资格和禁止从事银行业工作等处罚措施。

(三)银行业监督管理法的原则

银行业监督管理法的原则可分为立法原则和实施的原则。前者，指该法制定中遵循的原则；后者，指该法实施中遵循的原则，既指导各章的条文适用，也对自身可以适用。

银行业监督管理法的立法原则是：(1)从银行业监督管理的实际出发。即适用我国金融监管体制改革的需要，体现完善银行业监管制度、强化监管手段、加大监管力度、提高监管水平的精神。同时，适合中国国情，有利于解决我国银行业面临的重大问题，提高我国银行业监管的有效性。(2)体现世界贸易组织规则的要求。银行业监督管理法充分吸收、借鉴了国际银行监管的先进理念和最佳做法，将我国多年银行业监管的实践经验和巴塞尔银行监管委员会《有效银行监管的核心原则》以及美国、英国、德国、日本等国家的立法经验紧密结合起来，形成可行的银行业监督法律制度。

银行业监督管理法的实施原则是：(1)对银行业实施监督管理，遵循依法、公开、公正和效率的原则。即银行业监督管理委员会对银行业实施监督管理，必须依照法定的程序行使法定的管理权限，增加管理的透明度，为被管理者提供同样的机会和平等的待遇，提高管理效率。(2)保护银行业公开竞争，提高银行业的竞争力。无疑，保护公平竞争与提高银行业的竞争力是紧密联系的，而提高银行业的竞争力也只能在公平竞争中实现。如何实现公平竞争这一原则，银行业监督管理机构的职责是通过实施管理，建立和维护银行业自由、公平的竞争秩序来达到公平竞争的目的。其手段是依法反对银行业的不正当竞争和包括垄断在内的限制竞争。(3)依法独立行使监督管理权。按照《银行监督管理法》第5条的规定，银行业监督管理机构及其从事监督管理工作的人员依法履行监督管理职责，受法律保护，地方政府、各级政府部门、社会团体和个人不得干涉。(4)实施监督管理权，遵循协调、合作的原则。即依据银行业监督管理法的规定，银行业监督管理机构和中国人民银行、国务院其他金融监督管理机构建立监督管理信息共享机制；银行业监督管理机构可以和其他国家或者地区的银行业监督机构建立监督管理合作机制，实施跨境监督管理。

二、银行业监督管理制度

（一）银行业监督管理机构

国务院设银行业监督管理机构即国务院银行业监督管理委员会，负责对全国银行业金融机构及其业务活动进行监督管理。国务院银行业监督管理委员会根据履行职责的需要可以设立派出机构，并对其派出机构实行统一领导和管理。国务院银行业监督管理委员会的派出机构在国务院银行业监督管理委员会的授权范围内，履行监督管理职责。

为了有效地实施对银行业的监督管理，银行业监督管理机构从事监督管理工作的人员，应当具备与其任职相适应的专业知识和业务工作经验；应当忠于职守，依法办事，公正廉洁，不得利用职务便利牟取不正当的利益，不得在金融机构等企业中兼任职务；应当依法保守国家秘密，并有责任为其监督管理的银行业金融机构及当事人保守秘密。

（二）银行业监督管理机构的监督管理职责

银行业监督管理机构的监督管理职责主要是：

（1）依照法律、行政法规制定并发布对银行业金融机构及其业务活动监督管理的规章、规则。

（2）依照法律、行政法规规定的条件和程序，审查与批准银行业金融机构的设立、变更、终止以及业务范围。

（3）对银行业股东的资金来源、财务状况、资本补充能力和诚信状况进行审查（被审查者是申请设立的银行业金融机构的股东以及变更持有资本总额或者股份总额达到规定比例以上的银行业金融机构的股东）。

（4）审查批准或接受备案银行业金融机构业务范围内的业务品种。

（5）批准设立银行业金融机构或者从事银行业金融机构的业务活动。

（6）对银行业金融机构的董事和高级管理人员实行任职资格管理。

（7）依照法律、行政法规制定银行业金融机构的审慎经营规则（包括风险管理、内部控制、资本充足率、资产质量、损失准备金、风险集中、关联交易、资产流动性等内容）。

（8）建立银行业金融机构监督管理信息系统，分析、评价银行业金融机构的风险状况。

（9）对银行业金融机构的业务活动及其风险状况进行现场检查。

（10）对银行业金融机构的业务活动及其风险状况进行非现场监管，建立银行业金融机构监督管理信息系统，分析、评价银行业金融机构的风险状况。

（11）应当对银行业金融机构的业务活动及其风险状况进行现场检查。

（12）对银行业金融机构实行监督管理。

（13）建立银行业金融机构监督管理评级体系和风险预警机制，根据银行业金融机构的评级情况和风险状况，确定对其现场检查的频率、范围和需要采取的其他措施。

（14）建立银行业突发事件的发展、报告岗位责任制度。

(15)负责统一编制全国银行业金融机构的统计数据、报表,并按照国家有关规定予以公布。

(16)对银行业自律组织的活动进行指导和监督。

(17)开展与银行业监督管理有关的国际交流、合作活动。

(三)银行业监督管理措施

综观各国对银行业的监管,主要是构建三道防线:事前的预防性措施,事中的救援性措施,事后的补救性措施。这"三道防线"构成了银行业监管的基本措施。

1. 事前预防性措施

事前预防性措施的重点在于预防,预防性的措施一般以明文发布的法律制度为依据,由一系列的具体措施构成,其主要内容通常包括:确立市场准入标准,设立审批、业务范围的审批或备案制度,规定最低限额的资本制度,实行资产负债比例管理,实行资产风险管理,对大股东和高级管理人员的任职资格进行审查等等。

2. 事中救援性措施

事中救援性措施一般在法律中对救援的范围不作具体的规定,由监管机构根据具体情况进行裁量。救援性的措施主要有两项,即最后贷款人措施和接管措施。最后贷款人措施在一般情况下仅仅给予资本充足但出现暂时流动性困难的银行。在大多数国家,最后贷款人由中央银行充当。接管是当商业银行已经或者可能发生信用危机、严重影响存款人利益时,为恢复商业银行的正常经营能力而采取的救援措施。接管由监管机构决定并组织实施。

3. 事后补救性措施

事后补救性措施的主要形式是存款保险制度,它是稳定金融体系、保护存款人利益的最后一道防线。存款保险制度是当投保的银行破产时,由存款保险机构对公众存款人按照存款数额的一定比例或在一定限额内给予补偿的制度。存款保险制度的功能在于:提高银行体系的公信力,减少存款人在金融机构出现问题时的挤提行为,防止个别金融机构破产的传染性,维护金融体系的稳定;对存款人的存款提供保险,保护一般存款人的利益。

结合我国现实经济发展水平,我国银行业监督管理法为了保证对银行业监督管理的有效性,选择性地采用、规定了银行业监督管理措施。这些措施包括信息取得,现场检查,监督管理谈话,强制披露信息,接管与重组,撤销、冻结资金等。

第四节　商业银行法

一、商业银行法概述

商业银行法是规定商业银行的职责、权利、义务和经营行为的法律规范。世界上不少国家是将中央银行法与商业银行法统一在一部法典中,统称为银行法。而我国是将两者分立，单独制定商业银行法。为了保护商业银行、存款人和其他客户的合法权益，规范商业银行的行为，提高信贷资产质量，加强监督管理，保障商业银行的稳健运行，维护金融秩序，促进社会主义市场经济的发展，八届人大常务委员会于1995年5月制定并通过了《中华人民共和国商业银行法》(以下简称《商业银行法》)，并于2003年12月加以修订。

我国《商业银行法》除了适用于商业银行外，城市信用合作社、农村信用合作社办理存款、贷款和结算等业务，邮政企业办理邮政储蓄、汇款业务，都适用《商业银行法》。外资银行、中外合资商业银行、外国商业银行分行除适用《商业银行法》外，还受到2006年颁布的《中华人民共和国外资银行管理条例》的法律规制。

二、商业银行概述

(一)商业银行的概念

我国《商业银行法》所称商业银行，是指依法设立的吸收公众存款、发放贷款、办理结算等业务的企业法人。这一法律上的定义，明确了商业银行的业务范围，明确了其作为企业法人而不是行政机构的性质，也就确立了商业银行作为一个具有民事权利能力和民事行为能力，依法独立经营、自负盈亏、以其全部法人财产独立承担民事责任的企业法人的法律地位，商业银行的经营活动不受任何单位和个人的干涉。

商业银行是银行体系的主体，现代商业银行一般都采用股份制形式，业务范围十分广泛，并积极向海外拓展。为了切实维护存款人的利益，各国政府均对商业银行实行严格的监管。

(二)商业银行的经营范围

商业银行的经营范围由商业银行的章程规定，报中国银监会批准。

根据《商业银行法》第3条规定，商业银行可以经营下列部分或者全部业务：吸收公众存款；发放短期、中期和长期贷款；办理国内外结算；发行金融债券；办理票据承兑和贴现；发行金融债券；代理发行、代理兑付、承销政府债券；买卖政府债券；从事同业拆借；买卖、代理买卖外汇，提供信用证服务及担保；从事银行卡业务；代理收付款项及代理保险业务；提供保管箱服务等。实际上，我国商业银行能够经营的业务仍然可以归纳成三大传统业务：负债业务、资产业务和中间业务。

我国对金融业实行分业经营的政策，银行业、证券业、信托业和保险业分别由不同的金融机构来经营。然而依照《商业银行法》第43条规定，商业银行只能经营《商业银行法》第3条规定的银行业务，在国内不得从事信托投资和证券经营业务，不得向非自用不动产投资，不得向非银行金融机构和企业投资，但国家另有规定的除外。这就为今后商业银行从事证券、保险、商业等其他领域的业务埋下了伏笔。

三、商业银行的设立

(一)商业银行的设立

设立商业银行，应当经银行业监督管理委员会审查批准。未经批准，任何单位和个人不得从事吸收公众存款等商业银行业务，任何单位不得在名称中使用“银行”字样。

1. 商业银行的设立条件

(1)要有符合《商业银行法》和《公司法》规定的章程。

(2)达到《商业银行法》规定的注册资本最低限额。注册资本是企业承担民事责任的财产的基础，法律对设立企业的注册资本一般均有最低限额的规定。我国《商业银行法》规定，设立商业银行的注册资本最低限额为10亿元人民币。城市合作商业银行的注册资本最低限额为1亿元人民币，农村合作商业银行的注册资本最低限额为5 000万元人民币。该注册资本应当是实缴资本。

(3)必须有具备任职专业知识和业务工作经验的高级管理人员。银行业务专业性很强，高级管理人员不具备一定的业务水平和专业知识，很难胜任本职工作。《商业银行法》第27条还规定下列人员不得担任商业银行高级管理人员：因犯有贪污贿赂、侵占财产、挪用财产罪或者破坏社会经济秩序罪被判处刑罚，或者因犯罪被剥夺政治权利的人员；担任因经营不善而破产清算的公司、企业的董事或者厂长、经理，并对公司、企业的破产负有个人责任的人员；担任因违法被吊销营业执照的公司、企业的法定代表人，并负有个人责任的人员；个人所负数额较大的债务到期未清偿的人员。

(4)要有健全的组织机构和管理制度。商业银行一般均应设立股东会作为其决策机构和最高权力机构，设立董事会作为其业务执行机构，设立监事会作为其监督机构。国有独资银行不设股东会，由董事会行使股东会的部分职权。《商业银行法》要求国有独资商业银行设立监事会，对国有独资银行的信贷资产质量、资产负债比例、国有资产保值增值等情况以及高级管理人员违反法律、行政法规与章程的行为和损害银行利益的行为进行监督。

(5)要有符合要求的营业场所、安全防范措施以及与业务有关的其他设施。

值得注意的是，《商业银行法》第12条第2款还规定了一个兜底条款，即设立商业银行，还应符合其他审慎性条件，至于具体是哪些审慎性条件，取决于法律法规和银监会的解释。此外，这一条款是取代了原《商业银行法》的“审查设立申请时，应当考虑经济发展的需要和银行业竞争的状况”的规定，因为在法律上明文把经济发展和竞争状况作为审批银行的条件，会被认为是一种准入壁垒，尤其会被外国银行设立申请人视为事实上的非国民待遇。

2. 商业银行的设立程序

(1)提出申请。设立商业银行应当依审批权限向中国银监会提出申请，提交下列文件和资料：申请书、可行性研究报告和中国银监会规定提交的其他文件、资料。

(2)填写正式申请表。设立商业银行的申请经中国银监会初审，认为其材料齐全、符合条件的，申请人应当填写正式申请表，并提交法律要求的有关文件、资料。

(3)领取“金融机构法人许可证”。经审查批准设立的商业银行，由中国银监会颁发“金融机构法人许可证”，持有许可证，方可办理工商登记。对于该经营许可证，商业银行应妥善保存，依法使用，禁止伪造、变造、转让、出租、出借经营许可证。

(4)办理工商登记。申请人持有经营许可证，即可向工商行政管理部门办理登记，领取营业执照。

(5)公告。对于经批准设立的商业银行，中国银监会应当予以公告。商业银行及其分支机构自取得营业执照之日起无正当理由超过6个月未开业的，或者开业后自行停业连续6个月以上的，由中国银监会吊销其经营许可证，并予以公告。商业银行设立后，需要变更有关事项以及进行分立、合并的，应当按规定报经中国银监会批准，并按《公司法》的有关规定办理。

(二)商业银行的组织形式

商业银行的组织形式适用《公司法》的规定。因此，我国商业银行与大多数国家的商业银行一样采取有限责任公司或股份制的组织形式，即适用公司制。根据我国《公司法》的规定，我国商业银行有三种组织形式：有限责任商业银行、国有独资商业银行和股份有限商业银行。

(三)商业银行股份的转让

我国商业银行均采取股份制形式，根据《公司法》的规定，股东投入到公司的出资，不得抽回。股东要收回出资，只能采取转让股份的办法。因此，商业银行的股东要转让其股份，必须按照《公司法》的规定进行。由于商业银行是经营货币的特殊企业，《商业银行法》对其股份的转让又作了特别限制：任何单位和个人购买商业银行股份总额5%以上(原《商业银行法》为10%以上)的，应当事先经中国银监会批准。

(四)商业银行的分支机构

1. 商业银行分支机构的设立

《商业银行法》第19条规定：商业银行根据业务需要可以在境内外设立分支机构。在境内的分支机构，不按行政区划设立。我国商业银行的体制一直都是依行政区划来建立的，商业银行无法摆脱地方政府的干预，实现其自主经营。所以，《商业银行法》的这一规定有重大的改革意义，彻底打破了传统体制，能够有效地使商业银行的分支机构从地方政府的控制下摆脱出来，促进商业银行的自主经营。

商业银行分支机构的设立程序与商业银行自身的设立程序基本一致。由申请人向中国银监会申请，申请经中国银监会审查合格后，即由其颁发“金融机构营业许可证”。然后凭此证向工商行政管理部门办理登记，领取营业执照。最后，由中国银监会予以公告。

2. 商业银行分支机构的法律地位

商业银行分支机构不具有法人资格。它在商业银行总行的授权范围内依法开展业务，其民事责任由总行承担。商业银行对其分支机构实行全行统一核算、统一调度资金、分级管理的财务制度。分支机构的营运资金由商业银行总行根据其经营规模拨付。拨付各分支机构营运资金额的总和，不得超过资本金总额的60%。

四、商业银行信贷法律制度

(一)有关存款的法律规定

存款是指货币资金的所有者或持有者存入银行或非银行金融机构的货币资金。从本质上讲,存款是一种债权,而不是通常人们所想象的那样,是一种所有权。根据存款人性质不同可将存款分为机构存款和个人储蓄存款。

商业银行办理个人储蓄存款业务,应当遵循存款自愿、取款自由、存款有息、为存款人保密的原则。为了保障存款人的合法权益不受任何单位和个人的侵犯,《商业银行法》规定:

(1)对个人储蓄存款和单位存款,商业银行有权拒绝任何单位或者个人查询、冻结、扣划,但法律、行政法规另有规定的除外。人民法院、人民检察院、公安机关和国家安全部门等因侦查、起诉、审理案件,需要查询、冻结、扣划与案件直接有关的个人储蓄存款和单位存款,必须严格依照有关规定,按法定程序办理。

(2)商业银行应当按中国人民银行的规定,向中国人民银行缴存存款准备金,留足备付金。这是为了确保商业银行能够随时满足每一个存款人的取款要求,保证其取款自由的权利。

(3)商业银行应当保证存款本金和利息的支付,不得拖延、拒绝支付存款本金和利息。如果由于商业银行无故拖延、拒绝支付存款人本息,造成存款人财产损失的,商业银行应承担民事责任。

(4)商业银行应当按照中国人民银行规定的存款利率的上、下限,确定存款利率,并予以公告。这样能使存款人自由选择对自己有利的那种利率,也使商业银行不能擅自任意改变利率而侵犯存款人的利益。

(二)有关贷款的法律规定

1. 贷款的概念

贷款是指贷款人向借款人提供的并按约定的利率和期限由借款人还本付息的货币资金。贷款有时亦指借款人的借款行为。贷款是商业银行最主要的资产业务。贷款根据借款人是否提供担保,分为信用贷款和担保贷款。信用贷款是指贷款人不要求借款人提供担保,而仅凭借款人的资信所发放的贷款。担保贷款是指贷款人要求借款人提供担保的贷款。另外,根据贷款在再生产过程中的作用不同,可将贷款划分为流动资金贷款和固定资金贷款;根据贷款的性质不同,可将贷款划分为商业性贷款和政策性贷款;根据贷款的期限不同,可将贷款分为短期贷款、中期贷款和长期贷款。

2. 商业银行发放贷款的原则

(1)接受国家产业政策指导的原则。商业银行根据国民经济和社会发展的需要,在国家产业政策指导下开展贷款业务。

(2)审贷分离、分级审批的原则。商业银行贷款,应当对借款人的借款用途、偿还能力、还款方式等情况进行严格审查，并实行审贷分离、分级审批的制度，最大限度地减少不良贷款，保证商业银行资产的安全性。

(3)担保原则。商业银行贷款，应当严格审查借款人的资信，实行担保，保证贷款按期收回。借款人应提供切实可行的担保，商业银行应当对保证人的偿还能力，抵押物、质押物的权属和价值以及实现抵押权、质权的可行性进行严格审查。当然，经商业银行审查、评估，确认借款人资信良好，确能偿还贷款的，可以不提供担保，发放信用贷款。但是，商业银行不得向关系人发放信用贷款，并且向关系人发放担保贷款的条件不得优于其他借款人同类贷款的条件。关系人是指商业银行的董事、监事、管理人员、信贷业务人员及其近亲属和以上人员投资或者担任高级管理职务的公司、企业和其他经济组织。

(4)自主经营原则。商业银行是实行自主经营、自担风险、自负盈亏、自我约束的企业法人。任何单位和个人不得强令商业银行发放贷款或者提供担保。商业银行有权拒绝任何单位和个人强令要求发放贷款或者提供担保。经国务院批准的特定贷款项目，国有独资商业银行应当发放贷款。因贷款造成的损失，由国务院采取相应补救措施。此外，商业银行贷款还应当遵循效益性、安全性和流动性原则，遵循公平竞争、密切协作的原则，不得从事不正当竞争。

3. 借款合同

借款合同是指贷款人与借款人之间达成的、将一定数额的货币资金贷给借款人、借款人按期偿还本息的协议。

《商业银行法》规定，商业银行贷款，应当与借款人订立书面合同。合同应当约定贷款种类、借款用途、金额、利率、还款期限、还款方式、违约责任和双方认为需要约定的其他事项。

借款合同中的贷款利率条款一般均由商业银行事先单方面确定。因为国家实行利率管理，商业银行必须按照中国人民银行规定的贷款利率的上、下限，确定不同期限贷款的利率，借款合同双方当事人只能按规定的利率签订合同，不得擅自提高或降低利率。

4. 资产负债比例管理

为了贷款的安全性原则及流动性原则，保障银行资产的安全，维持商业银行的正常运行，商业银行贷款应当遵循下列资产负债比例管理的规定：(1)资本充足率不得低于8%；(2)贷款余额与存款余额的比例不得超过75%；(3)流动性资产余额与流动性负债余额的比例不得低于25%；(4)对同一借款人的贷款余额与商业银行资本余额的比例不得超过10%；(5)国务院银行业监督管理机构对资产负债比例的其他规定。

(三)有关其他业务的法律规定

1. 同业拆借管理

同业拆借是银行、非银行金融机构之间相互融通短期资金的行为。凡是经中国人民银行批准、并在工商部门登记注册的金融机构均可参加同业拆借，但中国人民银行和保险公司不能参加。

同业拆借应当遵守中国人民银行规定的期限。拆借的期限最长不得超过4个月。禁止利用拆入资金发放固定资产贷款或者用于投资。拆出资金限于存款准备金、留足备付金和归还中国人民银行到期贷款之后的闲置资金。拆入资金用于弥补票据结算、联行汇差头寸的不足和解决临时性周转资金的需要。

2. 账户管理

存款人开立人民币存款账户必须按中国人民银行《人民币银行结算账户管理办法》办理。存款账户分为基本存款账户、一般存款账户、临时存款账户和专用存款账户。基本存款账户是存款人办理日常转账结算和现金支付的账户。存款人的工资、奖金等现金账户的支取,只能通过本账户办理。一般存款账户是存款人在基本存款账户以外的银行借款转存,与基本存款账户的存款人不在同一地点的附属非独立核算单位开立的账户,存款人可以通过本账户办理转账结算和现金缴存,但是不能办理现金支取。临时存款账户是存款人因临时经营活动需要开立的账户,存款人可以通过本账户办理转账结算和根据国家现金管理的规定办理现金收付。专用存款账户则是存款人因特定用途的需要而开立的账户。

企事业单位可以自主选择一家商业银行的经营场所开立一个基本账户。存款人不得开立两个以上的基本账户。任何单位和个人不得将单位的资金以个人名义开立账户。

3. 结算管理

结算是指由于商品交易、劳务供应及其他经济行为而发生的货币收付行为和债务的清算。它包括两种形式:一种是现金结算,即直接使用现金清算了结债权债务的货币收付行为;另一种是转账结算,是指不直接使用现金,而采用结算工具通过银行将款项从付款人账户划到收款人账户的货币收付行为。

我国《银行结算办法》规定,各项经济往来,除了按照国家现金管理的规定可以使用现金外,都必须办理转账结算。转账结算的方式有:票据结算、汇兑、委托收款和托收承付等。商业银行办理票据承兑、汇兑、委托收款等结算业务,应当按照规定的期限兑现,收付入账,不得压单、压票或者违反规定退票。有关兑现、收付入账期限的规定,商业银行应当公布。

4. 营业时间管理

商业银行的营业时间应当方便客户,并且应当予以公告。商业银行应当在公告的营业时间内营业,不得擅自停止营业或者缩短营业时间。

五、商业银行的接管

(一)接管的概念

接管是指银监会为了恢复已经或可能发生信用危机的商业银行的正常经营能力所采取的措施。

1. 接管的条件

只有当商业银行已经或可能发生信用危机，并严重影响存款人的利益时，才对其实行接管。

2. 接管的目的

接管的目的是对被接管的商业银行采取必要的措施，以保护存款人的利益，恢复商业银行的正常经营能力。

3. 接管机构

接管由银监会决定，并组织执行。被接管的商业银行法人资格继续存在，其债权债务不因接管而变化。

（二）接管决定

商业银行因经营不善，出现债务危机时，由银监会做出接管决定。接管决定应载明以下内容：被接管商业银行的名称，接管理由，接管组织，接管期限。接管决定由银监会予以公告。

接管从接管决定实施之日起开始。自接管开始之日起，由接管组织行使商业银行的经营管理权力。银监会对被接管的商业银行采取必要的挽救措施，对其进行改组、整顿，并给予必要的资金救助。

接管期限届满的，银监会可以决定延期，但接管期限最长不得超过 2 年。

（三）接管终止

有下列情形之一的，接管终止：接管决定规定的期限届满或者银监会决定的接管延期届满；接管期限届满前，该商业银行已恢复正常经营能力；接管期限届满前，该商业银行被合并或者被依法宣告破产。

六、商业银行的终止

商业银行因解散、被撤销和被宣告破产而终止。

（一）商业银行的解散

商业银行因分立、合并或者出现章程规定的解散事由而解散。

商业银行解散，应当向银监会提出申请，并附解散理由和支付存款本息等债务清偿计划，经银监会批准后方可解散。商业银行解散，应当依法成立清算组，进行清算，按照清偿计划及时偿还存款本金和利息等债务。银监会监督清算过程。

（二）商业银行的撤销

商业银行因吊销经营许可证而被撤销。

商业银行被撤销，银监会应依法及时组织成立清算组，进行清算，按照清偿计划及时偿还存款本金和利息等债务。

（三）商业银行的破产

商业银行因不能支付到期债务而破产。

商业银行破产，经银监会同意，由人民法院依法宣告。商业银行被宣告破产的，由人民法院组织银监会等有关部门和有关人员成立清算组，进行清算。商业银行破产清算时，在支付清算费用、所欠职工工资和劳动保险费用后，应当优先支付个人储蓄存款的本金和利息。

七、法律责任

（一）对非法从事金融业务行为的处罚

对商业银行未经批准发行金融债券或到境外借款，未经批准买卖政府债券或买卖、代理买卖外汇，在境内从事信托投资和股票业务或投资于非自用不动产，向境内非银行金融机构和企业投资，向关系人发放信用贷款和发放担保贷款的条件优于其他借款人同类贷款的条件，以及出租、出借经营许可证等非法活动，中国银监会有权责令改正，有违法所得的，没收违法所得，处以违法所得 1 倍以上 5 倍以下罚款；没有违法所得的，处以 10 万元以上 50 万元以下罚款；情节特别严重或者逾期不改正的，中国银监会可以责令停业整顿或者吊销经营许可证；构成犯罪的，依法追究刑事责任。

（二）对擅自设立金融机构及违反业务管理行为的处罚

对于未经批准在名称中使用“银行”字样的，商业银行未经批准设立分支机构或者分立、合并的，未按照中国人民银行规定的比例缴存存款准备金的，未遵守中国人民银行有关资产负债比例管理规定的，违反规定提高或降低利率以及采用不正当手段吸收存款、发放贷款的，同业拆借超过规定期限或利用拆入资金发放固定资产贷款以及将单位的资金以个人名义开立账户存储的，由中国人民银行或中国银监会责令改正，有违法所得的，没收违法所得，并处以违法所得 1 倍以上 3 倍以下罚款，没收违法所得，处以 5 万元以上 30 万元以下罚款。对商业银行无故拖延、拒绝支付存款本息，违反票据承兑等结算业务规定，不予兑现，不予收付入账、压单、压票或违反规定退票的，以及非法查询、冻结、扣划个人储蓄存款或单位存款的，也要受到以上同样处罚。如果商业银行的上述行为给存款人或其他客户造成财产损害，商业银行应承担支付迟延履行的利息以及其他民事责任。

对于未经中国银监会批准，擅自设立商业银行，或者非法吸收公众存款、变相吸收公众存款的，要依法追究刑事责任，并由中国银监会予以取缔。伪造、变造、转让商业银行经营许可证的，依法追究刑事责任。另外，《商业银行法》对商业银行工作人员利用职务违法犯罪的行为应受到的处罚作了原则性的规定。

第五节　政策性银行法

一、政策性银行的含义及特征

政策性银行是由政府设立的，以贯彻政府经济政策为目标，专门经营政策性货币信用业务的非营利性银行。

政策性银行具有以下法律特征：

(1)政策性银行是政府投资创办的。政策性银行与商业银行不同，它是政府投资设立的，并由政府控股。我国的三家政策性银行均为政府投资设立。

(2)政策性银行的经营宗旨是贯彻政府的经济政策。政策性银行不以营利为目的，而是以贯彻和执行政府的社会经济政策为己任。它的主要功能是为国家重点建设和按照国家产业政策重点扶持的行业及企业提供资金融通，包括扶持农业开发贷款，农副产业收购贷款，交通、能源等基础设施和基础产业的贷款。应予以指出的是，政策性银行不以营利为目的，不等于可以不讲求经营效益，必须亏损；相反，在追求宏观经济利益的前提下，政策性银行应当强化内部管理，严格经济核算，使政策性资金产生更多、更好的宏观经济效益。

(3)政策性银行的经营范围是特定的。与商业银行不同，政策性银行都各自拥有专门的业务领域和业务对象。政策性银行的业务通常集中在以下领域：①能源、交通、水利、高新产业、农业、对外贸易等国民经济的基础和支柱领域；②缺乏政策支持和保护的弱势产业，如中小企业；③与人民生活联系密切的领域，如住房建设、社会福利设施建设等。

二、中国政策性银行的建立

1993 年 12 月 25 日，国务院发布《关于金融体制改革的决定》，提出深化金融改革、组建政策性银行。该决定中有关建立政策性银行的主要内容有：(1)建立政策性银行的目的。实现政策性金融与商业性金融分离，以解决某些专业银行身兼两职的问题，割断政策性贷款与基础货币的直接联系，确保中国人民银行调控基础货币的主动权。(2)政策性银行的经营原则。政策性银行要坚持自担风险、保本经营、不与商业银行竞争的原则，业务上接受中国人民银行监督。(3)设立中国国家开发银行、中国农业发展银行和中国进出口银行三家政策性银行。(4)政策性银行设立监事会。

根据国务院发布的《关于金融体制改革的决定》，我国先后组建了中国国家开发银行(1994 年 3 月 17 日)、中国进出口银行(1994 年 7 月 1 日)和中国农业发展银行(1994 年 11 月 8 日)，并相继开展业务。

三、国家开发银行

国家开发银行是负责筹措和引导社会资金对国家基础设施、基础产业和支柱产业办理政策性贷款的银行，总部设在北京，行政上直属国务院领导，按照独立核算，自主、保本经营，责权利相统一的原则，开展政策性金融业务。

(一)资金来源

国家开发银行的注册资本为 500 亿元人民币，由财政部核拨。其资金来源的主要渠道是：(1)财政部拨付的资本金和重点建设基金；(2)国家开发银行对社会发行的国家担保债券和金融机构发行的金融债券;(3)中国建设银行吸收存款的一部分。

(二)业务范围

国家开发银行经营和办理下列业务:

(1)管理和运用国家核拨的预算内经营性建设基金和贴息资金。

(2)在国内金融机构发行金融债券和向社会发行财政担保建设债券。

(3)办理有关的外国政府和国际金融组织贷款的转贷,经国家批准在国外发行债券,根据国家利用外资计划筹借国际商业贷款等。

(4)向国家基础设施、基础产业和支柱产业等政策性项目及其配套工程发放政策性贷款。

(5)办理建设项目贷款条件评审、咨询和担保业务等,为重点建设项目物色国内外合资伙伴,提供投资机会和投资信息。

(6)经批准的其他业务。

(三)组织机构

国家开发银行实行行长负责制,设行长1人,副行长若干人,均由国务院任命。行长负责全行工作,副行长协助行长工作。

国家开发银行经国务院批准设立监事会,监督国家开发银行执行国家方针政策的情况、资金使用方向和资产经营状况。同时,国家开发银行每一会计年度还必须向财政部报送财务决算,每年定期公布基本财务报表,并由中华人民共和国的注册会计师和审计师事务所出具审计报告。

四、中国农业发展银行

中国农业发展银行是负责筹集农业政策性信贷资金,办理国家规定的农业政策性金融业务的政策性银行。总部设在北京,在行政上直属国务院领导,实行独立核算,自主、保本经营,企业化管理。

(一)资金来源

中国农业发展银行的注册资本为200亿元人民币,其资本金从现在的中国农业银行资本金中拨出一部分解决。其资金主要来源是:(1)对金融机构发行金融债券;(2)财政支农资金;(3)使用农业政策性贷款企业的存款;(4)对因季节性等原因出现先支后收的临时性需要,中国人民银行可以视情况对中国农业发展银行总行发放少量短期贷款。

(二)业务范围

中国农业发展银行经营和办理下列业务:

(1)办理由国务院、中国人民银行安排资金并由财政部予以贴息的粮食、棉花、油料、猪肉、食糖等主要农副产品的国家专项储备贷款。

(2)办理粮、棉、油、肉等农副产品的收购贷款及粮油调销、批发贷款,办理承担国家粮油等产品政策性加工任务企业的贷款和棉麻系统初加工企业的贷款。

(3)办理国务院确定的扶贫贴息贷款、老少边穷地区发展经济贷款、贫困县县办企业贷款、农业综合开发贷款以及其他财政贴息的农业方面的贷款。

(4)办理国家确定的小型农、林、牧、水利基本建设和技术改造贷款。

(5)办理中央和省级政府的财政支农资金的代理拨付,为各级政府设立的粮食风险基金开立专户并代理拨付。

(6)发行金融债券。

(7)办理业务范围内开户企业、事业单位的存款。

(8)办理开户企业、事业单位的结算。

(9)境外筹资。

(10)办理批准的其他业务。

(三)组织机构

中国农业发展银行在机构设置上实行总行、分行、支行制。中国农业发展银行实行行长负责制,对其分支机构实行垂直领导的管理体制,设立监事会对中国农业发展银行的业务进行监督、检查、评价。

五、中国进出口银行

中国进出口银行是执行国家产业政策和外贸政策,对我国进出口行业开展政策性信贷业务的专业银行。总行设在北京,在行政上直属国务院领导,实行自主、保本经营,企业化管理。

(一)资金来源

中国进出口银行的注册资本为33.8亿元人民币,其资本金由财政部核拨。其资金来源主要有:(1)财政专项资金;(2)对金融机构发行的金融债券;(3)从国际金融市场上筹措的资金。

(二)业务范围

中国进出口银行经营和办理下列业务:

(1)为机电产品和成套设备等资本性货物的进出口提供卖方信贷、买方信贷。

(2)办理与机电产品进出口信贷有关的外国政府贷款、混合贷款、出口信贷的转贷,以及中国政府对外国政府贷款、混合贷款、出口信贷的转贷。

(3)办理国际银行间贷款,组织或参加担保、进出口保险和保付代理业务。

(4)提供出口信用保险、出口信贷担保、进出口保险和保付代理业务。

(5)在境内发行金融债券和在境外发行有价证券。

(6)经营批准的外汇业务。

(7)参加国际进出口银行组织及政策性金融保险组织。

(8)为进出口业务进行咨询和项目评审,为对外经济技术合作和贸易提供服务。

(9)办理经批准的其他业务。

(三)组织机构

中国进出口银行设董事会。董事会设董事长1人,视需要设副董事长。中国进出口银行还设监事会,监事会受国务院委托对其经营方针及国有资产的保值、增值情况,对银行行长的经营业绩进行监督检查,对银行行长的工作做出评价和建议。

需注意的是,随着社会经济的发展变迁,我国政策性银行也面临着自身挑战与渐进变革。我国《国民经济和社会发展"十一五"规划纲要》指出:"合理确定政策性银行的职能定位,健全自我约束机制、风险调控机制和风险补偿机制",这为我国政策性银行的改革指明了方向。在新的指导原则中,国家开发银行、中国进出口银行、中国农业发展银行将根据各自条件,按照"一行一策"的方针进行商业化改革,自主经营、自负盈亏、自担风险,目标是达到财务可持续且建立有效的公司治理结构。它以国家信用为基础,以市场业绩为支柱,通过融资贯彻国家政策,实现政府的发展目标。但是,如何正确定位政策性银行的法律角色,梳理政策性金融机构与商业性金融机构之间的界限,控制可能的财务风险,恐怕还将经历相当长的探索期与转型期。

第十一章 证券法律制度

【要点提示】

- 证券与证券法的含义、基本原则
- 证券发行的概念、种类、条件以及证券承销
- 证券交易的一般规则、证券上市条件与程序、禁止的证券交易行为
- 上市公司收购
- 证券公司与证券交易所

【案例】

2011年2月6日，某报头版头条发布了“A公司致函本报向社会公告收购B上市公司股票”的消息，并全文刊载了A公司的函件，至2月6日下午收市，A公司持有B公司已发行股票的5%，并表示按照法定程序继续收购B公司股票。经查，A公司为赚取利润，董事会决定投资股票市场。A公司在以生产经营为用途的银行贷款中取出1 000万元人民币，分别存在证券公司开设的数个个人账户上，具体操作由公司职员赵某负责。赵某为了替公司赚更多的钱，在并不具备收购B公司条件的情况下，致函某报，某报未经核实就登载于头版头条，之后B公司股票在证券市场交易价格剧烈波动，赵某又与钱某、孙某等联手，集中资金优势，约定时间和价格，不断拉高B公司股票价格，从中获利近千万元。其后赵某将利润和本金全部上交A公司。

根据《证券法》的规定，一一指出本案中的违法事实。

第一节 证券法概述

一、证券与证券立法

(一) 证券的含义和分类

证券是指为设立或证明某种权利而制作的书面凭证。它一般有广义、中义和狭义之分。

广义的证券包括有价证券和无价证券两种形式。有价证券，是指发行人依法发行的表示一定财产权利的凭证，如提单、债券。无价证券指证明持券人享有券面上记载的某种非财产性权利，而无法或难以用价值尺度衡量的凭证，如我国在计划经济时代的粮票、布票、油票等。

中义的证券指有价证券。有价证券一般可以分为货币证券、货物证券和资本证券。

货币证券,又称商业票据,是指与货币功能近似,并在一定范围内可以代替货币使用的证券,如支票、汇票、本票等。货物证券,是指能代表一定的货物提取权的凭证,如仓单、提单等。资本证券,是指能在资本市场上流通和转让,持券人有权依其面额按期获取一定收益的证券,如股票、公司债券、投资基金份额等。

狭义的证券仅指资本证券。

(二) 证券立法

为更好地优化我国资源配置,调整经济结构,筹集更多的社会资金,我们需要建立和发展一个健康有序、安全稳定的证券市场。为了规范证券发行和交易行为,保护投资者的合法权益,维护社会经济秩序和社会公共利益,促进社会主义市场经济的发展,我国制定了《证券法》,该法于1998年12月29日由第九届全国人民代表大会常务委员会第六次会议通过,自1999年7月1日起施行。2004年8月28日,第十届全国人民代表大会常务委员会第十一次会议通过了《关于修改〈中华人民共和国证券法〉的决定》,对该法个别条款作了修正。2005年10月27日,第十届全国人民代表大会常务委员会第十八次会议通过了对《证券法》进行的再次修订,修订后的《证券法》自2006年1月1日起施行。

我国《证券法》以资本证券为规范对象,主要包括:(1)股票;(2)公司债券;(3)政府债券;(4)投资基金份额;(5)国务院依法认定的其他证券,如股票期货、股票期权、认股权证、债券期货、债券期权等。

二、《证券法》的基本原则

证券法的基本原则是指《证券法》所规定的证券发行和证券交易活动必须遵循的基本准则,是证券立法、司法和执法的出发点和指导思想,它体现了《证券法》的基本精神。根据《证券法》的规定,在证券活动和证券管理中应坚持如下原则:

(一) 公开、公平、公正原则

公开、公平、公正原则俗称证券法的“三公”原则。

1. 公开原则

公开原则又称信息披露制度,是指证券市场的信息要公开化。内容上,凡是可能影响投资者决策的信息都应当公开,如公司章程、招股说明书、有关财务会计资料等。形式上,包括向社会公告,将有关信息刊登在报纸或刊物上,将有关资料置备于有关场所,供公众随时查阅等。公开的信息必须及时、完整、真实、准确。

2. 公平原则

公平原则是指在证券发行和交易活动中,投资人、发行人、证券商和证券专业服务机构等证券市场主体具有平等的法律地位,其合法权益都应受到公平的保护。这里的公平主要是指机会均等,各参与主体应在同等条件下平等竞争。任何人不得超越证券法规定的范围享有特权。

3. 公正原则

公正原则是指证券监督管理机构应在公开、公平的基础上，对一切证券市场参与者给予公正待遇。公正原则是实现公开、公平原则的保障。在证券市场中，立法机关应当制定体现公平精神的法律法规，证券监督管理部门应当依法公正地履行职责，对一切被监管者给予公正待遇。

(二)自愿、有偿、诚实信用原则

1. 自愿原则

自愿原则是指当事人有权按照自己的意愿自主地参与证券发行与证券交易活动，他人不得干涉，也不得采取欺骗、威吓或胁迫等手段影响当事人决策。在市场交易活动中，任何一方都不得把自己的意志强加给对方。

2. 有偿原则

有偿原则是指当事人应当本着权利义务的对等，按照价值规律下的等价交换原则参与证券发行和交易。当事人任何一方不得利用自己的特殊地位或身份无偿占有或剥夺他人的财产和利益。

3. 诚实信用原则

诚实信用原则简称为诚信原则，是商业道德法律化的具体表现。诚实是指要客观真实，不欺人、不骗人；信用是指要遵守承诺。

(三) 遵守法律原则

《证券法》第5条规定："证券发行、交易活动必须遵守法律、行政法规，禁止欺诈、内幕交易和操纵证券市场的行为。"

(四) 证券业与其他金融业分业经营、分业管理，混业经营另作规定的原则

《证券法》第6条规定："证券业和银行业、信托业、保险业分业经营、分业管理。证券公司与银行、信托、保险业务机构分别设立。国家另有规定的除外。"原《证券法》实行分业经营、分业管理的原则。新《证券法》在规定分业经营、分业管理原则的同时，规定"国家另有规定的除外"，为混业经营留下了一定的法律空间，也为银行资金间接进入证券市场准备了条件。

(五) 政府统一监管与行业自律原则

证券市场是一个充满矛盾与风险的市场，必须对证券市场进行监管。各国对证券市场的监管包括由政府设立证券监管部门进行监管和由证券经营机构等成立自律性组织进行监管两种模式。我国实行政府统一监管与行业自律相结合的模式。《证券法》规定："国务院证券监督管理机构依法对全国证券市场实行集中统一监督管理。国务院证券监督管理机构根据需要可以设立派出机构，按照授权履行监督管理职责。""在国家对证券发行、交易活动实行集中统一监督管理的前提下，依法设立证券业协会，实行自律性管理。"

三、我国证券管理模式

由于证券与公司有着密切的联系，所以证券法与公司法的关系也是最为密切的。我国的证券立法模式是以《证券法》作为规范证券交易、发行和监管的基本法，辅之以《公司法》等法律、法规、规章等，构成一个证券法律制度体系。我国的监管模式是政府监管与行业自律相结合的模式。

第二节 证券发行

一、证券发行的概念及种类

（一）证券发行的概念

证券发行是指经批准符合条件的证券发行人，以筹集资金为目的，按照一定程序将证券销售给投资者的行为。通过证券发行而建立起来的市场称为证券发行市场，又叫一级市场，它一般由证券发行人、承销机构和证券投资人构成。

（二）证券发行的种类

根据不同的标准，可以将证券发行分成不同的种类。

(1)根据证券主要种类的不同，分为股票发行、公司债券发行和证券投资基金发行。《证券法》主要对股票、公司债券的发行作出规定。

股票发行是指股份有限公司（包括经批准拟成立的股份有限公司）以募集资本为目的，分配或出售自己的股份，由投资人认购的行为。股票发行依据发行目的的不同，分为设立发行和新股发行两类。①设立发行，是指为了设立股份有限公司而进行的股票发行。在这一情形下，股票的发行是股份有限公司设立过程中的一个重要组成部分和必要条件，如果股票发行失败，股份有限公司就无法成立。②新股发行，又称为增资发行，是指已经成立的股份有限公司因筹措资金以及调整公司资本结构等需要而发行新股的行为。新股发行可以分为有偿新股发行和无偿新股发行。前者主要包括配股、公开发行新股等形式，后者主要包括分派股票股利、公积金转增股份等形式。

公司债券是指公司依照法定程序发行的、约定在一定期限还本付息的有价证券。公司债券发行，是指债券发行人发行普通公司债券和可转换公司债券的行为。原《公司法》规定，普通公司债券的发行主体只限于股份有限公司、国有独资公司和两个以上的国有企业或者两个以上的国有投资主体设立的有限责任公司，其他公司不能发行公司债券。《公司法》修订以后，所有公司都可作为发行普通公司债券的主体。可转换公司债券的发行主体为上市公司。发行普通公司债券和可转换债券都会影响债券发行人的负债结构和资产负债率，但后者可能在未来影响债券发行人的股本结构和总额。

证券投资基金是一种利益共享、风险共担的集合证券投资方式，即通过发行基金的单位集中投资者的资金，由基金托管人托管，由基金管理人管理和运用资金，从事股票、债券等金融工具的投资。证券投资基金主要有如下特点：①投资基金的单位面值、管理费用和购买费用一般较低，有利于吸引社会闲散资金。在我国，每份基金单位的面值为人民币

1元。②投资基金由投资基金管理公司管理，聘请专家经营，有利于降低风险，得到较高的投资回报。③实行组合投资。《证券投资基金法》规定，“基金管理人运用基金财产进行证券投资，应当采用资产组合的方式”，有利于分散风险，保障投资者资产的安全。

我国2003年通过的《中华人民共和国证券投资基金法》对证券投资基金的发行与募集有专门的规定，《证券法》并不调整证券投资基金的发行。

(2)根据证券发行范围的不同，分为公开发行和非公开发行。

公开发行，又称公募发行，是指发行人向不特定的社会公众出售证券的行为。《证券法》第10条规定，有下列情形之一的，为公开发行：①向不特定对象发行证券；②向累计超过200人的特定对象发行证券；③法律、行政法规规定的其他发行行为。

不公开发行，又称私募发行，是指针对特定对象、采取特定方式、接受特定规范的证券发行方式。非公开发行证券，不得采用广告、公开劝诱和变相公开方式。

二、证券发行的条件

(一)股票发行的条件

1. 设立发行的条件

采用私募方式发行股票的，发行人按照《公司法》规定的股份有限公司设立的条件，认购公司发行的股票即可，无须报经国务院证券监督管理机构核准。采用公开方式发行股票的，必须依法报经国务院证券监督管理机构核准后方可进行，未经核准的公开发行，不能在公司登记机关办理设立手续。

2. 新股发行的条件

根据《证券法》的规定，公司公开发行新股，应当符合下列条件：(1)具备健全且运行良好的组织机构；(2)具有持续盈利能力，财务状况良好；(3)最近3年财务会计文件无虚假记载，无其他重大违法行为；(4)经国务院批准的国务院证券监督管理机构规定的其他条件。

上市公司非公开发行新股，应当符合经国务院批准的国务院证券监督管理机构规定的条件，并报国务院证券监督管理机构核准。

公司公开发行股票所募集的资金，必须按照招股说明书所列的资金用途使用。改变招股说明书所列资金用途的，必须经股东大会作出决议。擅自改变用途而未作纠正的，或者未经股东大会认可的，不得公开发行新股，上市公司也不得以非公开方式发行新股。

(二)债券发行的条件

1. 发行公司债券的条件

我国《证券法》第16条规定，公开发行公司债券，应当符合下列条件：(1)股份有限公司的净资产不低于人民币3 000万元，有限责任公司的净资产不低于人民币6 000万元；(2)累计债券余额不超过公司净资产的40%；(3)最近3年平均可分配利润足以支付公司债券1年的利息；(4)将筹集的资金投向符合国家产业政策的项目；(5)债券的利率不超过国务院限定的利率水平；(6)国务院规定的其他条件。

公开发行公司债券募集的资金，必须用于核准的用途，不得用于弥补亏损和非生产性支出。

有下列情形之一的，不得再次公开发行公司债券：(1)前一次公开发行的公司债券尚未募足；(2)对已公开发行的公司债券或者其他债务有违约或者延迟支付本息的事实，且仍处于继续状态的；(3)违反《证券法》的规定，改变公开发行公司债券所募资金的用途。

2. 发行可转换债券的条件

新修订的《证券法》第16条第3款规定，上市公司发行可转换为股票的公司债券，除应当符合上述规定的条件外，还应当符合《证券法》关于公开发行股票的条件，并报国务院证券监督管理机构核准。

有下列情形之一的，不得发行可转换债券：(1)前一次发行的债券尚未募足的；(2)对已发行的债券有延迟支付本息的事实，且仍处于继续状态的。

三、证券发行的审核

(一) 证券发行审核制度

针对证券的发行行为，各国均依法实行一定的监督管理，其中最具代表性的体制是证券发行注册制与证券发行核准制。

1. 证券发行注册制

也称公开主义，是指政府对证券发行的实质性条件不作规定，证券发行人能通过注册程序的唯一标准是信息完全公开，监管机关只对其申报内容在准确性、全面性和真实性等方面做出形式审查，只要文件符合形式要件，公开方式适当，法定期限届满时，发行注册申报即自动生效。投资者根据公开的信息作出选择，风险自负。其特点是政府对证券市场干预少，只强调信息公开披露以保证投资者获得足够的证券投资信息；从申报到具体发行的时间间隔较短，上市成本低，具有较高的市场效率。注册制优势的发挥借助于以下因素：(1)投资者具有较丰富的金融知识，有能力做出正确的投资选择；(2)证券中介机构普遍具备健全的内控机制和良好的管理水平；(3)存在一个高效、公正的司法体系。

2. 证券发行核准制

也称准则主义，是指发行人发行证券时不仅要公开本公司的真实情况，而且发行人必须符合法定的发行条件，证券监督管理机关有权否决不符合条件的申请。证券发行核准制为投资者提供双重保障：信息公开加政府监管。其特点是实质管理，即通过质量要求排除劣质公司或具有明显投机性的公司，保护投资者尤其是中小投资者的利益，维护投资者对证券市场的信心。

我国《证券法》第10条规定："公开发行证券，必须符合法律、行政法规规定的条件，并依法报经国务院证券监督管理机构或者国务院授权的部门核准；未经依法核准，任何单位和个人不得公开发行证券。"可见，在证券公开发行审核问题上，我国实行核准制。

（二）审核机构及审核原则

国务院证券监督管理机构设发行审核委员会，依法审核股票发行申请。发行审核委员会由国务院证券监督管理机构的专业人员和所聘请的该机构外的有关专家组成，以投票方式对股票发行申请进行表决，提出审核意见。发行审核委员会的具体组成办法、组成人员任期、工作程序，由国务院证券监督管理机构规定。

国务院证券监督管理机构依照法定条件负责核准股票发行申请。核准程序应当公开，依法接受监督。参与审核和核准股票发行申请的人员，不得与发行申请人有利害关系，不得直接或者间接接受发行申请人的馈赠，不得持有所核准的发行申请的股票，不得私下与发行申请人进行接触。国务院授权的部门对公司债券发行申请的核准，参照上述规定执行。

国务院证券监督管理机构或者国务院授权的部门应当自受理证券发行申请文件之日起 3 个月内，依照法定条件和法定程序作出予以核准或者不予核准的决定，发行人根据要求补充、修改发行申请文件的时间不计算在内；不予核准的，应当说明理由。

证券发行申请经核准后，发行人应当依照法律、行政法规的规定，在证券公开发行前，公告公开发行募集文件，并将该文件置备于指定场所供公众查阅。发行证券的信息依法公开前，任何知情人不得公开或者泄露该信息。发行人不得在公告公开发行募集文件前发行证券。

国务院证券监督管理机构或者国务院授权的部门对已作出的核准证券发行的决定，发现不符合法定条件或者法定程序，尚未发行证券的，应当予以撤销，停止发行。已经发行尚未上市的，撤销发行核准决定，发行人应当按照发行价并加算银行同期存款利息返还证券持有人；保荐人应当与发行人承担连带责任，但是能够证明自己没有过错的除外；发行人的控股股东、实际控制人有过错的，应当与发行人承担连带责任。

四、证券承销

证券承销是指证券公司依照协议包销或者代销发行人向社会公开发行证券的行为。发行人向不特定对象公开发行的证券，法律、行政法规规定应当由证券公司承销的，发行人应当同证券公司签订承销协议。

（一）承销的种类

1. 按照责任与风险的不同，证券承销分为代销和包销两种形式

代销是指证券公司代发行人发售证券，在承销期结束时，将未售出的证券全部退还给发行人的承销方式。在证券代销中，证券公司与发行人是典型的代理关系，证券公司负担的风险较小，代销佣金也较低，一般为实际售出证券总金额的 0.5%～1.5%。股票发行采用代销方式，代销期限届满，向投资者出售的股票数量未达到拟公开发行股票数量70%的，为发行失败。发行人应当按照发行价并加算银行同期存款利息返还股票认购人。

包销是指证券公司将发行人的证券按照协议全部购入或者在承销期结束时将未售出

的证券全部自行买入的承销方式，前者为全额包销，后者为余额包销。在证券包销中，证券公司与发行人是买卖合同关系，证券公司负担的风险较大，包销佣金也较高，一般为包销证券总金额的1.5%～3%。

2. 根据证券承销机构数量的不同，证券承销分为单独承销和承销团承销两种形式

单独承销，是指仅由一家证券承销机构承销发行人发行的证券。

承销团承销，是指由两家或两家以上的证券承销机构组成的承销团承销发行人发行的证券。我国《证券法》第32条规定，向不特定对象公开发行的证券票面总值超过人民币5 000万元的，应当由承销团承销。承销团应当由主承销商和参与承销的证券公司组成。

(二)证券承销的业务规则

(1)证券公司承销证券，应当对公开发行募集文件的真实性、准确性、完整性进行核查；发现有虚假记载、误导性陈述或者重大遗漏的，不得进行销售活动；已经销售的，必须立即停止销售活动，并采取纠正措施。

(2)证券公司在代销、包销期间内，对所代销、包销的证券应当保证先行出售给认购人，证券公司不得为本公司预留所代销的证券和预先购入并留存所包销的证券。

(3)证券公司不得以不正当竞争手段招揽证券承销业务。公开发行证券的发行人有权依法自主选择承销的证券公司。

(4)证券经营机构不得同时承销四只或四只以上的股票。

(5)必须遵守有关承销期的规定。《证券法》第33条规定，证券的代销、包销期限最长不得超过90天。

第三节　证券交易

一、证券交易的一般规则

证券交易即证券买卖，是指已发行的证券在证券交易市场上买卖或转让的活动。广义的证券交易泛指一切以证券为交易对象的行为，包括一级市场中证券发行人与证券认购人之间的认购行为和二级市场中证券投资者的买卖行为。本节阐述的证券交易是指狭义的证券交易，即二级市场中的证券买卖行为。

根据《证券法》的规定，证券交易的一般规则主要有：

(一) 上市交易的证券是依法发行、交付并可以转让的证券

我国《证券法》规定，证券交易当事人依法买卖的证券，必须是依法发行并交付的证券。非依法发行的证券，不得买卖。依法发行的股票、公司债券及其他证券，法律对其转让期限有限制性规定的，在限定的期限内不得买卖。如《公司法》规定，发起人持有本公司股份的，自公司成立之日起1年内不得转让；公司董事、监事、高级管理人员在任职期间每年转让其持有的本公司股份总数不得超过规定比例等。

（二）证券交易的当事人必须合法

为了防止出现内幕交易、操纵市场等证券欺诈行为，维护证券市场的秩序，我国《证券法》对下列机构和人员持有、买卖股票作出了限制。

（1）证券交易所、证券公司和证券登记结算机构的从业人员、证券监督管理机构的工作人员以及法律、行政法规禁止参与股票交易的其他人员，在任期或者法定限期内，不得直接或者以化名、借他人名义持有、买卖股票，也不得收受他人赠送的股票。任何人在成为前款所列人员时，其原已持有的股票，必须依法转让。

（2）为股票发行出具审计报告、资产评估报告或者法律意见书等文件的证券服务机构和人员，在该股票承销期内和期满后6个月内，不得买卖该种股票。除前款规定外，为上市公司出具审计报告、资产评估报告或者法律意见书等文件的证券服务机构和人员，自接受上市公司委托之日起至上述文件公开后5日内，不得买卖该种股票。

（3）上市公司董事、监事、高级管理人员、持有上市公司股份5%以上的股东，将其持有的该公司的股票在买入后6个月内卖出，或者在卖出后6个月内又买入，由此所得收益归该公司所有，公司董事会应当收回其所得收益。但是，证券公司因包销购入售后剩余股票而持有5%以上股份的，卖出该股票不受6个月时间的限制。公司董事会不按照前款规定执行的，股东有权要求董事会在30日内执行。公司董事会未在上述期限内执行的，股东有权为了公司的利益以自己的名义直接向人民法院提起诉讼，并有权要求负有责任的董事依法承担连带责任。

（三）在合法的证券交易场所交易

依法公开发行的股票、公司债券及其他证券，应当在依法设立的证券交易所上市交易或者在国务院批准的其他证券交易场所转让。我国的证券交易所有上海证券交易所和深圳证券交易所。

（四）以合法方式交易

《证券法》规定，证券交易以现货和国务院规定的其他方式进行交易。这项规定为以后发展证券期货交易预留了法律空间。证券在证券交易所上市交易，应当采用公开的集中交易方式或者国务院证券监督管理机构批准的其他方式。

目前采用的公开的集中交易方式主要是公开的集中竞价交易。竞价交易是指多个买主与卖主之间，出价最低的卖主与进价最高的买主达成交易。公开的集中竞价，是指所有有关买卖该证券的买主与卖主集中在一个市场内公开申报自己的买价和卖价，当买卖双方出价相吻合时就成交。

证券交易的集中竞价实行价格优先、时间优先的原则。所谓价格优先，是指买方出价高的优于出价低的，卖方出价低的优于出价高的，卖方中出价最低的与买方中出价最高的优先成交。依此类推，连续竞价。所谓时间优先，是指出价相同时，以最先出价者优先成交。

（五）规范证券交易服务

首先，是为客户保密。证券交易所、证券公司、证券登记结算机构必须依法为客户开立的账户保密。除法律和行政法规另有规定者，证券交易所、证券公司、证券登记结算机构不向任何人提供客户开立账户的情况，否则将承担相应的法律责任。

其次，是证券交易的收费必须合理，并公开收费项目、收费标准和收费办法。证券交易的收费项目、收费标准和管理办法由国务院有关主管部门统一规定。

二、证券上市

(一)证券上市的条件

1. 股票上市的条件

根据《证券法》第50条的规定，股份有限公司申请股票上市，应当符合下列条件：(1)股票经国务院证券监督管理机构核准已公开发行；(2)公司股本总额不少于人民币3 000万元；(3)公开发行的股份达到公司股份总数的25%以上，公司股本总额超过人民币4亿元的，公开发行股份的比例为10%以上；(4)公司最近3年无重大违法行为，财务会计报告无虚假记载。

证券交易所可以规定高于上述规定的上市条件，并报国务院证券监督管理机构批准。

2. 公司债券上市的条件

根据《证券法》第57条的规定，公司申请债券上市交易，应当符合下列条件：(1)公司债券的期限为1年以上；(2)公司债券的实际发行额不少于人民币5 000万元；(3)公司申请债券上市时仍符合法定的公司债券发行条件。

(二)证券上市的程序

1. 上市申请的准备

(1)聘请会计师和会计师事务所出具公司近3年来的财务报表的审计报告，公司债券上市的还要求最近财务报表的日期距公司债券上市日不超过9个月；(2)申请股票、可转换为股票的公司债券的上市交易，应当聘请保荐人，并由其出具上市保荐书；(3)编制上市申报材料。

2. 向证券交易所提出证券上市申请

公司申请股票上市交易，应当向证券交易所报送下列文件：(1)上市报告书；(2)申请股票上市的股东大会决议；(3)公司章程；(4)公司营业执照；(5)依法经会计师事务所出具的公司最近3年的财务会计报告；(6)法律意见书和上市保荐书；(7)最近一次的招股说明书；(8)证券交易所上市规则规定的其他文件。

公司申请公司债券上市交易，应当向证券交易所报送下列文件：(1)上市报告书；(2)申请公司债券上市的董事会决议；(3)公司章程；(4)公司营业执照；(5)公司债券募集办法；(6)公司债券的实际发行数额；(7)证券交易所上市规则规定的其他文件。

3. 证券交易所依法核准

股票或公司债券的上市申请，由证券交易所依照法定条件和程序进行审核、批准。

4. 上市协议书的签订

经证券交易所审核同意后，申请证券上市的公司应与证券交易所签订上市协议书。

5.公司发布上市公告

签订上市协议的公司应当在规定的期限内公告股票上市的有关文件,并将该文件置备于指定场所供公众查阅。

6.挂牌交易

完成上述证券上市程序后,申请上市的证券将按照证券交易所的安排和上市公告书披露的日期挂牌交易。挂牌交易是完成证券上市程序的最终标志。

(三)证券上市的暂停和终止

暂停上市,又称停牌,是证券监督管理机构或证券交易所依法对上市证券作出的暂时停止上市交易的措施。待特殊原因消除后,经批准可以恢复上市交易。

终止上市,又称退市,是证券监督管理机构或证券交易所依法对上市证券作出的取消上市资格的措施。待法定原因消除后,证券发行人须依证券上市程序重新申请上市。

1.股票上市的暂停和终止

根据《证券法》的规定,上市公司有下列情形之一的,由证券交易所决定暂停其股票上市交易:(1)公司股本总额、股权分布等发生变化,不再具备上市条件;(2)公司不按照规定公开其财务状况,或者对财务会计报告作虚假记载,可能误导投资者;(3)公司有重大违法行为;(4)公司最近3年连续亏损;(5)证券交易所上市规则规定的其他情形。

上市公司有下列情形之一的,由证券交易所决定终止其股票上市交易:(1)公司股本总额、股权分布等发生变化,不再具备上市条件,在证券交易所规定的期限内仍不能达到上市条件;(2)公司不按照规定公开其财务状况,或者对财务会计报告作虚假记载,且拒绝纠正;(3)公司最近3年连续亏损,在其后一个年度内未能恢复盈利;(4)公司解散或者被宣告破产;(5)证券交易所上市规则规定的其他情形。

2.公司债券上市的暂停与终止

公司债券上市交易后,公司有下列情形之一的,由证券交易所决定暂停其公司债券上市交易:(1)公司有重大违法行为;(2)公司情况发生重大变化,不符合公司债券上市的条件;(3)公司债券所募集的资金不按照核准的用途使用;(4)未按照公司债券募集办法履行义务;(5)公司最近2年连续亏损。

公司有上述第(1)项、第(4)项所列情形之一,经查实后果严重的,或者有第(2)项、第(3)项、第(5)项所列情形之一,在限期内未能消除的,由证券交易所决定终止其公司债券上市交易。

公司解散或者被宣告破产的,由证券交易所终止其公司债券上市交易。

对证券交易所作出的不予上市、暂停上市、终止上市决定不服的,公司依法可以向证券交易所设立的复核机构申请复核。

三、证券市场信息披露制度

证券市场信息披露制度,又称证券市场信息公开制度或证券市场信息公示制度,是指上市公司在证券发行时和证券上市流通环节中，为维护公司股东或债权人的合法权益，依法将与其证券相关的一切真实信息予以公开，以供投资者作证券投资判断参考的法律制度。

(一) 信息披露的基本原则

证券市场信息披露应遵循真实、完整、准确、及时的基本原则。

所谓真实，是指披露的信息应以客观事实或在事实基础上的分析判断为基础，不得有虚假陈述、不合理评价。所谓完整，是指必须对信息的所有方面作周密、全面、充分的揭示，不得有重大信息遗漏。准确，是指公开的数据精确，并有合法根据。及时，是指应以最快的速度公开信息。

(二)应披露的信息和方式

1. 证券发行市场的信息披露

经国务院证券监督管理机构核准依法公开发行股票，或者经国务院授权的部门核准依法公开发行公司债券，应当公告招股说明书或公司债券募集说明书、招股说明书概要或债券募集说明书概要、股票上市报告书、股票发行公告等信息披露文件。其中，核心文件是证券招募说明书，即招股说明书和公司债券募集说明书。

2. 证券交易市场的信息披露

证券交易市场持续性信息披露的主要文件有：(1)上市报告书。公开发行证券的公司在其证券获准在证券交易所交易后应当编制上市报告书予以公告。它既是对社会公众作出的通知，也是对招募说明书的补充说明。除概括招募说明书的主要内容外，它还应该对招募说明书披露以后公司是否发生重大情况变化作出详细说明。(2)定期报告。指公司在一定时期内分别向国务院证券监督管理机构和证券交易所提交并同时向社会公众公布的反映上市公司某个会计期间内的财务状况、经营情况、股本变动和股东的情况、募集资金的使用情况和公司重要事项的报告。其报告形式有年度报告、中期报告和季度报告。(3)临时报告。指当发生可能对上市公司股票交易价格产生较大影响的重大事件时，上市公司应当立即向国务院证券监督管理机构和证券交易所提交并同时向社会公众披露的报告。临时报告的及时性有效地弥补了定期报告的缺陷。临时报告的主要内容为：上市公司股东大会、董事会和监事会的会议报告，公司收购或出售资产的报告，关联交易报告，公司重组报告，配股报告，重大事件报告等。

上述依法必须披露的信息，应当在国务院证券监督管理机构指定的媒体发布，同时将其置备于公司住所、证券交易所，供社会公众查阅。

(三)违反信息披露制度的民事责任

上市公司董事、监事、高级管理人员应当保证上市公司所披露的信息真实、准确、完整。若所披露的信息有虚假记载、误导性陈述或者重大遗漏，致使投资者在证券交易中遭受损失的，发行人、上市公司应当承担赔偿责任；发行人、上市公司的董事、监事、高级管理人员和其他直接责任人员以及保荐人、承销的证券公司，应当与发行人、上市公司承担连带赔偿责任，但是能够证明自己没有过错的除外；发行人、上市公司的控股股东、实际控制人有过错的，应当与发行人、上市公司承担连带赔偿责任。

四、禁止的证券交易行为

根据《证券法》的规定，禁止的交易行为包括内幕交易行为、操纵证券市场行为、欺诈客户行为和制造虚假信息行为。

（一）内幕交易行为

内幕交易行为是指单位或个人以获取利益或减少损失为目的，利用内幕信息进行证券交易的行为。内幕交易行为是一种违法行为。它不仅侵犯了广大投资者的利益，违反了证券发行与交易中的"公开、公平、公正"原则，而且还会扰乱证券市场，所以，各国的证券立法都将其列为禁止的证券交易行为之一。

1. 内幕交易的表现形式

内幕交易的表现形式有以下几种：(1)内幕信息知情人员利用其掌握的内幕信息买卖证券，或者是建议他人买卖证券；(2)内幕信息知情人员自己未买卖证券，也未建议他人买卖证券，但将内幕信息泄露给他人，使他人利用该信息进行内幕交易；(3)非法获取内幕信息的人利用内幕信息从事证券交易活动。

2. 内幕信息的范围

我国《证券法》第 75 条规定，证券交易活动中，涉及公司的经营、财务或者对该公司证券的市场价格有重大影响的尚未公开的信息，为内幕信息，包括：(1)《证券法》第 67 条第 2 款所列的重大事件；(2)公司分配股利或者增资的计划；(3)公司股权结构的重大变化；(4)公司债务担保的重大变更；(5)公司营业用主要资产的抵押、出售或者报废一次超过该资产的 30%；(6)公司的董事、监事、高级管理人员因其行为可能依法承担重大损害赔偿责任；(7)上市公司收购的有关方案；(8)国务院证券监督管理机构认定的对证券交易价格有显著影响的其他重要信息。

3. 内幕人员的范围

我国《证券法》第 74 条规定，证券交易内幕信息的知情人包括：(1)发行人的董事、监事、高级管理人员；(2)持有公司 5%以上股份的股东及其董事、监事、高级管理人员，公司的实际控制人及其董事、监事、高级管理人员；(3)发行人控股的公司及其董事、监事、高级管理人员；(4)由于所任公司职务可以获取公司有关内幕信息的人员；(5)证券监督管理机构的工作人员以及由于法定职责对证券的发行、交易进行管理的其他人员；(6)保荐人、承销的证券公司、证券交易所、证券登记结算机构、证券服务机构的有关人员；(7)国务院证券监督管理机构规定的其他人。

4. 对内幕交易行为的处罚

内幕交易行为给投资者造成损失的，行为人应当依法承担赔偿责任。

(二) 操纵市场行为

我国《证券法》第 77 条规定,操纵市场行为是指单位或个人以获取利益或者减少损失为目的,利用其资金、信息等优势或者滥用职权影响证券市场价格,制造证券市场假象,诱导或者致使投资者在不了解事实真相的情况下做出买卖证券的决定,扰乱证券市场秩序的行为。

操纵证券市场的行为主要有以下几种:(1)单独或者通过合谋,集中资金优势、持股优势或者利用信息优势联合或者连续买卖,操纵证券交易价格或者证券交易量;(2)与他人串通,以事先约定的时间、价格和方式相互进行证券交易,影响证券交易价格或者证券交易量;(3)在自己实际控制的账户之间进行证券交易,影响证券交易价格或者证券交易量;(4)以其他手段操纵证券市场。

操纵证券市场行为给投资者造成损失的,行为人应当依法承担赔偿责任。

(三) 欺诈客户行为

欺诈客户行为是指证券公司及其从业人员在接受顾客委托从事证券交易及相关活动中,违背客户的真实意思进行代理的行为,或诱导客户委托其代理进行证券交易的行为,以及其他损害客户利益的行为。

我国《证券法》第 79 条规定,证券公司及其从业人员欺诈客户的主要行为有:(1)违背客户的委托为其买卖证券;(2)不在规定时间内向客户提供交易的书面确认文件;(3)挪用客户所委托买卖的证券或者客户账户上的资金;(4)未经客户的委托,擅自为客户买卖证券,或者假借客户的名义买卖证券;(5)为牟取佣金收入,诱使客户进行不必要的证券买卖;(6)利用传播媒介或者通过其他方式提供、传播虚假或者误导投资者的信息;(7)其他违背客户真实意思表示、损害客户利益的行为。

欺诈客户行为给客户造成损失的,行为人应当依法承担赔偿责任。

(四) 制造虚假信息行为

制造虚假信息包括编造、传播虚假信息和进行虚假陈述或信息误导两种情况。

我国《证券法》第 78 条规定,禁止国家工作人员、传播媒介从业人员和有关人员编造、传播虚假信息,扰乱证券市场;禁止证券交易所、证券公司、证券登记结算机构、证券服务机构及其从业人员,证券业协会、证券监督管理机构及其工作人员,在证券交易活动中作出虚假陈述或者信息误导。各种传播媒介传播的证券市场信息必须真实、客观,禁止误导。

(五) 其他禁止行为

我国《证券法》规定:国有企业和国有资产控股的企业买卖上市交易的股票,必须遵守国家有关规定,禁止资金违规流入股市;禁止法人非法利用他人账户从事证券交易;禁止法人出借自己或者他人的证券账户;禁止任何人挪用公款买卖证券。

证券交易所、证券公司、证券登记结算机构、证券服务机构及其从业人员对证券交易中发现的禁止的交易行为,应当及时向证券监督管理机构报告。

第四节　上市公司收购

一、上市公司收购概述

（一）上市公司收购的概念

上市公司收购是指收购人通过在证券交易所的股份转让活动持有一个上市公司的股份达到一定比例，或者通过证券交易所股份转让活动以外的其他合法方式控制一个上市公司的股份达到一定程度，使得其获得或者可能获得对该公司的实际控制权的行为。

通常，取得对上市公司的实际控制是指：(1)在一个上市公司股东名册中持股数量最多，但是有相反证据的除外；(2)能够行使、控制一个上市公司的表决权超过该公司股东名册中持股数量最多的股东；(3)持有、控制一个上市公司股份、表决权的比例达到或者超过30％，但是有相反证据的除外；(4)通过行使表决权能够决定一个上市公司董事会半数以上成员当选；(5)中国证监会认定的其他情形。

（二）上市公司收购的种类

上市公司收购根据不同的标准可以作出不同的分类。根据收购者计划收购目标公司股份数量的不同，分为部分收购和全面收购；根据收购者与目标公司经营者是否采取合作态度，可以分为友好收购和敌意收购；根据收购人的收购动机或主管意图的不同，可以分为善意收购和恶意收购；根据对目标公司的支付方式的不同，可以分为现金收购、换股收购和混合收购。我国《证券法》根据上市公司收购所采用的方式不同，将其分为要约收购、协议收购及其他合法方式收购。

二、大量持股的信息披露制度

大量持股的信息披露制度是指依照法律规定，当投资者购买某一上市公司的股份达到法定比例时，应向国务院证券监督管理机构报告并公告的制度。

我国《证券法》规定，通过证券交易所的证券交易，投资者持有或者通过协议、其他安排与他人共同持有一个上市公司已发行的股份达到5％时，应当在该事实发生之日起3日内，向国务院证券监督管理机构、证券交易所作出书面报告，通知该上市公司，并予以公告；在上述期限内，不得再行买卖该上市公司的股票。

投资者持有或者通过协议、其他安排与他人共同持有一个上市公司已发行的股份达到5％后，其所持该上市公司已发行的股份比例每增加或者减少5％，应当依照上述规定进行报告和公告。在报告期限内和作出报告、公告后2日内，不得再行买卖该上市公司的股票。

三、要约收购

(一) 要约收购的概念与法律特征

所谓要约收购，是指收购人向目标公司的所有股东发出要约，表明愿意以要约中的条件购买目标公司的股票，以期获得和巩固对目标公司的实际控制。我国《证券法》规定，通过证券交易，投资者持有或者通过协议、其他安排与他人共同持有一个上市公司已发行的股份达到30%时，继续进行收购的，应当依法向该上市公司所有股东发出收购上市公司全部或者部分股份的要约。要约收购具有以下法律特征：

(1)主体的特定性。要约收购一方为持股比例达30%且继续进行收购的收购人，另一方是上市公司的所有股东。

(2)形式的确定性。发出的收购要约只能采取书面形式，有法定记载事项。

(3)收购规则的特殊性。一方面，收购人要依法履行信息披露义务；另一方面，要约收购根据收购要约中确定的收购价格和收购数量进行，不受场内集中竞价规则的约束。

(二) 要约收购的程序

要约收购的主要程序是：(1)收购人向国务院证券监督管理机构报送上市公司收购报告书，同时抄送上市公司所在地的中国证监会派出机构，抄送证券交易所，通知被收购公司，并作出公告。(2)向上市公司所有股东公告收购要约。收购人在依照上述规定报送上市公司收购报告书之日起15日后，公告其收购要约。在上述期限内，国务院证券监督管理机构发现上市公司收购报告书不符合法律、行政法规规定的，应当及时告知收购人，收购人不得公告其收购要约。(3)被收购公司高层发表意见。被收购公司董事会报告书应当就是否接受收购要约向股东提出建议，被收购公司的独立董事应当单独发表意见，一并予以公告。(4)受要约人做出承诺。受要约人应当在要约期限内作出是否同意以收购要约的全部条件向收购要约人卖出其所持有的证券的意思表示，即承诺。要约一经承诺，双方当事人的买卖合同即告成立。收购要约约定的收购期限不得少于30天，并不得超过60天。在收购要约确定的承诺期限内，收购人不得撤销其收购要约。收购人需要变更收购要约的，必须事先向国务院证券监督管理机构及证券交易所提出报告，经批准后，予以公告。(5)履行合同。(6)报告及公告。《证券法》第100条规定，收购行为完成后，收购人应当在15日内将收购情况报告国务院证券监督管理机构和证券交易所，并予以公告。

四、协议收购

(一) 协议收购的概念与特点

协议收购是指收购人与被收购的目标公司依照法律、行政法规的规定，以协议方式进行股份转让的收购方式。与要约收购相比，协议收购有以下几个特点：(1)协议收购的收购人可与目标公司的股东私下协商，而要约收购必须公开进行。(2)协议收购可以对目标公司的股东实行区别待遇，收购人与不同股东约定的收购条件可以不同。在要约收购中，收购要约提出的各项收购条件，适用于被收购公司的所有股东。(3)对于协议收购的期限法律未作明确限定，对于要约收购的期限有明确限定。(4)协议收购期间，收购人仍可在证券交易所通过集中竞价的方式买卖目标公司的股份。要约收购期间，收购人不得采取要约规定以外的形式和超出要约的条件买入被收购公司的股票。

采取协议收购方式的，收购人收购或者通过协议、其他安排与他人共同收购一个上市公司已发行的股份达到30%时，继续进行收购的，应当向该上市公司的所有股东发出收购上市公司全部或者部分股份的要约。但是，经国务院证券监督管理机构免除发出要约的除外。

(二) 协议收购的程序

协议收购的主要程序是：(1)收购人与被收购的上市公司签订转让股份的协议，收购协议只能采取书面形式。为确保协议收购的正常履行，我国《证券法》第95条规定，协议收购的双方可以临时委托证券登记结算机构保管协议转让的股票，并将资金存放于指定的银行。(2)达成协议后，收购人必须在3日内将该收购协议向国务院证券监督管理机构及证券交易所做出书面报告，并予以公告。在公告前不得履行收购协议。(3)被收购公司高层发表意见。被收购公司董事会报告书应当就是否接受收购要约向股东提出建议，被收购公司的独立董事应当单独发表意见，一并予以公告。(4)协议的批准与生效。收购协议须经被收购公司股东大会批准后生效。协议签订45日后，如未获股东大会的批准，则自动失效。(5)履行协议。(6)报告及公告。《证券法》第100条规定，收购行为完成后，收购人应当在15日内将收购情况报告国务院证券监督管理机构和证券交易所，并予以公告。

五、后续事项的处理

(1)收购期限届满，被收购公司股权分布不符合上市条件的，该上市公司的股票应当由证券交易所依法终止上市交易；其余仍持有被收购公司股票的股东，有权向收购人以收购要约的同等条件出售其股票，收购人应当收购。

(2)收购行为完成后，被收购公司不再具备股份有限公司条件的，应当依法变更企业形式。

(3)收购行为完成后，收购人与被收购公司合并，并将该公司解散的，被解散公司的原有股票由收购人依法更换。

(4)在上市公司收购中，收购人持有的被收购的上市公司的股票，在收购行为完成后的12个月内不得转让。

第五节 证券公司与证券交易所

一、证券公司

(一) 证券公司的概念及业务

证券公司，又称为券商，是指依照《公司法》和《证券法》规定经营证券业务的有限责任公司或者股份有限公司。

根据《证券法》的规定，经国务院证券监督管理机构批准，我国证券公司可以经营的证券业务主要包括：

(1)证券经纪业务。证券经纪业务是指证券公司接受客户委托，代理其买卖证券并通过收取佣金作为报酬的证券中介业务。

(2)证券投资咨询业务。是指取得监管部门颁发的相关资格的机构及其咨询人员为证券投资者或客户提供证券投资的相关信息、分析、预测或建议，并直接或间接收取服务费用的活动。

(3)与证券交易、证券投资活动有关的财务顾问业务。如为企业申请证券发行上市提供改制辅导等方面的咨询服务。

(4)证券承销与保荐业务。保荐业务是指具有保荐资格的证券公司及其保荐代表人推荐符合条件的公司上市，并在上市后的保荐期间内对所推荐的证券及发行人在规范运作和规范信息披露方面负有督导责任，从中收取保荐费用的活动。

(5)证券自营业务。是指证券公司以自己的名义和资金买卖证券，承担买卖风险或收益的活动。

(6)证券资产管理业务。资产管理业务是证券公司在传统业务基础上发展的新型业务。是指证券公司依照相关法规的规定与客户签订资产管理合同，按照合同约定的授权对客户的证券资产进行经营管理并从中收取管理费用的活动。

(7)其他证券业务。这一规定为今后证券公司的业务创新留下了法律空间。

1998 年的《证券法》将证券公司分为综合类证券公司和经纪类证券公司，新修订的《证券法》取消了这种划分，将原有的分类管理的规定调整为按照上述 7 种业务类型进行管理，设立了相应的注册资本限额。

证券公司经营上述第(1)项至第(3)项业务的，注册资本最低限额为人民币5 000万元；经营第(4)项至第(7)项业务之一的，注册资本最低限额为人民币 1 亿元；经营第(4)项至第(7)项业务中两项以上的，注册资本最低限额为人民币 5 亿元。

国务院证券监督管理机构根据审慎监管原则和各项业务的风险程度，可以调整注册资本最低限额，但不得少于上述规定的限额。

(二) 证券公司的设立条件

根据新修订的《证券法》，设立证券公司，应当具备下列条件：

(1)有符合法律、行政法规规定的公司章程。证券公司必须在其名称中标明“证券有限责任公司”或者“证券股份有限公司”字样。

(2)主要股东具有持续盈利能力，信誉良好，最近 3 年无重大违法违规记录，净资产不低于人民币 2 亿元。这是修订后的《证券法》新增加的条款。对控股的大股东要求具有比较雄厚的自有资产，有利于维护投资者的利益和保障证券市场的秩序。

(3)有符合《证券法》规定的注册资本，最低不少于人民币5 000万元，根据其业务范围的增加而相应增加注册资本。前面已作介绍。

(4)董事、监事、高级管理人员具备任职资格,从业人员具有证券从业资格。

有《公司法》第147条规定的情形或者下列情形之一的,不得担任证券公司的董事、监事、高级管理人员:

①因违法行为或者违纪行为被解除职务的证券交易所、证券登记结算机构的负责人或者证券公司的董事、监事、高级管理人员,自被解除职务之日起未逾5年。

②因违法行为或者违纪行为被撤销资格的律师、注册会计师或者投资咨询机构、财务顾问机构、资信评级机构、资产评估机构、验证机构的专业人员,自被撤销资格之日起未逾5年。

因违法行为或者违纪行为被开除的证券交易所、证券登记结算机构、证券服务机构、证券公司的从业人员和被开除的国家机关工作人员,不得招聘为证券公司的从业人员。

国家机关工作人员和法律、行政法规规定的禁止在公司中兼职的其他人员,不得在证券公司中兼任职务。

证券公司的董事、监事、经理和业务人员不得在其他证券公司中兼任职务。

(5)有完善的风险管理与内部控制制度。

(6)有合格的经营场所和业务设施。

(7)法律、行政法规规定的和经国务院批准实施的国务院证券监督管理机构规定的其他条件。

(三)证券公司的设立程序

根据《证券法》的规定,设立证券公司,首先应向国务院证券监督管理机构报送设立申请文件,获得批准的,申请人应当在规定的期限内向公司登记机关申请设立登记,领取营业执照。并自领取营业执照之日起15日内,向国务院证券监督管理机构申请经营证券业务许可证。未取得经营证券业务许可证的,不得经营证券业务。

(四)证券公司的业务规则

证券公司必须将其证券经纪业务、证券承销业务、证券自营业务和证券资产管理业务分开办理,不得混合操作。

证券公司办理经纪业务,不得接受客户的全权委托而决定证券买卖、选择证券种类、决定买卖数量或者买卖价格。证券公司不得以任何方式对客户证券买卖的收益或者赔偿证券买卖的损失做出承诺。

证券公司客户的交易结算资金应当存放在商业银行,以每个客户的名义单独立户管理。证券公司不得将客户的交易结算资金和证券归入其自有财产。禁止任何单位和个人以任何形式挪用客户的交易结算资金和证券。证券公司破产或者清算时,客户的交易结算资金和证券不属于其破产财产或者清算财产。

证券公司办理经纪业务,应当置备统一制定的证券买卖委托书,供委托人使用。采取其他委托方式的,必须作出委托记录。客户的证券买卖委托,不论是否成交,其委托记录应当按照规定的期限，保存于证券公司。

证券公司接受证券买卖的委托，应当根据委托书载明的证券名称、买卖数量、出价方式、价格幅度等，按照交易规则代理买卖证券，如实进行交易记录；买卖成交后，应当按照规定制作买卖成交报告单交付客户。

证券公司应当妥善保管客户开户资料、委托记录和与内部管理、业务经营有关的各项资料，任何人不得隐匿、伪造、篡改或者毁损。上述资料的保存期限不得少于20年。

证券公司为客户买卖证券提供融资融券服务，应当按照国务院的规定并经国务院证券监督管理机构批准。

证券公司及其从业人员不得未经过其依法设立的营业场所私下接受客户委托买卖证券。证券公司的从业人员在证券交易活动中，执行所属的证券公司的指令或者利用职务违反交易规则的，由所属的证券公司承担全部责任。

证券公司的自营业务必须以自己的名义进行，不得假借他人名义或者以个人名义进行，必须使用自有资金和依法筹集的资金。证券公司不得将其自营账户借给他人使用。

二、证券交易所

（一）证券交易所的含义

一般而言，证券交易所是指根据国家有关法律，经政府批准设立，为证券集中交易提供服务的场所。证券交易所的雏形产生于17世纪荷兰的阿姆斯特丹。1773年，伦敦证券交易所正式产生。1817年，美国华尔街上的股票交易催生了“纽约证券和交易管理处”，1863年被易名为“纽约证券交易所”后一直沿用至今。在我国，证券交易所是依法设立的，为证券集中交易提供场所和设施，组织和监督证券交易，实行自律管理的法人。

（二）证券交易所的分类

1. 会员制证券交易所

会员制证券交易所是指由会员组成的、不以营利为目的的证券交易所。会员制证券交易所本质上是一种实行自律管理的民间组织，如日本东京证券交易所、法国巴黎证券交易所。会员制证券交易所的组织机构由会员大会、理事会、总经理和监察委员会组成，只有具备会员资格的证券经营机构才能在证券交易所进行场内交易，投资者只有通过会员才能进行证券买卖。交易所的费用由会员分担，财产积累归会员所有，权益由会员共同享有。

2. 公司制证券交易所

公司制证券交易所采取股份有限公司形式，是由股东出资组成并以营利为日的的公司法人。公司制证券交易所的股东通常由银行、证券公司及信托公司组成，组织机构采用公司法中的“三会”设置，即股东会、董事会和监事会。

公司制交易所已经成为越来越多国家证券交易所的选择。目前我国的上海和深圳证券交易所采取的是会员制形式。新修订的《证券法》将原“证券交易所是提供证券集中竞价交易场所的不以营利为目的的法人”的规定中的“不以营利为目的”删掉，为证券交易所将来采取非会员制组织形式、进行公司化改制并上市预留了法律空间。

(三)证券交易所的设立和解散

证券交易所的设立和解散由国务院决定。

1. 证券交易所的设立

我国法律规定，申请设立证券交易所，应向证监会提交申请书、章程和主要业务规则草案、拟加入会员名单、理事会候选人名单、场地、设备及资金情况说明和拟任用管理人员的情况说明等文件。

设立证券交易所必须制定章程，章程的制定和修改，必须经国务院证券监督管理机构批准。证券交易所章程应载明的法定事项主要包括：证券交易所的名称和设立目的，主要办公及交易场所和设施所在地，职能范围，会员的资格和加入、退出程序，会员的权利、义务和对会员的纪律处分，组织机构及其职权，高级管理人员的产生、任免及其职责，资本和财务事项，解散条件和程序及其他需要在章程中规定的事项。

证券交易所必须在其名称中标明“证券交易所”字样。其他任何单位或者个人不得使用证券交易所或者近似的名称。目前我国只设立了两家证券交易所，即上海证券交易所和深圳证券交易所，它们分别成立于1990年12月和1991年6月。

2. 证券交易所的解散

证券交易所的解散，须经中国证监会审核同意后，报国务院批准。通常，证券交易所解散的原因主要有以下几种：(1)情况变化而不符合法律规定的设立条件；(2)遇不可抗力致使证券交易所无法正常运作；(3)会员大会通过决议予以解散。

(四)证券交易所的职责

根据《证券法》的规定，证券交易所的职责包括：

(1)提供证券交易的场所和设施。交易场所由交易主机、交易大厅、交易席位、报盘系统及相关的通信系统组成。证券交易所应当为组织公平的集中交易提供保障，保证集中交易的场所和各项设施安全适用。

(2)交易行情的信息披露规则。证券交易所应当公布证券交易即时行情，并就其市场内的成交情况编制日报表、周报表、月报表和年报表，及时向社会公布。

(3)制定有关的业务规则。证券交易所依照证券法律、行政法规制定上市规则、交易规则、会员管理规则和其他有关规则，并报国务院证券监督管理机构批准。

(4)负责审批证券的上市申请、暂停上市、恢复上市或者终止上市业务。

(5)组织监管证券交易活动，并有一定的制裁功能。证券交易所负有监管证券市场正常运行的重要职责，因突发性事件而影响证券交易的正常进行时，证券交易所可以采取技术性停牌的措施；因不可抗力的突发性事件或者为维护证券交易的正常秩序，证券交易所可以决定临时停市。证券交易所还监管会员的自营业务和代理业务，可以根据证券交易所章程和业务规则对会员的违规行为进行制裁。此外，证券交易所应当对上市公司及相关信息披露义务人披露信息进行监督，督促其依法及时、准确地披露信息。

（6）筹集、管理风险基金。证券交易所应当从其收取的交易费用和会员费、席位费中提取一定比例的金额设立风险基金，化解市场风险，保障证券交易系统的安全运转。风险基金提取的具体比例和使用办法，由国务院证券监督管理机构会同国务院财政部门规定。风险基金由证券交易所理事会管理。理事会应当指定机构负责本基金的日常管理和使用。

第十二章 保险法律制度

【要点提示】

- 保险的概念、特征、种类和功能
- 保险法的概念、特点和基本原则
- 保险合同的概念、特点和形式
- 保险合同的主体和内容
- 保险监管机构及保险监管的内容

【案例】

高某为其妻林某投保养老保险、附加住院医疗保险和意外伤害保险。投保人为高某，被保险人为林某。生存受益人为林某，身故受益人为高某。

某日，高某与林某吵架，林某气急之下由5层楼窗口跳下，造成重伤。

高某向保险公司索赔，要求支付意外伤害医疗保险金。保险公司拒绝支付，理由是，被保险人的故意行为导致事故发生。

高某以自己的名义起诉于法院。法院认为，林某具有意外伤害医疗保险金的请求权，而高某不具有起诉的主体资格。高某的代理律师只得撤诉。

问：本案应该如何处理？为什么？

第一节 保险法概述

一、保险的概念和特征

（一）保险的概念

从不同的角度分析，保险具有多种含义。从经济的角度看，保险是分摊意外事故损失的一种财务安排；从社会角度看，保险是社会保障制度的组成部分、精巧的稳定器；从风险管理角度看，保险是风险管理的一种方法，通过保险，可以起到分散风险、消化损失的作用；从法律的角度看，保险是一种合同行为，是一方同意补偿另一方损失的一种合同安排，提供损失赔偿的一方是保险人，接受损失赔偿的另一方是被保险人。

（二）保险的特征

1. 互助性

保险在本质上属于一种互助行为。人们在日常生活中经常会遇到一些难以预料的事故和自然灾害等风险，面临风险的人们通过保险人组织起来，从而使个人风险得以转化、分散，由保险人组织保险基金集中承担责任。少数投保人获得的保险赔付是以多数人缴纳保险费为基础的，当被保险人发生损失时，其可从保险基金中获得补偿。保险在一定条件下分担了个别单位和个人所不能承担的风险，从而形成了一种经济互助关系。它体现了“一人为众，众人为一”的思想。互助性是保险的基本特性。

2. 经济性

保险是一种经济保障活动，这种经济保障活动是整个国民经济活动的一个组成部分。此外，保险经营具有商品属性。保险体现了一种经济关系，即商品等价交换关系。保险是一种商业营业行为，保险公司的行为是营利性的行为，投保人必须以向保险人支付保险费为前提才能取得保险保障。

3. 自愿性

保险的经济保障活动是根据合同来进行的，保险关系通过投保人和保险人之间订立保险合同而发生。自愿原则是合同最基本的原则之一，保险合同作为合同的一种，也应以合同自由为最高原则，除法律、行政法规有特别规定以外，保险公司和其他人不得强迫他人订立保险合同，也不得单方面决定保险合同的内容。商业保险依照平等自愿的原则，是否建立保险关系完全由投保人自主决定。

二、保险的功能

（一）经济补偿

商业保险的传统功能在于经济补偿，起到社会“稳定器”和“助动器”的作用。保险的经济补偿功能是指保险业在风险发生时进行经济补偿或给付，为社会经济发展提供风险保障的作用和功能。补偿灾害损失，是经济社会发展的客观需要，是保险产生和发展的根本原因，也是保险活动的根本目的。在经济社会的发展过程中，不幸事故、自然灾害造成的经济损失是经常发生的，它会导致生产的停滞或中断，甚至导致企业的倒闭。在这种情况下，商业保险的经济补偿对企业的经营是必不可少的。风险发生后，保险人借助众人的财力，给遭灾受损的投保人补偿经济损失，为其排忧解难。经济补偿的范围主要有以下几个方面：(1)投保人因灾害事故所受到的财产损失；(2)投保人因灾害事故伤亡或保险期满应结付的保险金；(3)投保人因灾害事故依法对他人应付的经济赔偿；(4)投保人因另一方当事人不履行合同所蒙受的经济损失；(5)灾害事故发生后，投保人因施救保险标的所发生的一切费用。

（二）资金融通

作为金融产业链中的重要一环，保险业有着资金融通的功能。近年来，随着我国金融市场的不断完善，保险业在集聚资金、金融中介和高效营运资金等方面发挥了重要作用。保险资金具有长期性、稳定性的特点，可以为经济建设提供大量资金来源。截至 2006 年上半年，保险资金运用金额达 1.5 万亿元。保险公司持有各类债券8 237亿元，成为债券市场的第二大机构投资者；持有证券投资基金和股票1 374亿元，成为股票市场的重要机构投资者，对维护资本市场稳定发挥了重要作用。同时，完善的保险服务有利于优化投资环境，吸引社会资金和外商投资，跨国企业一般都将是否拥有良好的保险服务作为选择投资地点的一个重要条件。

（三）社会管理

现代保险派生出社会管理的功能。随着社会保障体制改革的不断深入，人们对于养老、医疗、健康、失业等方面的保障需求日益迫切，为此也引发了一系列社会问题，影响了社会稳定，而商业保险则能通过其社会管理功能的发挥，妥善地解决这类社会矛盾。大力发展商业养老和健康保险是完善我国社会保障体系的必然选择，通过商业保险为社会公众提供多层次、个性化的养老健康保险产品和服务，可以减轻政府在社会保障方面的压力。同时，运用商业保险将市场机制引入社会保险管理，可以提高社会保障体系的运行效率。我国保险业在提高社会保障水平方面发挥了积极作用，越来越多的企业和家庭开始把商业保险作为解决养老和健康保障的重要手段。近年来，保险业充分利用自身的网点优势、技术优势和体制与机制优势，在参与社会管理方面进行了积极探索，提高了全社会的风险意识和风险防控水平。主要是大力发展责任保险，用市场化手段促进安全生产管理水平的提高，解决责任赔偿等方面的法律纠纷，有效化解社会矛盾，减轻政府压力，提高社会管理效率。

三、保险的种类

依据不同的标准，可以对保险作不同的区分。常见的有以下几种划分：

（一）人身保险、财产保险、责任保险

根据保险标的不同，保险可分为人身保险、财产保险和责任保险三大类。人身保险是以人的寿命和身体为保险标的的保险。当人们遭受不幸事故或因疾病、年老以致丧失工作能力、伤残、死亡或年老退休后，根据保险合同的规定，保险人对被保险人或受益人给付保险金或年金，以解决病、残、老、死所造成的经济困难。人身保险的主要形式包括人寿保险、健康保险和意外伤害保险。财产保险是指以有形或无形财产及其相关利益为保险标的的一类有偿性保险。从广义上讲，财产保险是指除人身保险外的其他一切险种，包括财产损失保险、责任保险、信用保险、保证保险、农业保险等。责任保险是指以被保险人对第三者依法应负的赔偿责任为保险标的的保险。

（二）强制保险与自愿保险

依据保险责任产生的基础不同，可以将保险划分为强制保险和自愿保险。强制保险又称法定保险，是指依据国家的法律规定发生法律效力或者必须投保的保险。如铁路旅客意外伤害强制保险、机动车第三者责任强制保险等都属强制保险。自愿保险，是指投保人和保险人在自愿、平等、互利的基础上，经协商一致订立保险合同而发生的保险。在这种保险形式下，投保人对于是否投保有充分的决定权。当前世界各国绝大部分保险业务采用自愿保险方式办理，我国也不例外。

（三）原保险和再保险

根据业务承保方式的不同，保险分为原保险和再保险。原保险是指保险人对被保险人因保险事故所致的损失承担直接的、原始的赔偿责任的保险。原保险是发生在保险人和投保人之间的保险行为。再保险是指保险人将其承担的保险业务，以分保形式，部分转移给其他保险人的保险。具体地说，再保险是保险人通过订立合同，将自己已投保的风险，全部或部分转移给一个或几个保险人，以降低自己所面临风险的保险行为。国际社会把分出自己承保业务的保险人称为原保险人，接受再保险业务的保险人称为再保险人。再保险是发生在原保险人和再保险人之间的保险行为。

（四）单保险和重复保险

根据同一保险标的、同一保险利益、同一保险事故、是否仅和同一人缔结保险合同，可以将保险分为单保险和重复保险。单保险是指投保人对同一保险标的、同一保险利益、同一保险事故仅与一个保险人订立保险合同的保险。重复保险是指投保人对同一保险标的、同一保险利益、同一保险事故分别向两个以上保险人订立保险合同的保险。在实践中，重复保险仅限于财产保险范围。

（五）商业保险和社会保险

根据是否以营利为目标，可以将保险分为商业保险和社会保险。商业保险是指保险公司所经营的各类保险业务。商业保险以营利为目标，进行独立经济核算。商业保险关系是由当事人自愿缔结的合同关系，投保人根据合同约定，向保险公司支付保险费，保险公司根据因合同约定的可能发生的事故发生所造成的财产损失承担赔偿保险金的责任，或者当被保险人死亡、伤残、疾病或达到约定的年龄、期限时承担给付保险金的责任。社会保险是指在既定的社会政策下，由国家通过立法手段对全体社会公民强制征缴保险费，形成保险基金，用以对其中因年老、疾病、生育、伤残死亡和失业而导致丧失劳动能力或失去工作机会的成员提供基本生活保障的一种社会保障制度。社会保险不以营利为目标，运行中若出现赤字，国家财政将给予支持。

（六）个人保险和商务保险

根据被保险人的不同，保险可以分为个人保险和商务保险。个人保险是指以个人或家庭作为被保险人的保险。商务保险是指以工厂、商店等经营单位为被保险人的保险。

四、保险法的概念和特征

（一）保险法的概念

保险法是调整保险关系的法律规范的总称。包括调整保险人与投保人、被保险人以及受益人之间因保险合同的订立、变更、转让、履行、解除及承担法律责任的过程中产生的各种权利与义务关系，规范保险业主体的设立、变更、消灭过程中产生的各种权利与义务关系，以及规范保险业主体内外组织活动过程中产生的各种权利与义务的法律规范。保险法有狭义和广义之分。狭义的保险法即形式意义上的保险法，专指以保险法命名的法律法规。广义的保险法不仅包括狭义上的保险法，还包括其他法律、法规中有关保险的法律规定，以及保险的习惯、有关保险的判例和法理。

保险法是商法的重要组成部分，最早的保险法可以追溯到公元前罗马法中共同海损的规定，现代意义的保险法则形成于14世纪以后。当今世界，绝大多数国家都制定了自己的保险法，并发展了较为完善的国际惯例。我国在实行市场经济体制以后，对保险法制建设开始重视。为了规范保险活动，保护保险活动当事人的合法权益，加强对保险业的监督管理，促进保险事业的健康发展，第八届全国人民代表大会常务委员会第十四次会议于1995年6月30日通过《中华人民共和国保险法》，2002年10月28日第九届全国人民代表大会常务委员会第三十次会议对《中华人民共和国保险法》（以下简称《保险法》）进行了修改，2009年2月28日第十一届全国人民代表大会常务委员会第七次会议对《保险法》进行了再次修订。此外，国务院制定了《中华人民共和国外资保险公司管理条例》（2002年2月1日起施行）和《机动车交通事故责任强制保险条例》（2006年7月1日起施行）等行政法规，中国保险监督管理委员会制定了《保险公司管理规定》（2004年6月15日起施行）、《保险保障基金管理办法》（2005年1月1日起施行）、《保险经纪机构管理规定》（2005年1月1日起施行）、《保险代理机构管理规定》（2005年1月1日起施行）、《再保险业务管理规定》（2005年12月1日起施行）、《健康保险管理办法》（2006年9月1日起施行）等行政规章。1992年11月7日，第七届全国人民代表大会常务委员会第二十八次会议通过的《中华人民共和国海商法》，可以视为保险法的特别法。

（二）保险法的特征

保险法是以保险作为调整对象，基于保险的特点，保险法亦表现出其与其他商法特别法不同的特性，主要表现在以下几个方面：

1. 社会性

保险是集合多数社会成员，共同分担少数成员因遭遇危险所受的经济损失，最终保障社会成员生活安定和社会经济生活稳定的一种社会制度。保险涉及社会大众的生活，保险制度的正常运行关系到国民经济的发展和社会的安定，因此，一方面常常需要政府从行政上对保险业进行经常的经营监督，以保护保险参加者的利益。另一方面，在保险关系中，社会大众与保险组织相比，对保险专门知识缺乏了解，交易的双方处于不平等的交易地位，因此，各国的保险法多从保护社会公众利益出发，对保险组织的成立从资本、人员、财务、经营、再保险、合同解释等各方面加以控制，以保护处于弱势地位的社会公众的利益。

2. 技术性

保险是以数理计算为基础形成的一种经济补偿制度，因此保险法中有较多的技术性规定。保险业应收保险费总额与应付保险金总额不是保险公司人为的主观决策，而是根据大数法则对进行保险的危险进行概率测算，并最终实现收支总体平衡的科学决策。保险制度就是以此数理计算为基础构筑起来的一种技术结构。如在保险业法中，保险基金的建立、保险金额的确定、保险费率的计算、保险企业承保危险责任的限制等，均体现了不可忽视的技术性。

3. 强制性

由于保险法具有社会性，所以保险法中设有较多的强制性规范。一方面，保险法对于保险合同及合同条款的效力问题规定了一些强制性的规定，如投保人对保险标的不具有保险利益的，保险合同无效；保险人在订立合同时未向投保人明确说明的保险人免责条款无效。另一方面，保险法对保证金、未到期责任准备金的提取、保险资金的运用、保险公司的接管等确立了强制性规范。此外，为实现特定的社会政策，保险法之外的其他法律、行政法规还突破了保险自愿的原则，强制要求特定的行业、特种财产必须加入保险。

五、保险法的基本原则

（一）最大诚信原则

最大诚信原则是指保险合同的双方当事人在签订和履行保险合同时，必须保持最大限度的诚意，双方都应遵守信用，互不欺骗和隐瞒，投保人应向保险人如实申报保险标的的主要风险情况，否则保险合同无效。订立保险合同，保险人应当向投保人说明保险合同的条款内容，并可以就保险标的或者被保险人的有关情况提出询问，投保人应当如实告知。投保人故意隐瞒事实，不履行如实告知义务的，或者因过失未履行如实告知义务，足以影响保险人决定是否同意承保或者提高保险费率的，保险人有权解除保险合同。

最大诚信原则最初多用于限制投保人，因为保险标的掌握在投保人手中，其对标的危险因素、危险程度等重要事实的了解大于保险人，保险人决定是否承保以及保险费率的大小取决于投保人的告知与保证。后来该原则扩展适用于保险人，因为多数保险合同属于附合合同，合同的格式、内容都由保险人制定，投保人对该事先制定的保险单，只能同意或不同意，因而保险人对合同的具体内容的了解要多于投保人，所以保险费率、免责条件是否合理，承保条件及赔偿方式是否苛刻等均取决于保险人的诚意。最大诚信原则在投保人一方体现为投保人的告知、保证、通知义务，在保险人一方则体现在弃权与禁止反悔等方面。

（二）保险利益原则

保险利益原则是保险行业中的一个基本原则，保险利益原则具有防范道德风险、避免赌博、限制赔偿程度等作用，是维护社会公共利益的强制性规定，是对合同自由原则的超越。保险利益又称“可保利益”或“可保权益”，是指投保人对保险标的具有法律上承认的利益。投保人或被保险人对保险标的具有可保利益是保险合同生效的依据。英国早在1745年的《海商法》中就规定：“没有可保利益的，或除保险单以外没有其他合法利益的证明的，或通过赌博方式订立的海上保险合同无效。”我国《保险法》第12条也规定：“投保人对保险标的应当具有保险利益。投保人对保险标的不具有保险利益的，保险合同无效。”

保险利益是保险合同有效成立的要件，保险合同有效必须建立在投保人对保险标的具有保险利益的基础上，具体构成需满足三个要件：(1)保险利益必须是合法利益。保险利益作为投保人或被保险人享有的利益，必须是符合法律法规、符合社会公共利益、为法律认可并受到法律保护的利益。对不法利益，如以违反善良风俗所生的利益而为的保险，对贪污、盗窃、诈骗等非法手段取得的财产而为的保险，均无可保利益，因为这些利益是违反法律和公共利益的，虽然签订了合同，但合同一律无效。(2)可保利益必须是有经济价值的利益。如果损失不是经济上的利益，便无法计算。如所有权、债权、担保物权等，还有精神创伤、政治打击等，难以用货币衡量，因而不构成保险利益。(3)可保利益必须是可以确定的和能够实现的利益。“确定利益”是指被保险人对保险标的的现有利益或因现有利益而产生的期待利益已经确定。所谓“能够实现”是指它是事实上的经济利益或客观的利益。保险利益可以是现有利益和直接利益，也可以是预期利益和间接利益，现有利益较容易确定，期待利益则往往引起争议。在人身保险中，投保人对下列人员具有保险利益：①本人；②配偶、子女、父母；③前两项以外与投保人有抚养、赡养或者扶养关系的家庭其他成员、近亲属。此外，被保险人同意投保人为其订立合同的，视为投保人对被保险人具有保险利益。

(三)损失补偿原则

损失补偿原则是指当保险事故发生使投保人或被保险人遭受损失时，保险人必须在责任范围内对投保人或被保险人所受的实际损失进行补偿。

损失补偿原则的目的在于保护投保人或被保险人的合法权益，弥补受害人的损失，禁止被保险人或受益人因保险合同的存在而获得超出其损失的利益。

保险标的发生保险事故时，保险人无论以何种方式赔偿被保险人的损失，也只能使被保险人在经济上恢复到受损前的同等状态，被保险人不能获得额外收益。因此，保险人在理赔时一般按以下三个标准确定赔偿额度：以实际损失为限，以保险金额为限，以被保险人对保险标的的可保利益为限。

(四)近因原则

近因是指造成保险标的损失的最主要、最有效的原因。也就是说，保险事故的发生与损失事实的形成有直接因果关系。近因原则就是指要求承担侵权责任的行为必须是造成侵权后果的最接近的原因，中间不应有其他原因的介入。该原则要求保险人承保危险的发生与保险标的损害之间必须具有符合一般意义上的因果关系。按照这一原则，当被保险人的损失是直接由于保险责任范围内的事故造成的，保险人才给予赔偿。这是因为现实中保险标的的损失是由多种风险事故同时或者连续发生造成的，而这些风险事故往往同时有被保风险、非保风险或除外风险。近因原则是判断保险人是否需要赔偿的标准。

保险合同作为射幸合同，其以机会利益为交易对象，当事人义务的履行，取决于机会或者不确定事件的发生或不发生，在保险期限内若发生保险事故，被保险人或受益人能取得数倍于保险费的保险金,致使保险合同具有对价悬殊性特征。为维系保险合同当事人及关系人之间的利益平衡,保险法有针对保险人的公平归责机制,近因原则就是其中之一。近因原则的意义,一方面在于克服漫无边际地对保险人滥施责任,另一方面也可有效地避免保险人推卸责任。

第二节　保险合同制度

一、保险合同的概念和特点

(一)保险合同的概念

保险合同是投保人与保险人约定保险权利义务关系的协议。投保人是指与保险人订立保险合同,并按照保险合同负有支付保险费义务的人。保险人是指与投保人订立保险合同,并按照合同约定承担赔偿或者给付保险金责任的保险公司。保险合同所约定的权利义务关系,实质内容在于:一方当事人(投保人)应当依约定向另一方当事人(保险人)支付费用,而另一方当事人对于合同约定的可能发生的事故发生后造成的损失承担赔偿责任,或者当指定的人死亡、伤残、疾病或者生存到合同约定的年龄、期限时承担给付责任。

(二)保险合同的特点

保险合同是一种以分散、转移危险为目的的特殊合同类型,因此,它除了具有合同的一般特征外,还具有一些自身的特征。主要体现在以下几个方面:

(1)保险合同是最大诚信合同。诚实是对保险合同当事人双方的要求。信用是指保险合同当事人必须严格履行合同义务。保险合同的订立是基于双方当事人的最大诚信,若一方违反,他方有权解除合同或宣布合同无效。保险所承保的是风险,保险人的风险负担,很大程度上依赖于投保人的诚实和信用。正是有此特征,法律要求从事保险活动以及与保险有关的活动,应当遵守诚实信用原则。订立保险合同,保险人应当向投保人说明保险合同的条款内容,并可以就保险标的或者被保险人的有关情况提出询问,投保人应当如实告知。投保人故意隐瞒事实,不履行如实告知义务的,或者因过失未履行如实告知义务,足以影响保险人决定是否同意承保或者提高保险费率的,保险人有权解除保险合同。

(2)保险合同是射幸合同。射幸合同又叫机会性合同,是指合同的法律效果在缔约时不能确定的合同。射幸合同是以机会利益为标的的合同,当事人的义务的履行常取决于机会的发生或者不发生。在保险合同中,投保人支付保险费的义务虽在合同成立时已经确定,但保险人承保的危险或者保险合同中约定的给付保险金的条件发生与否,却均不能确定。在保险期限内,若发生保险事故,被保险人或者受益人可以取得成千上万倍于保险费的保险金,保险人则丧失成千上万倍于已收取的保险费的利益;若不发生保险事故,保险人不负担给付保险金的义务,却取得投保人支付的保险费所带来的利益,投保人失去已支付保险费的利益。因此,保险合同是典型的射幸合同。

(3)保险合同是附合合同。附合合同是商议合同的对称，是指合同内容不是由当事人双方共同协商拟订的，而是由一方当事人事先拟订，另一方当事人只是作出是否同意的意思表示。保险合同的具体条款事先已经统一拟订，投保人只能在投保时对已拟订的条款表示同意或不同意，而不能对条款的内容进行修改。

(4)保险合同是双务有偿合同。保险合同是双方当事人互享权利、互负义务的合同，属于双务合同。在保险合同中，投保人负有依照合同的约定缴纳保险费的义务，而保险人则负有按约定的条件支付保险金的义务。保险合同的有偿性，是指被保险人或者受益人所获得的保险赔偿或者给付是以投保人缴纳保险费为对价的；相应地，保险人所收取的保险费则是以今后可能赔偿或者给付保险金为对价的。

二、保险合同的形式

我国《保险法》第 13 条规定："投保人提出保险要求，经保险人同意承保，并就合同的条款达成协议，保险合同成立。保险人应当及时向投保人签发保险单或者其他保险凭证，并在保险单或者其他保险凭证中载明当事人双方约定的合同内容。经投保人和保险人协商同意，也可以采取前款规定以外的其他书面协议形式订立保险合同。"由此可见，我国保险合同的形式为书面形式，实践中主要包括投保单、保险单、暂保单、保险凭证和批单。

(1)投保单。投保单又称要保单，是投保人向保险人提出的、订立保险合同的书面要约。投保单通常由保险人事先统一印制，投保人依其所列项目逐一据实填写后交付给保险人，投保人在投保单上需要填写的主要内容有：①投保人、被保险人的名称和住所；②保险标的的名称及存放地点；③保险险别；④保险期限和保险责任；⑤保险价值和保险金额；⑥保险费以及支付办法等。投保人在投保单中，必须将投保危险的有关事项，据实向保险人告知。投保单本身并非正式合同文本，但一经保险人接受后，即成为保险合同的一部分。

(2)保险单。保险单简称保单，又称大保单，它是保险人与投保人之间订立的保险合同的正式书面凭证。保险单由保险人制作，明确完整地记载保险双方的权利与义务，经保险人签章并交付给投保人，一旦发生保险事故，保险单是被保险人向保险人索赔的主要凭证，也是保险人向被保险人赔偿的主要依据。保险单的内容包括保险合同的全部条款，使用保险单和其他保险凭证时，当事人也可以约定采用其他书面形式载明合同内容。

(3)保险凭证。保险凭证也称小保单，它是保险人出具给被保险人以证明保险合同已有效成立的文件，实际上是一种简化的保险单，与保险单有相同的效力。保险凭证未列明的内容均以正式保单为准。保险凭证通常在以下几种情况下使用：①保险人承揽团体保险业务时，一般对团体中的每个成员签发保险凭证，作为参加保险的证明；②在货物运输保险中，保险人与投保人订立保险合同，明确保险的责任范围的时间，事后再对每笔运输货物单独出具保险凭证；③在机动车辆及第三者责任保险中，为便于被保险人随身携带，保险人通常出具保险凭证。

(4)暂保单。暂保单又称临时保单，它是保险人或其代理人在正式保险单签发之前出具给被保险人的临时保险凭证。它表明保险人或其代理人已接受了保险，等待出具正式保险单。暂保单的内容比较简单，只载明被保险人的姓名、承保危险的种类、保险标的等重要事项，凡未列明的内容，均以正式保险单的内容为准。暂保单的法律效力与正式保险单相同，但有效期较短，一般为30天，正式保险单发出后，暂保单自动失效。

(5)批单。批单是保险公司应投保人或被保险人的要求出具的修订或更改保险合同内容的书面文件，其实质是对保险合同内容的变更，一经签发，就成为保险合同的重要组成部分。

三、保险合同的主体

保险合同的主体分为保险合同当事人、保险合同关系人和保险合同辅助人三类。

(一)保险合同当事人

1. 保险人

保险人也称承保人，是指与投保人订立保险合同并按照合同约定承担赔偿或者给付保险金责任的保险公司。保险人与投保人订立合同，收取保险费，在保险事故发生时，对被保险人承担赔偿损失的责任。在我国，经营商业保险业务，必须是依照保险法设立的保险公司。保险人经营保险业务，除必须取得国家有关管理部门授予的资格外，还必须在规定的业务范围内开展经营活动。

2. 投保人

投保人又称要保人、保单持有人，投保人是指与保险人订立保险合同，并按照保险合同负有支付保险费义务的人。投保人应具备下列两个要件：(1)具备民事权利能力和民事行为能力。保险合同与一般合同一样，当事人应具有权利能力和行为能力。(2)对保险标的须具有保险利益。投保人对保险标的须有保险利益，即投保人对保险标的具有利害关系。投保人对于保险标的如不具有利害关系，则订立的保险合同无效。保险合同中的投保人可以是一方，也可以是多方，在再保险合同中的投保人必须由原保险人充当。

(二)保险合同关系人

1. 被保险人

被保险人是指其财产或者人身受保险合同保障，享有保险金请求权的人，投保人可以为被保险人。被保险人可以是自然人、法人，也可以是其他社会组织，但须具备下列条件：(1)被保险人是保险事故发生时遭受损失的人。一旦发生保险事故，被保险人将遭受损害。但在财产保险与人身保险中，被保险人遭受损害的形式是不尽相同的。在财产保险中，因保险事故直接遭受损失的是保险标的，被保险人则因保险标的的损害而遭受经济上的损失。在人身保险中，因保险事故直接遭受损害的是保险人本人的身体、生命或健康。(2)被保险人是享有赔偿请求权的人。由于保险合同可以为他人的利益而订立，此时投保人没有保险赔偿金的请求权，只有请求保险人向被保险人或受益人给付保险赔偿金的权利。

2. 受益人

受益人又称保险金领受人，是指人身保险合同中由被保险人或者投保人指定的享有保险金请求权的人，投保人、被保险人可以为受益人。人身保险的受益人由被保险人或者投保人指定。投保人指定受益人时须经被保险人同意。

受益人的要件为：(1)受益人是由被保险人或投保人所指定的人。被保险人或投保人应在保险合同中明确受益人。(2)受益人是独立地享有保险金请求权的人。受益人在保险合同中，不负交付保费的义务，也不必具有保险利益，保险人不得向受益人追索保险费。(3)受益人的赔偿请求权并非自保险合同生效时开始，而只有在被保险人死亡时才产生。在被保险人生存期间，受益人的赔偿请求权只是一种期待权。在保险合同期间，受益人可以变更。投保人与被保险人不是同一人，投保人变更受益人时，必须经被保险人同意。受益人的变更无需保险人的同意，但应当将受益人的变更事宜及时通知保险人，否则变更受益人的法律效力不得对抗保险人。

(三)保险合同辅助人

1. 保险代理人

保险代理人即保险人的代理人，是根据保险人的委托，向保险人收取佣金，并在保险人授权的范围内代为办理保险业务的机构或者个人。保险代理机构包括专门从事保险代理业务的保险专业代理机构和兼营保险的保险兼业代理机构。保险代理是一种特殊的代理制度，表现在以下方面：(1)保险代理人与保险人在法律上视为一人；(2)保险代理人所知道的事情，都假定为保险人所知的；(3)保险代理必须采用书面形式。保险代理人应当具备保险监督管理机构规定的资格条件，并取得保险监督管理机构颁发的经营保险代理业务许可证，凭保险监督管理机构颁发的许可证向工商行政管理机关办理登记，领取营业执照，并缴存保证金或者投保职业责任保险。

2. 保险经纪人

保险经纪人是基于投保人的利益，为投保人与保险人订立保险合同提供中介服务，并依法收取佣金的机构。保险经纪人的劳务报酬由保险公司按保险费的一定比例支付。因保险经纪人在办理保险业务中的过错，给投保人、被保险人造成损失的，由保险经纪人承担赔偿责任。保险经纪人应当具备保险监督管理机构规定的资格条件，并取得保险监督管理机构颁发的经营保险经纪业务许可证，凭保险监督管理机构颁发的许可证向工商行政管理机关办理登记，领取营业执照，并缴存保证金或者投保职业责任保险。

四、保险合同的内容

保险合同的内容，也称为保险合同条款，是指保险人与投保人(被保险人)通过协议而达成的保险人对投保人(被保险人)的保险利益提供保障的有关事项的条款，它是确定当事人权利义务的根据。保险合同条款的内容，主要由法律规定，这就是保险合同的基本条款。同时，亦允许当事人对合同内容进行约定，这就是保险合同的特约条款。根据我国

《保险法》第19条的规定，保险合同的基本条款应当包括下列事项：

(1)保险人名称和住所。保险人是指与投保人订立保险合同，并承担赔偿或者给付保险金责任的保险公司。由于保险合同大多采用保单形式，在保单中保险人名称和住所已印就，要填写的是投保人姓名。

(2)投保人、被保险人姓名或者名称和住所，以及人身保险的受益人的姓名或者名称和住所。保险合同必须载明投保人(或被保险人)的所在地，因为标明投保人的住所可界定真实的投保人身份，避免发生张冠李戴的现象。此外，各种权利与义务的行使，与投保人(或被保险人)的所在地密切相关。所以在保险合同中标明投保人(或被保险人)的住所是十分重要的。保险合同如在投保人之外另有被保险人或受益人，在合同中也应载明被保险人和受益人的姓名。

(3)保险标的。保险标的又称保险对象，是保险合同的客体，是指作为保险对象的财产及其有关利益或者人的寿命和身体。保险标的是保险合同的主要条款，是保险合同的重要内容，它影响保险合同的权利和义务的规定。在财产保险合同中载明保险标的，可以判明投保人对保险标的有无利害关系，有无保险利益，也就是判明投保人是否有投保资格的根据。保险利益在合同中不需记载，只要明确记载投保人及保险标的即可判定。依据保险标的确定投保人可以投保的最高保险金额，在保险事故发生后，可以核实损失，计算赔款。在人身保险中须载明被保险人的姓名，其目的在于明确保险人提供保险保障的对象。同时，也使保险人了解被保险人的状况，诸如被保险人的年龄、职业、住所、健康情况等，从而明确自己承担的危险责任。

(4)保险责任和责任免除。保险责任是指保险人承担的经济损失补偿或人身保险金给付的责任。人身保险的保险责任是指当人身保险单上载明的危险发生造成保险标的损害或约定的人身保险事件发生(或约定期满时)，保险人应负的经济赔偿或给付保险金的责任。财产保险的保险责任是指保险合同规定的保险危险一旦发生时，保险人对被保险人的保险标的所遭受的经济损失应负的赔偿责任。保险人赔偿或给付保险金的责任范围包括:损害发生在保险责任内，保险责任发生在保险期限内，以保险金额为限度。

保险责任一般区分为基本责任、除外责任和特约责任。基本责任是指财产保险合同中载明的保险人承担经济损害赔偿责任的保险危险范围。除外责任是指财产保险合同中列明的保险人不承担经济赔偿责任的风险损失。特约责任是指财产保险合同载明的基本责任以外，或列为除外责任的风险损失，经保险双方协商同意后特约附加承保的一种责任，属于约定扩大的保险责任，故也称为“附加责任”或“附加险”，它附属于基本责任，作为基本险的一项补充。

保险人因保险期内所发生的承保事故应向被保险人或受益人承担保险责任，但法律也规定了诸多情形下保险人可以免责。如我国《保险法》第16条第3款规定:“投保人故意不履行如实告知义务的，保险人对于保险合同解除前发生的保险事故，不承担赔偿或者给付保险金的责任，并不退还保险费。”又如我国《保险法》第28条规定：投保人、被保险人或者受益人故意制造保险事故的，保险人有权解除保险合同，不承担赔偿或者给付保险金的责任。值得注意的是，保险合同中规定有关于保险人责任免除条款的，保险人在订立保险合同时应当在投保单、保险单或者其他保险凭证上作出足以引起投保人注意的提示，并对该条款的内容以书面或者口头形式向投保人作出明确说明；未作提示或者明确说明的，该条款不产生效力。

(5)保险期间和保险责任开始时间。保险期间，也称保险责任期限，是指保险合同的有效期限。保险期间是保险人和被保险人双方履行权利和义务的责任期限，也是保险人承担保险责任的起讫时间。保险合同是承担风险的合同，风险的不确定性决定了保险合同明确规定责任期间的特殊性。保险期间应在保险合同中事先约定，只有在此期间内发生保险事故，保险人才须承担保险责任。保险责任开始的时间与保险合同生效的时间通常是一致的，但两者有时也不一致。如在追溯保险情形下，保险责任期间追溯到保险期间开始前的某一时点，也就是保险人对于合同成立前所发生的保险事故也要承担保险责任。此种情形多适用于海上保险合同，以及一部分人寿险。保险合同中若有观察期间的规定，一般是在合同生效若干日后，保险人才开始承担保险责任。即保险责任的开始时间在保险合同生效之后，此种情形多适用于健康保险合同等。

(6)保险金额。保险金额，简称“保额”，是指保险人承担赔偿或者给付保险金责任的最高限额。它是保险利益的货币价值表现，是投保时给保险标的确定的金额，即投保人对保险标的的实际投保金额，同时又是保险公司收取保险费的计算基础。保险金额由双方当事人确定，并在保单上载明。保险金额不得超过保险价值，超过保险价值的，超过的部分无效。保险金额低于保险价值的，除合同另有约定外，保险人按照保险金额与保险价值的比例承担赔偿责任。

(7)保险费以及支付办法。保险费是指被保险人参加保险时，根据其投保时所订的保险费率，向保险人缴付的费用。保险费的数额同保险金额的大小、保险费率的高低和保险期限的长短成正比。缴纳保险费是被保险人的义务，如果被保险人不按期缴纳保险费，在自愿保险中，则保险合同失效；在强制保险中，就要附加一定数额的滞纳金。投保人于合同成立后，可以向保险人一次支付全部保险费，也可以按照合同约定分期支付保险费。

(8)保险金赔偿或者给付办法。保险人收到被保险人或者受益人的赔偿或者给付保险金的请求后，应当及时作出核定，情形复杂的，应当在30日内作出核定，但合同另有约定的除外。保险人应当将核定结果通知被保险人或者受益人；对属于保险责任的，在与被保险人或者受益人达成有关赔偿或者给付保险金额的协议后10日内，履行赔偿或者给付保险金义务。保险合同对保险金额及赔偿或者给付期限有约定的，保险人应当依照保险合同的约定，履行赔偿或者给付保险金义务。人寿保险以外的其他保险的被保险人或者受益人，向保险人请求赔偿或者给付保险金的诉讼时效为2年，自其知道或者应当知道保险事故发生之日起计算。人寿保险的被保险人或者受益人对保险人请求给付保险金的诉讼时效为5年，自其知道或者应当知道保险事故之日起计算。因第三者对保险标的的损害而造成保险事故的，保险人自向被保险人赔偿保险金之日起，在赔偿金额范围内代位行使被保险人对第三者请求赔偿的权利。

(9)违约责任和争议处理。保险合同中可以规定投保人和保险人违约的各种情形，以及承担违约责任的方式，对于发生争议的处理办法也可以在合同中事先给予安排。

(10)订立合同的年、月、日。明确合同订立的时间，可以确定合同生效的时间，以及确定保险人承担保险责任的起始时间。

投保人和保险人在上述规定的保险合同事项外，可以就与保险有关的其他事项作出约定。在保险合同有效期内，投保人和保险人经协商同意，可以变更保险合同的有关内容。变更保险合同的，应当由保险人在原保险单或者其他保险凭证上批注或者附贴批单，或者由投保人和保险人订立变更的书面协议。

五、保险合同的订立、变更与终止

(一)保险合同的订立

保险合同的订立，也称保险合同的成立，是通过投保人与保险人的双方法律行为而发生的，双方当事人的意思表示一致是该合同得以产生的基础。保险合同与一般合同一样，双方当事人订立合同必须通过两个阶段:要约与承诺。在保险合同中，一般以投保人提交填写好的投保单为要约，即投保人向保险人提交要求订立保险合同的书面意思表示。通常保险人在接到投保人的投保单后，经核对、查勘及信用调查，确认一切符合承保条件时，签章承保，即为承诺，保险合同即告成立。依法成立的保险合同，自成立时生效。投保人和保险人可以对合同的效力附条件或者附期限。

(二)保险合同的变更

保险合同的变更是指在合同的有效期内，基于一定的法律事实而改变合同内容的法律行为。即订立的合同在履行过程中，由于某些情况的变化而对其内容进行的补充或修改。保险合同依法成立，即具有法律约束力，当事人双方都应当全面履行合同规定的义务，不得擅自变更保险合同。但是在保险合同订立以后，保险合同有效期届满之前，由于保险合同当事人的主观和客观情况的变化，有时也需要对已经订立的保险合同作必要的变更。世界各国保险法律一般都允许保险合同在必要的情况下得以变更，我国保险法也作了相同的规定。

保险合同的变更可分为两种情况:一是保险合同主体的变更，这是指保险合同当事人及关系人的变更。在多数情况下，发生变更的主要是投保人、被保险人或者受益人，在特别情况下，保险人也会发生变更。二是保险合同内容的变更，这是指在保险合同主体不发生变化的情况下，保险合同的其他记载事项发生变化所引起的变更。对于变更保险合同，当事人可以在订立保险合同时一次性地作出约定，也可以在每次变更时进行协商。如果投保人要变更保险合同，可以先向保险人提出需要变更的事项，并提交有关资料，然后由保险人审查核定;如果保险人要求修改保险合同条款,应当事先通知投保人、被保险人或者受益人,征得他们的同意,双方协商一致,保险合同的变更才有效。

(三)保险合同的终止

保险合同的终止是指保险合同成立后因法定的或约定的事由发生,法律效力完全消灭的法律事实。导致保险合同终止的原因有:

(1)保险合同期限届满。

(2)合同生效后承保的风险消失。

(3)保险标的因非保险事故的发生而完全灭失。

(4)合同生效后,投保人未按规定的程序将合同转让,由于投保人或被保险人已失去保险利益,使保险合同自转让之日起原有的法律效力不再存在。

(5)因解除导致终止。保险合同的解除是指在保险合同期限尚未届满前,合同一方当事人依照法律或约定行使解除权,提前终止合同效力的法律行为。保险合同的解除,一般分为法定解除和约定解除两种形式。

(6)因履约导致终止。因保险合同得到履行而终止是指在保险合同的有效期内,约定的保险事故已发生,保险人按照保险合同承担了给付全部保险金的责任,保险合同即告结束。

第三节　保险监管制度

一、保险监管与保险监管法的概念

保险监管是指国家保险监管部门依据国家的法律法规,对保险机构及其活动进行强制性的监督与管理。保险监管的主要目标是:加快培育和发展保险市场,努力建设一个市场主体多元化、市场要素完善、具有开放性的保险市场体系。其目的是维护市场秩序,保证公平竞争,使保险企业规范经营、具有充足偿付能力,保护被保险人的合法利益,最终促进保险业的健康发展,为国家的改革和发展做出更大的贡献。

保险监管法是调整国家对保险业进行监督管理过程中所发生的社会关系的法律规范的总称。一个国家的保险监管制度通常由两大部分构成:一是国家通过制定有关保险法规,对本国保险业进行宏观指导与管理;二是国家专司保险监管职能的机构依据法律或行政授权对保险业进行行政管理,以保证保险法规的贯彻执行。保险监管法是保险法的重要组成部分,没有保险监管法,保险监管机构也就失去了监管的标准、依据和基本前提,保险人的行为将失去规范、约束和指引,保险市场将缺乏明确的指导与调控。

二、保险监管机构及其职能

中国保险监督管理委员会(简称中国保监会)是中国商业保险的主管部门,根据国务院授权履行行政管理职能，依照法律、法规统一监督管理全国保险市场，维护保险业的合法、稳健运行。中国保监会成立于1998年11月18日，是国务院直属事业单位。2003年，国务院决定，将中国保监会由国务院直属副部级事业单位改为国务院直属正部级事业单位，并相应增加职能部门、派出机构和人员编制。中国保险监督管理委员会内设15个职能机构，并在全国各省、直辖市、自治区、计划单列市设有35个派出机构。中国保监会的主要职能如下：

(1)拟订保险业发展的方针政策，制定行业发展战略和规划，起草保险业监管的法律、法规，制定业内规章。

(2)审批保险公司及其分支机构、保险集团公司、保险控股公司的设立；会同有关部门审批保险资产管理公司的设立；审批境外保险机构代表处的设立；审批保险代理公司、保险经纪公司、保险公估公司等保险中介机构及其分支机构的设立；审批境内保险机构和非保险机构在境外设立保险机构；审批保险机构的合并、分立、变更、解散，决定接管和指定接受机构；参与、组织保险公司的破产、清算。

(3)审查、认定各类保险机构高级管理人员的任职资格，制定保险从业人员的基本资格标准。

(4)审批关系社会公众利益的保险险种、依法实行强制保险的险种和新开发的人寿保险险种等的保险条款和保险费率，对其他保险险种的保险条款和保险费率实施备案管理。

(5)依法监管保险公司的偿付能力和市场行为；负责保险保障基金的管理，监管保险保证金；根据法律和国家对保险资金的运用政策，制定有关规章制度，依法对保险公司的资金运用进行监管。

(6)对政策性保险和强制保险进行业务监管，对专属自保、相互保险等组织形式和业务活动进行监管，归口管理保险行业协会、保险学会等行业社团组织。

(7)依法对保险机构和保险从业人员的不正当竞争等违法、违规行为以及对非保险机构经营或变相经营保险业务进行调查、处罚。

(8)依法对境内保险及非保险机构在境外设立的保险机构进行监管。

(9)制定保险行业信息化标准；建立保险风险评价、预警和监控体系，跟踪分析、监测、预测保险市场运行状况，负责统一编制全国保险业的数据、报表，并按照国家有关规定予以发布。

(10)承办国务院交办的其他事项。

三、保险监管的内容

(一)对保险人市场准入和退出的监管

1.保险公司的设立

设立保险公司，应当经国务院保险监督管理机构批准。设立保险公司，应当具备下列条件：(1)主要股东具有持续盈利能力，信誉良好，最近三年内无重大违法违规记录，净资产不低于人民币2亿元;(2)有符合《保险法》和《公司法》规定的章程;(3)有符合保险法规定的注册资本;(4)有具备任职专业知识和业务工作经验的董事、监事和高级管理人员;(5)有健全的组织机构和管理制度;(6)有符合要求的营业场所和与经营业务有关的其他设施;(7)法律、行政法规和保监会规定的其他条件。

我国《保险法》第73条规定:"设立保险公司,其注册资本的最低限额为人民币2亿元。保险公司的注册资本必须为实缴货币资本。"

经批准设立的保险公司,由批准部门颁发经营保险业务许可证,并凭经营保险业务许可证向工商行政管理机关办理登记,领取营业执照。保险公司在中华人民共和国境内外设立分支机构应当经保险监督管理机构批准。

2. 保险公司的终止

保险公司的终止分为保险公司的解散、撤销和破产三种形式。保险公司因分立、合并或者公司章程规定的解散事由出现,经保险监督管理机构批准后解散。经营人寿保险业务的保险公司,除分立、合并外,不得解散。保险公司违反法律、行政法规,被保险监督管理机构吊销经营保险业务许可证的,依法撤销。由保险监督管理机构依法及时组织清算组,进行清算。当保险公司不能支付到期债务时,经保险监督管理机构同意,由人民法院宣告破产。但对经营人寿保险业务的保险公司被依法撤销或依法宣告破产的,其持有的人寿保险合同及其责任准备金必须转移给其他经营人寿保险业务的保险公司;不能同其他保险公司达成转让协议的,则由国务院保险监督管理机构指定经营人寿保险业务的保险公司接受。

(二)对保险经营的监管

1. 保险经营的业务范围

我国《保险法》按保险标的的不同将保险公司的业务范围分为财产保险业务、人身保险业务以及国务院保险监督管理机构批准的与保险有关的其他业务三大类。保险公司应当在国务院保险监督管理机构依法批准的业务范围内从事保险经营活动。同一保险人不得同时兼营财产保险业务和人身保险业务;但是,经营财产保险业务的保险公司经国务院保险监督管理机构批准,可以经营短期健康保险业务和意外伤害保险业务。经保险监督管理机构核定,保险公司可以经营再保险业务。保险公司对每一危险单位,即对一次保险事故可能造成的最大损失范围所承担的责任,不得超过其实有资本金加公积金总和的10%;超过的部分,应当办理再保险。

2. 保险资金的监管

(1)最低偿付能力的监管

保险公司应当具有与其业务规模相适应的最低偿付能力。保险公司的实际资产减去实际负债的差额不得低于保险监督管理机构规定的数额;低于规定数额的,应当增加资本金,补足差额。保险监督管理机构应当建立健全保险公司偿付能力监管指标体系,对保险公司的最低偿付能力实施监控。

(2)保险准备金的监管

保险公司应当根据保障被保险人利益、保证偿付能力的原则,提取各项责任准备金。责任准备金是指保险公司按法律规定为在保险合同有效期内承担赔偿或给付保险金义务而从保险费收入中提存的一种资金准备。保险公司提取和结转责任准备金的具体办法由保险监督管理机构制定。

保险公司成立后应当按照其注册资本总额的20%提取保证金,存入保险监督管理机构指定的银行,除保险公司清算时用于清偿债务外,不得动用。

保险公司应当按照已经提出的保险赔偿或者给付金额,以及已经发生保险事故但尚未提出的保险赔偿或者给付金额,提取未决赔款准备金。

除依法提取准备金外,保险公司应当依照有关法律、行政法规及国家财务会计制度的规定提取公积金。根据《公司法》和《金融保险企业财务制度》的规定,保险公司应在税后利润中提取10%的法定盈余公积金;当法定盈余公积金累计达到注册资本的50%时,可不再提取。

为了保障被保险人的利益,支持保险公司稳健经营,保险公司应当按照保险监督管理机构的规定提存保险保障基金。保险保障基金应当集中管理,统筹使用。保险保障基金管理使用的具体办法由保险监督管理机构制定。

(3)保险资金的运用监管

保险公司的资金运用必须稳健,遵循安全性原则,并保证资产的保值增值。保险公司的资金运用,限于在银行存款、买卖政府债券和金融债券以及国务院规定的其他资金运用形式。保险公司的资金不得用于设立证券经营机构,不得用于设立保险业以外的企业。保险公司运用的资金和具体项目的资金占其资金总额的具体比例,由保险监督管理机构规定。经营财产保险业务的保险公司当年自留的保险费,不得超过其实有资本金加公积金总和的四倍。

(三)对保险人会计制度的监管

保险监督管理机构有权检查保险公司的业务状况、财务状况及资金运用状况,有权要求保险公司在规定的期限内提供有关的书面报告和资料。

保险公司应当于每月月底前将上一个月的营业统计报表报送保险监督管理机构。保险公司应当于每一会计年度终了后3个月内,将上一年度的营业报告、财务会计报告及有关报表报送保险监督管理机构,并依法公布。保险公司的营业报告、财务会计报告、精算报告及其他有关报表、文件和资料必须如实记录保险业务事项,不得有虚假记载、误导性陈述和重大遗漏。保险公司应当妥善保管有关业务经营活动的完整账簿、原始凭证及有关资料。有关资料的保管期限,自保险合同终止之日起计算,不得少于10年。

(四)对保险中介人的监管

保险中介人包括代理人、经纪人等。由于保险业务很大一部分是通过保险中介机构和个人开展或经营的,因此对保险中介机构和个人进行监督管理是各国政府对保险市场监督管理的一项特别重要的内容。

保险代理人、保险经纪人应当具备保险监督管理机构规定的资格条件，并取得保险监督管理机构颁发的经营保险代理业务许可证或者经纪业务许可证，向工商行政管理机关办理登记，领取营业执照，并缴存保证金或者投保职业责任保险。个人保险代理人在代为办理人寿保险业务时，不得同时接受两个以上保险人的委托。

保险代理人、保险经纪人应当有自己的经营场所，设立专门账簿记载保险代理业务或者经纪业务的收支情况，并接受保险监督管理机构的监督。保险公司应当加强对保险代理人的培训和管理，提高保险代理人的职业道德和业务素质，不得唆使、误导保险代理人进行违背诚信义务的活动。

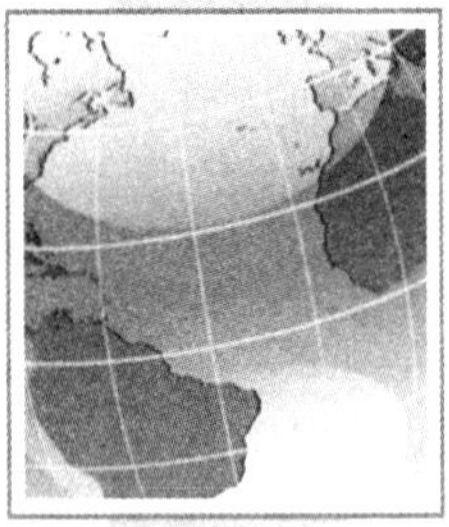

第十三章 票据法律制度

【要点提示】

- 票据的概念、特点、种类和功能
- 票据法的概念、特点、立法状况
- 票据权利
- 票据行为
- 汇票
- 本票
- 支票

【案例】

A公司为支付货款，于2011年3月1日向B公司签发一张金额为50万元、见票后1个月付款的银行承兑汇票。B公司取得汇票后，将汇票背书转让给C公司。C公司在汇票的背面记载“不得转让”字样后，将汇票背书转让给D公司。其后，D公司将汇票背书转让给E公司，但D公司在汇票粘单上记载“只有E公司交货后，该汇票才发生背书转让效力”。后来E公司又将汇票背书转让给F公司。2011年3月25日，F公司持汇票向承兑人甲银行提示承兑，甲银行以A公司未足额交存票款为由拒绝承兑，且于当日签发拒绝证明。2011年3月27日，F公司向A、B、C、D、E公司同时发出追索通知。B公司以F公司应先向C、D、E公司追索为由拒绝承担担保责任；C公司以自己在背书时记载“不得转让”字样为由拒绝承担担保责任。

问：(1)D公司背书所附条件是否具有票据上的效力？简要说明理由。(2)B公司拒绝承担担保责任的主张是否符合法律规定？简要说明理由。(3)C公司拒绝承担担保责任的主张是否符合法律规定？简要说明理由。

第一节 票据法概述

一、票据的概念和特征

(一)票据的概念

“票据”一词有广义和狭义之分。广义的票据是指商业活动中的一切作为权利凭证的单据。包括各种有价证券和凭证，如股票、债券、发票、提货单、车船票、存款单、汇款单、保单和仓单等。狭义的票据只限于以一定金额为目的的可以流通转让的特种证券，具体是指发票人依法签发，由自己无条件支付或委托他人无条件支付一定金额给收款人或持票人的一种有价证券。根据我国《票据法》的规定，票据包括汇票、本票、支票。本章所指票据仅指狭义的票据。

（二）票据的法律特征

1. 票据是完全有价证券

有价证券有完全与不完全之分。证券与权利在一定情况下可以分离的，该证券为不完全证券。如记名股票，即使失去对股票的占有也没有关系，在股份有限公司的股东名册里依然记载有股东的姓名或名称，如果股份有限公司召开股东大会，股东照样可以参加并行使股东的权利。反之，证券与权利不可分离时，为完全有价证券。票据为完全有价证券，票据的权利与票据不可分开。票据与一定的财产权利或价值结合在一起，并以一定货币金额表示其价值。票据的权利随票据的制作而发生，随票据的出让而转移，占有票据即占有票据的价值，不占有票据就不能主张票据权利。票据的这个特点要求持票人必须妥善保管票据。

2. 票据是要式证券

票据法律法规严格地规定票据的格式和记载事项，不按票据法及相关法规的规定进行票据事项的记载，就会影响票据的效力甚至会导致票据无效。此外，在票据上所为的一切行为，如出票、背书、承兑、保证、付款、追索等，也必须严格按照票据法的程序和方式进行，否则无效。在我国，票据的格式由中国人民银行统一设计，票据凭证的印制由中国人民银行统一管理，票据上要记载哪些事项由票据法具体规定，甚至对行为人在票据上如何签章都作出了非常严格具体的规定。

3. 票据是一种无因证券

所谓无因是指只问票据的形式要件成立与否，不问其发生原因。无因并不是说没有原因，而是指不问原因。任何票据的发票、取得、流转肯定有原因，没有原因谁也不会签发票据，去给自己设定责任而给他人以权利。票据发票、流转的原因可以多种多样，如买卖、借贷、赠与、租赁等。但票据是不问原因的，票据一经发票或流转便与其背后的原因关系发生了分离。票据的持票人行使票据权利时，无需说明其取得票据的原因，只要占有票据，就可以行使票据权利。至于取得票据的原因，持票人无说明的义务，债务人也无审查的权利，即使取得票据的原因关系无效，对票据关系也不发生影响。票据的无因性，有利于保障持票人的权利和票据的顺利流通。

4. 票据是文义证券

票据上的权利义务必须以票据上的文字记载为准，不允许任何人以票据记载以外的事由主张权利，也不允许以票据记载以外的事由来推卸责任。所有票据债权人或票据债务人，均应当对票据上所记载的文义负责，不得以任何方式或理由变更票据上文字记载的意义。债务人只按照证券上指明的金额和条件履行义务，而不问出票人的原意；持票人持有票据，其权利有多大，就看这张纸是怎么记载的；票据上其他签章的人，要负什么责任，也是看其签章的时候这张纸是怎样记载的，所有签章人都是以签章时的文义来承担票据责任的。

5. 票据是流通证券

票据作为金钱债权证券，能够在社会上依公共性规则进行公开流通，因此，票据为流通证券。一般来说，民商法上的财产权利，大多可以流通转让，但票据权利的转让比一般财产权利的转让更为方便灵活。一般财产的转让应以通知债务人为条件，而票据权利的转让则是依背书或直接交付的方式实现，无需通知债务人。

二、票据的种类

1. 票据法上的票据和非票据法上的票据

根据是否为票据法所规定的票据为标准，票据可分为票据法上的票据和非票据法上的票据。我国票据法所规定的票据，仅指汇票、本票和支票。人们在社会经济生活中所泛称的其他票据，均为非票据法上的票据，如提货单、存款单、汇款单、保单等。

2. 银行票据和商业票据

根据出票人的不同，可以将票据分为银行票据和商业票据。以银行为出票人的票据为银行票据，主要包括银行汇票和银行本票。以银行以外的其他人为出票人的票据为商业票据，我国目前主要是商业汇票。

3. 委托票据和自付票据

根据出票人是否直接对票据付款，可以将票据分为委托票据和自付票据。委托票据是指出票人不充任票据付款人，而在票据上记载他人为付款人的票据，如汇票和支票。自付票据是指票据出票人同时又是付款人，必须对票据无条件付款的票据，如本票。

4. 记名票据、无记名票据和指示票据

依据票据出票时记载收款人的方式不同，可以将票据分为记名票据、无记名票据和指示票据。票据出票时明确记载收款人的姓名或名称的，为记名票据。票据出票时没有记载收款人的姓名或名称，仅记载"持票人"等字样的，为无记名票据。票据出票时不仅明确记载收款人的姓名或名称，而且进一步记载可以转让给指定人，以"特定人或其指定之人"为权利人的票据，为指示票据。

5. 汇票、本票、支票

我国票据法将票据划分为汇票、本票、支票三种。汇票是出票人签发的、委托付款人在见票时或者在指定日期无条件支付确定的金额给收款人或者持票人的票据。本票是出票人签发的、承诺自己在见票时无条件支付确定的金额给收款人或者持票人的票据。支票是出票人签发的、委托办理支票存款业务的银行或者其他金融机构在见票时无条件支付确定的金额给收款人或者持票人的票据。

三、票据的功能

1. 汇兑功能

票据最初的功能是汇兑，即异地输送现金和兑换货币的工具。当时，随着商品经济的发展和市场范围的扩大，在异地贸易中携带现金不方便、不安全，还存在不同种类货币之间的兑换困难。通常由汇款人将款项交存银行，由银行作为出票人将签发的汇票寄往异地或交予持票人带往异地，持票人向异地银行兑取现金或凭此办理转账结算。这比使用现金汇兑方便、安全，节省费用。

2. 支付功能

由于票据有汇兑功能，可异地兑换现金，是一种金钱给付的债权凭证，因而它逐渐发展为具有支付功能的工具，即票据可以通过法定流通转让程序，代替现金在交易中进行支付。票据代替现金的使用，既可以达到安全、迅速、准确的目的，又可以加速资金的周转，提高资金的使用效益。

3. 信用功能

这是票据作为商业信用工具的体现。在商品经济社会中，一切商事交易并非都是交易与付款同时进行的现货交易，而是常常在交易之后的一定时间再予以付款的，它是建立在信用基础之上的交易。在商品交易中，票据作为预付货款或延期付款的工具，发挥商业信用功能。当事人进行贸易时，可以使用票据进行结算，并约定一定期限付款，在票据到期之前，票据的持有人可以利用出票人和承兑人的信用转让票据。在金融活动中，票据权利人可以通过将尚未到期的票据向银行进行贴现，取得货币资金，此时，票据发挥了银行信用的作用。

4. 结算功能

在经济交往中，当双方当事人互为债权人与债务人时，可运用票据进行结算，以抵消债务。与使用现金结算相比，这种票据结算的方式更加便捷、安全、经济，因而成为现代经济中银行结算的主要方式。票据作为支付工具和结算工具，代替了现金支付和以现金为内容的结算，因此，票据也被形象地称为“商人的货币”。

5. 融资功能

票据的新功能是融资，即调度资产，这主要通过票据贴现来实现。所谓票据贴现，是指持有未到期票据的人通过卖出票据得到现款的买卖行为。银行以贴现方式收下票据，可再向中央银行或其他银行贴现以取得资金，称为“再贴现”。票据贴现，解决了资金流转的困难，使票据持有人的资金从票据债权的形式转变为现金形式，从而加速资金周转，促进经济的发展。

四、票据法的概念和特征

(一)票据法的概念

广义的票据法泛指调整票据关系的各种法律规范，既包括专门的票据法律、法规，也包括其他法律、法规中有关票据的规范。如民法中关于行为能力、代理等的规定，刑法中关于票据犯罪的规定，民事诉讼法中关于公示催告程序等的规定。一般意义上所说的票据法是指狭义的票据法，即专门的票据法规范，它是规定票据的种类、形式和内容，明确票据当事人之间的权利与义务，调整因票据而发生的各种社会关系的法律规范。

(二)票据法的特征

1. 票据法具有强制性

票据关系的设定、变更或消灭，均以法律规定为行为准则。票据的内容由法律直接规定，不依当事人的意愿变更。首先，票据类型由法律规定为三种，即汇票、本票和支票，除此之外，任何单位和个人不得创设新的票据类型；其次，票据是严格的要式证券，票据上记载的事项也应符合法律的强制性规定；最后，各种票据行为也是严格的要式行为，票据行为人如果不按照规定的形式书写、签章，其行为将无效。

2. 票据法具有技术性

票据法的规定多数是出于商业交易活动的需要，为保证票据使用的方便与安全可靠，根据票据本身的特点和内在本质规律，专门设计出来并加以规定的。票据法中有许多规定是技术性规定，是在总结商事金融经验的基础上，专门设计出一系列独特的票据规则，如出票、背书、更改等规则，这些规则具有极强的专业性、技术性。

3. 票据法具有国际统一性

票据法虽为国内法，但有很强的国际统一性。票据法是为商品经济和国际贸易服务的，随着经济全球化的发展和国际贸易的不断扩大，使得各国间票据法的统一成为一种需要。目前，不少国家的票据法正逐步趋于统一，国际社会也在谋求票据法的统一。

五、票据立法

近代票据法是在欧洲中世纪末期的商人习惯法的基础上形成和发展起来的，随着中央集权国家的逐渐形成，这种习惯法也随之演变为成文法。一国的票据法，是由本国立法机构制定，施行于本国境内的法律。票据法最初带有浓郁的国内法色彩，一国票据法主要是依据本国商品经济发展的特点而制定，因此各国早期票据法呈现出很大的差异。主要体现在两个方面:第一，票据法与民商法的关系。法国的票据法包含于商法典中(但支票法为单行法规)，采取票商合一的体例；瑞士的票据和支票规则均包含于民法典中，采取票民合一的体例；德国、日本的票据法和支票法均为单行法律，采取票商分离的体例；英美法系无所谓票民或票商法律的关系，但英国汇票法是单行法律，美国则将票据规定于统一商法典中，所以，英美票据法的立法体例也有所不同。第二，票据法与支票法的关系。在票据法与支票法的关系上，目前各国主要存在分离主义和包括主义两种态度。大陆法系国家往往采用分离主义立法，票据一般仅指汇票和本票，票据法和支票法分别立法。法国将票据列为商法中的独立章节，支票法为单行法律；瑞士将票据和支票分别列为民法中的独立章节；德国、日本的票据法和支票法各为独立的单行法律。英美法系国家往往采用包括主义立法，将汇票、本票和支票全部集中在一部法律中。英、美两国将票据称之为流通证券或商业证券，而不称之为票据，并将支票视为汇票的一种。

票据是商品经济的重要工具，随着商品经济在国际范围的发展，票据在国际间的使用和流通逐渐增多，成为国际贸易和国际金融的重要工具。但是，各国票据法的不统一，极大地妨碍了票据在国际间的正常流通，也影响了国际贸易的发展。为了解决各国票据法的冲突，统一各国票据法的要求不断发展，推动了票据法的国际统一进程。国际票据法的统一先后经历了海牙统一票据法、日内瓦统一票据法和联合国统一票据法三个发展阶段。最具代表意义、影响最大的是 1930 年和 1931 年的日内瓦统一票据法，包括统一票据汇票本票法、解决汇票本票法律冲突公约、汇票本票印花税法公约、统一支票法公约、解决支票法律冲突公约、支票印花税法公约。这些公约是相互独立的，各国可分别加入。日内瓦统一票据法制定之后，由于英美法系国家没有参加，所以并没有成为真正具有世界统一性的国际票据法。为了协调日内瓦统一法系和英美法系的差异，联合国国际贸易法委员会进行了制订新国际票据公约草案的努力，于 1982 年 7 月在联合国国际贸易法委员会第 15 次会议上讨论通过，分发各国政府征询意见。在整体体例上，新国际票据公约草案较大地体现了对两大票据法系的折中和调和。新的国际票据公约草案虽然尚未被各国政府正式审议通过，尚未成为实施生效的国际票据法，但其所体现的努力方向及体例模式、立法技术等，势必会对国际票据法的统一产生深远的影响。

借鉴国外和国际票据立法的经验，是我国票据立法的一项主要原则。我国自经济体制改革以来，对大陆法系所谓商法范围内的一些问题，多采取单行立法方式，例如，海商法、破产法、公司法等。也是为了与国际票据法的立法体例相一致，我国票据立法采取单行立法方式。《中华人民共和国票据法》（以下简称《票据法》）于 1995 年 5 月 10 日经第八届全国人大常委会第十三次会议讨论通过，已于 1996 年 1 月 1 日正式施行。根据 2004 年 8 月 28 日第十届全国人民代表大会常务委员会第十一次会议《关于修改〈中华人民共和国票据法〉的决定》，我国对票据法进行了一次修正，删去了原票据法中的第 75 条。我国票据法采用包括主义，将汇票、本票和支票都集中在一部票据法中。此外，经国务院批准，中国人民银行于 1997 年 8 月 21 日发布《票据管理实施办法》（自 1997 年 10 月 1 日起施行），于 1997 年 12 月 1 日颁布实行《支付结算办法》，这些行政规章也属于我国现行票据法的组成部分。2000 年 1 月 24 日，最高人民法院通过了《关于审理票据纠纷案件若干问题的规定》，该规定是目前我国各级人民法院审理票据纠纷案件的重要依据之一。

第二节　票据权利和票据行为

一、票据权利

（一）票据权利的概念和种类

票据权利是指持票人向票据债务人请求支付票据金额的权利。票据权利主要包括两类权利，即付款请求权和追索权。

付款请求权是指持票人请求付款人按票据给付票据金额的权利。付款请求权是持票人最基本的权利，也是票据的第一次权利，实践中人们常称此权利为主票据权利。付款人包括汇票的承兑人，本票的出票人、付款人，保付支票的付款人、参加承兑人、参加付款人等。

追索权是指持票人行使付款请求权时被拒绝承兑或拒绝付款，或有其他法定事由请求付款未果时，向其前手请求支付票据金额的权利。由于这个请求是在第一次请求未果后的再次请求，所以将其称为第二次请求权，是票据权利的再次行使。前手是指在票据签章人或者持票人之前签章的其他票据债务人。追索权的追索对象视票据种类的不同，可以包括出票人、背书人、保证人、承兑人和参加承兑人等。

(二)票据权利的取得

票据权利的取得，是指根据什么方式，依据何种法律事实而取得票据权利。取得票据往往取得票据权利，票据权利的取得与票据的取得密切相关，但并非一切取得票据的人都当然取得票据权利，票据取得与票据权利的取得是两个不同的概念。票据的取得与票据权利的取得之间的关系有以下几种情况：

1. 取得票据并享有票据权利

取得票据并同时取得票据权利的情形主要有原始取得、背书转让取得和善意取得。原始取得是指出票人作成票据并交付给受款人后，受款人即从发票人处得到票据权利，这种取得票据的方式为原始取得。背书转让取得是指受让人因转让人以背书的方式转让票据而取得。善意取得是指票据受让人依票据法规定的转让方法，善意地从无处分权人处取得票据，从而取得票据权利。票据权利的善意取得必须符合以下构成要件：第一，必须是从无权利人处取得票据；第二，必须是依票据法规定的票据转让方式取得票据；第三，受让人必须是善意的。

2. 取得票据但不享有票据权利

(1)恶意取得

所谓恶意，是指行为人基于获取不正当利益或者损害他人的动机而实施的行为。恶意取得又包括直接恶意取得和间接恶意取得。当事人直接以欺诈、偷盗和胁迫等非法手段取得票据的，为直接恶意取得，也可称为非法取得或不法取得。受让人明明知道票据存在以欺诈、偷盗或者胁迫等手段取得的情形，也就是明知让与人不享有该票据权利，却出于获取不正当利益的目的，受让该票据的，属于恶意取得。恶意取得票据的人，不得享有票据权利。

(2)重大过失取得

重大过失取得是指受让票据时，受让人未尽票据交易中应尽的一般注意，从无处分权人处取得票据或取得无效票据或以瑕疵方式取得票据。行为人有重大过失，是行为人有过错，有过错的行为人应当对自己的过错承担责任。因重大过失取得的票据不享有票据权利，受让人在取得票据时，应当注意对票据进行审查，发现票据有不符合票据法规定时，应当拒绝受让。

3. 取得票据，但是否享有票据权利应视其前手情形而定凡是无对价或不以相当对价取得的票据，不得享有优于前手的权利。我国《票据法》第11条规定："因税收、继承、赠与可以依法无偿取得票据的，不受给付对价的限制。但是，所享有的票据权利不得优于其前手的权利。"

（三）票据权利的行使

1. 付款请求权的行使

（1）汇票付款请求权的行使

见票即付的汇票，自出票日起1个月内向付款人提示付款；定日付款、出票后定期付款或者见票后定期付款的汇票，自到期日起10日内向承兑人提示付款。持票人未按照规定期限提示付款的，在作出说明后，承兑人或者付款人仍应当继续对持票人承担付款责任。远期汇票行使付款请求权以付款人做了承兑为条件，定日付款或出票后定期付款的汇票持票人，要在汇票到期日前向付款人提示承兑，见票后定期付款的汇票，持票人应当自出票日起1个月内向付款人提示承兑。

（2）本票付款请求权的行使

本票自出票日起，付款期限最长不得超过2个月，本票持有人应在本票到期日前提示付款。超过提示付款期限的，付款人可以不予付款，此时出票人仍应当对持票人承担票据责任。本票的持票人未按照规定期限提示见票的，丧失对出票人以外的前手的追索权。

（3）支票付款请求权的行使

支票的持票人应当自出票日起10日内提示付款；异地使用的支票，其提示付款的期限由中国人民银行另行规定。

2. 追索权的行使

票据到期被拒绝付款的，持票人可以对背书人、出票人以及票据的其他债务人行使追索权。持票人应在合理的期限内向票据债务人行使追索权。票据的持票人对出票人以外的其他前手的追索权为6个月，从被拒绝承兑或被拒绝付款之日起算；被追索人对其前手的再追索权为3个月，从清偿之日或被诉之日起算。在票据到期日前，如果汇票被拒绝承兑的，承兑人与付款人死亡、逃匿的，承兑人、付款人被依法宣告破产的，以及因违法被责令终止业务活动的，持票人也可以行使追索权。

持票人行使追索权时，应当提供被拒绝承兑或者被拒绝付款的有关证明。持票人因承兑人或者付款人死亡、逃匿或者其他原因，不能取得拒绝证明的，可以依法取得其他有关证明。承兑人或者付款人被人民法院依法宣告破产的，人民法院的有关司法文书具有拒绝证明的效力。承兑人或者付款人因违法被责令终止业务活动的，有关行政主管部门的处罚决定具有拒绝证明的效力。持票人不能出示拒绝证明、退票理由书或者未按照规定期限提供其他合法证明的，丧失对其前手的追索权。但是，承兑人或者付款人仍应当对持票人承担责任。

持票人为出票人的，对其前手无追索权。持票人为背书人的，对其后手无追索权。后手是指在票据签章人之后签章的其他票据债务人。被追索人依照规定清偿后，可以向其他汇票债务人行使再追索权。所谓再追索权，是指票据的债务人因被持票人追索而履行了支付义务后，取得了原持票人的地位，享有向其前手追索的权利，因相对于前面的追索是第二次追索，因而称为再追索。

(四)票据权利的消灭

票据权利的消灭是指票据权利因一定的原因或法定事由的出现而不再存在。票据权利消灭的原因有很多，其中主要有以下几种情况：(1)付款人按期付款；(2)被追索人已清偿债务；(3)票据有重大瑕疵；(4)票据时效期间届满。票据权利时效如下：(1)汇票、本票的持票人对出票人和承兑人的权利为2年，从到期日和出票日起算；(2)支票持票人对出票人的权利为6个月，从出票日起算；(3)各种票据的持票人对出票人以外的其他前手的追索权为6个月，从被拒绝承兑或被拒绝付款之日起算；(4)被追索人对其前手的再追索权为3个月，从清偿之日或被诉之日起算。

二、票据行为

票据行为是指依照法定条件和法定程序进行，以发生、变更和消灭票据关系，确定和实现票据上的权利和义务为目的的法律行为。

票据行为具有要式性、文义性、无因性、独立性等特点。票据行为的要式性，是指票据行为的成立必须具备法定的行为方式，符合票据法律的相关规定。票据行为的文义性，是指票据行为的内容必须以票据上的文字记载为准，即使票据上的记载与实际情况不符，也不许当事人以票据外的证明方法加以变更或补充。票据行为的独立性，是指在已经具备基本形式的同一票据上，如果有数个票据行为，每一行为各依其在票据上所载的文义分别独立发生效力，一行为无效，不影响其他行为的效力。票据行为的无因性，是指票据行为一旦成立，票据行为就产生法律效力，引起票据行为发生的原因关系有效与否甚至于存在与否，都不会影响票据行为的效力。

票据行为一般包括出票行为、背书行为、承兑行为、保证行为和付款行为。票据行为分为主票据行为(基本票据行为)和附属票据行为，创造票据的原始行为为主票据行为，只有出票行为属于主票据行为。以出票行为为前提，在已经做成的票据上所为的票据行为，属于附属票据行为，除出票行为以外的其他票据行为都属于附属票据行为。

(一)出票

出票也称发票、开票，它是一种主票据行为。出票是指出票人签发票据并将其交付给收款人的票据行为。当出票人依法律规定的形式作成票据，并将其交付相对方时，出票行为即为完成。出票作为一种票据行为，具有单方行为性，不管票据发生的原因关系，只要出票人在形式上完成了出票并交付给付款人，出票人就得承担担保付款的责任。

(二)背书

背书是指在票据背面或者粘单上记载有关事项并签章的票据行为。背书为票据权利转移的一种方式，通过背书持票人将票据权利转让给他人或者将一定的票据权利授予他人行使。背书由背书人签章并记载背书日期，背书未记载日期的，视为在汇票到期日前背书。出票人在票据上记载“不得转让”字样的，票据不得转让。背书人在汇票上记载“不得转让”字样，其后手再背书转让的，原背书人对后手的被背书人不承担保证责任。背书不得附有条件。背书时附有条件的，所附条件不具有票据上的效力。将票据金额的一部分转让的背书或者将票据金额分别转让给两人以上的背书无效。以背书转让的票据，背书应当连续，持票人以背书的连续，证明其票据权利。背书连续，是指在票据转让中，转让票据的背书人与受让票据的被背书人在票据上的签章依次前后衔接。

（三）承兑

承兑是汇票所特有的一种票据行为。承兑是指汇票付款人承诺在汇票到期日支付汇票金额的票据行为。付款人承兑汇票的，应当在汇票正面记载“承兑”字样和承兑日期并签章，见票后定期付款的汇票，应当在承兑时记载付款日期。付款人承兑汇票，不得附有条件，承兑附有条件的，视为拒绝承兑。付款人承兑汇票后，应当承担到期付款的责任。

（四）保证

票据保证是指票据债务人以外的第三人在已发行的票据上，进行保证文句的记载，完成签名，并将其交付持票人，从而表明对特定票据债务人的票据责任履行承担保证的行为。作为一种票据行为，票据保证是一种单方法律行为，保证人在票据或粘单上记载必要保证事项后，保证即告成立，无须票据主债务人（被保证人）同意，也无须主债权人同意。保证不得附有条件，附有条件的，不影响对票据的保证责任。目前票据的保证主要是汇票和本票的保证，支票没有保证制度。

（五）付款

付款是指票据的付款人或代理付款人支付票据金额以消灭票据关系的附属票据行为。持票人依法提示付款的，付款人必须在当日足额付款。付款人及其代理付款人付款时，应当审查票据背书的连续，并审查提示付款人的合法身份证明或者有效证件。持票人获得付款的，应当在票据上签收，并将票据交给付款人。付款人及其代理付款人以恶意或者有重大过失付款的，应当自行承担责任。对定日付款、出票后定期付款或者见票后定期付款的汇票，付款人在到期日前付款的，由付款人自行承担所产生的责任。

第三节　汇票制度

一、汇票的概念及特点

汇票是出票人签发的、委托付款人在见票时或者在指定日期无条件支付确定的金额给收款人或者持票人的票据。汇票具有如下特征：

1. 汇票是委托票据

汇票的出票人并不是汇票的付款人，而是另行委托他人作为付款人支付汇票金额，就这一点而言，汇票与支票相同，与本票不同。汇票有三个基本当事人，即出票人、付款人和收款人。其中出票人和付款人为票据义务人，收款人为票据权利人。汇票的出票人和收款人可以是同一人。

2. 汇票是信用证券

我国的银行本票和支票一般限于见票即付，但汇票不以见票即付为限，许多汇票都有一定的到期日，体现了汇票的信用功能。汇票既可以是见票即付的即期汇票，也可以是记载将来某个日期为付款日的远期汇票。

3. 汇票往往需承兑

承兑是汇票特有的制度，汇票之所以需要设立承兑制度，是由汇票的性质决定的。远期汇票通常需要付款人进行承兑，以确认其愿意承担绝对的付款义务。在付款人未为承兑时，汇票上所记载的付款人并无绝对的付款义务。

二、汇票的种类

1. 银行汇票和商业汇票

根据汇票出票人的不同，汇票分为银行汇票和商业汇票。由银行作为出票人的汇票为银行汇票，由银行以外的人作为出票人的汇票为商业汇票。

2. 银行承兑汇票和商业承兑汇票

根据承兑人的不同，商业汇票又可以分为银行承兑汇票和商业承兑汇票。由银行承兑并付款的汇票为银行承兑汇票，由银行以外的人承兑并付款的汇票为商业承兑汇票。

3. 即期汇票和远期汇票

根据汇票付款日期的确定方式不同，可以将商业汇票分为即期汇票和远期汇票。即期汇票，也称见票即付的汇票，是指由票据付款人见到票据后当即决定是否付款的一种汇票。远期汇票是定日汇票、出票后定期付款的汇票和见票后定期付款的汇票的统称。定日汇票，又称板期汇票，是指汇票上明确记载付款日期的汇票。出票后定期付款的汇票，也称计期汇票，是指在出票日后一定日期付款的汇票。见票后定期付款的汇票，也称注期汇票，是指在见票承兑后一定日期付款的汇票。

三、汇票中的票据行为

（一）出票

汇票的出票人必须与付款人具有真实的委托付款关系，并且具有支付汇票金额的可靠资金来源，不得签发无对价的汇票用以骗取银行或者其他票据当事人的资金。

汇票必须记载下列事项：(1)表明“汇票”的字样；(2)无条件支付的委托；(3)确定的金额；(4)付款人名称；(5)收款人名称；(6)出票日期；(7)出票人签章。汇票上未记载以上规定事项之一的，汇票无效。汇票上记载付款日期、付款地、出票地等事项的，应当清楚、明确。汇票上未记载付款日期的，为见票即付；汇票上未记载付款地的，付款人的营业场所、住所或者经常居住地为付款地；汇票上未记载出票地的，出票人的营业场所、住所或者经常居住地为出票地。汇票上可以记载票据法规定事项以外的其他出票事项，但是该记载事项不具有汇票上的效力。

出票人签发汇票后，即承担保证该汇票承兑和付款的责任。出票人在汇票得不到承兑或者付款时，应当向持票人承担清偿责任。

（二）背书

持票人可以将汇票权利转让给他人或者将一定的汇票权利授予他人行使，此时，持票人应当背书并交付汇票。背书由背书人签章并记载背书日期，背书未记载日期的，视为在汇票到期日前背书。汇票以背书转让或者以背书将一定的汇票权利授予他人行使时，必须记载被背书人的名称。

汇票被拒绝承兑、被拒绝付款或者超过付款提示期限的，不得背书转让，背书转让的，背书人应当承担汇票责任。背书人以背书转让汇票后，即承担保证其后手所持汇票承兑和付款的责任。背书人在汇票得不到承兑或者付款时，应当向持票人清偿汇票金额和费用。

（三）承兑

付款人承兑汇票前，必须先由持票人提示承兑。提示承兑是指持票人向付款人出示汇票，并要求付款人承诺付款的行为。定日付款或者出票后定期付款的汇票，持票人应当在汇票到期日前向付款人提示承兑。见票后定期付款的汇票，持票人应当自出票日起一个月内向付款人提示承兑。汇票未按照规定期限提示承兑的，持票人丧失对其前手的追索权。付款人对向其提示承兑的汇票，应当自收到提示承兑的汇票之日起 3 日内承兑或者拒绝承兑。

（四）保证

汇票的债务可以由保证人承担保证责任。保证人为保证行为时，必须在汇票或者粘单上记载下列事项：(1)表明“保证”的字样；(2)保证人名称和住所；(3)被保证人的名称；(4)保证日期；(5)保证人签章。保证人在汇票或者粘单上未记载被保证人的名称的，已承兑的汇票，承兑人为被保证人；未承兑的汇票，出票人为被保证人。保证人在汇票或者粘单上未记载保证日期的，出票日期为保证日期。汇票到期后得不到付款的，持票人有权向保证人请求付款，保证人应当足额付款。

（五）付款

付款人付款前，必须先由持票人提示付款。提示付款是持票人主张票据权利、向付款人出示票据、将票据交其验看并请求付款人付款的一种法律行为。汇票的付款提示应当在付款提示期间内进行。见票即付的汇票，自出票日起一个月内向付款人提示付款；定日付款、出票后定期付款或者见票后定期付款的汇票，自到期日起 10 日内向承兑人提示付款。持票人依法提示付款的，付款人必须在当日足额付款。付款人依法足额付款后，全体汇票债务人的责任解除。汇票到期被拒绝付款的，持票人可以对背书人、出票人以及汇票的其他债务人行使追索权。

第四节　本票和支票制度

一、本票制度

(一)本票的概念和特点

本票是出票人签发的、承诺自己在见票时无条件支付确定的金额给收款人或者持票人的票据。本票具有如下特点：

(1)本票是自付票据。本票是由出票人本人对持票人付款，这是本票与汇票、支票的最重要的区别。在本票法律关系中，基本当事人只有出票人和收款人，因此，本票的权利义务关系比较简单。

(2)见票即付。我国的本票仅限于银行本票一种，而且属于见票即付的本票。

(3)无须承兑。本票是自付票据，其出票人始终是主债务人，出票银行必须对本票债务承担绝对的偿付义务，因此，本票无须承兑。

(二)本票中的票据行为

1.出票

本票的出票人必须具有支付本票金额的可靠资金来源，并保证支付。本票必须记载下列事项：(1)表明"本票"的字样；(2)无条件支付的承诺；(3)确定的金额；(4)收款人名称；(5)出票日期；(6)出票人签章。本票上未记载上述规定事项之一的，本票无效。本票上记载付款地、出票地等事项的，应当清楚、明确。本票上未记载付款地的，出票人的营业场所为付款地。本票上未记载出票地的，出票人的营业场所为出票地。

2.付款

本票的出票人在持票人提示见票时，必须承担付款的责任。本票自出票日起，付款期限最长不得超过 2 个月。本票的持票人未按照规定期限提示见票的，丧失对出票人以外的前手的追索权。

本票的背书、保证和追索权的行使，适用票据法有关汇票的规定。

二、支票

(一)支票的概念及特点

支票是出票人签发的、委托办理支票存款业务的银行或者其他金融机构在见票时无条件支付确定的金额给收款人或者持票人的票据。支票的特点如下：

(1)支票是委付票据。支票是出票人委托其存款银行支付票据金额。支票的基本当事人有出票人、付款人和收款人三个，而且支票的出票人身份与付款人身份不会发生重合。支票的出票人和收款人可以是同一人。

(2)见票即付。支票的付款时间只有见票即付一种形式，免除了承兑程序。支票可以代替现金进行支付。

(3)支票是支付证券。与汇票相比,支票强调出票人的资金储备,而汇票则强调付款人的信用,所以支票流通的时间较短,只有10天期限。

(二)支票的种类

支票按其用途不同,可以分为现金支票和转账支票。现金支票只能提取现金,转账支票只能办理转账结算,不得支取现金,两种支票不许混用。我国同时也允许签发普通支票,这种支票既可以提取现金也可以转账,如用于转账,应在支票的左上角加注两条平行线。

(三)支票中的票据行为

1. 出票

支票出票时必须记载下列事项:(1)表明"支票"的字样;(2)无条件支付的委托;(3)确定的金额;(4)付款人名称;(5)出票日期;(6)出票人签章。支票上未记载上述规定事项之一的,支票无效。

出票人出票时可以有意将支票上的金额和收款人名称栏空缺,授权他人补记,支票上的金额和收款人名称未补记的,不得使用。支票上未记载付款地的,付款人的营业场所为付款地。支票上未记载出票地的,出票人的营业场所、住所或者经常居住地为出票地。出票人可以在支票上记载自己为收款人。支票限于见票即付,不得另行记载付款日期。另行记载付款日期的,该记载无效。

支票的出票人所签发的支票金额不得超过其付款时在付款人处实有的存款金额。出票人签发的支票金额超过其付款时在付款人处实有的存款金额的,为空头支票。禁止签发空头支票。出票人必须按照签发的支票金额承担保证向该持票人付款的责任。

2. 付款

出票人在付款人处的存款足以支付支票金额时,付款人应当在当日足额付款。支票的持票人应当自出票日起10日内提示付款;异地使用的支票,其提示付款的期限由中国人民银行另行规定。超过提示付款期限的,付款人可以不予付款;付款人不予付款的,出票人仍应当对持票人承担票据责任。付款人依法支付支票金额的,对出票人不再承担受委托付款的责任,对持票人不再承担付款的责任,但是付款人以恶意或者有重大过失付款的除外。

支票的背书和追索权的行使,适用票据法有关汇票的规定。

第十四章 价格法律制度

【要点提示】

- 价格法的概念及作用
- 经营者的价格权利和价格行为
- 不正当价格行为
- 政府的价格行为
- 政府的价格调控措施

【案例】

2009 年 5 月，某报报道了 S 市市容环境卫生协会车辆清洗专委会“为维护车辆清洗企业利益，规范车辆清洗行业管理，统一全市机动车清洗行业收费指导价”的消息。根据这一线索，S 市物价局对此案进行了调查。经查，车辆清洗专委会在与市内主要洗车企业协商后，于 2009 年 5 月 27 日向市区 189 个洗车场下发了《关于规范机动车辆清洗收费标准的通知》（以下简称《通知》），规定全市机动车清洗行业收费指导价为：小型车辆单次洗车 15 元，办卡 100 元/8 次；中型车辆单次洗车 20～30 元；大型车辆单次洗车 40～60 元，新标准从 2007 年 5 月 28 日起执行。查明案情后，S 市物价局依照《价格法》第 40 条的规定，书面报请省物价局对价格垄断行为予以认定，并在此基础上进行了处理。

问：本案中车辆清洗专委会的行为是否合法？为什么？

第一节　价格法概述

一、价格和价格法

价格是价值的货币表现，是商品与货币交换比例的指数。在资本主义制度下，商品生产建立在生产资料私有制基础上，价值规律起着自发的调节作用，价格是围绕着价值上下波动、自发形成的。价格如果背离价值，就会出现通货膨胀，资本家往往以此作为剥削广大人民的一种手段。资产阶级国家为了缓和资产阶级和劳动者的矛盾，也经常对物价进行管理和干预，颁布价格管理的法规。如日本的《物价统制令》、《价格统制法》，德国的《冻结物价令》等。但是，资产阶级解决不了造成通货膨胀、经济萧条的根本原因，即社会化大生产和生产资料私人占有制之间的基本矛盾。

在社会主义制度下，我们遵循价值规律的作用，但由于社会主义市场经济也会出现通货膨胀和市场疲软等现象，所以，我们必须采取和加强宏观调控的措施，制定有关的法律和法规，解决这些现象和问题，使价格趋向合理，并较长期地处于稳定的状况。改革开放以来，我国颁布了许多有关价格方面的法规，其中主要有1987年9月11日国务院发布的《中华人民共和国价格管理条例》和1997年12月29日八届人大常委会第二十九次会议通过的《中华人民共和国价格法》（以下简称《价格法》）。1999年7月10日经国务院批准，1999年8月1日国家发展计划委员会发布了《价格违法行为行政处罚规定》，2006年2月和2008年1月国务院对个别条款作了修改，2010年12月10日国务院再次公布了修改后的《价格违法行为行政处罚规定》。

我国《价格法》所称的价格包括商品价格和服务价格。所谓商品价格是指各类有形产品和无形资产的价格，所谓服务价格是指各类有偿服务的收费。

价格法是调整价格关系的法律规范的总称。价格法的调整对象概括地讲是指与价格的制定、运行和调控、监督检查有关的各种关系。具体地讲是指以下各种关系：

(1)价格的制定关系。

(2)价格的运行关系。

(3)国家调控价格总水平的关系。

(4)各级价格主管部门及广大消费者对价格的监督检查关系。

二、价格体系的概念及其分类

价格体系是指价格的种类和各种价格形式之间的相互关系的总称。价格体系可以根据不同标准进行分类。

按国民经济部门分类的价格体系包括：工业品价格、农产品价格、交通运输价格、邮政电讯价格、建筑产品价格、饮食服务价格等。按商品的流通过程或流通环节分类的价格体系包括：工业品出厂价格、农产品收购价格、批发价格、零售价格、商品的地区差别价格、商品的季节性差别价格等。按宏观经济调控进行分类的价格体系包括：市场调节价、政府指导价以及政府定价等。改革这些价格体系，是保证各项经济体制改革顺利进行的必要条件。各项经济体制改革措施的成效也在很大程度上取决于价格体系的改革。可以这样说，价格体系的改革是整个经济体制改革成败的关键，那么，价格就成为了最有效的调节手段。

所以，我国在价格体系方面进行了一系列改革：逐渐放开政府对价格的调控，通过市场竞争，由企业自主制定价格，使价格更加符合价值规律的要求；政府定价只限定于极少数商品，并且解决工农业商品地区差价、质量差价、季节差价以及服务收费等不合理问题；放开了粮、油等农产品价格；取消了国家补贴价等。

三、价格法的作用

价格法的根本作用是用法律形式促进合理价格的形成，规范和维护市场机制正常运行，对市场资源进行优化配置，创造公平竞争的环境。具体地说，主要包括以下几方面的作用：

(一)用法律形式促进合理价格的形成

随着经济体制改革的深入和社会主义市场经济的建立和完善，国家开始逐步完善宏观经济调控下由市场形成价格的机制。高度集中僵化的价格管理体制被打破，以市场调节价格为主的价格机制已经形成。价格法在促进合理的价格体系和价格模式的形成方面，起着极其重要的作用。

(二)规范价格行为，发挥价格合理配置资源的功能

《价格法》明确规定了经营者的价格行为和政府的定价行为，使政府不得用行政手段来干预经营者的价格行为。由于价格由经营者自主制定，能够充分反映市场竞争的情况，也就能够充分发挥价格合理配置资源的功能，从而进一步推动我国社会主义市场经济的健康发展。

(三)稳定市场价格总水平

《价格法》中明确规定稳定市场价格总水平是国家重要的宏观调控目标，规定了要以宏观调控的手段稳定市场价格总水平。国家也将市场价格总水平的调控目标列入国民经济和社会发展计划，并采取一系列经济、法律、行政的措施保证价格总水平的基本稳定，这对于加强和改善宏观经济调控、维护社会经济秩序起着重要的作用。

(四)保护经营者和消费者的合法权益

价格法的制定和颁布是为了保护经营者的合法权益，促进企业转换经营机制，为增强企业活力提供了有力保障。价格法严禁损害消费者利益的各种不正当价格行为，明确规定经营者因价格违法行为给消费者造成损失的，应负赔偿责任；同时，它还赋予消费者参与政府定价的权利，明确消费者有权对各种价格活动进行监督，对价格违法行为进行举报，并受到有关部门的保护。所以，价格法的制定和颁布对保障经营者和广大人民群众的合法权益起着积极的作用。

第二节 经营者的价格权利和价格行为

经营者是指从事生产、经营商品或者提供有偿服务的法人或其他组织和个人。经营者的形式有三种：(1)法人，就是依法取得法人资格的企业组织、社会组织、事业组织、机关单位等；(2)其他组织，就是指没有取得法人资格而从事经营活动的一些组织，如合伙企业等；(3)个人，就是以个人身份从事生产经营活动的经营者，如个体工商户等。价格法所称的经营者，既包含一般意义上的经营者，也包含一般意义上的生产者。

一、经营者的价格行为权利

价格法在遵循市场规律的前提下，赋予了经营者广泛的价格权利。因此，根据价格法的规定，这些权利包括：

(一)经营者有权自主制定属于市场调节产品的价格

在我国的价格形成体制中，有三种基本的价格形式，即市场调节价、政府指导价、政府定价。实际中，适用市场调节价的商品或服务基本上属于竞争比较充分并且适宜于在市场竞争中生成价格的项目，这些项目由经营者根据市场供求的变化，制定合理的价格，获取合适的利润，才能充分发挥市场机制的作用。因此，价格法不但规定了这种价格的形式，还赋予了经营者对这些商品和服务充分行使自主定价的权利。

(二)经营者有权在政府指导价规定的幅度内制定合理的价格

政府指导价是指对于某些商品和服务，由政府制定基准价格和浮动幅度，经营者可以根据市场需要，在政府规定的浮动幅度内自主制定价格。这是发挥政府和市场两方面调节作用的一种具体定价方法，使经营者能最大限度地获取市场利润。

(三)经营者有权制定属于政府定价、政府指导价产品系列中的新产品的试销价格

新产品一般是指全国范围内没有生产过的产品，或在原理、用途、性能、材质等方面改进的产品。试销价格是工业品试制阶段的销售价格。由于新产品一般尚未定型，质量和效用也不稳定，试制成本可变性大，且没有同类产品可供比较，新产品试销价格的作价原则，既要考虑生产者的试制成本的实际情况，以利于发展生产，又要考虑消费者和使用单位的承受能力，以便推广应用。因此，把新产品的试销价格定价权限交由经营者根据成本情况和市场优先原则自主制定，有其逻辑上的合理性和实践上的可行性。价格法基于这种考虑，赋予了经营者这样的权利。

(四)经营者有权检举、控告侵犯其经营自主权的行为

当经营者在生产经营活动中由法律赋予的自主定价权利被其他经营者或政府有关部门侵犯时，如其他经营者强迫其执行某种价格，政府价格主管部门对于本属市场调节价的商品或服务，强行定价或制定指导性价格，经营者都有权向有关部门或人民法院检举、控告，以保护自己的合法价格利益。

二、经营者的义务

权利与义务是相对的，享受了什么样的权利，相应地就要承担什么样的义务。所以价格法在赋予了经营者充分的价格权利的同时，也规定了经营者在经营活动中必须履行的价格义务。

(1)应当遵守法律、法规，执行依法制定的政府指导价、政府定价和法定的价格干预措施、紧急措施。

(2)应当注明商品的品名、产地、规格、等级、计价单位、价格或服务的项目、收费标准等有关情况。

(3)经营者不得在明示价格之外加价出售商品，不得收取未予标明的费用。

三、明码标价

明码标价是指经营者在销售、收购商品和提供服务的过程中，按照政府价格主管部门的要求，在所销售、收购的商品和提供的服务上明确标明商品的品名、产地、等级、规格、计划单位、价格或者服务项目、收费标准等有关情况，并不得在标明的价格之外加价出售商品或收取任何未予标明的费用。

明码标价是任何国家在价格管理工作方面都普遍适用的一种管理制度，其目的是为了规范经营者的价格行为，维护市场的价格秩序，促进正当竞争，保护广大消费者的合法利益。实行这一制度，可以保证消费者在购买商品或接受服务之前，对于相应商品或服务的价格和性能等有一定的了解，并可以有充分的对比鉴别和选择。因此，明码标价是保护消费者合法权益的有效措施，是促使经营者加强价格管理、认真执行价格法律法规的重要手段，也是打击价格违法行为、保护公平竞争、维护市场价格秩序的一项基本法律制度。

四、不正当价格行为

不正当价格行为是指经营者以不正当的手段并通过价格形式实施的损害国家利益或消费者及其他经营者合法权益并为法律、行政法规所禁止的行为。社会主义市场经济条件下需要加强对不正当价格行为的监督管理。在市场经济条件下，政府允许经营者根据市场供求和生产经营成本自主决定价格。但市场是竞争的市场，价格是市场竞争中形成的价格。在激烈的市场竞争中价格是一种重要的竞争手段。有些经营者为获得竞争优势，往往在价格竞争中使用各种手段，包括利用自身的实力垄断市场价格，进行低价倾销，实施价格歧视，执行暴利价格，提供虚假的价格信息欺骗消费者等。这些行为损害了国家利益，有的损害了其他经营者的利益，大部分直接损害或者威胁消费者利益，并且都对正常的市场价格竞争造成破坏。因此，《价格法》第 14 条对这些不正当价格行为有明确的规定，也赋予了价格主管部门严厉查处这些行为的职权和手段。

不正当价格行为在市场上有多种表现形式，价格法禁止的不正当价格行为有操纵价格行为、低价倾销行为、哄抬价格行为、价格欺诈行为、价格歧视行为、变相提价和变相压价行为、暴力价格行为等。

（一）操纵价格行为

操纵价格行为是指两个或两个以上经营者，相互串通，控制市场价格，损害其他经营者或消费者合法权益的行为。这种行为是价格垄断行为，在我国是严格禁止的。这种行为的实施者，从它们的共同利益出发，彼此配合，联手操作，垄断市场，过高或过低地控制价格，从而获取超额利润或阻止其他经营者进入市场参与竞争。操纵价格行为违法性的本质在于它限制了市场正常的价格竞争，违背了市场经济的基本属性。

（二）低价倾销行为

《价格法》第 14 条第 2 项关于经营者不得在依法处理鲜活商品、季节性商品、积压性商品等商品外，为了排挤竞争对手或独占市场，以低于成本的价格倾销，扰乱正常的生产经营秩序，损害国家利益和其他经营者合法权益的规定，就是对低价倾销行为的概括。

(三)哄抬价格行为

哄抬价格行为是一种故意扰乱市场秩序的行为,特别是在商品供不应求时,经营者捏造、散布涨价信息,引起商品价格过高上涨,影响一定区域甚至全国的宏观价格形势,造成市场价格秩序混乱,引起消费者恐慌,进而危及经济和社会的稳定。因此,价格法规定,经营者不得捏造、散布涨价信息,哄抬价格,推动商品价格过高地上涨。

(四)价格欺诈行为

价格欺诈行为是指经营者通过提供虚假价格信息诱骗消费者或者其他经营者与其进行交易的行为。如通过捏造不真实的商品内容,提供虚假的价格事实,采取不正当的价格表示,以及通过其他虚假手段使购买者对商品价格做出错误理解和判断,以致发生误认、误购等行为。价格欺诈是多种多样的,价格欺诈可分为:第一,欺骗性价格行为。是指经营者利用虚假或令人误解的价格,诱骗消费者或用户与其进行交易的行为。欺骗性价格表示是一种形式复杂的价格欺诈行为,主要包括:(1)虚假降价。是指谎称降价,实际上并没有降价的行为,包括虚假优惠价、折扣价、处理价、最低价等。(2)模糊标价。故意用模糊的语言、不清晰的文字或计量单位等标示价格,合约达成后,以对经营者有利的方式来解释价格的一种行为。(3)两套价格。是指经营者对同种商品或服务恶意使用两种价目表,以低价招徕顾客,以高价进行结算的行为。(4)价外加价。是指在明示价格之外,另收取不合理费用的行为。第二,引诱购买行为。经营者让内部工作人员或专门雇用有关人员假装成顾客,做出争相购买的假象以诱骗顾客的行为。引诱购买所提供的价格条件不一定是购买者真心愿意接受的,但由于受他人"争相购买"的影响,在不明事实真相的情况下,错误地认为是合理的价格条件而予以接受。

(五)价格歧视行为

价格歧视是指某一经营者在同一时间对同一种商品或服务实行两种或两种以上价格的行为。价格歧视的行为主体是经营者,价格歧视的对象可能是经营者,也可能是消费者,但价格法所指的价格歧视对象仅限于针对经营者的歧视价格行为。经营者定价的基本依据是生产经营成本和市场供求状况。在同一时间里,卖方经营者对买主实行不同的价格,不是依据市场供求状况的变化,而是依据其生产经营成本的变化。买主提出的交易条件不同,影响卖方经营者的生产经营成本发生变化,这是卖方经营者可以对拥有不同交易重要条件的买主实行不同价格的理论根据和法律根据。但是,当那些直接影响卖方生产经营成本的交易条件相同时,卖方的生产经营成本不会因交易对象不同而有所变化,这时,卖方对不同的交易对象就应当实行相同的价格。而对当时具有相同条件的经营者实行不同价格时,直接影响了按不同价格购买相同商品的具体同等条件的经营者之间的竞争成本,从而造成不平等竞争,这同样对市场秩序造成危害,因此,价格法规定这种行为违法。

(六)变相提价和变相压低价格行为

变相提价和变相压价是指经营者采取抬高等级和压低等级的手段收购、销售商品或者提供服务，从而变相提高或压低商品或服务价格的行为。变相提价一般发生在商品或服务供不应求的市场状态下，而变相压价一般发生在市场商品或服务供过于求的情况下。变相提价和变相压价既损害了消费者利益，也危害了国家利益和社会利益。因此，价格法也规定这种行为违法。

(七)价格暴利行为

暴利行为直接表现为一种不正当价格行为。商品经营者凭借优势地位，通过与处于弱者地位的消费者所缔结的、给付显著不均衡的价格约定，从中获取超额的非法利润，法律上界定此种行为为暴利。我国经济领域内存在的暴利行为，可大致分为以下几类：第一，价格强力行为。这里所说的“强力”既包括被滥用的国家权力，又包括除公权力外的暴力，如胁迫、乘人之危等。第二，价格寻租行为。国家对某些特殊商品和服务实行价格管制，由此带来的价格与市场供求的脱节，是吸引寻租人的利益动因。寻租行为实质上侵犯了国家赋予消费者的以一定价格获得优质商品与服务的权利。第三，价格投机行为。特定时期的物价上涨以及通货膨胀的压力，使消费者具有一种价格上涨的心理预期，经营者利用消费者的这种心理大幅提价，在短期内牟取超额利润。第四，一般暴利行为。经营者利用其信息优势，在消费者不知情的情况下，以显著超过一般利润水平的价格出售商品或提供服务所获取超额利润的行为，也属于暴利行为。

(八)其他不正当价格行为

指在上述七项不正当价格行为之外，法律、行政法规所禁止的经营者在市场经营活动中可能采取的各种不正当价格行为。其他地方性法规及部门规章和地方规章对价格法规定的不正当价格行为，而进行的执行性补充规定，不具有创制不正当价格行为规定的权力，应属于不正当价格行为。

第三节　政府的价格行为和调控措施

一、政府的价格行为

一个国家实行政府定价管理的范围，在一定程度上表明了它的市场化程度，也影响着政府通过价格手段调控经济运行的能力。根据市场发育程度和宏观调控政策的需要，明确政府定价的范围，该由政府管的商品和服务价格让政府管理，该由市场调节的完全由经营者自主定价，这是非常必要的。根据价格法的规定，我国目前实行政府定价和政府指导价的商品和服务主要有以下几种：

(一)与国民经济发展和人民生活关系重大的极少数商品价格

关系国民经济发展和人民生活的商品，涉及的范围非常广泛，几乎包括所有的工业品、家用产品、生产资料和消费资料。这些商品大部分都实行市场调节价，只有极少数与国民经济发展和人民生活关系密切的商品才实行政府定价和政府指导价。这些极少数商品，一般要从两个方面确定：一看供求关系。严重供不应求的商品，如不进行控制，价格就会大幅度上涨，有损广大群众的根本利益，因此政府要对其进行适当的价格控制。二看生产、经营、流通体制。对垄断性经营的商品，政府要适当控制价格，否则经营者往往实行垄断性高价，从中获取超额利润。因为供求和生产、经营、流通体制是不断变化的，所以政府定价的范围也会随着这些变化进行一定的调整。目前政府管理的此类商品主要有原油、天然气、重要药品、食盐等。有些以前由政府管理的商品，如化肥、农药等，现在已经逐步放开由市场调节。

(二)资源稀缺的少数商品价格

主要指一些资源稀缺、用途特殊，政府对其生产、经营、流通进行严格控制的商品，如金银产品和金银中间产品(包括金精矿、银块矿等)。受资源约束，这类产品的价格放开，并不能促进产量增加，相反，会引起价格上涨，资源遭到破坏。因此，对此类商品，实行政府定价，对金银饰品，实行政府指导价。

(三)自然垄断经营的商品价格

自然垄断经营的商品主要是指由于自然资源条件、技术条件以及规模经济的要求无法竞争或不适宜通过竞争形式制定价格的商品。例如，电力、自来水、集中供热、燃气等，其生产经营都带有高度统一、高度垄断的特点，必须统筹规划、集中管理、规模经营，否则会造成生产混乱或重复建设，不利于社会资源的节约和有效利用，甚至可能给人民群众的生命财产安全造成极大破坏。对其经营上的集中统一必然导致垄断，因此，对这部分商品价格，必须实行政府定价或政府指导价。

(四)重要的公用事业价格

公用事业通常指适应社会公众的物质生活需要而经营的事业，如公共汽车、地铁、邮政、电信等。公用事业是人们生产和生活必需的，其价格的高低直接关系到社会公众福利，其变动往往直接影响到人们的基本生活水平，甚至于直接影响社会稳定。因此，公用事业价格，不能全部由市场调节，对于重要的公用事业价格，应当实行政府定价或政府指导价。

(五)重要的公益性服务价格

公益性服务是为社会公众或者为公众中的某些特定对象提供的带有社会福利性质的服务，如学校、医院、公园、博物馆等。这些行业关系到全体或大部分社会成员的福利，一般由国家投资兴办，其日常的运营成本，通过向消费者收取费用甚至靠政府补贴补偿，不以营利最大化为经营目的。因此，对这些行业，实行政府定价和政府指导价。当然，随着我国教育体制和医疗体制改革的推进，一些私立学校和医疗机构开始出现，对于这些私立学校和医院，政府允许其在价格上向市场靠拢。

价格法确定了以上五个大的项目，但具体的政府指导价、政府定价的定价权限和具体适用范围，须以中央和地方定价目录为依据。中央定价目录由国务院价格主管部门即国家发展与计划委员会价格司制定、修订，报国务院批准后公布；地方定价目录由省、自治区、直辖市人民政府价格主管部门按照中央定价目录规定的定价权限和具体适用范围制定，经本级人民政府审核同意，报国务院价格主管部门审定后公布。省、自治区、直辖市人民政府以下各级地方人民政府不得制定价格目录。

国务院价格主管部门和其他有关部门，按照中央定价目录规定的定价权限和具体适用范围制定政府指导价、政府定价；其中重要的商品和服务价格的政府指导价、政府定价应当按照规定经国务院批准。省、自治区、直辖市人民政府价格主管部门和其他有关部门应当按照地方定价目录规定的定价权限和具体适用范围制定在本地区执行的政府指导价、政府定价。市、县人民政府可以根据省、自治区、直辖市人民政府的授权，按照地方定价目录规定的定价权限和具体适用范围制定在本地区执行的政府指导价、政府定价。

二、政府的价格调控措施

价格的制定一般根据成本和供求变化两方面因素确定，这是市场经济的一般规律。政府对价格调控应当遵循这一基本规律。政府价格调控的本质还是为了保护广大人民群众，即消费者的利益，也是为了控制和稳定市场价格总水平。因此，政府在遵循价值规律的情况下，其调控行为还应考虑其他因素。确定政府的价格调控措施应当考虑以下要素。

(一)社会平均成本

这是政府调控价格的基本依据。成本是构成价格的主要部分，是制定价格的最低界限。商品价格不能低于成本，否则就会亏损，再生产和扩大再生产就难以为继。所以维持成本价格是保证经营者进行正常生产经营活动的最基本的重要条件。而成本有个别成本和社会平均成本之分。按社会平均成本定价，是价值规律的要求。因此，生产或提供同种商品或服务的经营者个别成本虽然不同，但社会对该商品或服务的期望和评价却是基本一致，对消费者来说，它们具有同等的消费价值。政府在进行价格调控时，也必须考虑这一市场经济的基本规律。

(二)市场供求状况

商品的价格是在竞争中实现的，只有市场才可以检验商品定价是否合理。所以，市场供求不但是经营者制定市场调节价的重要依据，也是政府调控价格的主要依据。政府只有充分考虑市场供求状况，在此基础上制定合理价格，市场才可能接受，才可能得到消费者的认同。但政府在制定价格时除了成本和供求以外，还应当考虑国民经济与社会发展的需要和居民的承受能力。

(三)国民经济和社会发展要求

政府的价格调控离不开国民经济的大环境，国民经济和社会发展体现国家和社会利益，政府进行调控时必须对此予以充分考虑。在通货膨胀或通货紧缩时，要合理控制价格水平；在物价稳定时，要尽量疏导价格矛盾，保证价格水平符合国家产业政策的要求，对于需要鼓励的，可以适当降低价格，需要抑制的，适当提高价格，以使政府指导价和政府定价的价格水平与国民经济和社会发展的要求相一致。

(四)社会承受能力

价格调控实质是各方面关系与利益的调整,由于政府定价项目在国民经济和社会发展中的地位及其与人民群众日常生活的密切关系,其价格的调整直接影响价格总水平的变动。因此,价格调控要充分考虑社会各方面的承受能力,其中既包括经营者、消费者的经济承受能力,也包括他们的心理承受能力。由于历史和体制原因,有些属于政府管理价格的商品和服务价格一直偏低,在适应社会经济发展和住房、教育、医疗、公交等各方面改革的需要提高相应商品或服务的价格时,既要考虑经营者的提价需要,也要考虑消费者承受力的需要;既要考虑个别经营者和个别行业的需要,也要考虑相关经营者和相关行业的需要;既要考虑改革方向和改革速度的需要,也要考虑配套改革措施的跟进和社会稳定的需要。因此,政府的价格调控措施必须逐步理顺,不能一蹴而就。有时该进行价格补贴的还要进行适当补贴。

(五)实行合理差价

差价是指同一种商品在购进与销售、批发与零售、不同购销季节之间形成的价格差额。差价中应当包含合理利润,有的还包括法定税金,它是商品在流通环节必然产生的一种经济现象。差价中包含的利润是带动商品流通的基本动力。实行市场调节价的商品无一例外地在流通中包含了各种差价,政府在实施价格调控的过程中对此也必须充分考虑。

除了以上几种差价外,政府在价格调控中实际也考虑了因同一种产品的质量差异而带来的价格差异,即商品的优质优价要求的质量差价问题。对优质产品实行高的价格,也同样是市场定价和政府调整所必须共同遵循的经济规律。

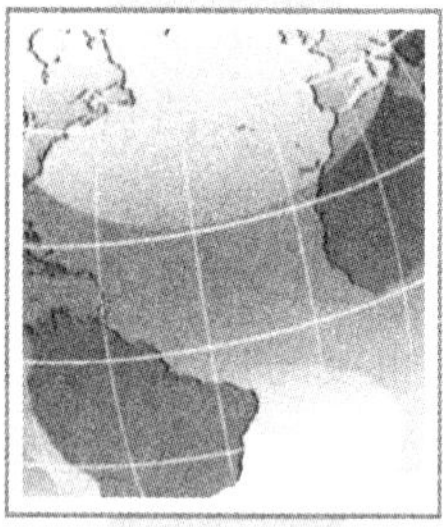

第十五章 劳动与社会保障法律制度

【要点提示】

- 劳动合同
- 劳动保护
- 工作时间和休息时间
- 工资
- 社会保障

【案例】

45岁的龚先生是某公司的聘用人员，已在公司工作多年。一直以来，公司和他签订的劳动合同都是一年期的。2008年年初，龚先生与公司的劳动合同期满，公司却不再与他续约。情急之下，龚先生把公司告上法庭，要求公司继续聘用他或给付经济补偿金。公司的辩护律师认为，根据现行法律规定，劳动合同期满，企业无须支付经济补偿金。

问：本案应该如何处理？为什么？

第一节 劳动法律制度

一、劳动关系的概念与我国劳动法现状

(一)劳动关系的概念

我国广大的劳动者是在各种企业、事业、国家机关、社会团体和个体经济组织等单位中从事有组织的社会劳动的成员。劳动者在这些单位的劳动过程中所发生的关系，就是这些单位中的社会劳动关系。这种劳动关系又可以分为两种：一种是劳动者在单位的劳动过程中与其他劳动者之间的关系，另一种是劳动者与他所在单位之间的关系。劳动法所调整的劳动关系，并不包括前一种关系，而是仅限于后一种关系。因此，劳动法中所称的劳动关系是指在实现社会劳动的过程中，劳动者与所在单位(即用人单位)之间的社会劳动关系。劳动法所调整的这种劳动关系，也可以称之为狭义的劳动关系。

(二)我国劳动法现状

我国改革开放20年来，随着经济体制改革和市场经济的建立，劳动立法有了很大的发展，已初步建立起了适应社会主义市场经济体制的劳动法律制度。我国《劳动法》的制

定经历了艰辛的历程。早在1956年劳动部就成立了劳动法起草小组，后因极左思潮的影响而夭折。1978年12月邓小平同志在中央工作会议上提出了要抓紧制定《劳动法》，《劳动法》的起草工作重新被纳入工作日程，但由于改革刚刚起步，许多问题的认识难以统一，起草工作再次中断。1989年后，随着劳动制度改革的深入，《劳动法》的起草工作再次成为当务之急，1993年初，建立有中国特色的社会主义市场经济的目标确立后，为《劳动法》的起草确定了方向，1994年7月5日第八届全国人大常委会第8次会议正式通过了《劳动法》。这部《劳动法》被称为是一部权利保障法，是保障公民实现劳动权的基本法律，也是保障公民生存权的重要法律。《劳动法》的颁布，填补了我国法制建设的空白，结束了我国长期以来仅仅依靠劳动法规调整劳动关系的局面，全面地规范了劳动工作，把劳动工作纳入法制轨道，为进一步实施劳动制度改革保驾护航，有利于劳动争议的解决，促进了社会安定团结。2007年6月29日第十届全国人民代表大会常务委员会第二十八次会议通过了《劳动合同法》，并于2008年1月1日起施行。该法的颁布施行为构建与发展和谐稳定的劳动关系提供了法律保障，与《劳动法》一同成为协调劳动关系的重要法律依据。

（三）劳动法的基本原则

劳动法的基本原则是指国家劳动立法的指导思想，是调整劳动关系以及与劳动关系有密切联系的社会关系时必须遵循的基本准则。根据我国宪法和劳动法的有关规定，劳动法的基本原则可以概括为：(1)民主管理原则；(2)各尽所能、按劳分配原则；(3)劳动者享有劳动保护和休息权利的原则；(4)劳动者享有物质帮助权利的原则；(5)男女平等、民族平等原则。

二、劳动就业

（一）就业与就业权利

劳动就业从不同角度可作不同的解释：从劳动经济学的角度看，劳动就业是劳动力与生产资料结合生产社会物质财富并进行社会分配的过程；从劳动者个人的角度看，劳动就业是劳动者的谋生手段；从社会价值的角度看，劳动就业是使劳动力和生产资料两种资源得到合理利用的过程；从劳动法的角度看，劳动就业是指具有劳动权利能力和劳动行为能力并有就业愿望的公民获得有报酬的职业。

劳动就业权也可称为就业权或工作权，是指公民享有的使自己的劳动力与生产资料结合实现职业劳动的权利。

（二）促进就业的途径

劳动就业是我国当前和今后相当长时期需要逐步解决的一个重大的社会问题。它关系着人民群众生活、国民经济发展、社会安定和社会主义现代化发展的前途，各级人民政府及其有关部门、各用人单位必须采取有效措施扩大就业。解决劳动就业的根本途径是解放思想，放宽政策，发展生产，广开就业门路。具体来说，解决劳动就业的途径主要有：

(1)发展生产，节制生育。

(2)广开就业门路,拓宽就业渠道。

(3)办好劳动就业服务企业,扩大就业安置。

(4)发展职业培训事业,提高后备劳动力的就业素质。

(5)采取多种办法,分流企业富余人员。

(6)大力发展乡村企业,吸引更多的农村剩余劳动力。

三、就业服务机构

(一)劳动行政部门就业服务机构

(1)劳动部是全国劳动服务事业主管部门,负责制定劳动就业服务工作的方针政策和就业规划,指导、监督、检查各部门、各地方劳动就业服务工作,组织培训劳动就业服务系统的管理人员。劳动部内设就业司,它在劳动部领导下具体管理全国劳动就业服务工作。

(2)各省、自治区、直辖市劳动厅、局设立的劳动就业服务机构,负责拟订本地区劳动就业服务的政策和发展规划,并组织实施。

(3)各省、市、县、区劳动局设立的劳动就业服务机构,负责求职登记、职业介绍、失业保险、指导劳动就业等具体工作。

(4)街、镇、乡设立的劳动就业服务机构,作为基层就业服务组织,直接管理失业人员并提供相应的服务。

(二)职业介绍机构

职业介绍机构即职业介绍所,是指依法设立的、从事职业介绍的专门机构。它有常年固定的服务场所、专职从事就业服务工作的工作人员和相应的工作设施。它在劳动行政部门的领导下,运用市场机制调节劳动力供求,为求职者和用人单位提供服务,促进求职者和用人单位相互选择,以充分开发和利用劳动力资源。

第二节　劳动合同与集体协议

一、劳动合同

(一)劳动合同的概念及形式

劳动合同是劳动者和用人单位(企业、事业、机关、团体等)之间关于确立、变更和终止劳动权利和义务的协议,又称劳动权利和义务的协议。根据这种协议,劳动者加入到企业、事业机关、团体等用人单位内,担任一种职务或从事一定种类的工作,并遵守所在单位的内部劳动规则和制度;用人单位应及时安排被录用者工作,按照劳动的数量和质量支付报酬,并提供劳动法规定和双方协商的劳动条件。

我国《劳动法》第19条明文规定:“劳动合同应当以书面形式订立。”劳动合同签订后,一般不得任意变更或解除、终止,只有在法律规定的情况下,或经双方当事人同意,按照法定程序，才可以变更或解除、终止劳动合同。

(二)无效劳动合同

劳动者与用人单位所订立的违反劳动法律、法规的劳动合同视为无效劳动合同。这种合同从订立时起就不具有法律效力，不受法律保护。根据我国《劳动法》第18条的规定，无效劳动合同的种类有：(1)违反法律、行政法规的劳动合同；(2)采取欺诈、威胁等手段订立的劳动合同。欺诈是指劳动合同一方当事人故意捏造、歪曲事实，掩盖事物本来面目，使另一方当事人误认为时机成熟而签订合同。威胁是指当事人一方以对对方当事人造成人身伤害或财产损失进行逼迫，致使对方屈服其压力，作出违反自己真实意思表示的承诺而签订合同。

《劳动合同法》第26条进一步重申并具体规定："下列劳动合同无效或者部分无效：(1)以欺诈、胁迫的手段或者乘人之危，使对方在违背真实意思的情况下订立或者变更劳动合同的；(2)用人单位免除自己的法定责任、排除劳动者权利的；(3)违反法律、行政法规强制性规定的。"

(三)劳动合同的变更

劳动合同签订后，在履行过程中由于某种原因，经双方当事人协商一致，可以对原合同条款进行修改或补充。它仅限于劳动合同内容的变更，不包括当事人主体的变更。《劳动合同法》第35条进一步重申并规定："用人单位与劳动者协商一致，可以变更劳动合同约定的内容。变更劳动合同，应当采用书面形式。变更后的劳动合同文本由用人单位和劳动者各执一份。"

(四)劳动合同的解除

劳动合同的解除是指双方当事人提前终止合同效力的法律行为。它可分为法定解除和协商解除两种。法定解除是指因发生法律、法规或劳动合同规定的情况，提前解除劳动合同的法律效力。协商解除是指双方当事人因某种原因，协商同意提前终止劳动合同的法律效力。劳动合同的解除可以是双方的法律行为，也可以是单方的法律行为；既可以由双方当事人协商一致而解除劳动合同，也可以由一方当事人提前解除劳动合同。

我国《劳动法》第24条规定："经劳动合同当事人协商一致，劳动合同可以解除。"双方当事人应按照要约、承诺的程序，签订解除劳动合同的书面协议。

1. 用人单位单方解除劳动合同的情形

我国《劳动法》第25、26条及《劳动合同法》第39、40条规定了允许用人单位解除劳动合同的法定条件。劳动者有以下6种情况之一者，允许用人单位解除劳动合同：

(1)在试用期间被证明不符合录用条件的。

(2)严重违反劳动纪律或者用人单位规章制度的。

(3)严重失职、营私舞弊，对用人单位的利益造成重大损害的。

(4)劳动者同时与其他用人单位建立劳动关系，对完成本单位的工作任务造成严重影响，或者经用人单位提出，拒不改正的。

(5)以欺诈手段使对方在违背真实意思的情形下订立或者变更劳动合同的。

(6)被依法追究刑事责任的。

上述情况是由于劳动者本身的原因所造成的,应允许用人单位解除劳动合同,且不给予经济补偿。

2. 用人单位应提前通知劳动者解除劳动合同的情况

(1)劳动者患病或者非因工负伤,医疗期满后,不能从事原工作也不能从事由用人单位另行安排工作的。

(2)劳动者不能胜任工作,经过培训或者调整工作岗位,仍不能胜任工作的。

(3)劳动合同订立时所依据的客观情况发生重大变化,致使原劳动合同无法履行,经当事人协商不能就变更劳动合同达成协议的。

上述三种情况,解除劳动合同的原因并非劳动者个人过错,用人单位应提前 30 日以书面形式通知劳动者本人,以便劳动者有所准备,寻找合适的劳动岗位。同时,用人单位应依法给予经济补偿。

3. 由于经济性裁减人员,用人单位按照法定程序与被裁减人员解除劳动合同

我国《劳动法》第 27 条规定:"用人单位濒临破产进行法定整顿期间或者生产经营状况发生严重困难,确需裁减人员的,应当提前 30 日向工会或者全体职工说明情况,听取工会或者职工的意见,经向劳动行政部门报告后,可以裁减人员。"为了指导用人单位依法正确行使裁减人员的权利,1994 年 11 月 14 日劳动部制定并发布了《企业经济性裁减人员规定》,其中进一步明确规定用人单位濒临破产,被人民法院宣告进入法定整顿期间或生产经营发生严重困难,达到当地政府规定的严重困难企业标准,确需裁减人员的,可以裁员。用人单位从裁减人员之日起 6 个月内需要新招人员的,必须优先从本单位裁减的人员中录用。

《劳动合同法》第 41 条进一步重申并对留用裁减人员作了更具体的规定。有下列情形之一,需要裁减人员 20 人以上或者裁减不足 20 人但占企业职工总数 10%以上的,用人单位提前 30 天向工会或者全体职工说明情况,听取工会或者职工的意见后,裁减人员方案经向劳动行政部门报告,可以裁减人员:(1)依照企业破产法规定进行重整的;(2)生产经营发生严重困难的;(3)企业转产、重大技术革新或者经营方式调整,经变更劳动合同后,仍需裁减人员的;(4)其他因劳动合同订立时所依据的客观经济情况发生重大变化,致使劳动合同无法履行的。裁减人员时,应当优先留用下列人员:(1)与本单位订立较长期限的固定期限劳动合同的;(2)与本单位订立无固定期限劳动合同的;(3)家庭无其他就业人员,有需要扶养的老人或者未成年人的。用人单位依照企业破产法规定进行重整而裁减人员的,在 6 个月内重新招用人员的,应当通知被裁减的人员,并在同等条件下优先招用被裁减的人员。

4. 用人单位不得解除劳动合同的情况

为了保护劳动者的合法权益,正确处理劳动关系,我国《劳动法》、《劳动合同法》除了

规定用人单位可以解除劳动合同的情况外，还专门规定了不得解除劳动合同的情形。《劳动法》第29条、《劳动合同法》第42条规定的情形有：(1)从事接触职业病危害作业的劳动者未进行离岗前职业健康检查，或者疑似职业病病人在诊断或者医学观察期间的；(2)在本单位连续工作满15年，且距法定退休年龄不足5年的；(3)在本单位患职业病或因工负伤并被确认丧失或者部分丧失劳动能力的；(4)患病或者非因工负伤，在规定的医疗期内的；(5)女职工在孕期、产期、哺乳期的；(6)法律、行政法规规定的其他情形。

5. 劳动者提前通知用人单位解除劳动合同的情况

我国《劳动法》第31条规定："劳动者解除劳动合同，应当提前30日以书面形式通知用人单位。"《劳动合同法》第37条规定："劳动者在试用期内提前3日通知用人单位，可以解除劳动合同。"这条规定的立法宗旨主要是保护劳动者的择业自主权，支持其在劳动关系中所处的弱者地位。在劳动者参加用人单位工作后，由于主、客观原因不愿继续在该单位工作，可提前30日以书面形式通知用人单位解除劳动合同。这样的规定，不仅可以保障劳动者享有选择职业的权利，充分发挥其劳动的主动性、积极性和创造性，还有利于促使劳动力合理流动，优化劳动力资源配置。

为了防止劳动者任意提出提前解除劳动合同而可能损害用人单位的利益，《劳动法》第102条和《劳动合同法》第90条都规定：劳动者违反本法规定的条件解除劳动合同……对用人单位造成经济损失的，应当依法承担赔偿责任。这就促使劳动者必须严肃、慎重地依法行使解除劳动合同的权利，也能维护用人单位的利益。

6. 劳动者随时通知用人单位解除劳动合同的情况

我国《劳动法》第32条规定，劳动者可以随时通知用人单位解除劳动合同的情形有：(1)在试用期内；(2)用人单位以暴力、威胁或者非法限制人身自由的手段强迫劳动的；(3)用人单位未按照劳动合同约定支付劳动报酬或者提供劳动条件的。《劳动合同法》第38条还进一步明确规定：用人单位有下列情形之一的，劳动者可以解除劳动合同：(1)未按照劳动合同约定提供劳动保护或者劳动条件的；(2)未及时足额支付劳动报酬的；(3)未依法为劳动者缴纳社会保险费的；(4)用人单位的规章制度违反法律、法规的规定，损害劳动者权益的；(5)以欺诈、胁迫的手段或者乘人之危，使对方在违背真实意思的情况下订立或者变更劳动合同，致使劳动合同无效的；(6)法律、行政法规规定劳动者可以解除劳动合同的其他情形。

用人单位以暴力、威胁或者非法限制人身自由的手段强迫劳动者劳动的，或者用人单位违章指挥、强令冒险作业危及劳动者人身安全的，劳动者可以立即解除劳动合同，不需要事先告知用人单位。

以上这些情形是为了反对强迫劳动，保障劳动者享有选择职业的权利和获得劳动报酬的权利而赋予劳动者随时通知用人单位解除劳动合同的权利。由于劳动者有正当理由而提出解除劳动合同，因此没有必要再设立解除劳动合同的附加条件。只要随时通知用人单位即可解除劳动合同。

7.劳动合同自行解除

劳动合同自行解除指国家法律、法规规定的特殊情况发生而导致劳动合同自行提前终止法律效力。它只适用于一些特殊情况，且不需履行解除劳动合同的手续。根据我国有关劳动法规的规定，劳动者被除名、开除、劳动教养以及被判刑的，劳动合同自行解除。

(五)劳动合同的终止

劳动合同的终止是指劳动合同双方当事人约定的期限已到或终止的条件出现，终止合同的法律效力。在劳动合同签订后，双方当事人不得随意终止劳动合同。只有法律规定或当事人约定的情况出现，劳动合同才能终止，因此，我国《劳动法》第23条规定："劳动合同期满或者当事人约定的劳动合同终止的条件出现，劳动合同即行终止。"《劳动合同法》第44条进一步明确规定："有下列情形之一的，劳动合同终止：(1)劳动合同期满的；(2)劳动者开始依法享受基本养老保险待遇的；(3)劳动者死亡，或者被人民法院宣告死亡或者宣告失踪的；(4)用人单位被依法宣告破产的；(5)用人单位被吊销营业执照、责令关闭、撤销或者用人单位决定提前解散的；(6)法律、行政法规规定的其他情形。"

劳动合同终止，表明双方当事人依法确定的权利和义务已经终止，即双方当事人之间所存在的劳动法律关系已消亡。如果由于生产、工作的需要，在双方经过协商同意的条件下，可以继续签订劳动合同。

二、集体协议

(一)集体协议的概念及订立

集体协议亦称集体合同、劳动协约、团体协约，是集体协商的双方代表根据法律、法规的规定就劳动报酬、工作时间、休息休假、劳动安全卫生、保险福利等事项在平等协商一致的基础上签订的书面协议。

集体协议的订立，是指工会或职工代表与企业或事业组织之间，为规定职工集体劳动的重要条件，依法就集体协议条款经过协商一致，设立集体协议关系的法律行为。

(二)集体协议的履行、变更、解除和终止

集体协议的履行，是指集体协议的主体双方按照集体协议的规定履行自己应当承担的义务。履行集体协议应当遵循实际履行、全面履行和协作履行的原则。

集体协议的变更，是指对依法成立、尚未履行的集体协议条款所作的修改或增删。在集体协议期限内(一般为1～3年)，由于签订集体协议的环境条件发生变化，致使集体协议难以履行时，集体协议的任何一方均可提出变更集体协议的要求。集体协议双方协商一致，对原集体协议进行变更或修订后，应在7日内报送劳动行政部门审查。

集体协议的解除，是指提前终止集体协议的法律效力。在集体协议期限内，由于签订集体协议的环境和条件发生变化，致使集体协议难以履行时，集体协议的任何一方均可提出解除集体协议的要求。经集体协议双方协商一致，可以解除集体协议，但是应在7日内向审查该集体协议的劳动行政部门提交书面说明。

集体协议的终止，是指因某种法律事实的发生而导致集体协议法律关系消灭。集体协议期限届满、集体协议主体一方不复存在、集体协议主体双方约定的终止条件出现，集体协议即行终止。

第三节　工作时间与休息休假

一、工作时间

（一）工作时间的概念和分类

工作时间是指法律规定的劳动者在一昼夜或一周内从事生产或工作的时间，即劳动者每天应工作的时数或每周应该工作的天数。工作时间作为法律范畴，既包括劳动者实际工作时间，也包括劳动者某些非实际工作时间，例如，劳动者工作前的准备时间，下班前后的交接时间，工间歇息时间，排除动力、设备故障的短暂的停工时间，女职工哺乳未满一周岁婴儿的哺乳时间，依法参加各种社会活动的时间等。依照法律规定，凡是劳动者在工作时间内的，用人单位必须按规定支付劳动者的劳动报酬。

工作日也称劳动日，是指法定的以日为计算单位的工作时间。一般情况下，工作日可分为以下 4 种：

1. 标准工作日

标准工作日指一般情况下法律规定的统一工作时间。《劳动法》第 36 条规定："国家实行劳动者每日工作时间不超过 8 个小时、平均每周工作时间不超过 40 小时的工时制度。"

2. 缩短工作日

缩短工作日是指少于标准工作日的工作时间。缩短工作日主要适用于从事有毒有害的工作、条件艰苦的工作、过度紧张的工作、特别繁重的体力劳动等。

3. 延长工作日

延长工作日是指超过标准工作日的工作时间。这种工作时间主要适用于突击性、季节性比较强的工作，应在淡季时安排补休或给予经济补偿。这里主要是指交通、铁路、邮电、水运、航空、渔业等行业中因工作性质特殊、需连续作业的职工，地质及资源勘探、建筑、制盐、制糖、旅游等受季节和自然条件限制的行业的部分职工。这些部门的职工可以采用集中工作、集中休息、轮休调休、弹性工作时间等方式安排工作和休息。

4. 不定时工作日

不定时工作日是指每日无固定的工作时间。主要是指企业中的高级管理人员、外勤人员、推销人员、部分值班人员和其他因工作无法按标准工作时间衡量的职工，企业中的长途运输人员、出租汽车司机和铁路、港口、仓库的部分装卸人员以及因工作性质特殊、需要机动作业的职工等等。这些部门的职工可以采用集中工作、集中休息、轮休调休、弹性工作时间等适当方式安排工作和休息。

(二)违反工时制的法律责任

《劳动法》第90条规定:用人单位违反劳动法规定,延长劳动者工作时间的,由劳动行政部门给予警告,责令改正,并可以处以罚款。用人单位拒不支付劳动者延长工作时间工资报酬的,由劳动部门责令支付劳动者工资报酬、经济补偿,并可以责令支付赔偿金。1994年劳动部发布《违反〈中华人民共和国劳动法〉行政处罚办法》,其中规定了用人单位每日延长劳动者工作时间超过3小时或每月延长工作时间超过36小时的,应给予警告,责令改正,并可按每名劳动者每超过工作时间1小时罚款100元以下标准处罚。用人单位未与工会和劳动者协商,强迫劳动者延长时间的,也按上述标准予以处罚。

二、休息休假

(一)休息休假的概念

休息休假时间是指劳动者在职期间,根据国家的规定,不必从事劳动和工作而自由支配的时间。

(二)休息休假的种类

休息休假的种类,也随着社会经济条件的发展而有所变化。目前我国休息休假可分为以下几种:

1. 一个工作日内的休息时间

一个工作日内的休息时间是指职工在工作日内的岗位上工作时,应有中间休息及用膳的时间。午休及用膳时间目前由于工作时间性质的不同而有不同的规定,一般休息1～2小时,最少不能少于半小时。

2. 两个工作日之间的休息时间

两个工作日之间的休息时间是指职工在一个工作日结束后至下一个工作日开始的休息时间。这种休息时间是保障职工恢复体力和智力的重要阶段。一般情况下,如无特殊原因,应保障职工连续使用这种休息时间,不得随便间断。同时,也不要在连续工作日后再安排休息。

3. 公休假日

公休假日是职工工作满一个工作周以后的休息时间,一般情况下安排在每个星期六、日。为了减少交通的拥挤及能源供应的紧张,也可轮流安排在其他时间,但必须是在满一个工作周以后休息。

4. 法定节日

法定节日是由国家法律统一规定的用以开展纪念、庆祝活动的休息时间。《中华人民共和国劳动法》对法定节日作了原则性规定,法定节日是:(1)元旦;(2)春节;(3)国际劳动节;(4)国庆节;(5)法律、法规规定的其他休假节日。1999年9月18日国务院修订发布了《全国年节及纪念日放假办法》,2007年12月14日国务院再次修订了该办法,目前我国法定节日中属于全体公民放假的节日有以下几种：(1)元旦；(2)春节；(3)清明节；(4)劳动节；(5)端午节；(6)中秋节；(7)国庆节。

5. 探亲假

探亲假是指职工工作地点与父母或配偶居住地不属同一城市而分居两地时，每年所享受的一定期限的带薪假期。

6. 年休假

年休假是指职工享有保留职务和工资的一定期限连续休息的假期。《中华人民共和国劳动法》第45条对年休假作了原则性规定："国家实行带薪休假制度"，"劳动者连续工作一年以上的，享受带薪年休假。具体办法由国务院规定"。

第四节　工　资

一、工资的概念

工资是指基于劳动关系，用人单位根据劳动者提供的劳动数量和质量，按劳动合同约定支付一定的货币报酬。

二、工资形式

我国现行的工资形式主要有计时工资、计件工资两种基本形式和奖金、津贴两种辅助形式。具体采用什么工资形式，一般可由企业确定。

(一)计时工资

计时工资是指按照职工技术熟练程度、劳动繁重程度和工作时间长短支付工资的一种形式。也就是说，计时工资额是根据职工的工资标准和实际工作时间的长短来计算的。计时工资可以分为月工资制、日工资制和小时工资制3种。

(二)计件工资

计件工资是指按照合格产品的数量预先规定的计件单位来计算的工资。其特点是，它不直接用劳动时间来计算报酬，而是用一定时间内的劳动成果——产品量或作业量来计算。因此，它用间接劳动时间来计量，是计时工资的转化形式，能较好地把劳动与报酬直接联系起来，是贯彻按劳分配原则的一种主要形式。

(三)奖金

奖金是有效超额劳动报酬，是职工工资的补充形式，是对在工作和生产建设中取得卓越成绩的职工的一种奖励。其种类如下：

(1)以直接增加社会财富为标准来划分，可以分为超产奖、质量奖和节约奖。

(2)以为增加社会财富创造条件为标准划分，可以分为劳动竞赛奖、创造发明奖和安全生产奖。

(3)以设奖形式划分,可以分为单项奖、综合奖、集体奖、个人奖、年终奖等。

(四)津贴

津贴,是指补偿职工在特殊条件下的劳动消耗及生活费额外支出的工资补充形式。根据不同的分类标准,有不同的津贴形式。

(1)按工作特点和劳动条件设置的津贴有矿山井下津贴、高温津贴、野外施工津贴等。

(2)按特殊劳动和额外生活支出的双重性设置的津贴有林区津贴、山区津贴、驻岛津贴、艰苦气象站津贴,以及为鼓励职工到艰苦地方去工作而设立的津贴等。

(3)按特种保健要求设立的津贴有保健津贴、医疗卫生津贴。

(4)按补偿物价变动设置的津贴有生活费补贴、价格补贴等。

(5)按鼓励职工钻研技术、努力工作设置的津贴有科研津贴、优秀运动员补贴和体育津贴。

三、特殊情况下的工资

(一)特殊情况下的工资的概念

特殊情况下的工资是指依法或按协议在非正常情况下支付给职工的工资。如职工在工作时间内履行国家和社会义务,以及在法定假日、停工期间和受处分等非常情况下,支付给职工的工资。

(二)特殊情况下工资的分类及支付规定

1. 履行国家和社会义务期间的工资

劳动者占用生产或工作时间履行下列义务时,用人单位应按劳动合同规定的标准支付工资:依法行使选举权或被选举权,当选代表出席乡(镇)区以上政府、党派、工会、青年团、妇女联合会等组织召开的会议,出任人民法庭证明人,不脱产工会基层委员会委员参加工会活动,其他依法参加的社会活动。

2. 加班工资

《劳动法》第44条规定,有下列情形之一的,用人单位应当按照下列标准支付高于劳动者正常工作时间工资的工资报酬:安排劳动者延长工作时间的,支付不低于工资的150%的工资报酬;休息日安排劳动者工作又不能安排补休的,支付不低于工资的200%的工资报酬;法定休假日安排劳动者工作的,支付不低于工资的300%的工资报酬。

3. 婚、丧假工资

《劳动法》第51条规定,在劳动者婚、丧假期间,用人单位应当依法支付工资。

4. 年休假工资

《劳动法》第45条规定,劳动者连续工作一年以上的,享受带薪休假。在年休假期间,用人单位应当依法支付工资。

5. 探亲假工资

探亲假工资,是指依法支付给职工探望配偶、父母亲人期间的工资。

第五节　劳动保护

一、劳动保护的概念

劳动保护又称劳动安全卫生，是指直接保护劳动者在劳动中(或工作中)的安全和健康的法律保障。劳动法中的劳动安全卫生是基于劳动关系而产生的保护关系。它区别于社会上一般的安全、防病及卫生保健工作。劳动保护分为劳动安全技术规程和劳动卫生规程两个方面。职工在职务之外的意外伤害及治病防病工作，不属于劳动法研究的范围。

二、劳动安全技术规程

安全技术规程是指国家为了防止劳动者在生产和工作过程中的伤亡事故，保障劳动者的安全和防止生产设备遭到破坏而制定的各种法律规范。伤亡事故是指劳动者在执行职务时所遭到的意外伤害。

安全技术规程的主要内容有：

1. 建筑物和通道的安全

根据国家设计标准，工厂厂房的建筑设计要符合标准。例如，装有天车的厂房及装有重型机械、锻锤等设备的厂房，建筑设计要有坚固性的标准；化工、冶炼等工厂，要求有标准较高的防火设施等等。

各厂矿的通道按设计标准有宽度的要求。在照明设备、轨道交叉处必须有警告标志、信号装置或落杆，与地面平行的坑池要设围栏或盖板等等。

2. 机器设备的安全

机器设备的安全装置是安全技术规程中的重要内容。为预防工人在生产操作过程中的伤亡事故，安全技术规程要求有防护装置、保险装置、信号装置及危险牌示和识别标志等。

3. 电气设备的安全

电气设备是各个生产部门所普遍采用的设备。为了防止工人在生产中的触电事故，防止电气设备所引起的火灾事故，安全规程要求电气设备要有可熔保险器和自动开关，带电设备要设安全遮拦和警告标志，行灯的电压不能超过36伏特，在金属容器内或者潮湿处所不能超过12伏特。发生大量蒸气、气体、粉尘的工作场所，要使用密闭式电气设备。有爆炸危险的气体或者粉尘的工作场所，要使用防爆型电气设备。电气设备的开关要指定专人管理。

4. 动力锅炉和气瓶的安全

为了防止锅炉和气瓶的爆炸事故，要求工业锅炉必须有安全阀、压力表和水位表，并且保持准确、有效。各种气瓶在存放和使用的时候，必须距离明火10米以上，并且避免在阳光下暴晒;搬运时不能碰撞。

5. 建筑工程的安全

在大规模的基本建设工作中,为了保障建筑工人的安全和健康,要求各施工单位严格执行《建筑安装工程安全技术规程》。这个规程对施工的一般要求做了规定。例如,对于从事高空作业的职工,必须进行身体检查,不能使患有高血压、心脏病、癫痫病的人和其他不适合高空作业的人从事高空作业;对施工现场的各种条件也作出了规定,施工现场应该合乎安全卫生的要求。

6. 矿山安全

矿山安全技术规程的基本内容是:

(1)建立、健全矿山安全生产责任制。即矿山各级领导、职能部门、有关工程技术人员和生产工人在劳动过程中,对安全生产层层负责,把安全责任制落实到每个人头上。

(2)建立、健全矿山安全管理机构,包括矿山安全机构、矿山救护队和劳动保护研究机构等。

(3)加强安全教育和技术培训。

此外,在机电、运输、矿山设计建筑、职工健康管理等方面还有详细规定。

三、劳动卫生规程

(一)劳动卫生规程的概念

劳动卫生规程是指国家为了保护职工在生产和工作过程中的健康,防止、消除职业病和各种职业危害而制定的各种法律规范。职业病是指在劳动过程中,由有害健康的工作背景和劳动条件长期影响所造成的人体器官的疾病。随着现代化工业的发展,劳动卫生的法律保障将占有更加重要的地位。

(二)劳动卫生规程的主要内容

1. 防止粉尘危害的规定

劳动卫生规程要求各生产单位,凡是有粉尘作业环境的,要努力实现生产设备的机械化、密闭化,设置吸尘、滤尘和通风设备。

2. 防止有害有毒物质危害的规定

在劳动生产过程中,有毒有害的气体和液体的长期影响会严重地损害工人的安全和健康,因此,劳动卫生规程严格规定了车间作业环境中有害有毒物质的最高容许浓度。如一氧化碳为每立方米不超过30毫克、"六六六"为每立方米不超过0.1毫克等等。

3. 防止噪音和强光的规定

在从事衔接、锻压、电焊、冶炼等作业环境中所产生的噪音和强光,对作业工人的视觉和听觉都有不良影响。安全卫生规程要求作业环境要有消音设备,工人操作时要配备个人防护用品,等等。

4. 防暑降温和防寒的规定

作业时对环境的温度应有统一规定，高温和高寒对工人都有不良影响。《工厂安全卫生规程》规定，室内工作地点的温度经常高于35℃时，应采取降温措施；低于5℃时，应设取暖设备。

5. 通风照明的规定

工作场所的光线应该充足，采光部分不要遮蔽。通道应该有足够的照明。

6. 个人防护用品的规定

从事有灼伤、烫伤或者容易发生机械外伤等危险的操作，在强烈辐射热或者低温条件下的操作，散发毒性、刺激性、感染性物质或者大量粉尘的操作，经常使衣服腐蚀、潮湿或者特别肮脏的操作，都要按照规定发工作服、工作帽、口罩、手套、护腿、鞋盖、防护眼镜、防毒面具、防寒用品等防护用品。

7. 职工健康管理的规定

对职业病患者，必须进行定期复查和鉴定。矽肺病患者每年复查一次，石棉肺、煤矽肺和其他尘肺患者每两年复查一次。

四、女职工和未成年工特殊保护

女职工的劳动方面的特殊保护，是指根据女职工身体结构、生理机能的特点以及抚育子女的特殊需要，在劳动方面对妇女特殊权益的法律保障。

女职工应包括从事体力劳动和脑力劳动的妇女，《女职工劳动保护特别规定》适用于中华人民共和国境内一切国家机关、人民团体、企业、事业单位的女职工。

(一)对女职工在劳动过程中的特殊保护

由于妇女的身体结构与生理机能与男子不同，有些作业环境会影响妇女的安全和健康。《女职工劳动保护规定》中规定：禁止安排女职工从事矿山、井下、国家规定的第四级体力劳动强度的劳动和其他女职工禁忌从事的劳动。《女职工禁忌劳动范围的规定》规定女职工禁忌从事的劳动范围包括：

(1)矿山井下作业。

(2)森林业伐木、归楞及流放作业。

(3)《体力劳动强度分级》国家标准中第四级体力劳动强度的作业。

(4)建筑业脚手架的组装和拆除作业，以及电力、电信行业的高处高架线作业。

(5)连续负重(指每小时负重次数在6次以上)时每次负重超过20千克、间断负重时每次负重超过25千克的作业。

(二)对妇女生理机能变化过程中的保护

对妇女生理机能变化过程中的保护，一般是指女职工的经期、孕期、产期、哺乳期的保护。这种保护，不仅是对女职工本身，同时也是对下一代安全和健康的保护。

《女职工劳动保护规定》中规定，女职工在月经期间，不得安排从事高空、低温、冷水和国家规定的第三级体力劳动强度的劳动。《女职工禁忌劳动范围的规定》中规定了已婚待孕、已怀孕的女职工禁忌从事的劳动范围是铅、汞、镉等作业的场所，属于《有毒作业分级》国家标准中的三、四级作业。

产期保护是指女职工在生育期间的保护。女职工在产期之内，享受一定时期的生育假和生育待遇，生育期的保护，既包括正产，也包括小产(流产)。

哺乳期保护，是指对女职工哺乳其婴儿期间的保护。女职工在哺乳期内，所在单位不得安排其从事国家规定的第三级体力劳动和哺乳期禁忌从事的劳动，不得安排其延长工作时间和夜班劳动。

未成年工的特殊保护是指根据未成年工的身体发育尚未定型的特点，对未成年工在劳动过程中特殊权益的保护。在我国，未成年工是指 16～18 周岁的少年工人。

在使用未成年工时用人单位不得安排其做一些有毒、高空、冷水、放射、高强度劳动作业等的劳动，禁止安排未成年工从事矿山井下、林木采伐、国家规定的第四级的体力劳动强度和其他禁忌从事的劳动；禁止安排他们加班加点。用人单位还应当对未成年工进行定期身体健康检查。对于医务部门证明其不能胜任原工作的，要减轻劳动量或安排其他劳动，保证和照顾他们的文化、技术学习和休息。

第六节　社会保障法律制度

一、社会保险的概念及其特征

(一)社会保险的概念

所谓社会保险，是指为了使社会成员共同分享社会经济发展的成果，运用国家和社会的力量，通过国民收入的分配和再分配，给社会成员提供基本社会保障。为了确保劳动者生存和劳动力再生产，国家和社会对因丧失劳动能力或劳动机会而不能劳动或暂时中止劳动的劳动者，给予物质帮助，使其至少能维持基本生活需要，此即社会保险。目前在我国，社会保险仅限于职工社会保险。

(二)社会保险的特征

社会保险的基本特征有：

1. 社会性

社会保障的范围比较广泛，包括社会上不同层次、不同行业、不同职业的劳动者。社会保险体现为一种社会政策，具有保障社会安定的职能。

2. 强制性

作为社会保险的主干部分的国家基本保险，由国家立法强制实行，保险的项目、收费标准、待遇水平等内容，一般不由投保人和被保险人自主选择。

3. 救济性

社会保险是用统筹调剂的方法集中和使用资金，以解决劳动者由于生、老、病、死、伤、残、失业等造成的生活困难。

4. 福利性

社会保险以帮助劳动者摆脱生活困难为目的，属于非营利性、公益性服务事业，缴纳保险费的多少不完全取决于风险发生的概率，享受保险待遇的水平不是完全取决于缴纳保险费的多少，而是主要依据基本生活需要确定，国家对保险所需资金负有一定的支持责任。

5. 补偿性(或称储存性)

社会保险费用虽然主要由用人单位和政府直接负担，但来自社会总产品中应当分配给劳动者的消费品，只不过在分配给劳动者工资时已被扣除下来预存而已。社会保险就是将劳动者应得消费品的预存部分集中起来以保险形式分配给劳动者。在此意义上可以认为，社会保险仍是对劳动者所作劳动贡献的一种补偿。

6. 差别性

劳动者所得社会保险的待遇往往由于工龄长短、保险事故、缴纳保险费的多少等因素的不同而有所差别。

二、养老保险

(一)养老保险的概念和形式

养老保险，是指劳动者在因年老或病残而丧失劳动能力的情况下，退出劳动领域、定期领取生活费用的一种社会保险制度。它为实现劳动者老有所养提供物质保障。

我国的职工养老保险有 3 种形式：

1. 退休

退休即职工因年老或病残而完全丧失劳动能力，退出生产或工作岗位养老休息时获得一定物质帮助的制度。它是养老保险的基本形式，其适用范围具有普遍性。

2. 离休

离休即新中国成立前参加革命工作的老干部到达一定年龄后离职休养的制度。它既是一种特殊的干部安置措施，又是一种特殊的退休形式。

3. 退职

退职即职工不符合退休条件但完全丧失劳动能力而退出职务或工作岗位进行休养的制度。在养老保险体系中，它作为退休的一种补充形式而存在。

(二)养老保险待遇的享受条件

1. 退休年龄条件

我国关于退休年龄的规定，包括：

(1)一般退休年龄。男 60 岁，女 50 岁(工人)或 55 岁(职员)。

(2)提前退休年龄。国家公务员的提前退休年龄为，男 55 岁、女 50 岁；因从事有害身体健康的工作或由于工伤(职业病)致残而完全丧失劳动能力的职工和连续工龄满 30 年的国家公务员，退休不受年龄限制。

(3)延迟退休年龄。例如，高级专家经批准可延迟退休，但正职不超过 70 岁，副职不超过 65 岁。

2. 离休和退职条件

我国现行法规中规定的离休条件，包括年龄条件和身份条件两种。离休年龄与国家公务员退休年龄相同。身份条件指离休者必须是新中国成立前参加革命工作的老干部。国务院在有关法规中就"新中国成立前参加革命工作"作了具体界定。其中主要包括：

(1)1949 年 9 月 30 日前，参加中国共产党领导的革命军队的干部，在解放区参加革命工作并脱产享受供给制待遇的干部，在敌占区从事地下革命工作的干部。

(2)1948 年以前，在解放区参加革命工作并享受薪金制待遇的干部。

(3)"政协"第一次全会召开前加入各民主党派，一直拥护中国共产党、坚持革命工作的干部。

我国现行法规所规定的退职条件包括：

(1)经依法证明完全丧失劳动能力；

(2)不具备某项退休条件，如未达到规定的退休年龄或连续工龄等。

(三)养老保险待遇的内容、标准和给付

1. 职工养老保险待遇的内容

按现行法规的规定，我国职工养老保险待遇因退休、离休、退职而有所不同。

(1)退休待遇的内容，一般包括：退休金，从退休的第二个月起停发工资，每月按规定标准发给退休金，直至去世为止；医疗待遇和死亡待遇与在职职工相同；其他待遇，如易地安家补助费、易地安置车旅费、住房补贴、冬季取暖补贴等，均按规定的标准执行。

(2)离休待遇，实行"基本政治待遇不变、生活待遇略为从优"的原则，其水平高于退休待遇。主要内容有：颁发离休干部荣誉证，提高干部级别；原工资照发，并每年按离休前标准工资增发一定月数的工资作为生活补助费，还按规定标准每月加发补贴；享受公费医疗和司局级以上干部的保健医疗；按规定标准发给安置补助费和护理费；其他非生产性福利待遇与同级在职干部相同。

(3)退职待遇的水平低于退休待遇。其内容包括：按月发给相当于本人退职前基本工资一定比例的退职生活费，其数额不得低于国家规定的最低标准；医疗待遇和死亡待遇与在职职工相同。

2. 退休金的标准

退休金，即退休人员依法领取的生活费用。它是养老保险待遇的主要组成部分。为了保障退休人员的实际生活水平不致因物价上涨而绝对下降或者因工资水平提高而相对下降，社会保障待遇标准应该随着主要收入水平或生活费用的任何变化而重新审查调整。

3. 养老保险待遇的给付

养老保险待遇的给付有用人单位给付和保险人给付两种方式。其方式如下：

(1)养老金由社会保险经办机构从养老保险统筹基金和个人账户储存额中开支，一般按月发给，直至死亡；但对于连续工龄(或缴费工龄)较短者，宜在退休时一次性发给。被保险人死亡后，其个人账户中的余额，可由其供养亲属或其他法定继承人依法继承。

(2)医疗保险待遇所需费用的支付，按照医疗保险的有关规定执行。按照医疗保险制度改革的目标模式，应当按规定比率从医疗保险统筹基金和个人账户中支付，其余部分由个人负担，但个人负担部分应低于未退休者。

(3)其他养老保险待遇，一般由用人单位给付。

三、待业保险

(一)待业保险的概念

待业保险，我国又称失业保险，是指劳动者在失业期间，由国家和社会给予一定物质帮助，以保障其基本生活并促进其再就业的一种社会保险制度。

(二)失业保险待遇的享受条件

在已建立失业保险制度的国家，都对享受失业保险待遇(尤其是领取失业救济金)所应具备的条件，作了严格规定。其主要内容有：

(1)失业者原是职工且达到一定工龄。

(2)失业者须是非自愿失业。

(3)失业者在失业前曾履行一定缴费义务。

(4)失业者领取失业救济金期限尚未届满。我国现行法规规定，领取失业救济金的期限，应根据失业者在失业前连续工作的时间确定，连续工作 1 年以上不足 5 年的，领取期限最长为 12 个月，连续工作 5 年以上的，领取期限最长为 24 个月。

(5)失业者仍具有被介绍就业的条件。

(6)失业者履行法定程序。

在我国，现行法规中已规定，失业职工到原单位所在地失业保险经办机构办理失业登记后，方可领取失业救济金。

四、疾病保险

(一)疾病保险的概念

疾病保险，又称病伤保险、健康保险，广义的疾病保险包括生育保险、死亡保险在内，狭义的疾病保险仅指保障劳动者及其家属非因工病伤后在医疗和生活上获得物质帮助的一种社会保障制度。其中，在医疗上获得物质帮助，被称为医疗保险。疾病保险的保险事故，仅限于职业病以外的普通疾病和工伤以外的负伤，以及该病伤所致残废。

(二)疾病保险的被保险人范围

按照现行法规，我国机关、事业单位、社会团体和国有企业、股份制企业、城镇集体企业和私营企业、外商投资企业的职工，都列为疾病保险的强制被保险人。凡以工资收入为生活主要来源的劳动者，都应规定为强制被保险人，其他劳动者可规定为任意被保险人；同时，国家提倡和扶持兴办互济组织形式的疾病保险事业，使全体劳动者都能享受到疾病保险待遇。

五、工伤保险

(一)工伤保险的概念

工伤保险，又称职业伤害赔偿保险，是指职工因工而致伤、病、残、死亡，依法获得经济赔偿和物质帮助的一种社会保险制度。它通过对工伤职工及其家庭提供医疗照顾、生活保障和经济赔偿，以减轻工伤职工所受经济上的损害，并减轻用人单位的负担。

2003 年 4 月 27 日，国务院颁布了《工伤保险条例》，2010 年 12 月 12 日，国务院对《工伤保险条例》若干条目进行了修改，并自 2011 年 1 月 1 日起施行。

(二)工伤保险事故的界定

1. 工伤的概念

工伤，也称职业伤害，指职业危险因素给处在劳动过程中的劳动者造成的伤害，包括急性伤害和慢性伤害。急性伤害即因工伤亡；慢性伤害也称职业病，是指劳动者在生产劳动及其他职业性活动中因接触职业有毒有害环境而引发的，并由国家主管部门明文规定的疾病。

2. 工伤的范围

根据《工伤保险条例》第 14 条的规定，职工有下列情形之一的，应当认定为工伤：

(1)在工作时间和工作场所内，因工作原因受到事故伤害的。

(2)工作时间前后在工作场所内，从事与工作有关的预备性或者收尾性工作受到事故伤害的。

(3)在工作时间和工作场所内，因履行工作职责受到暴力等意外伤害的。

(4)患职业病的。

(5)因工外出期间，由于工作原因受到伤害或者发生事故下落不明的。

(6)在上下班途中，受到非本人主要责任的交通事故或者城市轨道交通、客运轮渡、火车事故伤害的。

(7)法律、行政法规规定应当认定为工伤的其他情形。

同时，根据本条例第 15 条的规定，职工有下列情形之一的，视同工伤：

(1)在工作时间和工作岗位，突发疾病死亡或者在 48 小时之内经抢救无效死亡的。

(2)在抢险救灾等维护国家利益、公共利益活动中受到伤害的。

(3)职工原在军队服役，因战争、因公负伤致残，已取得革命伤残军人证，到用人单位后旧伤复发的。

但是有下列情形之一的，不得认定为工伤或者视同工伤：

(1)故意犯罪的。

(2)醉酒或者吸毒的。

(3)自残或者自杀的。

3.职业病的范畴

职业病就是指《职业病防治法》中授权卫生部会同劳动保障部制定的职业病目录中的疾病。按照职业病防治法的规定，职业病是指企业、事业单位和个体经济组织(以下统称用人单位)的劳动者在职业活动中，因接触粉尘、放射性物质和其他有毒、有害物质等因素而引起的疾病。根据职业病防治法的这一规定，结合工伤保险条例中关于适用范围的有关规定，条例中规定的患职业病的，主要是指条例覆盖范围内的所有用人单位的劳动者在职业活动中，因接触粉尘、放射性物质和其他有毒、有害物质等因素而引起的疾病。

(三)确定工伤保险待遇的程序

1.工伤报告和工伤保险待遇申请

职工发生事故伤害或者按照职业病防治法规定被诊断、鉴定为职业病，所在单位应当自事故伤害发生之日或者被诊断、鉴定为职业病之日起30日内，向统筹地区社会保险行政部门提出工伤认定申请。遇有特殊情况，经报社会保险行政部门同意，申请时限可以适当延长。

用人单位未按前款规定提出工伤认定申请的，工伤职工或者其近亲属、工会组织在事故伤害发生之日或者被诊断、鉴定为职业病之日起1年内，可以直接向用人单位所在地统筹地区社会保险行政部门提出工伤认定申请。

用人单位未在本条第一款规定的时限内提交工伤认定申请，在此期间发生符合本条例规定的工伤待遇等有关费用由该用人单位负担。

2.工伤认可

社会保险行政部门受理工伤认定申请后，根据审核需要可以对事故伤害进行调查核实，用人单位、职工、工会组织、医疗机构以及有关部门应当予以协助。职业病诊断和诊断争议的鉴定，依照职业病防治法的有关规定执行。对依法取得职业病诊断证明书或者职业病诊断鉴定书的，社会保险行政部门不再进行调查核实。

职工或者其近亲属认为是工伤，用人单位不认为是工伤的，由用人单位承担举证责任。

社会保险行政部门应当自受理工伤认定申请之日起60日内作出工伤认定的决定，并书面通知申请工伤认定的职工或者其近亲属和该职工所在单位。社会保险行政部门对受理的事实清楚、权利义务明确的工伤认定申请，应当在15日内作出工伤认定的决定。作出工伤认定决定需要以司法机关或者有关行政主管部门的结论为依据的，在司法机关或者有关行政主管部门尚未作出结论期间，作出工伤认定决定的时限中止。

3.劳动力鉴定

劳动能力鉴定由用人单位、工伤职工或者其近亲属向设区的市级劳动能力鉴定委员会提出申请，并提供工伤认定决定和职工工伤医疗的有关资料。

设区的市级劳动能力鉴定委员会收到劳动能力鉴定申请后，应当从其建立的医疗卫生专家库中随机抽取 3 名或者 5 名相关专家组成专家组，由专家组提出鉴定意见。设区的市级劳动能力鉴定委员会根据专家组的鉴定意见作出工伤职工劳动能力鉴定结论；必要时，可以委托具备资格的医疗机构协助进行有关的诊断。

设区的市级劳动能力鉴定委员会应当自收到劳动能力鉴定申请之日起 60 日内作出劳动能力鉴定结论，必要时，作出劳动能力鉴定结论的期限可以延长 30 日。劳动能力鉴定结论应当及时送达申请鉴定的单位和个人。

申请鉴定的单位或者个人对设区的市级劳动能力鉴定委员会作出的鉴定结论不服的，可以在收到该鉴定结论之日起 15 日内向省、自治区、直辖市劳动能力鉴定委员会提出再次鉴定申请。省、自治区、直辖市劳动能力鉴定委员会作出的劳动能力鉴定结论为最终结论。

六、生育保险

生育保险是指保障女职工因怀孕和分娩而从社会上获得物质帮助的一种社会保险制度。它对保护女职工身体健康和保证劳动力再生产，都具有重大意义。因而，生育保险一直为各国社会保险立法所重视。在我国，为实施《劳动法》中关于生育保险的规定，劳动部于 1994 年 12 月发布了《企业职工生育保险试行方法》，它适用于城镇企业及其职工。

生育保险待遇的主要项目有：

1. 产假

在我国，生育假期为 90 天(其中产前假 15 天)，难产者增加 15 天，多胎生育者每多生一个婴儿增加 15 天，流产产假以怀孕时间长短区别，怀孕不满 4 个月流产者为 15～30 天，4 个月以上者为 42 天。

2. 生育津贴

我国规定，在法定产假期间，停发工资，按月从生育保险基金中支付生育津贴，其标准为本单位上年度职工月平均工资。

3. 生育医疗待遇

我国规定，女职工生育的检查费、接生费、手术费、住院费和药费，因生育引起疾病的医疗费，以及采取避孕措施控制生育的费用，由生育保险基金支付；女职工生育出院后非因生育所引起的疾病的治疗，产假期满后的休息治疗，则按照医疗保险规定办理。

七、社会福利

社会福利是指国家和社会为保障和维护社会成员一定的生活质量，满足其物质和精神的基本需要而采取的社会保障政策以及提供的设施和相应服务，目标是提高生活质量。《劳动法》第 76 条规定："国家发展社会福利事业，兴建公共福利设施，为劳动者休息、休养和疗养提供条件。用人单位应当创造条件，改善集体福利，提高劳动者的福利待遇。"由此可见，职工福利是社会福利当中的一个重要的组成部分。职工福利是指用工单位和国家通过举办集体福利设施、设立各种补贴、提供服务等形式为职工改善和提高生活质量(包括物质生活和精神生活)所提供的物质帮助。主要内容包括生活福利设施、文化娱乐设施、福利补贴、困难救济四个方面。它与工资、社会保险从不同的角度，并在不同程度上共同为满足职工的物质、文化生活需要，推动社会生产发展，发挥各自独特的保障功能。

第七节　执行劳动法的监督检查及法律责任

一、执行劳动法的监督检查

劳动监督检查是指依法有监督检查权的机构，对企业、事业单位、机关、团体、个体组织等用人单位执行劳动情况进行的行政监察、行政监督、群众监督等监督检查制度。我国当前由各级人民政府劳动行政部门对劳动法的执行实行全面监督检查。

根据《劳动法》以及 1993 年 8 月 4 日劳动部发布的《劳动监察规定》，劳动行政部门设置劳动监察机构，其主要职责有：宣传劳动法律法规、方针政策；依法订立劳动标准，制定规章制度；对执行劳动法进行监督检查，制止违法行为；审查安全工程设施，检查劳动安全卫生，参与安全事故的调查处理；对特种作业人员进行资格审查、技能鉴定；对监察人员进行监督培训等。

《劳动法》对劳动行政部门监督检查人员的职权作了原则规定，这就是监督检查人员为了执行公务、履行职责有权进入劳动现场，实地检查；有权进入用人单位，了解情况，查阅资料；有权对违反劳动法律、法规的行为人责令改正，依法处理。

二、违反劳动法的法律责任

违反劳动法的法律责任是指违反劳动法的责任者违反劳动法律、法规所应承担的法律后果。法律责任是法制强制力的表现，也是保证和监督劳动法贯彻实施的一个关键的环节。从劳动法律责任的形式来看，有行政责任、经济责任和刑事责任。

行政责任是指劳动关系主体，主要是用人单位因违反劳动法律、法规、规章但尚未构成犯罪行为所应承担的行政上的法律后果。行政责任的形式又可以分为违纪、违章的行政处分责任和违反法规的行政处罚责任。根据《劳动法》的规定，对用人单位违反劳动法、违法延长劳动者劳动时间、劳动安全设施卫生条件不符合规定、录用未满 16 周岁的未成年人、违反对女职工和未成年工的保护规定、侵犯劳动者的人身权利、故意拖延不订立劳动合同、违法解除劳动合同、无故不缴社会保险费、无理阻挠劳动监督检查以及对举报人员打击报复等尚未构成犯罪的，劳动行政部门根据法律规定、违法的情节以及危害的后果，分别予以警告、责令改正、处以罚款、缴纳滞纳金等处罚。

经济责任是指用人单位以及劳动者因有过错违反劳动法律、法规，并造成被损失方的一定物质经济损失所应承担的履行给付、赔偿损失的经济法律责任。如根据《违反〈中华人民共和国劳动法〉行政处罚办法》的规定，用人单位违反关于工时的规定，强迫劳动者延长工作时间或每日延长工作时间超过 3 小时或每月延长工作时间超过 36 小时的，给予警告、责令改正，并可按每名劳动者每超过工作时间 1 小时罚款 100 元以下的标准处罚。用人单位有侵害劳动者合法权益行为的，应责令按劳动者的工资报酬、经济补偿总和的 1 至 5 倍支付劳动者赔偿金。用人单位违反安全卫生规定的，处以 5 000 元以上 5 万元以下的罚款。用人单位有侵害女职工和未成年工合法权益行为的，应责令改正，并按每侵害 1 名女职工或未成年工罚款 3 000 元以下标准处罚。

用人单位和有关部门的责任人员违反劳动法律法规，情节后果严重，触犯刑律，构成犯罪的，依法交司法机关追究刑事责任。《劳动法》规定，用人单位安全卫生设施不合规定造成重大责任事故，强令劳动者违章冒险作业发生重大伤亡事故，严重侵犯人身权利，无理阻挠劳动监督检查，打击报复举报人员而构成犯罪的，依法追究刑事责任。对劳动行政部门或有关部门的工作人员滥用职权、玩忽职守、徇私舞弊以及挪用保险基金，构成犯罪的，依法追究刑事责任。

参考文献

[1]刘文华:《经济法通论》,法律出版社 2008 年版。
[2]财政部会计资格评价中心编:《经济法基础》,经济科学出版社 2007 年版。
[3]高程德:《经济法(民商法)》,上海人民出版社 2006 年版。
[4]徐杰:《 经济法概论》(修订第四版),首都经济贸易大学出版社 2006 年版。
[5]吕忠梅、陈虹:《经济法原论》,法律出版社 2007 年版。
[6]张文显:《法理学》(最新版),法律出版社 2007 年版。
[7]范海峰:《 经济法概论》,清华大学出版社 2011 年版。
[8]刘俊海:《现代公司法》,法律出版社 2008 年版。
[9]崔建远:《合同法》(最新版),法律出版社 2007 年版。
[10]郭明瑞、房绍坤:《担保法》,中国政法大学出版社 2008 年版。
[11]吴汉东:《知识产权法》,北京大学出版社 2007 年版。
[12]王欣新:《破产法》(最新版),中国人民大学出版社 2007 年版。
[13]史际春:《企业和公司法》(最新版),中国人民大学出版社 2008 年版。
[14]赵旭东:《新编商法案例教程》,中国民主法制出版社 2008 年版。
[15]杨紫烜:《经济法》,北京大学出版社 1999 年版。
[16]常传领、金纯:"试论政府干预及其法律规制",《现代法学》,2004 年第 12 期。
[17]李昌麒:《经济法研究》(第一卷),北京大学出版社 2002 年版。
[18]韦之:《知识产权论》,知识产权出版社 2002 年版。
[19]金勇军:《知识产权法原理》,中国政法大学出版社 2002 年版。
[20]郑成思:《知识产权论》(修订本),法律出版社 2003 年版。
[21](美)阿瑟·R. 米勒:《知识产权法:专利、商标和著作权》(第三版),法律出版社 2004 年版。
[22](印)甘古力:《知识产权:释放知识经济的能量》,知识产权出版社 2004 年版。
[23]金海军:《知识产权私权论》,中国人民大学出版社 2004 年版。
[24]吴汉东、胡开忠:《无形财产权制度研究》(修订本),法律出版社 2005 年版。
[25]吴汉东:《知识产权基本问题研究》,中国人民大学出版社 2005 年版。
[26]李顺德:《知识产权法律基础》,知识产权出版社 2005 年版。
[27]冯晓青:《知识产权法利益平衡理论》,中国政法大学出版社 2006 年版。
[28](日)富田彻男:《市场竞争中的知识产权》,商务印书馆出版社 2004 年版。
[29]徐孟洲:《税法》(第三版),中国人民大学出版社 2009 年版。
[30](日)北野弘久著,陈刚等译:《税法学原论》,中国检察出版社 2001 年版。
[31]刘剑文、熊伟:《税法基础理论》,北京大学出版社 2004 年版。

[32]刘剑文:《财税法专题研究》(第二版),北京大学出版社2007年版。

[33](美)维克多·瑟仁伊著,丁一译:《比较税法》,北京大学出版社2006年版。

[34]施正文:《税法要论》,中国税务出版社2007年版。

[35]廖益新、李刚、周刚志:《现代财税法学要论》,科学出版社2007年版。

[36] 张守文:《经济法理论的重构——法学名家经典系列丛书》,人民出版社2004年版。

[37]张守文:《税法原理》(第三版),北京大学出版社2004年版。

[38]刘隆亨:《中国税法概论》(第四版),北京大学出版社2003年版。

[39]徐士英:《竞争法新论》,北京大学出版社2006年版。

[40]夏露:《经济法概论》,高等教育出版社2010年版。